La *Politique culturelle* du *Québec* de 1992 : continuité ou changement ?

Les acteurs, les coalitions et les enjeux

Collection Management public et gouvernance

Sous la direction de Donald J. Savoie

Sous la responsabilité de l'Institut d'administration publique du Canada, cette collection a pour but d'encourager la publication d'ouvrages de langue française sur les divers aspects de l'administration publique à tous les niveaux : fédéral, provincial, régional et municipal. On s'y intéresse notamment aux nouveaux défis que doivent relever les divers paliers de gouvernements dans une conjoncture de changements rapides et incessants, et aux enjeux auxquels font face les gestionnaires.

On y accueille des études et des essais portant autant sur les aspects théoriques que sur la pratique de la gestion publique, et qui sont destinés à un public élargi comprenant aussi bien des praticiens que des professeurs, chercheurs et étudiants des sciences de l'administration publique.

DIANE SAINT-PIERRE

La *Politique culturelle du Québec* de 1992 : continuité ou changement ?

Les acteurs, les coalitions et les enjeux

Les Presses de l'Université Laval

Les Presses de l'Université Laval reçoivent chaque année du Conseil des Arts du Canada et de la Société d'aide au développement des entreprises culturelles du Québec une aide financière pour l'ensemble de leur programme de publication.

Nous reconnaissons l'aide financière du gouvernement du Canada par l'entremise de son Programme d'aide au développement de l'industrie de l'édition (PADIÉ) pour nos activités d'édition.

Mise en pages : André Vallée
Maquette de couverture : Chantal Santerre

© Les Presses de l'Université Laval 2003
Tous droits réservés. Imprimé au Canada

Dépôt légal, 3e trimestre 2003
ISBN 2-7637-7977-8

Distribution de livres Univers
845, rue Marie-Victorin
Saint-Nicolas (Québec)
Canada G7A 3S8
Tél. (418) 831-7474 ou 1 800 859-7474
Téléc. (418) 831-4021
http://www.ulaval.ca/pul

*À Michel, mon frère
(1956-1999)*

Table des matières

Liste des figures et tableaux xv

Avant-propos xvii

Introduction 1

PARTIE 1   LA PROBLÉMATIQUE DE RECHERCHE 9

Chapitre 1   Les notions centrales, les énoncés de politiques culturelles
              et l'évolution de la recherche depuis les années 1960 11

    Les notions de culture et de politique culturelle 11
        La notion de culture 12
        La notion de politique culturelle 15

    La politique culturelle gouvernementale *versus les* politiques
    culturelles du Québec 18
        Les projets d'une politique culturelle d'ensemble avant 1992 19
        La *Politique culturelle du Québec* de 1992 22
        Quelques mises en garde 23

    La recherche en matière de culture et de politiques culturelles 25
        Des facteurs déterminants 25
        Des thèmes de recherche privilégiés par les chercheurs 28

Chapitre 2	L'étude des politiques publiques et des coalitions : théories et approches contemporaines	39
	Les théories rationalistes et pluralistes	40
	Les approches et modèles par étapes	43
	Les approches et modèles développant l'idée de coalition	45
	L'*Advocacy Coalition Framework* (ACF)	48
	L'originalité de l'*ACF*	49
	Les prémisses fondamentales	51
	Le cadre d'analyse	53
	Les hypothèses de recherche	56
	La méthodologie	60

Conclusion de la partie 1 63

PARTIE 2	L'ÉMERGENCE DE LA POLITIQUE CULTURELLE : LES CONTRAINTES À L'ORIGINE DU CHANGEMENT ET L'ALIGNEMENT DES ACTEURS	69
Chapitre 3	Les événements à l'origine de la *Politique culturelle* de 1992 : vers une politisation croissante de la culture	71
	Les fondements des enjeux dans le domaine de la culture	71
	Les interventions du gouvernement fédéral avant 1980 : la question de l'unité nationale	73
	Les interventions du gouvernement du Québec avant 1980 : la question de l'identité québécoise et de la souveraineté culturelle	76
	La situation particulière du français au Québec : tensions linguistiques et batailles juridiques	79
	Les enjeux des années 1980 : l'identité nationale et les impératifs économiques	80
	L'exploitation des ressources naturelles du Québec et ses impacts sur la richesse collective	83
	L'intervention étatique croissante et ses revers cuisants	83
	L'évolution des valeurs socioculturelles et de la structure sociale	87
	Remises en question, ruptures profondes et inégalités croissantes	87
	L'évolution du monde du travail, des affaires et de la finance	89
	La Constitution canadienne et les interventions publiques en matière de culture	90

	La genèse du contentieux Ottawa-Québec..................	92
	Le rapatriement de la Constitution en 1982 et les échecs des accords de Meech (1990) et de Charlottetown (1992).......	94
Chapitre 4	**Les événements systémiques et leurs impacts : vers une polarisation des groupes d'intérêts en matière de culture**	97
	Les changements dans les conditions socio-économiques............	97
	Les changements dans l'opinion publique	99
	Trois domaines d'intervention préoccupants : l'environnement, l'administration publique et les affaires autochtones................................	100
	Les changements dans le système politique	103
	L'affirmation politique du Québec, puis son isolement...........	104
	L'arrivée de nouveaux acteurs politiques	106
	Les décisions et impacts des autres domaines de politiques publiques..	108
	De la construction de l'État-providence à sa remise en question...................................	108
	Les domaines prioritaires d'intervention et la dure réalité des années 1980 : la santé, les services sociaux et l'éducation ...	110
	Critiques des activités gouvernementales : les rapports Scowen, Fortier et Gobeil (1986).................	112
	Les problématiques particulières dans le secteur de la culture : protestations, tiraillements et concertations......	115
	Le degré de consensus nécessaire pour un changement majeur	118
	La fréquence des changements politiques majeurs.................	119
	Les perturbations externes sont nécessaires, mais non suffisantes	120
	L'importance de l'opinion publique.............................	122
	La variabilité du degré de consensus	123
	Les tentatives de changer les croyances politiques au sein même du gouvernement	124
	Les processus de changement politique majeur....................	124
Chapitre 5	**L'alignement des acteurs politiques et la Coalition du monde des arts et de la culture**...	127
	Le développement du secteur culturel au Canada et au Québec ...	127
	L'évolution de la population culturelle active.................	129

Les demandes du public en matière de biens et de services culturels		132
Les impacts de l'évolution de l'offre et de la demande sur le milieu culturel		133
L'acuité des problématiques et ses impacts (1985-1992)		136
Le milieu culturel et sa représentativité sectorielle		136
La conservation et le patrimoine		136
Les créateurs et les artistes		139
Les arts de la scène et les variétés (formation et production)		141
La diffusion des arts de la scène et des arts visuels		142
Les industries culturelles		143
Les conséquences du développement des associations		147
Le milieu municipal et régional		148
Le milieu socio-économique et politique		150
Le milieu de l'enseignement et les intellectuels		152
La Coalition du monde des arts et de la culture (1986-1992)		156
Son origine, sa composition et ses leaders		156
Ses demandes, ses moyens de pression et ses ressources		158
L'évolution de la polémique au début des années 1990		162
Conclusion de la partie 2		167
PARTIE 3	L'ÉLABORATION ET L'ADOPTION DE LA POLITIQUE CULTURELLE : LES ACTEURS, LEURS CROYANCES, LES DÉCISIONS GOUVERNEMENTALES ET LEURS IMPACTS	175
Chapitre 6	L'élaboration de la politique culturelle gouvernementale	177
	Les étapes préliminaires	177
	Le *Rapport Coupet* (novembre 1990)	177
	Le *Rapport Arpin* (juin 1991)	179
	Les membres et le mandat du groupe-conseil	180
	Les consultations et les groupes rencontrés	183
	Les conclusions et les réactions	185
	Les travaux de la commission parlementaire (automne 1991)	187
	Les *policy brokers* et l'origine du changement politique majeur	190
	Le processus et les acteurs impliqués dans l'élaboration de la politique	193
	Le rôle des instances du MAC (1991-juin 1992)	194

	Le comité de direction et les sous-comités de travail	196
	Les grands consensus émanant du personnel du MAC	198
	Le plan d'action selon les axes retenus (janvier-juin 1992)......	202
	L'idée d'un observatoire des politiques culturelles et d'un institut québécois des arts..	204
	Le *Rapport Arpin* et la *Politique culturelle* : les grandes distinctions..	206
Chapitre 7	**Les groupes et les systèmes de croyances des élites politiques**......	211
	Les positions politiques et l'expression de croyances des « groupes idéologiques »..	212
	La question du rapatriement des pouvoirs en matière de culture...	213
	La nécessité d'une définition large de la culture	215
	La non-reconnaissance d'un Québec pluraliste	217
	La notion de création et la question de la liberté d'expression du créateur	220
	Les positions politiques et l'expression de croyances des « groupes orientés vers des intérêts concrets ».....................	222
	Les enjeux concernant l'éducation culturelle...................	223
	La sur-valorisation des industries culturelles et la sous-valorisation de certains secteurs.....................	226
	Les inégalités et l'appauvrissement des créateurs et des artistes	229
	La consolidation financière des organismes culturels et des associations professionnelles	230
	Les impacts de la décentralisation vers les municipalités	232
	Les risques d'une bureaucratisation et d'un dirigisme accrus de la part du gouvernement..................................	234
	La structure tripartite des systèmes de croyances des élites politiques	237
Chapitre 8	**L'approbation de la politique culturelle gouvernementale**	243
	Le dépôt de la politique à l'Assemblée nationale (juin 1992).........	243
	Les comités et groupes de travail du MAC (juin-décembre 1992)...	245
	Les extrants et les impacts de la politique.................................	247
	Le projet de loi 52 (MCQ)...	248
	Le projet de loi 53 (CALQ)	249
	Les gagnants et les perdants : les coûts de la *Politique culturelle* de 1992...	250

Conclusion de la partie 3	259
Conclusion	265
Retour sur les questions de recherche	265
La valeur heuristique de l'*Advocacy Coalition Framework*	270
Bibliographie	285
Ouvrages et articles scientifiques, rapports de recherche et documents gouvernementaux	285
Articles de journaux	310
Documents d'archives	317
Mémoires transmis à la commission parlementaire sur la *Politique culturelle du Québec*, à l'automne 1991	321

Liste des figures et tableaux

Figure 1 :	Cadre d'analyse des « coalitions plaidantes » (*Advocacy Coalition Framework*)	54
Figure 2 :	Les principales contraintes externes à l'origine du changement politique	121
Figure 3 :	Les acteurs en présence en 1984-1986	172
Figure 4 :	Les acteurs en présence en 1991-1992	173
Figure 5 :	Organigramme de travail – Élaboration de la *Politique culturelle du Québec*	195
Figure 6 :	Organigramme – Mise en œuvre de la *Politique culturelle du Québec*	246
Figure 7 :	Modèle de l'*Advocacy Coalition Framework*	259
Figure 8 :	Processus de changement politique du sous-système concerné	260
Tableau 1 :	Performance de la croissance économique canadienne, 1960-1975 et 1975-1990	98
Tableau 2 :	Les dépenses totales brutes du gouvernement du Québec entre 1971 et 1993 (en millions de dollars) et accroissement annuel et/ou quinquennal (en %)	109
Tableau 3 :	Évolution des budgets du ministère des Affaires culturelles et de l'État québécois, 1971-1991	116

Tableau 4 :	Taille estimative du secteur culturel au Canada, 1979, 1984, 1989, et accroissement décennal	128
Tableau 5 :	Croissance de la population culturelle active au Canada (1971-1986) et au Québec (1971-1991)	130
Tableau 6 :	Allocation du budget de transfert du MAC selon les régions pour l'année budgétaire 1989-1990 et population culturelle active en 1991	135
Tableau 7 :	Mémoires transmis à la commission parlementaire (automne 1991)	137
Tableau 8 :	Position des principaux regroupements, associations et intervenants quant au *Rapport Arpin*	189
Tableau 9 :	Les grandes différences entre les principes et les axes du *Rapport Arpin* et de la *Politique culturelle*	207
Tableau 10 :	Les grandes différences entre les orientations du *Rapport Arpin* et de la *Politique culturelle*	208
Tableau 11 :	La structure tripartite des systèmes de croyances des élites politiques	238
Tableau 12 :	Coût de la *Politique culturelle du Québec* et crédits additionnels requis par le plan triennal (en milliers de dollars)	252
Tableau 13 :	Répartition des coûts additionnels de la *Politique culturelle*, selon les bénéficiaires, en juin 1992	253

Avant-propos

> *Les lois ne sont proprement que les conditions de l'association civile. Le peuple, soumis aux lois, en doit être l'auteur; il n'appartient qu'à ceux qui s'associent de régler les conditions de la société. Mais comment les régleront-ils?*
>
> Jean-Jacques Rousseau, *Du Contrat social*, 1762

Doté de pouvoirs et de moyens d'action lui permettant de faire prévaloir sa volonté, l'État fait face cependant à des freins qui lui sont souvent opposés et qui peuvent peser sur son action ou même la limiter. Il en est ainsi des coalitions et des groupes de pression, soumis à des contraintes particulières, mais qui bénéficient en contrepartie d'une capacité et d'une influence étendues, encore trop souvent méconnues, mais certainement importantes sur les titulaires du pouvoir et, ce faisant, sur l'orientation des interventions de l'État. Incidemment, les politiques publiques apparaissent à la fois comme le point d'aboutissement de processus de tractations et de marchandages entre des acteurs politiques pour solutionner des problèmes d'intérêt public, et comme le reflet, plus ou moins fidèle, de préoccupations des populations concernées à qui elles se destinent en tout premier lieu.

Le présent ouvrage porte sur un domaine d'intervention du gouvernement du Québec, la culture. Il s'attarde plus précisément aux acteurs, aux enjeux et aux événements qui ont concouru à l'adoption par l'Assemblée nationale du Québec, en décembre 1992, de la *Politique culturelle du Québec*. Outre le fait d'avoir été débattue puis adoptée au cours d'une période particulière de l'histoire du Québec, celle du débat constitutionnel déchirant de la fin des années 1980 et du début des années 1990, cette politique a suscité l'adhésion d'un grand nombre d'associations, d'organisations et de groupes issus de différents milieux de la société québécoise. Au terme du processus politique ayant mené à son adoption, cette politique a finalement défini une nouvelle mission du ministère des Affaires culturelles créé trente ans plus tôt en y modifiant ses pouvoirs et ses responsabilités. Elle a également contribué à la création du Conseil des arts et des lettres du Québec (CALQ), demande récurrente des milieux de la culture et des arts depuis les années 1960, et à l'établissement de nouveaux partenariats avec des ministères et sociétés d'État ainsi qu'avec le monde municipal québécois.

Mon intérêt pour ce sujet de recherche découlait de la relative « jeunesse » de cette politique, laissant place à un objet d'étude encore peu exploré et analysé. Mais cet intérêt dépassait toutefois la simple opportunité de pouvoir se pencher sur une politique relativement « récente ». En fait, cette recherche visait à comprendre la dynamique des rapports de force et des rapports conflictuels ainsi que les modes de différenciation et de négociation entre les acteurs impliqués dans le processus politique qui a donné naissance à cette politique culturelle gouvernementale. Elle avait pour objectif de cerner les enjeux en présence, mais également les systèmes de croyances – c'est-à-dire les ensembles de valeurs, de priorités et de relations causales – soutenus par l'État québécois, les partis politiques et les acteurs de différents milieux culturels, institutionnels et économiques. Les groupes de pression dans ce domaine ont été la source de nombreux enjeux politiques, mais malgré cela ils n'ont pas joui jusqu'à ce jour d'une grande attention de la part des chercheurs et des analystes.

* * *

Avant de livrer au lecteur le fruit de ce travail de recherche qui, à l'origine, constituait un projet doctoral, je voudrais remercier toutes les personnes et les institutions qui m'ont aidée au long de ces années de formation, de recherche et de rédaction. Grâce à leur soutien et à leurs encouragements, ils ont rendu possible la réalisation d'un projet qui me tenait particulièrement à cœur.

Mes remerciements s'adressent tout d'abord à messieurs Jean Turgeon, de l'École nationale d'administration publique, et John Meisel, de l'Université Queen's, qui ont assumé la direction et la codirection de ma thèse de doctorat, laquelle fait aujourd'hui l'objet de ce livre. Leur grande complicité, leur constance, leur excellente expertise dans le domaine de l'analyse des politiques publiques – et plus particulièrement pour monsieur Meisel, ses vastes connaissances des politiques culturelles canadiennes – ont été déterminantes dans l'accomplissement de ce travail de recherche. Toute ma gratitude va également à messieurs Vincent Lemieux, professeur en science politique à l'Université Laval, et Jean-Pierre Wallot, historien et directeur du Centre de recherche en civilisation canadienne-française de l'Université d'Ottawa. J'ai pu bénéficier de la pertinence des commentaires et des annotations judicieuses de ces prélecteurs de qualité.

Je suis également particulièrement reconnaissante à l'Assemblée professorale de l'ex-INRS-Culture et Société[1] de l'Institut national de la recherche scientifique, ainsi qu'à son directeur d'alors, monsieur Frédéric Lesemann, pour leur soutien continu, indispensable à la poursuite de mon travail de recherche. Je souhaiterais aussi remercier certains de mes collègues, particulièrement messieurs Fernand Harvey, titulaire de la Chaire Fernand-Dumont sur la culture, Jean-Paul Baillargeon et Normand Perron pour leurs conseils de toute nature et leurs encouragements constants. Il convient de mentionner également les professeurs de l'École nationale d'administration publique (ENAP) qui n'ont pas failli à la tâche et qui ont su relever le défi de donner des cours et des séminaires doctoraux à la fine pointe des connaissances en administration publique et en analyse de politiques. Qu'ils trouvent ici l'expression de ma gratitude.

Le travail de dépouillement et d'analyse qui a donné lieu à cet ouvrage doit beaucoup à l'ex-Fonds pour la formation de chercheurs et l'aide à la recherche (aujourd'hui le Fonds québécois de la recherche sur la société et la culture – FQRSC) qui m'a octroyé une bourse doctorale, un soutien financier indispensable à la bonne marche de ce projet.

Également, toute ma gratitude à messieurs Yves Laliberté et Michel Gagné, du ministère de la Culture et des Communications du Québec, qui ont rendu possible le dépouillement des archives du ministère concernant mon objet de recherche. Mes remerciements sincères à madame Louise Gauthier, documentaliste de l'INRS-Urbanisation, Culture et Société, qui durant toutes ces années a été à

---

1. À l'automne 2000, le Centre INRS-Culture et Société a été fusionné à l'INRS-Urbanisation, d'où l'appellation actuelle de INRS-Urbanisation, Culture et Société.

l'affût des nouvelles parutions touchant de près ou de loin à mon sujet. Il convient aussi de mentionner cette aide combien appréciée de madame Andrée Raîche qui a bien accepté de me relire. Il me faudrait également ajouter à cette liste tous ceux et celles qui, par leurs encouragements et leurs conseils au fil d'une conversation ou autrement, m'ont permis de conserver le feu sacré. Je remercie enfin messieurs Léo Jacques et Donald J. Savoie, responsables de la collection « Management public et gouvernance » des Presses de l'Université Laval (PUL) et de l'Institut d'administration publique du Canada (IAPC), pour leur participation à la publication de cet ouvrage.

Introduction

La culture et les politiques culturelles ont suscité de nombreux débats au sein de la société canadienne et québécoise. Leur interprétation a fait maintes fois l'objet de controverses et de querelles entre le gouvernement fédéral et celui du Québec. Les revendications en ce domaine ne sont pas nouvelles en soi. D'un côté comme de l'autre, ils ont fait de la culture une question d'unité nationale, d'affirmation et d'épanouissement de la nation – tantôt canadienne, tantôt canadienne-française, puis québécoise –, de légitimation de leur existence distincte dans un contexte nord-américain et ce, tout en réaffirmant régulièrement leurs prérogatives constitutionnelles en ce domaine.

Sans faire abstraction des actions politiques antérieures dans le domaine de la culture et des arts, cet ouvrage s'attarde à l'analyse du processus qui a donné naissance à ce que la ministre des Affaires culturelles de l'époque, Liza Frulla-Hébert, a alors qualifié de « première politique culturelle gouvernementale » soumise à l'approbation de l'Assemblée nationale du Québec. La question sous-jacente peut se résumer en ces termes : l'adoption de cette politique en décembre 1992 s'inscrit-elle dans un processus de continuité ou, au contraire, correspond-elle à un changement majeur dans l'intervention du gouvernement du Québec en matière de culture ?

Bien que cette question exige une compréhension de la nature et des causes d'une décision politique précise, elle suppose également un volet normatif, c'est-à-dire critique, sur les effets et les conséquences des actions gouvernementales antérieures. Elle oblige aussi à se questionner sur les forces et les intérêts en présence, ainsi que sur les systèmes de croyances, les rapports politiques et les comportements des acteurs lors de l'émergence, de l'élaboration et de l'adoption de la politique concernée. Pour ce faire, j'ai privilégié dans cette recherche l'analyse de politiques (*policy analysis*) qui, selon Wayne Parsons (1995 : 1-2), est une approche à la politique publique « that aims to integrate and contextualize models and research from those disciplines which have a problem and policy orientation ».

Issue d'une variété de disciplines et de professions, l'analyse de politiques se préoccupe généralement des « faiseurs » de politiques (*policy makers*) et des acteurs intéressés : politiciens, fonctionnaires, groupes d'intérêts, chercheurs et analystes, etc. (*policy stakeholders*). Mais elle s'intéresse aussi aux forces et aux intérêts des partis politiques, des groupements institutionnalisés, des groupes de pression et des *lobbies*. À l'occasion, elle propose des voies de solutions pour arriver à une plus grande efficience économique, administrative et / ou politique ; on parle alors de l'analyse normative ou évaluative et prescriptive. Mais qu'elle soit une approche (Parsons, 1995), un sous-champ (Wildavsky, 1979), une profession ou une discipline appliquée des sciences sociales qui utilise de multiples méthodes d'enquête (Meny et Thoenig, 1989 ; Dunn, 1994), l'analyse de politiques tente habituellement d'expliquer la nature, les causes et les conséquences des décisions politiques.

Chose certaine, le présent ouvrage s'appuie sur une analyse multidisciplinaire qui met à contribution les approches historique, sociologique et celle de la science politique et ce, afin de s'attarder à ce domaine qu'est la culture, à une politique culturelle particulière et à son élaboration sur une période plus ou moins longue.

Cet ouvrage serait toutefois incomplet s'il n'impliquait pas de réflexion sur le rôle de l'État puisque, de façon ultime, c'est à ce dernier qu'incombent la formulation et l'adoption des politiques publiques. La question en soi n'est pas nouvelle. Nombre d'écrits ont fait mention de cette tendance de l'État à accroître ses pouvoirs et à allonger ses emprises sur la société civile. Nombre d'autres, à partir des années 1980 notamment, ont maintes fois décrié la lourdeur de sa gestion, l'inefficacité de ses décisions, le besoin insatiable de pouvoir de ses élus et le désir de dirigisme de ses fonctionnaires. Certains associent la volonté de décentraliser ses responsabilités ou de privatiser ses services à un désir de se désengager. Par ailleurs, de plus en plus de travaux font état de l'influence des groupes de pression sur l'orientation des interventions de l'État en matière de politiques et de programmes publics. Comme nous le verrons, aucune de ces assertions n'est étrangère au champ de la culture.

Généralement, la littérature envisage les interventions gouvernementales à deux niveaux : l'État comme société politique et l'État comme système fonctionnel de la société civile.

Tout d'abord, l'État est une « société politique résultant de la fixation, sur un territoire délimité par des frontières, d'un groupe d'humains présentant des caractères plus ou moins marqués d'homogénéité culturelle et régi par un pouvoir institutionnalisé » (*Grand Larousse*). Essentiellement, les États ont comme attribut la souveraineté. Ce premier niveau de définition fait appel au droit de l'État de protéger ses frontières, d'adopter ses lois et d'exercer une coercition légitime afin d'encadrer la société civile. Pour s'assurer de son emprise, écrit le sociologue Fernand Dumont :

> l'État doit s'appuyer sur un consensus, tout au moins sur une symbolique du consentement social. Il ne saurait exister de pouvoir par la seule vertu de la force contraignante ; il y faut la garantie de la légitimité. Par-delà les élections, les sondages, les polices et l'armée, les régimes démocratiques comme les régimes totalitaires en appellent à une communauté : que ce soit le peuple, la nation, le prolétariat ou toute autre figure de la culture (Dumont, 1991 : 163).

Puis, comme système fonctionnel prépondérant de la société civile, l'État est composé d'une forme de gouvernement, d'institutions administratives et d'un ensemble de pouvoirs publics qui gèrent un territoire donné et y encadrent les citoyens. Il est constitué d'organisations formées de personnes élues ou non qui mobilisent des ressources en vue d'accomplir des programmes et qui ont pour fonctions la légitimation du pouvoir (législatif, exécutif et judiciaire ; acceptation partagée des institutions communes ; soutien à la légitimité et à la cohésion nationale), la redistribution de la richesse (compromis entre les intérêts collectifs, égalité des chances et de traitement des citoyens) et la sécurité de la collectivité (application égalitaire de règles, soutien à la paix sociale).

La définition de l'État comme « société politique », plus abstraite, soutient ces justifications traditionnelles des interventions publiques en matière de culture, alors que celle de l'État comme « système fonctionnel », plus concrète, oriente et renforce l'interventionnisme culturel gouvernemental. Parler de culture comme d'un champ ou d'un secteur d'activités de l'État, c'est donc parler ici de culture institutionnalisée, encadrée et, assurément, contrôlée afin de soutenir la légitimité de la nation et de ses institutions, mais également celle de l'État, de son pouvoir et de son contrôle sur la société civile.

En fait, pour qui se préoccupe de l'évolution de la société québécoise, du contexte politico-idéologique et de l'évolution historique de l'action culturelle des pouvoirs publics au Québec, l'émergence, l'élaboration et l'adoption d'une politique culturelle gouvernementale suscitent bien des interrogations. Comment se fait-il qu'une politique culturelle d'ensemble devant inspirer pour le futur des plans d'action sectoriels n'ait été adoptée unanimement par l'Assemblée nationale du Québec qu'en 1992 ? Pourtant, dès 1961, le ministère des Affaires culturelles (MAC) coordonne l'action de l'État québécois en ce domaine et plusieurs énoncés de politique ont déjà inspiré de diverses façons les efforts de développement culturel du Québec. Pourquoi adopter une politique gouvernementale en 1992, définir une nouvelle mission du ministère, modifier ses pouvoirs et ses responsabilités et changer son appellation pour « ministère de la Culture » ?

D'autre part, pourquoi créer du même coup le Conseil des arts et des lettres du Québec (CALQ) qui transfère à une corporation mandataire du gouvernement des attributions dans les domaines artistiques et des pouvoirs assumés jusque-là par le ministère ? En omettant la tentative avortée du début des années 1960[1], comment se fait-il que les milieux culturels n'obtiennent la création d'un conseil des arts au Québec qu'en 1992 ? Six provinces canadiennes s'étaient déjà dotées d'organismes semblables entre 1948 et 1979, alors que le gouvernement fédéral avait créé son Conseil des arts en 1957[2]. Même le rapport du groupe-conseil mandaté pour élaborer une proposition de politique culturelle pour le Québec (*Rapport Arpin*, 1991), réalisée après une consultation du milieu de la culture et des arts, n'avait pas inclus parmi ses 113 recommandations celle de créer un tel organisme. Il faudra attendre les travaux de la commission parlementaire de l'automne 1991 sur la future politique culturelle pour que cette question soit soulevée dans quelques-uns des 264 mémoires déposés.

---

1. Le gouvernement du Québec avait créé un premier conseil des arts en 1962, mais ce dernier semble avoir disparu quelques mois plus tard à la suite de désaccords entre les membres du conseil et le ministère des Affaires culturelles (*Magazine Maclean*, janvier 1965 ; voir aussi Québec, MAC, *Livre vert*, 1976 : 12).
2. Soulignons les Conseils des arts de la Saskatchewan (1948), de l'Ontario (1963), du Manitoba (1966), de la Colombie-Britannique (1974), de l'Île-du-Prince-Édouard (1974) et, enfin, de Terre-Neuve (1979).

Il y avait là matière à réflexion, car ces premières questions générales en suscitaient d'autres. Quelles ont été les finalités des gouvernements fédéral et du Québec en matière de culture depuis 40 ans? Qu'est-ce qui distingue leurs interventions publiques en ce domaine? Quels enjeux ont justifié l'élaboration puis l'adoption d'une politique culturelle gouvernementale en 1992, politique apparemment construite sur un consensus des acteurs impliqués? Enfin, quel a été le rôle des acteurs politiques et plus spécifiquement l'influence des groupes de pression? Voilà donc le but avoué de cette recherche. Cela étant dit, signalons qu'il y a eu deux façons de réaliser ce livre.

La première a répondu aux critères académiques traditionnels sur lesquels a reposé à l'origine notre projet doctoral. Les critères de validité scientifique propre aux méthodes qualitatives ont exigé l'utilisation, la vérification et la confrontation de multiples sources documentaires susceptibles de satisfaire le lecteur averti, rompu aux approches et méthodes des sciences sociales. Cette première façon a aussi obligé l'intégration de théories et d'hypothèses implicites ainsi que d'un processus de recherche qui a démarré avec la problématique et s'est terminé par la vérification des hypothèses à l'étude, en passant par les étapes de revue des écrits, de présentation du cadre d'analyse, de la collecte et de l'analyse des données. La deuxième façon, sans en modifier le fond ou en amoindrir la rigueur scientifique, consistait à présenter le fruit de cette recherche sous la forme d'un livre qui soit moins rebutant et, de là, accessible à un plus grand nombre. Incidemment, j'ai dû faire face à un écueil de taille : épurer afin de ne retenir que les faits et les événements les plus significatifs, choisir afin de m'en tenir à ce que je crois être l'essentiel de la démonstration.

La combinaison de ces deux façons donne aujourd'hui ce livre qui, je le souhaite, sera utile aux chercheurs ainsi qu'à toutes les personnes intéressées par les actions des pouvoirs publics québécois et canadiens dans le domaine de la culture. Bien que confiante dans le sérieux du travail accompli et de sa contribution à la connaissance des coalitions et des groupes de pression en ce domaine, je suis consciente des limites inhérentes à une telle entreprise. La principale demeure certainement celle de m'être restreinte aux étapes d'émergence, d'élaboration et d'adoption de la *Politique culturelle du Québec* de 1992. L'analyse de sa mise en œuvre, mais surtout de son évaluation reste toujours à venir. Pour terminer, soulignons que ce livre se divise en trois parties comportant huit chapitres.

La première partie a comme objectif de présenter la problématique de recherche. Le premier chapitre traite de l'évolution sémantique des notions de culture et de politique culturelle en s'attardant à leur conception sur le plan international, mais aussi national. Également, il rappelle brièvement l'évolution de la recherche canadienne et québécoise en matière de culture et de politiques culturelles depuis les années 1960. Pour sa part, le deuxième chapitre souligne l'apport de certaines théories et approches développées par la communauté de chercheurs intéressés par l'analyse de l'action gouvernementale et par l'étude des coalitions, et présente ensuite le cadre d'analyse retenu, l'*Advocacy Coalition Framework* (*ACF*) de Paul A. Sabatier et de ses collègues, et la méthodologie.

La deuxième partie de ce livre met l'accent sur la genèse et l'émergence de la politique culturelle de 1992. Elle fait état des contraintes à l'origine du changement politique et du positionnement des acteurs politiques face aux problèmes publics d'alors. Ainsi, le troisième chapitre se consacre à cette politisation croissante de la culture en mettant au jour les enjeux en présence, notamment au cours des années 1980. Pour retracer l'origine de ces enjeux, il y a lieu de s'attarder aux fondements mêmes des interventions publiques en matière de culture et de tenir compte, notamment, de l'évolution de la richesse collective de la société, des aléas de son économie et plus spécialement de l'apport des ressources naturelles dans l'allocation des ressources publiques. Les changements des valeurs socioculturelles et de la structure sociale sont également abordés, tout comme les conséquences des prérogatives constitutionnelles dans le domaine de la culture. Le quatrième chapitre traite des événements systémiques et de leurs impacts. Les changements à survenir dans les conditions socio-économiques, au sein de l'opinion publique et dans le système politique, ainsi que les impacts des décisions des autres domaines de politiques publiques (éducation, santé et services sociaux, etc.) sur celui de la culture contribuent directement à une polarisation des groupes d'intérêts en matière de culture à compter des années 1980. Enfin, le cinquième chapitre fait état de l'alignement des acteurs politiques entre 1985 et 1992. Il rappelle plus spécifiquement l'acuité des problèmes ressentis par les différents milieux de la société québécoise, dont celui des arts et de la culture qui sera à l'origine de la création de la Coalition du monde des arts et de la culture, en 1986.

La troisième partie de cet ouvrage s'attarde aux deux phases du processus de changement politique que sont l'élaboration et l'adoption de la politique. Le sixième chapitre met tout d'abord l'accent sur les préliminaires (*Rapport Coupet*, 1990; *Rapport Arpin*, 1991) de la politique culturelle et sur les travaux de la commission parlementaire de l'automne 1991. Le rôle des instances (et fonctionnaires) du ministère des Affaires culturelles est également relaté. Le septième chapitre présente les positions politiques et l'expression des croyances (ou valeurs) des groupes et des élites en présence. Enfin, le huitième et dernier chapitre se consacre à la phase d'approbation de la politique ainsi qu'aux extrants (*policy outputs*) et aux impacts (*policy impacts*) découlant de ce processus politique.

PARTIE 1

La problématique de recherche

Avant de s'engager dans la présentation de l'analyse de la *Politique culturelle du Québec* de 1992, il importe, semble-t-il, de préciser des notions fondamentales, de faire état des thèmes, travaux et études en ce domaine et de préciser la spécificité de l'approche théorique retenue. Cette première partie introduit donc la démarche intellectuelle sur laquelle s'est appuyée la réalisation de cet ouvrage.

Le premier chapitre rappelle l'évolution sémantique des notions de culture et de politique culturelle, souligne quelques distinctions fondamentales entre les différentes politiques culturelles du Québec depuis les années 1960 et se consacre aux principaux thèmes développés par les chercheurs québécois et canadiens en ce domaine au cours des dernières décennies. Le deuxième chapitre passe en revue les principales théories et approches contemporaines à l'étude des politiques publiques et des coalitions et présente le cadre d'analyse des coalitions plaidantes[1] (*Advocacy Coalition Framework*), ses prémisses fondamentales et les hypothèses de recherche retenues, ainsi que la méthodologie privilégiée dans cet ouvrage.

---

1. On doit la traduction du concept d'*advocacy coalition* au politologue Vincent Lemieux.

1 Les notions centrales, les énoncés de politiques culturelles et l'évolution de la recherche depuis les années 1960

Au Canada, les pouvoirs publics ont joué un rôle déterminant dans le développement des arts et de la culture. Ils ont créé des institutions, multiplié les infrastructures et organismes professionnels, adopté des politiques et mis en place des programmes publics. Par la création du ministère des Affaires culturelles (MAC) en 1961, le gouvernement du Québec affirmait son rôle et ses responsabilités dans l'épanouissement des arts, mais aussi dans la protection et la diffusion d'une identité culturelle façonnée en tout premier lieu par la langue et la culture francophone. Depuis, avec cette volonté de repenser le projet culturel reflétant la réalité des Québécois et de se doter d'une politique d'ensemble, des énoncés et des documents d'orientation ont été conçus.

Ce chapitre se consacre à clarifier les notions centrales de culture et de politique culturelle et à distinguer *la* politique culturelle gouvernementale du Québec (l'ensemble des actions et activités en matière de culture), *des* politiques culturelles (sectorielles, disciplinaires, énoncés) et de la *Politique culturelle du Québec*, sanctionnée en décembre 1992. Après un bref survol des principaux facteurs à l'origine du développement et de l'orientation des contenus de recherche, il fait enfin état, mais de façon succincte, de l'évolution de la recherche québécoise et canadienne en ce domaine depuis les années 1960.

LES NOTIONS DE CULTURE ET DE POLITIQUE CULTURELLE

S'il faut reconnaître que c'est au cours de la seconde moitié du XXe siècle que la notion de politique culturelle trouve tout son sens, notamment à la suite de la multiplication des initiatives et des nombreuses réflexions entreprises par des gouvernements et par des organismes internationaux, il faut souligner qu'il en va autrement de la notion de culture.

En effet, si, au début des temps modernes, les Bacon, Hobbes et Locke ont traité de la «culture de l'esprit» – c'est-à-dire «cet art naturel, conçu comme une discipline de la croissance» du genre humain qui donne primauté à la raison (Pascal aurait parlé d'«esprit de finesse» et d'«esprit de géométrie») –, les penseurs des Lumières considérèrent la culture, par opposition à la nature, comme un caractère distinctif de l'être humain et comme un ensemble des connaissances acquises par les sociétés à différentes étapes de leur histoire (Akoun *et al.*, 1979). C'est plus précisément dans la pensée sociale du XIXe siècle, caractérisée par les transformations de la vie politique et des conditions de vie et de travail, mais aussi par le développement du Droit que l'on retrouve la genèse de la notion de culture qui ne fera que se complexifier au cours du XXe siècle (Delas et Milly, 1997).

La notion de culture

C'est en 1865 que la première définition du mot culture, comme «synonyme de civilisation», est donnée par un Britannique du nom d'Edward Burnett Tylor. Quelque six ans plus tard, Tylor fait de ce concept le sujet central de sa publication *Primitive Culture* (London, 1871). Empreint de la pensée de ses prédécesseurs et de ses contemporains, mais rompant avec la position évolutionniste «commune aux auteurs du XIXe siècle, selon laquelle les sociétés s'acheminaient d'un stade "primitif" vers un stade "supérieur", plus "civilisé"» (Delas et Milly, 1997 : 178), Tylor définit la culture comme un «ensemble complexe incluant les savoirs, les croyances, l'art, les mœurs, le droit, les coutumes, ainsi que toute disposition ou usage acquis [normes, valeurs et modèles de comportement] par l'homme vivant en société» (Sills, 1972 : 527). En reconnaissant une dignité égale aux différentes cultures, Tylor contribue ainsi à jeter les bases de plusieurs théories anthropologiques modernes de la culture, tout en concourant à l'acception la plus importante du courant culturaliste des années 1930-1970, même s'il est «aujourd'hui largement récusé»[2].

Entre-temps, la théorie sociologique, notamment celle d'Émile Durkheim, de Max Weber et de Talcott Parsons, apporte une «capacité explicative» à cette

---

2. Selon Delas et Milly, le culturalisme fut largement marginalisé au cours des dernières décennies par cette tendance générale au «retour de l'acteur» (1997 : 177-211).

notion de culture en précisant, entre autres, «son articulation avec les autres facteurs de l'action sociale», dont les croyances et les valeurs individuelles et collectives (Badie, 1983 : 19). Chose certaine, cette brève parenthèse sur l'origine et les développements de la notion de culture explique les jalons de disciplines, comme l'anthropologie culturelle, la sociologie et l'ethnologie.

Les réflexions plus contemporaines seront par ailleurs sollicitées par cette multiplication des discours disciplinaires tenus sur la culture et par son extrême diversité sémantique, source de polémiques et de disputes paradigmatiques et disciplinaires. Le sociologue français Edgar Morin résume très bien la totale complexité, pour ne pas dire la «confusion extraordinaire», de cette notion :

> Culture : fausse évidence, mot qui semble un, stable, ferme, alors que c'est le mot piège, creux, somnifère, miné, double et traître. Mot mythe qui prétend porter en lui un grand salut : vérité, sagesse, bien-vivre, liberté, créativité... Mais dira-t-on, ce mot est aussi scientifique. N'y a-t-il pas une anthropologie culturelle? Et, dit-on, une sociologie de la culture? (Morin, 1969 : 5; voir aussi 1994 : 156-157).

Bref, s'il faut concéder aux philosophes, puis aux anthropologues sociaux et aux sociologues de remarquables tentatives de définir la notion de culture et surtout d'en débattre les préceptes, il faut également reconnaître que son usage s'est étendu au fil des années dans des disciplines aussi variées que l'histoire, la science politique, l'économique et le management.

D'entrée de jeu se pose donc toujours la simple question : de quoi s'agit-il quand nous parlons de culture? Une façon de s'habiter soi-même? L'expression des manières de vivre ensemble dans une société? Un moyen de penser et de percevoir le monde qui nous entoure? Henri Lefebvre écrira, non sans une certaine ironie : «La culture?... Ce terme convient à tout ce que l'on veut, de la cuisine à la philosophie. Sac à malices ou sac d'ordures, on y verse en vrac les idées et les idéologies, les mythes et les mythologies, les représentations et les œuvres [d'art]» (Lefebvre, 1976 : 132, cité par Dussault, 1980 : 319). Qu'elle embrasse la totalité des activités humaines ou qu'elle se restreigne aux humanités classiques et au goût littéraire et artistique, qu'elle regroupe les croyances, les rites, les valeurs ou qu'elle se rétrécisse à la culture institutionnalisée, la notion de culture revêt de multiples interprétations.

Entendue au sens large et anthropologique du terme – la tendance la plus significative depuis la fin des années 1960 au Québec (Handler, 1988a : 118) ou au «sens extensif» selon les tendances actuelles (V. Lemieux, 1996 : 193) –, la culture englobe tout ce qui n'est pas inné. Elle est généralement comprise comme un mode de vie et une façon de vivre ensemble, comme un mode d'agir, de penser, de sentir d'une société donnée. Elle englobe les valeurs partagées par la population, la tolérance envers l'autre, les orientations et les préférences sociales, les croyances, la langue, les idées, le savoir. Elle s'étend à l'ensemble des us et coutumes d'une société, à son vécu, à son histoire, à son patrimoine. Par contre, au sens étroit et plus usuel, pour ne pas dire plus élitiste du terme, elle désigne l'ensemble des formes par lesquelles une société s'exprime à travers les arts et les lettres. Ainsi comprise, la notion de culture alterne donc entre un sens total ou existentiel et un sens résiduel ou institutionnel.

Consciente des multiples exemples en ce domaine[3], attardons-nous toutefois à la théorie originale du sociologue Fernand Dumont. C'est par le livre *Le lieu de l'homme. La culture comme distance et mémoire* (1968) – « probablement le plus connu, le plus cité » (Langlois et Martin, 1995) – que l'on découvre cette théorie de la culture devenue classique, encensée, mais aussi contestée : la culture première et la culture seconde.

Pour Dumont, la culture première, le donné, est déjà là ; c'est « un milieu, un ensemble de significations, de modèles, d'idéaux » (Langlois et Martin, 1995 : 16). C'est le « sens commun » qui organise les consciences et les conduites ou, comme l'interprète Danièle Letocha (1995 : 30), c'est le *« modus vivendi* qui a passé l'épreuve du temps et qui se présente comme sagesse ou prudence ». Mais l'homme se distancie de cette culture première. Il y « développe sa propre vision du monde, acquiert une conscience historique, adhère à des idéologies, produit des œuvres de la culture qui incarnent la signification du monde » (Langlois et Martin, 1995 : 16), d'où cette idée de culture seconde de Dumont, le construit.

Conforme à cette pensée qui fut sienne toute sa vie – « nulle part » dans ses œuvres subséquentes il ne la renia, il ne fit que l'enrichir et la diversifier (Létocha, 1995 : 22) – Dumont définit ainsi cette notion quelque trente ans plus tard :

[la culture] constitue un univers s'étendant des coutumes les plus banales jusqu'aux plus hautes créations de l'esprit ; de sorte que l'individu peut se situer dans une histoire, se confectionner une mémoire de son passé,

---

3. Un classique de la littérature, *Culture : A Critical Review of Concepts and Definitions*, de Kroeber et Kluckhohn (1952), présente l'extrême diversité sémantique du mot culture depuis le XVIIIe siècle. Les auteurs relèvent quelque 160 définitions issues de différentes disciplines. Plus près de nous, comme le rappelle D. Paul Schafer, une équipe d'universitaires a recensé jusqu'à 256 définitions distinctes de la culture, définitions qui englobent « tous les aspects de l'art et de la civilisation » (Schafer, 1977 : 28).

s'inquiéter de son destin. La culture est la possibilité d'avoir conscience de l'univers, plutôt que d'y être enclos comme un objet ou d'être emprisonné dans la fatalité (Dumont, 1996 : 18).

Bref, malgré une diversité de définitions empruntées majoritairement à l'anthropologie et à la sociologie, malgré ses variables sémantiques et conceptuelles, la culture représente pour la grande majorité des gens « une chose naturelle, spontanée, créatrice, qu'on ne saurait manipuler ni déterminer » (Schafer, 1977 : 28). Cependant, lorsqu'elle est mise en rapport avec le mot politique, intégrée au domaine public et entraînée dans l'arène politique, la culture semble refléter quelque chose de relativement inquiétant.

La notion de politique culturelle

Fernand Dumont et John Meisel font appel à une certaine prudence lorsque l'on met en rapport les mots culture et politique. Pour Dumont, il est important de distinguer les politiques culturelles, celles souhaitées par les créateurs, écrivains et artistes qui réclament le soutien de l'État, et la politique de la culture, celle dont on se méfie parce que l'on craint « l'intervention de l'État dans le destin de la culture » (Dumont, 1991 : 161). Selon Meisel, il y a lieu d'évaluer les coûts et les avantages, l'actif et le passif, de la proximité des gouvernements des activités culturelles, mais aussi les inconvénients qui en découlent. Car, selon lui, si le financement public a des conséquences bénéfiques, il comporte aussi ses dangers (Meisel, 1998 : 22).

Claude Fabrizio, spécialiste des politiques culturelles européennes, souligne que la notion de politique culturelle est issue de pays socialistes dans le but de répondre à une « logique de planification pour ensuite se propager dans le reste du monde » (Fabrizio, 1981 : 14). Dans les pays capitalistes, surtout après la Deuxième Guerre mondiale, elle est particulièrement liée à l'émergence de préoccupations politiques et économiques nouvelles. Les politiques culturelles ne sont d'ailleurs pas étrangères au mouvement de décolonisation de certains pays qui, après leur indépendance, voulurent affirmer leur identité culturelle tout en relançant leurs activités économiques (Fabrizio, 1983 : 30).

Mais parallèlement à l'accroissement des interventions gouvernementales en matière de culture, différents États et organisations internationales tentent de définir cette notion de politique culturelle. Il convient de signaler ici, comme le rappelle le sociologue Gabriel Dussault (1980 : 318-319), les travaux résultant de l'enquête mondiale sur les politiques culturelles entreprise par l'Unesco en 1967 et ceux de la Conférence intergouvernementale de Venise (1970) qui regroupait les ministres responsables des affaires culturelles de quelque 86 pays. Il convient également de mentionner les travaux de la Commission canadienne de l'Unesco durant les années 1970, les conférences régionales organisées dans différents pays, comme celles tenues à Helsinki en 1972, à Bogota en 1978 et à Bagdad en 1981, la Conférence mondiale de Mexico (Unesco, 1982) ainsi que, du côté de la Communauté économique européenne, les conférences des ministres des Affaires culturelles (Garon, 1989, 1997).

En fait, au cours des années 1960, les préoccupations en matière de politiques culturelles prennent l'apparence d'un phénomène mondial (Unesco, 1969 : 8). On observe un peu partout la création de ministères de la Culture ou, à défaut, de directions spécialisées à l'intérieur d'autres ministères, très souvent celui de l'Éducation (Dussault, 1980; Garon, 1989). Au cours de cette décennie et des suivantes, plusieurs organismes et gouvernements tentent de définir les politiques culturelles, de les circonscrire, de leur donner de nouvelles orientations. La prolifération de ce sujet dans la littérature porte autant sur la notion de politique culturelle que sur des thèmes qui lui sont étroitement associés, tels que besoins culturels, droits culturels, développement culturel et démocratisation de la culture.

Ainsi, dans ses *Réflexions préalables sur les politiques culturelles* (1969) issues d'une table ronde organisée en décembre 1967 et réunissant quelque 32 participants de 24 pays, l'Unesco définit la politique culturelle comme un «ensemble de pratiques sociales, conscientes et délibérées, d'interventions ou de non-interventions ayant pour objet de satisfaire certains besoins culturels par l'emploi optimal de toutes les ressources matérielles et humaines dont une société donnée dispose au moment considéré» (Unesco, 1969 : 8, cité par Garon, 1997 : 6-7). Le document fait part également d'un consensus sur cette idée de démocratisation de la culture.

En 1970, l'Unesco présente une nouveau document intitulé *Les droits culturels en tant que droits de l'homme*. Cette idée de droits culturels s'adresse autant aux collectivités nationales qu'aux individus et doit se traduire par l'affirmation et l'épanouissement des cultures nationales et l'égalité des chances d'accès aux biens de la culture et à la création. Cette invocation du droit des collectivités nationales d'affirmer et d'épanouir leur culture concorde alors avec l'émergence de nouveaux États nations, avec la légitimation de leur existence distincte (Unesco, 1970 : 11; voir aussi Fabrizio, 1983).

En 1972, à la Conférence tenue au siège social de l'Unesco à Helsinki, le principe de développement culturel devient partie intégrante du développement global (De Biase, 1987 : 38 ; Fabrizio, 1980a). À cette époque, dans la plupart des pays européens, cette idée semble aller de pair avec la diffusion et la démocratisation de la culture « cultivée ». Au Québec, elle prendra un sens beaucoup plus global, beaucoup plus anthropologique, dans le livre blanc sur la culture de Camille Laurin (1978) où on reconnaît l'empreinte d'un Fernand Dumont qui en coordonne la rédaction (Langlois et Martin, 1995).

D'ailleurs, c'est à l'occasion de la Conférence des ministres européens de la Culture à Oslo, en 1976, que le Conseil de l'Europe abandonne le caractère « élitiste et distinct » de la politique culturelle. Cette dernière doit désormais être considérée comme « un élément indispensable des responsabilités de gouvernement et doit être élaborée en rapport avec les politiques de l'éducation, des loisirs, des sports, des activités de plein air, de l'environnement, des affaires sociales, de l'urbanisme » (De Biase, 1987 : 38).

Quelque quatre années plus tard, dans un document publié par l'Unesco, Claude Fabrizio intègre cette fois-ci un aspect important, soit celui de « processus d'élaboration des choix publics », en définissant ainsi la politique culturelle : « C'est un ensemble d'actions collectives convergentes, visant la réalisation de certains objectifs et programmant la mise en œuvre de certains moyens. Toute politique peut du reste se définir comme le processus d'élaboration des choix publics dans une collectivité donnée » (Fabrizio, 1980b : 364). S'inscrivant alors dans une sorte de continuité, cette idée de processus d'élaboration rejoint la conception d'une planification politique du développement culturel qui sera consacrée dans la Déclaration solennelle, à Berlin, en mai 1984, par « politique de développement culturel ».

Enfin, plus récemment, l'ouvrage de la Commission mondiale de la culture et du développement, *Notre diversité créatrice* (1996), marque un virage significatif en y présentant « la culture comme élément fondamental des politiques publiques » (Murray, 1998 : 3). En réponse à la première recommandation formulée par la Commission, l'Unesco publiait en 1998 son premier Rapport mondial sur la culture. Visant à inspirer les politiques à venir en matière de culture et de développement, ce rapport, selon ses auteurs, vise à remettre en question « le postulat selon lequel une culture est un tout homogène, intégré et cohérent » (Unesco, 1998 : 18).

LA POLITIQUE CULTURELLE GOUVERNEMENTALE
VERSUS LES POLITIQUES CULTURELLES DU QUÉBEC

Tout d'abord, il faut éviter de réduire *la* politique culturelle du Québec à la somme des interventions de l'État en matière de culture depuis les années 1960. Parce qu'elle est adaptative, *la* politique culturelle est évolutive dans le temps et progressive dans ses finalités. Elle se définit plus largement comme une combinaison complexe de choix collectifs interdépendants, incluant les actes de non-décisions faits par le politique et les différents corps gouvernementaux.

Il convient aussi de distinguer les énoncés de politique culturelle (rapports de commissions d'enquête, livres blancs, livres verts), compris ici comme des projets de société que se donnent les gouvernements à différentes étapes de leur histoire, « à la somme des politiques sectorielles ou disciplinaires ». Comme si additionner la politique des musées à celles des arts d'interprétation, du cinéma, de l'édition, des droits d'auteur, du théâtre, etc., « pouvait donner une politique culturelle d'ensemble » (Garon, 1997 : 9-10).

Sur la scène fédérale, le *Rapport Massey-Lévesque*, issu de la Commission royale sur le développement national des arts, des lettres et des sciences (1949-1951), a été qualifié de « pierre angulaire de la politique culturelle du gouvernement fédéral ». Selon Brooke Jeffrey (1982 : 14), ce rapport a servi « de base à l'élaboration d'une politique culturelle d'ensemble au niveau national, ce qui marquait un très grand pas par rapport à la position traditionnelle d'assurer quelque appui aléatoire à des secteurs donnés ». Avant son adoption, souligne Bernard Ostry,

> tout était provisoire, incohérent ; on se contentait de pièces et de morceaux ; mais, à travers le temps, cet assemblage a pris une forme qui nous est propre. Après la publication du rapport Massey, le gouvernement fédéral et les provinces ont été amenés, bon gré mal gré, à reconnaître l'opportunité d'élaborer une politique culturelle cohérente et d'éviter tout retour à la situation chaotique de naguère (Ostry, 1978, traduit et cité par Jeffrey, 1982 : 14).

Au Québec, le *Rapport Tremblay*, déposé trois ans après la création de la Commission royale d'enquête sur les problèmes constitutionnels (1953), contient un important volet culturel. Outre ce rapport, plusieurs énoncés d'une politique culturelle d'ensemble ont été élaborés depuis les années 1960. Mais avant de reprendre ces énoncés, il convient ici de clarifier brièvement ce que l'on entend généralement par les termes « livre blanc » et « livre vert », appellations et pratiques issues de la tradition parlementaire britannique.

Entre 1964 et 1984, selon une recension de l'historien Gaston Deschênes (1986), 29 documents gouvernementaux ont été désignés ou formellement nommés livres blancs au Québec, alors que 9 ont été qualifiés de livres verts. Ces documents, dont certains n'ont jamais été rendus publics, émanaient de différents ministères. Ils s'attardaient à des sujets aussi différents que l'équipement scolaire régional, la fiscalité, les structures municipales, la santé et la sécurité au travail, la recherche scientifique, les communications et la culture. Toujours selon Deschênes, « il n'existe pas de normes » définissant le livre blanc ou le livre vert. Par contre, il s'agit très souvent de documents de l'Exécutif énonçant des mesures administratives et législatives « qui pourraient être prises » (livre vert) pour résoudre un problème d'intérêt public ou que le gouvernement « entend prendre » (livre blanc), traduisant ainsi une volonté plus ferme et plus décisive du gouvernement (Deschênes, 1986 : 41-42).

Les projets d'une politique culturelle d'ensemble avant 1992

En 1965, le nouveau ministre libéral des Affaires culturelles, Pierre Laporte, commande la réalisation d'une étude qui aboutit au *Livre blanc de la culture* qui s'articule autour de la notion d'identité culturelle. Soulignant la nécessité d'élaborer un plan d'action et de coordination des efforts pour le gouvernement, le *Livre blanc* a pour objectif de déterminer à court et à moyen termes les fins et les moyens d'une politique culturelle (Québec, MAC, *Livre blanc*, 1965). Dans les faits, le ministre Laporte cherche à étendre l'action de son ministère, créé quatre ans auparavant, au-delà du domaine des arts et, incidemment, à obtenir l'ajout de nouveaux crédits budgétaires. Plusieurs des recommandations font alors écho aux efforts du ministère dans les domaines de la recherche scientifique, de la radiophonie, du cinéma, des métiers d'art, des bibliothèques publiques et nombre d'autres domaines d'intervention.

Le *Livre blanc* n'a toutefois pas le temps d'être formellement rendu public. Ses 60 recommandations ne sont ni publiées, ni rendues publiques officiellement, ni déposées à l'Assemblée nationale. Le déclenchement des élections provinciales, la victoire de l'Union nationale et la nomination d'un nouveau ministre des Affaires culturelles, Jean-Noël Tremblay, font que ce premier énoncé d'une politique culturelle demeure à l'état de projet, et est rapidement relégué aux oubliettes.

Par contre, certaines idées contenues dans le *Livre blanc*, probablement déjà en germe au sein du ministère, se concrétisent ultérieurement dans des actions gouvernementales. Parmi celles-ci, mentionnons la transformation de la Bibliothèque Saint-Sulpice en Bibliothèque nationale (effective en 1966-1967), la création d'une direction générale de l'immigration (effective en 1966), la mise sur pied du Service des centres culturels et des arts plastiques en 1966-1967, du Service provincial de la radiodiffusion et de Radio-Québec en 1968, l'établissement des bureaux régionaux d'aménagement culturel de Hull, de Sherbrooke, de Trois-Rivières, de Chicoutimi et de Québec en 1969-1970, ainsi que différentes directions régionales comme celles de la Gaspésie–Bas-Saint-Laurent, en 1971 et 1972, et de l'Abitibi-Témiscamingue, en 1973 et 1974 (Garon, 1995).

Pour sa part, le livre vert du ministre libéral Jean-Paul L'Allier, *Pour l'évolution de la politique culturelle du Québec*, est déposé à l'Assemblée nationale du Québec le 27 mai 1976, soit quelques mois avant l'élection du Parti québécois. Ce document a alors comme ambition de «rénover la politique culturelle du Québec et [de] multiplier les budgets qui y sont consacrés» (Québec, MAC, *Livre vert*, 1976 : 100). Donnant la priorité à l'animation, à la diffusion et à l'accessibilité, le livre vert suggère, entre autres, le transfert de différents secteurs de l'administration à des organismes parapublics, dont la Régie du patrimoine, la Société de gestion du patrimoine immobilier, la Commission de la bibliothèque et des archives nationales et la Commission des musées. Mais comme le *Livre blanc* de 1965, le document du ministre L'Allier est lui aussi confronté à cette nouvelle réalité politique : l'élection d'un nouveau gouvernement en novembre 1976. Malgré le changement de gouvernement, plusieurs idées du livre vert, probablement en processus d'élaboration, voient le jour. Il en est ainsi de la création des conseils régionaux de la culture et du lancement de l'opération macro-inventaire visant à reconnaître le potentiel patrimonial du Québec.

À son tour, le ministre d'État au Développement culturel – un supraministère créé en 1977 et dirigé par le péquiste Camille Laurin – dépose à l'Assemblée nationale, en juin 1978, *La politique québécoise de développement culturel*. Le «projet de société ou de culture» proposé par le ministre Laurin a une visée «très ample», parce que «politique de développement collectif intégral» (Québec, MAC, *Livre blanc*, 1978 : 4). C'est dans cette politique que la définition anthropologique de la notion de culture prend tout son sens parce qu'elle est ici «milieu de vie» et que «l'ensemble de l'existence est produit de la culture» (*Ibid.* : 9). Soutenant qu'il «n'est plus possible ni permis de considérer séparément développement économique, développement culturel, développement social, aménagement du territoire», le livre blanc de Camille Laurin souhaite également « reprendre la marche vers l'autonomie et l'autodétermination là où elle s'était arrêtée » (*Ibid.* : 5).

Parce que cet énoncé de politique se veut d'abord un projet au « large horizon », ses visées débordent le cadre d'intervention du ministère des Affaires culturelles pour englober autant les secteurs traditionnels (arts et lettres, conservation du patrimoine) que ceux du travail, des loisirs, de l'enseignement, de l'alimentation et de la consommation, ainsi que des problèmes liés aux sexes et aux âges de la vie, etc. Chose certaine, l'application de telles recommandations doit impliquer autant les ministères des Affaires culturelles, des Affaires sociales et de l'Éducation que ceux des Travaux publics, du Tourisme, de la Chasse et de la Pêche, de l'Industrie et du Commerce et nombre d'autres. Bref, le livre blanc de Laurin – lequel soutient une coordination horizontale *via* un grand nombre de ministères – correspond à ce que l'on peut qualifier de politique culturelle gouvernementale.

Malgré l'ampleur des intentions – décriées par certains médias et critiquées par l'opposition officielle –, plusieurs orientations et recommandations de *La politique québécoise du développement culturel* trouvent des applications concrètes à court et à moyen termes. Soulignons l'extension du réseau des bibliothèques publiques et la création de la Société de développement des industries culturelles (SODIC) en décembre 1978, la mise en place d'une politique de la recherche scientifique avec la création du Conseil québécois de la recherche sociale (CQRS) et de l'Institut québécois de la recherche sur la culture (IQRC) en 1979 et, entre-temps, la mise sur pied d'un groupe de travail sur les musées scientifiques et la relance de l'art lyrique (Opéra de Montréal).

Enfin, au cours des années 1980, les ministres Clément Richard (péquiste) et Lise Bacon (libérale) présentent respectivement *Des actions culturelles pour aujourd'hui. Programme d'action du ministère des Affaires culturelles* (Québec, MAC, 1983) et le *Bilan-actions-avenir* (Québec, MAC, 1988). Ces documents, à caractère plus administratif, ne sont pas aussi ambitieux que les trois énoncés précédents. De facture plus restreinte, ils se présentent plutôt comme des plans d'action et d'orientation quant à la bonne marche du ministère des Affaires culturelles.

Le plan d'action de Clément Richard propose cependant des actions gouvernementales dont celles de donner au Musée du Québec et au Musée d'art contemporain le statut de corporations autonomes et de créer une Société de développement des arts. Dans les mois qui suivent, le ministère des Affaires culturelles procède également à une réorganisation administrative majeure, régionalise des services, décloisonne et déconcentre des programmes. Des organismes sont créés (Régie du cinéma, Société générale du cinéma et Institut québécois du cinéma) et plusieurs lois sont sanctionnées ou modifiées, dont celles sur les musées nationaux, les archives, le cinéma, le Conseil d'artisanat. Pour sa part, l'opération lancée en mai 1988 par le *Bilan-actions-avenir* de la ministre Bacon a pour objectif de réaliser un bilan des activités et d'informer la population des priorités d'action du ministère pour l'avenir (Garon, 1995).

La *Politique culturelle du Québec* de 1992

En octobre 1990, lorsque Liza Frulla-Hébert prend la direction du ministère des Affaires culturelles, elle est aux prises avec le problème du financement des artistes, des producteurs et des industries culturelles. Elle met alors sur pied un groupe-conseil afin d'avoir une expertise indépendante sur la responsabilité de l'État. Présidé par Roland Arpin, ex-sous-ministre des Affaires culturelles et directeur général du Musée de la civilisation de Québec, ce groupe-conseil dépose son rapport en juin 1991. Intitulé *Une politique de la culture et des arts. Proposition présentée à madame Liza Frulla-Hébert, ministre des Affaires culturelles du Québec*, mais aussi appelé *Rapport Arpin*, ce document comprend 113 recommandations.

À l'automne 1991, une commission parlementaire formée pour préparer la future politique culturelle du Québec entend quelque 181 organismes culturels et prend connaissance de 264 mémoires. De nombreuses pistes et orientations se dégagent de ses travaux dont celles d'améliorer le soutien à la vie artistique, de considérer les spécificités culturelles régionales, objet depuis longtemps de demandes explicites, et de donner un nouvel essor à l'action gouvernementale. Pour les organismes qui suggèrent de créer un conseil des arts et des lettres – proposition absente dans le *Rapport Arpin* –, il s'agit là d'une solution pour assurer «la plus large autonomie possible des arts indépendants à l'égard de l'arbitraire politicien et des contingences bureaucratiques» et pour éviter la méfiance et cette perception de «dirigisme» du ministère des Affaires culturelles (Mémoire du Regroupement des centres d'artistes autogérés du Québec).

La politique culturelle du Québec – Notre culture. Notre avenir, rendue officielle et publique le 19 juin 1992, est accompagnée d'une cinquantaine de mesures associées à un plan d'action et réparties dans des enjeux concernant la collectivité, les milieux artistiques et les citoyens. Comme le souligne Rosaire Garon (1994 : 3), ce nouvel énoncé constitue un virage important de l'action traditionnelle du ministère des Affaires culturelles. La ministre Frulla-Hébert insiste alors sur le fait que cette politique culturelle ne constitue pas un énoncé comme le livre blanc de Camille Laurin, notamment parce que pour «la première fois de son histoire» le Québec se dote d'une politique culturelle soumise à l'approbation de l'Assemblée nationale.

Outre l'ajout de quelque 57 millions de dollars d'«argent neuf» pour la mise en œuvre de la politique, la ministre annonce du même coup le dépôt, pour l'automne suivant, de deux mesures législatives importantes, l'une modifiant la *Loi sur le ministère des Affaires culturelles*, l'autre proposant la création du Conseil des arts et des lettres du Québec.

Quelques mises en garde

Bien que des instances et organismes internationaux aient tenté de définir de grandes orientations et d'établir des plans d'action en matière de culture, nous pourrions être incités à couper court et à nous convaincre d'une certaine uniformisation des politiques culturelles à l'échelle internationale; cependant, il n'en est rien. Encore à la fin des années 1980, comme le souligne Rosaire Garon, la politique culturelle de certains pays inclut «essentiellement» le patrimoine national et le développement professionnel des arts. Dans d'autres, une «conception plus large» fait qu'elle s'étend à la culture populaire, à la culture scientifique et, quelquefois, aux cultures des minorités, en passant par l'éducation, les industries culturelles, les communications et l'environnement. Enfin, interprétée dans «un sens encore plus global», la notion de politique culturelle implique «une dimension globale où l'homme devient le centre de la problématique du développement» (Garon, 1989 : 67).

Par ailleurs, il faut éviter cet autre piège qui consisterait à associer la politique culturelle du Québec depuis les années 1960 – définie ici comme adaptative, évolutive et progressive, et qui, somme toute, est la résultante de la combinaison complexe de choix collectifs interdépendants, incluant les actes de non-décisions – à un énoncé explicite initié par un gouvernement ou un autre. Dans le même sens, il faut aussi éviter de réduire les politiques culturelles d'ensemble, comprises ici comme «projets de société» du moment (1965, 1976, 1978), «à la somme des politiques sectorielles ou disciplinaires» (Garon, 1997 : 9).

Il faut aussi souligner le côté contestable de cet abandon officiel du caractère élitiste des politiques culturelles, tel qu'entériné par le Conseil de l'Europe en 1976 et promu notamment par cette idée de démocratisation de la culture endossée par l'ensemble des gouvernements occidentaux, dont ceux du Canada et du Québec. Encore de nos jours, comme le souligne Vincent Lemieux, c'est le caractère élitiste mais aussi collectivisant des politiques culturelles qui les distingue fondamentalement des autres politiques publiques :

> Dans la mesure où les politiques culturelles visent à améliorer l'éducation des publics et bien souvent leur identification aux valeurs propres d'une collectivité, il va de soi que les intéressés et les agents administratifs qui appartiennent aux communautés pertinentes à ces politiques soient des membres de l'*intelligentsia*, entendue au sens large, et qu'ils tiennent un discours qu'on peut dire collectivisant, au sens de la valorisation des identités collectives, à quelque niveau que ce soit (V. Lemieux, 1996 : 195-196).

Enfin, il convient de rappeler les distinctions fondamentales entre les énoncés de politique culturelle des ministres Laporte, L'Allier et Laurin et celui de la ministre Liza Frulla-Hébert. Si le *Livre blanc* de Laporte (1965) est rendu public par le journal *La Presse* en septembre 1966, mais publié et diffusé une décennie plus tard, le livre vert de L'Allier et le livre blanc de Laurin sont, pour leur part, formellement déposés en Chambre en 1976 et en 1978. Objets de débats parlementaires, ils ne sont cependant pas soumis à l'approbation de l'Assemblée nationale du Québec. Pour l'essentiel, ils annoncent des projets de loi à sanctionner et des mesures administratives à entreprendre. Les énoncés de Laporte, de L'Allier et de Laurin reflètent des décisions d'orientation politique et administrative (le ministre responsable) et confirment une volonté gouvernementale du parti politique au pouvoir (l'exécutif).

Pour sa part, *La politique culturelle du Québec* de 1992, bien que proposée par la ministre des Affaires culturelles et endossée par le Parti libéral, correspond à une « cristallisation de la volonté politique des élus dans le temps et dans l'espace » (Borgeat, 1996) (le législatif), sans égard à leur appartenance à un parti politique. Si une volonté ou une décision gouvernementale peut être en tout temps restreinte, ré-orientée ou abandonnée par le ministre ou par le Conseil des ministres qui l'endosse, ce qui est parfois le cas lors de changement de gouvernement, la volonté parlementaire, lorsqu'elle se traduit notamment par un appui unanime de l'Assemblée nationale, comporte une forme d'engagement pour les gouvernements subséquents.

LA RECHERCHE EN MATIÈRE DE CULTURE ET DE POLITIQUES CULTURELLES

Les gouvernements canadiens, tant fédéral que du Québec, ont adopté depuis le début du XXe siècle un nombre impressionnant de politiques culturelles. Malgré cela, l'intérêt pour ce champ d'étude est relativement récent au pays, comme le constate le politologue John Meisel lors des travaux de la première conférence canadienne sur les recherches sociales et les politiques culturelles en 1979 : « we have done almost no research on them. In this context we are abominably poor » (Meisel, 1979 : 6). Depuis, les praticiens des sciences sociales et des humanités sont venus enrichir nos connaissances en ce domaine.

Avant de faire état de l'évolution de la recherche québécoise et canadienne en matière de culture et de politiques culturelles, il convient de souligner certains facteurs à l'origine du développement et de l'orientation des contenus de recherche et qui ont favorisé la prolifération des études en ce domaine au cours des dernières décennies.

Des facteurs déterminants

Depuis les années 1960, l'épanouissement des sciences sociales et la multiplication des lieux de réflexion et de diffusion sont assurément les plus marquants dans l'orientation et la diffusion des recherches en matière de culture et de politiques culturelles. Mais il importe de mentionner également l'effet des grandes idéologies, d'autant plus que la connaissance scientifique, qui ne peut prétendre à la neutralité, et les sciences sociales, qui participent à la mutation de la réalité sociale, sont marquées « idéologiquement » par ceux qui les pratiquent.

La majorité des travaux produits entre 1960 et 1980 semblent la plupart du temps issus d'instances gouvernementales ou d'organismes à caractère parfois « militant » : organismes publics, ministères et directions sectorielles des gouvernements fédéral et provinciaux, Conseil des arts du Canada, Conférence canadienne des arts, associations artistiques, etc. La Commission Symons sur la situation des études canadiennes (1976) offre quelques éléments pour expliquer le peu d'études issues des milieux universitaires avant le milieu des années 1970.

En effet, comme le souligne Fernand Harvey (1993 : 208), les membres de cette Commission déplorent « le peu de contenu canadien » dans les universités anglo-canadiennes, notamment en ce qui a trait aux cours de sociologie, d'anthropologie, de science politique et de littérature. Leur rapport souligne également l'omniprésence des professeurs américains dans ces universités et, par le fait même, une américanisation des sciences sociales naissantes et des contenus des enseignements (Symons, 1975, 1988; Harvey, 1984, 1993). Il n'est donc pas surprenant que le Fédéral crée, en 1978, le Conseil de recherches en sciences humaines du Canada (CRSH). Dès l'année suivante, le gouvernement du Québec met sur pied le Conseil québécois de la recherche sociale (CQRS) et, en 1984, le Fonds pour la formation de chercheurs et l'aide à la recherche (Fonds FCAR). Il ne faut d'ailleurs pas mésestimer le rôle de ces organismes dans le développement de la recherche universitaire subventionnée mais, aussi, dans l'orientation des objets de recherche (Melançon, 1996).

Vers la fin des années 1970, les études commencent à se multiplier au Canada et au Québec. Signe du développement d'un «corporatisme» culturel, nombre de réflexions sont issues d'associations professionnelles, d'institutions et d'organismes culturels. Cet accroissement témoigne également du développement important des sciences sociales, mais aussi d'une «canadianisation» graduelle des corps professoraux et des cours universitaires ainsi que d'une prolifération des revues universitaires et/ou disciplinaires. Il convient aussi de souligner la multiplication des centres et des groupes de recherche en sciences sociales, dont bon nombre voient le jour dans les années 1970 et 1980 (Harvey, 1998).

Au fil des années, plusieurs formes de collaboration ont été établies entre certains ministères, centres de recherche universitaires et chercheurs afin de combler des besoins spécifiques de recherche et de formation dans le domaine de la culture et des arts. À titre d'exemple, mentionnons les centres de recherche suivants: les Institute for Research on Public Policy mis sur pied dans plusieurs villes canadiennes dès les années 1970, l'Institut québécois de recherche sur la culture fondé à Québec en 1979, le Groupe de recherche et de formation en gestion des arts de l'École des hautes études commerciales de Montréal en 1984 et le Centre for Cultural Management de l'Université de Waterloo en 1984.

Par ailleurs, ce n'est qu'au cours des années 1980 que les gouvernements fédéral et provinciaux mettent en place, au sein des ministères et organismes d'État, des services et des directions chargés de faire l'évaluation des politiques et des programmes publics (Turgeon, 1994). Il faut dire qu'on y produit très souvent des études stratégiques, c'est-à-dire à caractère politique, qui visent généralement le soutien et le maintien des activités des ministères et organismes en matière de culture. Au début des années 1990, comme en témoigne la recension bibliographique de Humphries et Schafer (1997), la fréquence de ce type de documents s'accentue fortement, notamment dans les secteurs des industries culturelles, et plusieurs évaluations coïncident alors avec les différents groupes de travail étudiant l'une ou l'autre des politiques culturelles fédérales et provinciales.

Outre la mise en place d'infrastructures et d'organismes voués au soutien et au développement de la recherche, soulignons que les chercheurs québécois et anglo-canadiens semblent avoir été influencés par deux grandes idéologies politiques : le nationalisme et le libéralisme. Si l'idéologie nationaliste est omniprésente depuis les années 1960 et même au-delà, l'idéologie libérale imprègne de façon plus marquée les réflexions entreprises sur les politiques culturelles depuis les années 1980.

Selon Pierre-Yves Bonin, le nationalisme « prône l'appartenance nationale comme un élément essentiel à l'épanouissement et au bonheur des citoyens » (1997 : 238). La promotion du sentiment d'appartenance se manifeste par deux revendications nationalistes : « le droit, pour chaque nation, de se constituer en groupement souverain et relativement autonome, et le droit d'utiliser le pouvoir de l'État pour favoriser l'épanouissement culturel d'un peuple et promouvoir la formation d'une identité nationale » (*Ibid.*). On peut d'ailleurs associer à ce courant idéologique les réflexions entreprises par les différentes organisations internationales ainsi que les énoncés de politique culturelle soumis par le gouvernement du Québec depuis les années 1960. Rappelons que nombre de politiques culturelles sectorielles, de travaux, d'études et de mémoires soumis à des commissions parlementaires canadiennes et québécoises s'appuient alors sur cette notion de droit, tout en concédant à l'État une suprématie en ce domaine.

Bien que le libéralisme soit plus difficile à définir, « deux caractéristiques largement acceptées par l'ensemble de la famille libérale » font l'unanimité, selon Bonin (1997 : 237). Tout d'abord, une société dite libérale est celle qui respecte et protège constitutionnellement certains droits et libertés fondamentales de l'individu : liberté politique, liberté de la presse, liberté d'expression, égalité devant la loi, etc. Mais on retrouve également dans le libéralisme cette idée de restreindre les pouvoirs de l'État.

Au cours des années 1970, un nouveau courant a toutefois vu le jour au Québec, et ce, à la faveur de ce que Gilles Bourque (1993) appelle la « sociologie de l'émancipation » qui se partage entre la sociologie culturaliste, dont les deux grands maîtres à penser sont Fernand Dumont et Marcel Rioux, et la sociologie politiste qui, largement dominée par l'idéologie marxiste, s'attarde particulièrement aux conflits des classes et aux rapports socio-politiques.

Enfin, depuis une vingtaine d'années, le néolibéralisme, cette nouvelle doctrine qui constitue une sorte de résurgence actuelle du libéralisme, s'impose de façon pregnante dans les destinées des États occidentaux et au sein des différents groupes d'acteurs sociaux. S'interrogeant sur les capacités et les responsabilités de l'État, les réalités économiques et la demande sociale des publics, l'idéologie libérale – ou sa version plus actualisée, l'idéologie néolibérale – s'appuie sur des enjeux qui échappent au contrôle des gouvernements. Il s'agit notamment de la mondialisation des économies et de la libéralisation des échanges dans le cadre d'une économie ouverte, dont l'événement le plus marquant au pays demeure l'*Accord de libre-échange entre le Canada et les États-Unis* (ALE), entré en vigueur le 1er janvier 1989.

Cette nouvelle idéologie compte généralement sur l'efficacité du marché pour réguler l'économie et la plupart des secteurs de l'activité humaine. Elle prône le laisser-faire et le désengagement de l'État, soutient les principe de la déréglementation et de la privatisation des activités économiques et contribue à l'affaiblissement des systèmes de protection sociale (Dostaler, 1996 ; Beaud et Dostaler, 1996).

Chose certaine, depuis la fin des années 1970, l'émergence de nouveaux enjeux entraîne le développement de nouveaux thèmes de recherche au Québec. Il faut dire que la société québécoise, comme la communauté de chercheurs, vit et est influencée par un contexte sociétal changeant, pour ne pas dire bouleversant : récession de 1981-1982, puis celle de 1991-1992, crise du *Welfare State* et remise en question de l'intervention de l'État, débat constitutionnel déchirant et isolement politique du Québec, libéralisation des échanges et mondialisation des économies. Loin de se soustraire à ces événements, les chercheurs préoccupés par la culture et par les politiques culturelles en sont imprégnés.

Des thèmes de recherche privilégiés par les chercheurs

La revue des écrits a permis de constater que la recherche sur la culture et les politiques culturelles, effectuée en milieu anglo-canadien et québécois, s'est développée dans des champs diversifiés, tantôt distincts, tantôt similaires, et que la communauté de chercheurs au Canada semble généralement se départager entre « deux solitudes scientifiques » (Harvey, 1998) ou « deux solitudes des communautés linguistiques » (Collins, 1989).

Fernand Harvey a d'ailleurs très bien mis en parallèle la recherche québécoise et la recherche canadienne sur les politiques culturelles lors du colloque de fondation du Réseau canadien de recherche culturelle (RCRC), en juin 1998 : les chercheurs anglo-canadiens, mentionne-t-il, « ont accordé plus d'importance à l'étude des processus politiques en matière de culture et de communication », alors que les chercheurs québécois « ont mis davantage l'accent sur l'étude des pratiques culturelles des créateurs, des groupes sociaux, des communautés et du public en général ». D'autre part, comme il le souligne, il y a aussi cette distinction entre la recherche gouvernementale, « plus empirique et axée sur la mise en œuvre et l'évaluation des politiques », et la recherche universitaire, « plus théorique et englobante, mais souvent éloignée du terrain » (Harvey, 1998 : 12).

Cette dernière section fait un bref survol de la recherche canadienne et québécoise sur les politiques culturelles[4]. Elle traitera spécifiquement, mais de façon succincte, de six grandes thématiques : les activités artistiques, le pluralisme culturel, les médias et les industries culturelles, l'économie de la culture, les institutions et les organismes culturels et, enfin, les groupes de pression dans le milieu de la culture et des arts[5].

Le secteur des activités artistiques, qui couvre les arts visuels, les arts de la scène et la littérature, a suscité très tôt l'intérêt des chercheurs rattachés à certains ministères et à de nombreux groupes, institutions et organismes préoccupés tout autant par la création et l'expression artistique que par les questions de diffusion, de formation et de réception des œuvres produites. Les politiques culturelles, qui ont pour but de soutenir et d'orienter cette production et ces pratiques, ont également été l'objet de plusieurs recherches, analyses et évaluations.

Le Conseil des arts du Canada, celui de l'Ontario, la Conférence canadienne des arts, Patrimoine canadien, Statistique Canada et le ministère de la Culture et des Communications du Québec sont des plus actifs en ce domaine. Jusqu'à ce jour, ils ont initié plusieurs recherches qui évaluent l'enseignement des arts, la performance et le rayonnement international des artistes, la précarité et les besoins financiers de certains secteurs d'activité et la demande du public. Plusieurs documents, à caractère plus politique ou administratif, sont des bilans, des rapports, des

---

4. Pour une revue plus exhaustive des écrits, consulter Saint-Pierre (2001 : 49-88 ; voir aussi Saint-Pierre, 2002).

5. Depuis la réalisation de cette revue des écrits, il faut souligner la publication d'un ouvrage majeur présentant des bilans de la recherche sur la culture au Québec depuis 25 ans : le *Traité de la culture*, sous la direction de Denise Lemieux (2002). La cinquantaine de chapitres écrits par des spécialistes aborde des sujets aussi divers que les œuvres, la création, les modes de production et de diffusion que l'immigration, la tradition orale, la société de consommation et les politiques culturelles.

mémoires et des évaluations de programmes. Les associations professionnelles et les organismes de production et de diffusion ont eux aussi initié et soutenu plusieurs recherches en ce domaine. Comme en témoignent les bibliographies imprimées et informatisées et les catalogues des bibliothèques publiques (BNC et BNQ) et universitaires, les écrits sont abondants[6].

Une concordance évidente apparaît si l'on met en parallèle les observations et réflexions dans ce genre d'études et les travaux des différents comités d'étude et commissions parlementaires. Retenons un seul exemple, celui de la question du statut de l'artiste, telle qu'abordée dans les travaux gouvernementaux et par les chercheurs universitaires ou autres. Rappelons tout d'abord, de la part du Québec, les travaux de la Commission parlementaire sur le statut de l'artiste (1986-1987), les deux lois adoptées en ce sens en 1987 et en 1988 et, de la part d'Ottawa, la création du Comité consultatif canadien sur le statut de l'artiste en 1987, puis le dépôt d'un projet de loi C-7 en mai 1991. La bibliographie de Humphries et Schafer recense une vingtaine de documents soutenant des interventions politiques en ce sens entre 1986 et 1992.

Parallèlement à ce type de recherche plus gouvernementale, les milieux universitaires poursuivent également depuis les années 1980 des réflexions, souvent théoriques, mais aussi appliquées, dans le domaine des arts. Il en est ainsi de la recherche issue de la sociologie de l'art et de la culture et des travaux sur les artistes et les conditions de la pratique artistique[7].

Par ailleurs, les études réalisées sur le pluralisme culturel (communautés culturelles, multiculturalisme, politiques linguistiques), qui occupent une place fort appréciable dans le paysage de la recherche institutionnalisée, ont profité de l'appui important de l'État fédéral depuis les années 1970. Selon Bruno Ramirez, la création d'un nombre important d'instituts et de centres de recherche ainsi que la mise sur pied d'une quinzaine de « chaires ethniques » au sein des universités

---

6. Plusieurs bibliographies imprimées et informatisées – dont Humphries et Schafer (1997), *Canadian Bibliography* (2000), Hawkins *et al.* (1991), le Conseil des arts du Canada (Canada, CAC, 1988), Lachance (1987), Keene (1985), Chartrand (1979) –, ainsi que les catalogues des bibliothèques nationales du Canada et du Québec (BNC, BNQ) et des principales bibliothèques universitaires ont été consultés. Plusieurs répertoires de périodiques canadiens et étrangers ont également été mis à contribution : Social Science Index, ABI Inform, Francis, Emerald Intelligence, Lexis-Nexis, Dialog, Current Contents, Uncover et plusieurs autres.
7. Par exemple, voir les études des Moulin (1983), Bernier et Perreault (1985), Fournier (1986a et b), Lacroix (1990), Raymond (1990) et Silcox (1990).

canadiennes ont contribué à l'essor considérable de ce domaine d'étude. En fait, selon ce chercheur, le Canada est le « premier pays industrialisé à donner naissance aux " études ethniques " comme domaine distinct des sciences sociales » (Ramirez, 1991 : 172).

Les études ethniques auraient émergé plus tôt au Canada anglais, et les provinces de l'Ontario, du Manitoba et de l'Alberta auraient d'ailleurs joué « un rôle d'avant-garde » en ce domaine. Au Québec, préoccupés par la « quête de l'identité nationale », les chercheurs ne commencent à s'intéresser aux communautés culturelles et à la question ethnique – on parle plus volontiers des « communautés ethnoculturelles » et de la question « interculturelle » (Dominique et Deschênes, 1985 ; Ramirez, 1991) – qu'au cours des années 1980. Ce champ d'étude deviendra graduellement une préoccupation pour plusieurs disciplines des sciences sociales (voir Caldwell, 1983 ; Anctil, 1986 ; Harvey, 1986).

Le débat sur la question linguistique au Québec, dont l'élément le plus marquant demeure l'adoption de la *Loi 101* en 1978, contribuera au développement important des études en ce domaine. Contrairement aux autres provinces canadiennes qui se rallient à la politique du multiculturalisme du gouvernement fédéral, le Québec donne la primauté du fait français à l'école et dans les milieux de travail. Il ne faut donc pas se surprendre du nombre important d'études sur le biculturalisme ou sur la question linguistique québécoise, ainsi que celles relatives aux problèmes d'intégration des immigrants et au statut des minorités[8]. Certains bilans s'attardent à la composition ethnique, alors que d'autres portent une attention particulière à la *montréalisation* de l'immigration, aux enjeux démographiques et économiques liés à l'insertion des nouveaux immigrés, au rôle politique et économique des communautés culturelles québécoises (Labelle *et al.*, 1987 ; Paillé, 1989 ; Ouellet et Pagé, 1991).

Au Canada anglais comme au Québec, plusieurs recherches mettent en parallèle idéologies et pluralisme (Laferrière, 1983 ; Kallen, 1988), traitent des rapports entre groupes ethniques et instances gouvernementales (Breton, 1983, 1989) ou abordent le multiculturalisme canadien dans ses dimensions plus politiques (Thorburn, 1984 ; Cardozo et Musto, 1997). Plus récemment, des études ont mis l'accent sur les inégalités que vivent des groupes d'artistes des communautés

---

8. À titre d'exemple, citons les auteurs suivants : Dechênes (1980-1985), Caldwell et Waddell (1982), Anctil et Caldwell (1984), Ioannou (1984), Laponce (1984), Helly (1987), Handler (1988a et b), Caldwell (1992, 1994) et Castonguay (1994).

visibles[9]. Les rapports des organismes gouvernementaux sont également nombreux et ils concernent souvent l'application des politiques sur les langues officielles et sur le multiculturalisme (voir Humphries et Schafer, 1997).

Enfin, il faut souligner les études sur les sociétés autochtone et inuite, tant au Canada anglais qu'au Québec. Dans leur bibliographie critique, Richard Dominique et Jean-Guy Deschênes (1985) soulignent, pour le Québec seulement, des « milliers de publications » dans ce domaine depuis la fin du XIXe siècle. Le Conseil de recherches en sciences humaines du Canada a subventionné près de 400 études entre 1978 et 1993, dont certaines furent réalisées conjointement avec le ministère des Affaires indiennes du Canada (voir Canada, CRSH, 1993). À l'approche historico-culturelle qui vise à décrire les traits distinctifs et la distribution spatiale des groupes autochtones s'ajoutent, dès les années 1950, les études sur leurs univers socioculturels puis, à compter du milieu des années 1960, celles sur la législation et les politiques publiques, sur les traités et les droits des Autochtones, sur les conditions socio-économiques, politiques et scolaires, sur la question de l'identité (Dominique et Deschênes, 1985).

Les médias et les industries culturelles ont été également privilégiés par les chercheurs et par les gouvernements depuis le début des années 1980. Signe de l'importance du seul secteur de la radiodiffusion, le gouvernement fédéral lui octroie environ 70 % des dépenses culturelles fédérales totales en 1988, comparativement à 5,6 % pour le Conseil des arts et à 7,2 % pour les musées nationaux (Meisel, 1989 : 191-204). Le domaine des médias, tel qu'on le définit traditionnellement, concerne la presse écrite (journaux et magazines), la télévision et la radio. Pour leur part, les industries culturelles s'attardent à l'édition du livre, à la production cinématographique et télévisuelle, à l'industrie du disque et à celle du spectacle. Mais, comme le souligne Gabrielle Lachance en 1984, les études québécoises sur les industries culturelles ont jusqu'alors « généralement porté sur des questions très ponctuelles et ont été effectuées pour la plupart par des fonctionnaires en vue d'aider à la création de programmes gouvernementaux ou à l'élaboration de politiques sectorielles » (Lachance, 1984 : 11). L'omniprésence législative, réglementaire et institutionnelle des gouvernements dans le domaine des médias et des industries culturelles et leur prédominance dans le développement de la recherche ont eu cependant plusieurs conséquences. J'en citerai trois.

---

9. Voir les études de Philip (1987), de Creighton-Kelly (1991), du Conseil des arts du Canada (Canada, CAC, 1992), de Bailey (1992), de Suleman (1992) et de Dawes (1994).

La première est celle d'avoir produit au Canada anglais, selon Roger de la Garde *et al.* (1994 : 203), un discours qui est « almost entirely a government or regulatory discourse », donc plus articulé autour de l'identité culturelle et plus teinté par le nationalisme canadien. La deuxième conséquence est d'avoir entraîné au sein des structures universitaires et des programmes gouvernementaux existants la multiplication d'équipes multidisciplinaires de recherche. La troisième, enfin, est d'avoir produit une lecture particulièrement « canadianisée » chez les chercheurs anglo-canadiens, comparativement à la lecture plus « légitimante » des chercheurs québécois francophones : les premiers font souvent abstraction de la présence des gouvernements provinciaux en ce domaine, du moins celui du Québec, alors que les seconds construisent généralement leur corpus d'analyse en tenant compte du rôle, souvent critiqué, du fédéral dans le secteur des médias et des industries culturelles.

Chose certaine, on peut répartir la littérature sur les médias et les industries culturelles entre les études traitant des enjeux politiques et/ou idéologiques, où l'on retrouve souvent en trame de fond les questions relatives aux compétences fédérales-provinciales et au nationalisme (canadien ou québécois), et celles, plus récentes, qui font état des enjeux proprement économiques. Plusieurs travaux insistent également sur le rôle des gouvernements comme *sponsors* et émettent des jugements parfois sévères à l'endroit des décisions politiques[10]. Le contentieux Ottawa-Québec retient évidemment l'attention, notamment en matière de communication (Laramée, 1991 ; Lacroix et Lévesque, 1998), alors que la recherche traitant plus directement des enjeux économiques semble se répartir en deux grandes catégories.

Il y a d'abord les études qui soutiennent le protectionnisme des gouvernements. Au Québec, par exemple, la question de la libéralisation des échanges suscite de nombreux questionnements sur l'avenir des industries culturelles. Ainsi, Cécile Sabourin (1987) se demande si la création artistique va survivre au libre-échange, alors que Richard D. French (1988) s'interroge sur la survie culturelle du petit écran. De tels questionnements sont également très présents au Canada anglais (voir Humphries et Shafer, 1997). Mais parallèlement à ce type de réflexions, quelques chercheurs réalisent des études plus prescriptives et engagées. Plus rares, ces études émettent généralement des jugements sévères sur la valeur des politiques

---

10. Mentionnons les réflexions de Frank W. Peers (1979), de Richard E. Collins (1982, 1989, 1990a, b) et de Paul Audley (1983) sur les politiques de radiodiffusion, de Manjunath Pendakur (1981, 1990) sur l'industrie du film et d'Arthur Siegel (1983) sur les médias au Canada.

33

et sur le rôle des différents acteurs, dont celui des groupes de pression. Au Canada anglais, on reconnaît notamment les travaux de Steven Globerman, économiste et spécialiste de la réglementation gouvernementale, dont *Cultural Regulation in Canada* (1983)[11]. On trouve également de telles réflexions chez certains économistes québécois, dont Pierre Lemieux.

Dans « Réflexions libres sur l'État et la culture » (1996), Lemieux critique ouvertement la politique culturelle qui « sert d'abord à nourrir une faune de créateurs subventionnés dont les talents, tels qu'évalués par les consommateurs en tout cas, sont souvent inversement proportionnels aux subventions qu'ils reçoivent » (1996 : 154). Il n'est pas plus tendre envers les « groupes d'intérêts » :

> Comme il fallait s'y attendre, donc, l'étatisation de la culture sous la pression des groupes d'intérêts organisés a produit une *nomenklatura* d'artistes privilégiés, ceux qui occupent des sinécures à l'ONF ou à Radio-Canada, qui font partie des jurys officiels, qui militent dans l'une ou l'autre des associations officielles et qui ont l'oreille des bureaucrates subventionneurs. Une mafia artistique et littéraire s'est ainsi constituée, qui non seulement parasite les contribuables et sclérose le véritable talent, mais qui fait la pluie et le beau temps dans le monde culturel et dans l'opinion publique (P. Lemieux, 1996 : 157).

Suite à son analyse, Lemieux conclura en reprenant une phrase célèbre de Paul-Louis Courier : « Ce que l'État encourage dépérit, ce qu'il protège meurt »[12].

Les travaux réalisés dans le domaine de l'économie de la culture constituent un autre volet important de la recherche depuis les débuts des années 1980. Ce concept relativement récent légitime cette sorte d'association entre l'art et l'argent, entre la culture et le marché, entre le consommateur et le produit culturel. Associant développement culturel et développement économique, ce concept se traduit

---

11. Dans cet ouvrage, Globerman (1983) critique les arguments qui soutiennent l'interventionnisme étatiste dans les activités culturelles et tente d'en évaluer les conséquences. Tout en mettant en doute le fait que ces interventions aient pu favoriser « le bien-être général des Canadiens » et en faisant montre d'un certain pessimisme quant à l'obtention d'une politique « bien avisée », il propose des correctifs, comme l'adoption d'objectifs clairs et mesurables, l'implantation de stratégies efficaces pour atténuer les faiblesses du marché et une bonne compréhension, de la part des *policy makers*, des fonctions sous-jacentes de la production culturelle.

12. Dans les solutions préconisées pour diminuer « les effets les plus pervers », à défaut de supprimer la politique culturelle, Lemieux suggère de subventionner le consommateur de culture (tickets d'entrée) plutôt que le producteur, de rétablir l'école dans sa fonction culturelle et de diluer l'influence de l'*establishment* culturel en appliquant le principe du *arm's length*, soit un fonctionnement sans lien de dépendance avec le gouvernement (P. Lemieux, 1996 : 166-167).

notamment dans des études sur la rentabilité et la «comptabilité de la culture» (apport au PIB, dépenses culturelles publiques, investissements culturels), sur le financement de la culture et les fonds privés (ressources, coûts, dépenses de fonctionnement, subventions, mécénat) et sur la valorisation du rôle socio-économique de l'art (apport des artistes à la société, à l'économie).

C'est également au début des années 1980 que des études produites par des services gouvernementaux spécialisés et des milieux universitaires tentent de quantifier l'apport des artistes à l'économie nationale, d'évaluer les demandes et la consommation du public en biens culturels (bibliothèques, livres, disques, théâtre, cinéma) et d'estimer la fréquentation des institutions et activités culturelles. On peut, sans commettre un impair, associer l'augmentation de ce type d'analyse aux périodes de restrictions budgétaires des années 1980 et du début des années 1990 qui suscitent chez les décideurs politiques et la population en général des interrogations quant aux finalités des interventions gouvernementales. Ainsi, retrouvera-t-on des réflexions comme *La condition d'artiste : une injustice* (Lacroix, 1990) ou, encore, *Profil des Canadiens consommateurs d'art, 1990-1991 : constats* (Cultur'inc. inc. et Decima Research, 1992), une étude qui repose sur une vaste enquête auprès des Canadiens.

Entre-temps, le gouvernement fédéral et celui du Québec ont créé des directions en évaluation de programmes et mis sur pied, au début des années 1980, des sections spécifiques chargées de produire des statistiques culturelles rendant compte de divers phénomènes. On ne dénombre plus maintenant les articles et ouvrages qui utilisent les résultats des grandes enquêtes statistiques canadiennes et québécoises sur la culture.

Conscient des lacunes générales en ce domaine, l'Institut québécois de recherche sur la culture (IQRC) entreprend, dès 1980, diverses recherches en ce domaine dont les retombées seront nombreuses : réalisation d'instruments de travail, développement de l'analyse comparée, concertation dans ce domaine et publications (IQRC, 1985 ; Baillargeon, 1986). Quelques chercheurs amorcent des réflexions sur les problèmes méthodologiques (choix des indicateurs, problèmes d'éthique, etc.), la cohérence des ensembles statistiques, les problématiques de l'analyse comparative ainsi que sur la diffusion et l'interprétation des données statistiques[13].

---

13. Mentionnons, à ce titre, les réflexions de Jean-Paul Baillargeon (1984, 1993, 1998), de Jean-Pierre Beaud et Serge Bernier (1991), d'Iain McKellar (1993) et de Charles Vallerand (1993).

D'autre part, soulignons que plusieurs ministères, sociétés d'État, institutions et organismes voués au domaine de la culture et du patrimoine ont vu le jour depuis le début du XXe siècle. Il n'y a donc rien de surprenant à ce que l'on compte un nombre important de monographies traitant de leur contribution à l'édification d'une culture et d'un patrimoine national. La recherche commanditée et institutionnelle est importante en ce domaine et les historiens, chercheurs spécialisés en histoire de l'art ou dans d'autres disciplines connexes sont très présents. Généralement, ces travaux présentent une perspective globalisante qui contribue, sans conteste, à une meilleure compréhension de la genèse, du rôle et des impacts de ces institutions sur la culture canadienne et la culture québécoise[14]. D'autres études se veulent plus critiques. Ainsi, Bernard Boucher (1988) s'attarde aux conseils de la culture au Québec et dénonce la résistance des « fonctionnaires centralisateurs » du MAC. On peut également joindre à ce type d'études les réflexions de Kenneth Cabatoff (1978), de Sylvia Bashevkin (1988) et de Marc Raboy (1990a et b).

En se référant à Milton Esman (*The Elements of Institution Building*, 1972), Cabatoff observe le processus d'institutionnalisation ou de légitimation de Radio-Québec (aujourd'hui Télé-Québec). Cette institution deviendra selon lui l'un des plus importants instruments de souveraineté culturelle du Québec. Pour sa part, dans « Recommendations on the National Question, 1951-1987 » (1988), Sylvia Bashevkin s'interroge sur le lien entre les différentes commissions royales d'enquêtes (1951-1987), l'opinion publique et les politiques gouvernementales. Au terme de son analyse, l'auteure conclut que les tendances relativement continentales de l'élite canadienne semblent mieux expliquer les mesures prises par le gouvernement fédéral au cours de cette période que le nationalisme culturel et économique canadien, généralement protectionniste. Enfin, dans *Missed Opportunities : The Story of Canada's Broadcasting Policy* (1990a), Marc Raboy présente les aspects sociopolitiques de l'évolution de la radiodiffusion canadienne et québécoise. Dans un article (1990b), il présente les perspectives d'avenir qui tiennent compte de la « crise financière sans précédent » au sein des réseaux public

---

14. On peut inscrire dans ce type de production les monographies historiques de Loris S. Russell (1961), de Jean Hamelin (1991), de Fernand Harvey (1991) et de Christine Tarpin (1997) sur des musées nationaux, de Donald Creighton (1979) sur les lieux historiques et les parcs nationaux, de Thomas H. B. Symons (c1997) sur la commémoration des lieux et monuments historiques, d'Alain Gelly *et al.* (1995) sur la Commission des biens culturels du Québec et de Gildas Illien (1999) sur la Place des arts. Terminons par quelques auteurs ayant traité de l'un ou l'autre des conseils des arts canadiens (fédéral, provinciaux ou municipaux) : Mailhot et Melançon (1982), MacSkimming (1983), Woodcook (1985), Bériault (1988), Kelly (1995) et O'Kiely (1996).

et privé. Il prend aussi une attitude plus normative, mais nationaliste, en proposant des « pistes à suivre [afin d']éviter les écueils édifiés par le système canadien » : réclamer une juridiction exclusive pour le Québec, mettre l'accent sur les aspects culturels et soustraire ce secteur à la politisation traditionnelle du dossier, confier à une agence publique autonome le mandat d'appliquer la politique et de surveiller les activités des diffuseurs privés et publics, assurer l'autonomie des diffuseurs (« principes de la non-ingérence de l'État ») et les rendre imputables devant le public (Raboy, 1990b : 1326-1329).

Pour terminer, mentionnons que les préoccupations des chercheurs sur les groupes de pression et les pratiques *lobbyistes* dans le monde de la culture et des arts semblent un phénomène plus récent, et les réflexions sont malheureusement encore trop peu nombreuses. Même en interrogeant les banques de données, les fonds bibliographiques et les catalogues des universités canadiennes, et en combinant des descripteurs aussi larges que « culture », « coalition » ou « groupes de pression », on obtient moins d'une dizaine de titres.

La première étude à y prêter une attention particulière semble être celle de Bernard Ostry : *The Cultural Connexion. An Essay on Culture and Government Policy in Canada* (1978). Cette publication présente le fruit de ses expériences professionnelles au sein de la bureaucratie fédérale et de ses années d'observation de la scène politique canadienne. Elle témoigne aussi de ses inquiétudes face à la montée du mouvement indépendantiste québécois et fait état de ses prises de position contre le discours et les revendications du parti politique souverainiste nouvellement élu (novembre 1976). Une large part du livre de Bernard Ostry est d'ailleurs consacrée à la question du Québec et au développement des interventions gouvernementales en matière de culture depuis la fin des années 1940. Bref, cet essai semble constituer une sorte de réponse à *La politique québécoise du développement culturel* (1978) du ministre péquiste Camille Laurin, puisque l'auteur se consacre à clarifier, dans un dernier chapitre, ce qu'est une politique culturelle de développement.

Certains organismes et associations professionnelles ont aussi publié des bilans et des études historiques faisant état de leurs actions et interventions auprès des gouvernements. Très souvent, ces ouvrages prennent un caractère de propagande. C'est le cas dans *Qui nous sommes : la Conférence canadienne des arts* (CCA, 1976-1978/79). On dénombre aussi certaines monographies comme celles d'Éthel Côté (1986) sur l'Union culturelle des Franco-Ontariennes et de Louis Caron (1987) sur l'Union des artistes.

Enfin, plus récemment, des recherches ont été réalisées sur les groupes de pression dans le domaine de la culture et des arts[15]. L'analyse de Marie Ellen Herbert (1983) est intéressante. Elle évalue l'impact de la *Nova Scotia Coalition in Arts and Culture*, fondée à Halifax en 1984, après l'élection du Parti conservateur et l'annonce de coupures budgétaires fédérales importantes. Réunissant quelque 1 000 personnes à l'échelle nationale, elle s'est cependant transformée en groupe de pression provincial afin de mieux défendre les intérêts des milieux artistiques auprès du gouvernement de la Nouvelle-Écosse.

---

15.   Citons, par exemple, les auteurs suivants : Joy Cohnstaedt (1989), Marie Ellen Herbert (1989), Andrew Terris (1990), Ruth Baldwin (1990) et Rita L. Irwin (1993).

2 L'étude des politiques publiques et des coalitions : théories et approches contemporaines

L'étude des politiques publiques date, semble-t-il, de ce que Harold D. Lasswell a appelé *The Policy Orientation* (1951). En fait, en voulant mieux informer le *policy maker* et évaluer les effets de certaines actions, la science politique a très tôt été associée à l'analyse des différentes options d'action gouvernementale et des conséquences de celles-ci en termes de coûts et de bénéfices. La science politique, dans l'optique de Lasswell, devait aider à prendre des décisions plus efficaces et contribuer à la connaissance «needed to improve the practice of democracy» (Lasswell, 1951 : 15). Pour ce faire, les décisions publiques devaient s'appuyer sur les meilleures données disponibles. Malgré cette approche engagée de Lasswell, plus normative et critique, la science politique demeure sous l'influence de la logique positiviste prédominante d'enquête, alors que les théories systémiques dominent l'étude des politiques publiques (Sabatier et Schlager, 2000 : 209). Chose certaine, même si de nos jours on parle du «désillusionnement du positivisme», ce paradigme a longtemps dominé – et domine toujours (Parsons, 1995) – le développement de théories, d'approches et de méthodologies largement utilisées par les politologues et par les analystes de politiques.

Au cours des dernières décennies, l'analyse de l'action gouvernementale s'est enrichie d'une littérature abondante issue de la science économique et de la science politique mais, aussi, d'autres disciplines des sciences sociales. On peut répartir les différentes théories et approches qui cherchent à reproduire la logique des politiques publiques et à expliquer le rôle des acteurs, incluant les coalitions, en trois grandes catégories : les théories rationalistes et pluralistes, issues particulièrement des sciences économiques et comportementales; les approches et modèles s'attardant aux processus de changement politique, surtout développés par les politologues; les théories et modèles qui développent l'idée de coalitions comme explication et/ou prescription des politiques publiques. Les trois premières sections de ce chapitre se penchent sur ces différentes théories et approches, alors que la quatrième présente l'*Advocacy Coalition Framework* (*ACF*) et les hypothèses retenues. Cette dernière a pour objectif de faire ressortir l'originalité de ce cadre d'analyse – actuellement «le plus développé dans le domaine» (V. Lemieux, 1998 : 137) – pour la compréhension du processus politique et des jeux et enjeux des coalitions plaidantes. Enfin, une dernière section se consacre brièvement à la méthodologie.

LES THÉORIES RATIONALISTES ET PLURALISTES

Comme le soulignent Yves Meny et Jean-Claude Thoenig, la «contribution de la théorie pluraliste à la science politique s'est faite en conjonction avec les théories rationalistes dérivées de la science économique» (1989 : 66). Dans les faits, plusieurs postulats et outils issus de la science économique ont séduit bon nombre d'analystes de politiques, alors que certains chercheurs considèrent les approches du *welfare economics* – l'application des théories et des modèles économiques visant à améliorer la rationalité et l'efficience de la prise de décision – comme le paradigme dominant de l'analyse de politiques (Jenkins-Smith, 1990, cité par Parsons, 1995 : 33).

Le pluralisme repose sur l'hypothèse fondamentale de la primauté des groupes d'intérêts dans le processus politique, et la théorie qui en découle privilégie l'étude de l'action et de l'interaction des individus et des groupes (Meny et Thoenig, 1989). Élaboré aux États-Unis dans les années 1960, le pluralisme constitue le modèle classique et dominant de l'étude du processus de décision politique. Au cœur de ce modèle se retrouve l'idée que les politiques publiques sont l'aboutissement d'un processus de concurrence entre les acteurs (groupes et individus). Mais, selon Le Galès et Thatcher (1995 : 216), le pluralisme a été sévèrement critiqué notamment à cause de sa méthodologie, mais aussi pour sa théorie «simplificatrice» du pouvoir.

Pour leur part, les théories rationalistes s'appuient sur le fait que les individus – ou l'organisation qui n'est qu'un «agrégat d'individus» (Ostrom, 1977, cité par Meny et Thoenig, 1989 : 68-69) – se comportent et prennent leurs décisions de manière rationnelle, considèrent leurs seuls intérêts personnels et cherchent à maximiser les bénéfices escomptés de leurs décisions. Selon Meny et Thoenig, ces théories peuvent se classer en deux grandes catégories. Tout d'abord, si l'on ne conçoit l'État que comme un « guichet chargé de répondre aux demandes sociales », on parle de théories s'appuyant sur la rationalité économique (*Welfare Economics* et *Public Choice*) ou sur la rationalité administrative (l'homme rationnel, le gradualisme et le *mixed scanning*). Si l'on perçoit l'État comme un « instrument au service d'une classe ou de groupes spécifiques », on s'attarde aux théories sur l'État, les bureaucrates et les experts (l'élitisme, le néomanagérialisme, le néolibéralisme), ainsi qu'à celles sur l'État, le capital et les politiques publiques (le marxisme et le néomarxisme) (Meny et Thoenig, 1989 : 65, 80).

L'application des théories et des approches des *Welfare Economics* vise à améliorer la rationalité et l'efficacité de la prise de décision. Largement utilisée pour l'étude des politiques publiques, cette approche se base « on the notion that individuals, through market mecanisms, should be relied upon to make most social decisions » (Howlett et Ramesh, 1995 : 28). La rationalité (celle de l'intérêt personnel) devient le critère prédominant à défaut de toute autre prémisse à partir de laquelle « il est possible d'argumenter » (Barry et Hardin, 1982 : 368, cité par Meny et Thoenig, 1989 : 66). Les positions de certains économistes se résument à s'interroger sur ce que fait le secteur public, à poser le problème de la dichotomie des biens publics et des biens privés (Samuelson, 1954) et à se questionner sur la « pureté » des biens publics (Buchanan, 1968).

Une des approches les plus influentes s'appuyant sur la rationalité économique, celle du *Public Choice*, a été proposée par les économistes dans la foulée des travaux de l'Américain Anthony Downs, comme *An Economic Theory of Democracy* (1957). Au cours des années 1970 et 1980, cette théorie connaît un succès important. On attribue généralement son développement aux réflexions de Downs, comme *Inside Bureaucracy* (1967), mais aussi aux travaux de Gordon Tullock, de William Niskanen et de James M. Buchanan dans les années 1970. Le *Public Choice* se définit comme l'étude du marché politique et l'utilisation des méthodes de la science économique appliquées à la science politique. Tout comme cette dernière, il étudie les théories de l'État, le vote, les comportements de l'électorat, les partis politiques, la bureaucratie et les politiques publiques. L'école du *Public Choice* est née vers la fin des années 1950 et, comme la science économique traditionnelle, elle contribue de façon importante à l'analyse normative des politiques publiques. À cette époque, des économistes intéressés à la « chose » politique réalisent que les critères servant à décrire et à expliquer les comportements du consommateur pourraient être appliqués aux comportements des électeurs, du gouvernement et des représentants politiques. Les théoriciens du *Public Choice* ne sont toutefois pas les seuls à faire de la rationalité la notion centrale de leurs analyses.

Plusieurs autres théories et approches s'appuyant sur la rationalité administrative ont connu une popularité certaine, et ce, dès la fin des années 1940. Les travaux précurseurs sont ceux de deux jeunes diplômés, Herbert Simon (modèle de la rationalité limitée) et Robert A. Dahl. S'inspirant du courant tayloriste dominant depuis les années 1920, « l'homme administratif », tel que défini par Simon, est limité dans ses capacités pour résoudre des problèmes complexes. À ses yeux, l'individu rationnel « est, et doit être, un individu organisé et institutionnalisé » (Simon, 1957a, 1957b), même s'il y a un prix à payer, soit une dépendance à l'égard de l'organisation et de ses supérieurs. À l'instar de Simon, plusieurs chercheurs feront de cette idée de la rationalité administrative leur domaine privilégié de recherche (Dahl, Lindblom, Braybrooke, etc.).

Opposée à la vision pluraliste promue par la majeure partie de la science politique américaine, l'école élitiste s'est affirmée aux États-Unis à compter de la seconde moitié des années 1940. Selon Meny et Thoenig, l'élitisme n'est pas spécifiquement une théorie des politiques publiques, parce que les études qui y sont réalisées demeurent « centrées sur la description sociographique des élites plutôt que sur l'identification de leur action et de leur influence à travers des exemples concrets de décision » (1989 : 81). On associe généralement à cette école les réflexions sur les théories du pouvoir de W. Domdoff (*Who Rules America?*, 1967), de C. Wright Mills (*L'élite du pouvoir*, 1969) et de R. Miliband (*The State in Capitalist Society*, 1969). Il convient également de rappeler les approches pluralistes-élitistes qui s'attardent au pouvoir et à sa distribution parmi les groupes et les élites[1].

Par ailleurs, rappelons que la démarche marxiste s'est traditionnellement attardée à la lutte des classes et à la place de l'État dans la production du système capitaliste. La bureaucratie d'État est, pour les marxistes, le « serviteur » de la classe dominante et répond aux intérêts de cette dernière. Pour leur part, les tenants des approches néomarxistes se différencient de ceux de l'approche marxiste traditionnelle par la place qu'y occupe le système politique (Meny et Thoenig, 1989 : 87). Au

---

1. C'est le cas du modèle pluraliste de Robert A. Dahl (1961), de celui de la non-décision de Peter S. Bachrach et Morton S. Baratz (1962, 1963), ainsi que des modèles de l'influence directe de Mathew A. Crenson (1971) et de la troisième dimension du pouvoir (l'inconscience) de Steven Lukes (1974, 1975).

moment de l'émergence de ce courant, dans les années 1970, les sociétés occidentales sont traversées par divers phénomènes ou crises : chute des taux de profit, insuffisance de la consommation, crise de la légitimité et crise fiscale de l'État. Les théories et analyses marxistes et néomarxistes tentent donc de trouver des explications à ces crises structurelles qui affectent le capitalisme. Parmi les ouvrages majeurs, soulignons la théorie de la crise fiscale de James R. O'Connor (*The Fiscal Crisis of the State*, 1973) et l'analyse de Claus Offe et John Keane (*Contradictions of the Welfare State*, 1984).

Alors que le courant néomarxiste domine dans le champ des politiques locales selon Meny et Thoenig (1989 : 82), le néomanagérialisme se développe, à compter du milieu des années 1970 aux États-Unis, dans le cadre des analyses urbaines. Mentionnons, à ce titre, les travaux sur les « nouveaux mandarins » de N. Chomsky (*American Power and the New Mandarins*, 1969) ainsi que ceux sur les bureaucraties de Michel Crozier (*Le phénomène bureaucratique*, 1963 ; *La société bloquée*, 1970), de P. Dunleavy (*Urban Politics*, 1980) et de Eric A. Nordlinger (*On the Autonomy of the Democratic State*, 1981).

Enfin, les thèses des néolibéralistes, populaires depuis le début des années 1980, s'attardent pour leur part aux effets pervers des politiques et condamnent l'expansion continue de l'État (Beneton, 1983). Les tenants de ce courant militent en faveur du retrait de l'État et visent à lui rendre son autonomie « en le débarrassant des pressions jugées nocives et des tâches considérées comme étrangères à ses missions fondamentales » (Meny et Thoenig, 1989 : 85). Pour se soustraire aux opinions et influences politiques ou corporatives, ils jugent nécessaire de former des experts et de développer l'analyse coûts / bénéfices (critères de rationalité et de rentabilité économique).

LES APPROCHES ET MODÈLES PAR ÉTAPES

Wayne Parsons (1995 : 39) présente différents types d'approches qui tentent d'expliquer le contexte politique de la *policy-making*. Pour les besoins de la présente réflexion – et comme certaines approches ont déjà été abordées (approches pluralistes-élitistes, néomarxistes) –, cette section traitera essentiellement de l'approche par étapes (*stagists approach*).

Plusieurs chercheurs ont élaboré des approches s'articulant autour d'un processus segmenté en stades, étapes ou séquences. Les variantes sont fort nombreuses, allant de trois étapes (Simon, 1947) à près d'une dizaine (Hogwood et

Gunn, 1984). On peut cependant les ramener au « cycle de vie de la politique » que sont l'émergence du problème, sa définition, l'identification des alternatives (solutions), l'évaluation des options, la sélection de la meilleure option, l'implantation et l'évaluation (Parsons, 1995 : 77). Toutefois, les chercheurs ne s'intéressent pas tous également à ces différentes étapes. Certains portent une attention particulière aux conditions d'émergence et aux raisons qui motivent les gouvernements à intervenir ou non sur un problème, alors que d'autres s'intéressent à la mise en œuvre. Regardons maintenant, à titre d'exemple, le modèle proposé par John W. Kingdon, dans *Agendas, Alternatives and Public Policies* (1984), et qui met particulièrement l'accent sur l'émergence des politiques gouvernementales.

Le modèle de Kingdon tente d'expliquer pourquoi certains problèmes sont considérés par les *public officials* et les *policy makers*, donc pris en charge par les gouvernements, alors que d'autres, tout aussi importants, n'attirent pas leur attention. Pour répondre à cette question et à bien d'autres, Kingdon récolte des données issues d'études de cas et d'entrevues réalisées auprès de fonctionnaires, de politiciens et d'autres acteurs non rattachés au gouvernement (*policy activists*) (Parsons, 1995 : 192). Au terme de son analyse, il propose un modèle original qui rejette le modèle rationnel de prise de décision, lequel soutient qu'un problème est identifié et qu'une solution est élaborée lors d'un processus par étapes (stades ou séquences). Bref, pour Kingdon, la politique découle de la rencontre de trois courants : le courant des problèmes, le courant des solutions et le courant de la politique ou des priorités politiques (voir V. Lemieux, 1995). C'est de cette rencontre que résulte l'inscription d'une politique à l'agenda décisionnel du gouvernement.

Dans le modèle qu'il développe, Kingdon reprend celui de « poubelle » (*garbage can*) ou, comme il le qualifie, de *primeval soup* où plusieurs idées sont présentes mais où une seule réussit à se maintenir. L'idée retenue doit correspondre aux valeurs dominantes, faire consensus au sein de la communauté et répondre aux critères de faisabilité technique. Ce long processus doit se réaliser à l'intérieur d'une période précise : une fenêtre d'opportunité qui ne demeure jamais longtemps ouverte. Enfin, il revient aux « entrepreneurs politiques », fins négociateurs, persévérants et près du pouvoir, de travailler au couplage des trois courants afin que le problème et la solution retenue se transposent à l'agenda gouvernemental (Kingdon, 1984 : 180). Il convient maintenant de s'attarder aux approches et modèles qui ont contribué à une meilleure compréhension du jeu des coalitions dans les études des actions gouvernementales.

LES APPROCHES ET MODÈLES DÉVELOPPANT L'IDÉE DE COALITION

Comme les auteurs consultés reconnaissent généralement trois principaux courants (Hinckley, 1982; Wilke, 1985; Bolduc et Lemieux, 1992; V. Lemieux, 1998), il convient de s'attarder essentiellement aux études issues de la théorie des jeux, des études psychosociales et des études politiques. D'ailleurs, la typologie retenue importe peu, d'autant plus que les distinctions entre ces approches ne sont pas aussi nettement découpées ou fermées les unes aux autres. Au contraire, bien que ces approches apportent une contribution à l'étude des coalitions, elles fusionnent souvent à différents endroits et à l'intérieur même de certaines études.

Le premier courant est celui de la théorie des jeux. On l'attribue à John Von Neumann et à Oskar Morgenstern qui publient, en 1944, *Theory of Games and Economic Behavior*. La notion centrale de cette théorie est la rationalité. À partir des modèles de jeux théoriques, il est possible de prédire quels seront les choix stratégiques, comment les unités ou groupes formeront des coalitions et quelle sera éventuellement la répartition des gains. Comme les participants contrôlent une partie des résultats, ils sont en conflits d'intérêt. La présence de ces conflits est un important facteur qui explique des phénomènes comme la négociation, la coopération ou la formation de coalitions (Wilke, 1985 : 31).

Au cours des années 1950 et 1960, plusieurs chercheurs évaluent l'exactitude ou les capacités de prédiction des différents modèles de jeux dont certains, d'ailleurs, ne concernent pas la formation des coalitions, alors que d'autres chercheurs s'attardent à un aspect ou à un autre de la théorie des jeux. Par exemple, Caplow (1956) et Vinacke et Arkoff (1957) s'intéressent aux coalitions dans la triade, alors que Schelling (1965), Kahan et Rapoport (1977, 1979), ainsi qu'Adrian et Press (1968), pour ne nommer que ceux-là, se centrent sur les stratégies et la résolution de conflits, sur les probabilités de succès lors de la formation des coalitions et sur les coûts liés à la formation des coalitions et le principe de la répartition des gains.

En fait, la théorie des jeux a contribué à développer l'idée de coalitions comme explication pour analyser les politiques publiques. Normative plutôt que descriptive, parce qu'elle peut à la limite suggérer des conduites, cette théorie n'explique pas les comportements des coalitions actuelles selon Hinckley (1982 : 22-23). Elle élabore cependant des relations formelles et logiques qui pourraient apparaître dans une situation donnée. Essentiellement théorique et « certainement pas empirique », elle a l'avantage d'être « rigoureuse et logique » et d'offrir des solutions et une classification des problèmes politiques selon leurs règles et solutions (*Ibid.* : 42).

Le deuxième courant est celui des études psychosociales. Contrairement à la théorie du jeu qui s'identifie à un courant essentiellement théorique, les études psychosociales possèdent un volet empirique important. En effet, en plus de tenter d'expliquer les coalitions, ce courant a aussi porté une attention particulière à l'étude sur le terrain, donc aux coalitions existantes. L'origine de ce courant est attribuable à Georg Simmel, à Theodore Caplow et à William Gamson. Vu l'importance des avancées de Caplow et Gamson, présentons brièvement leurs travaux.

En 1956, Theodore Caplow publie dans l'*American Sociological Review* son article « A Theory of Coalition in the Triad ». Sa théorie sera reprise plus tard dans un livre qui fera école : *Deux contre un. Les coalitions dans les triades* (1968). Pour Caplow, c'est le pouvoir d'un acteur sur les autres qui détermine la formation des coalitions. À l'origine de ses travaux réside une simple idée : « toute interaction sociale est par essence triangulaire et non linéaire » ; l'échange entre deux individus implique toujours un témoin, un contexte, un environnement. Il postule que « les membres d'une triade n'ont pas la même puissance » et que, conséquemment, deux acteurs se coalisent contre un troisième. La coalition choisie par un acteur lui permet de dominer l'autre (Bolduc et Lemieux, 1992 : 2).

Pour sa part, William A. Gamson publie « A Theory of Coalition Formation », également dans l'*American Sociological Review* (1961). Il est le premier à élaborer une théorie relativement complète sur ce sujet (Hinckley, 1981 ; voir aussi Bolduc et Lemieux, 1992). Selon Gamson, quatre facteurs influencent la formation des coalitions : la distribution des ressources, la part des bénéfices, les préférences stratégiques non utilitaires (idéologie, amitié) et le seuil effectif de décision. Tout comme certains tenants de la théorie des jeux, Gamson souligne l'importance des bénéfices espérés dans le processus de formation des coalitions. Mais là où sa théorie diffère et innove, c'est sur le rôle que peut jouer la distribution initiale des ressources et sur l'importance des préférences non utilitaires. Contrairement à d'autres chercheurs qui postulent que ces préférences sont l'élément clé du processus de formation, Gamson attribue à ces préférences un rôle secondaire, car celles-ci n'entrent en ligne de compte que lorsque cela n'entraîne pas de pertes de bénéfices.

Enfin, le troisième courant est celui des études politiques. Dans *Coalition and Politics* (1982), Barbara Hinckley ne consacre que quelques paragraphes aux études (ou modèles) politiques empiriques. Elle signale d'ailleurs que l'étude des coalitions dans ce courant est « east equal to that of the other approaches [c'est-à-dire la théorie des jeux et le courant des études psychosociales] in suggesting future coalition research». Dans l'ouvrage dirigé par Henk A. M. Wilke, *Coalition Formation* (1985), on ne retrouve pas de chapitre équivalent à ceux consacrés à la théorie des jeux et au courant des études psychosociales. On peut également faire les mêmes constats à partir de l'étude de Nathalie Bolduc et de Vincent Lemieux (1992) ou de l'ouvrage de Paul A. Sabatier et de Hank C. Jenkins-Smith (*Policy Change and Learning. An Advocacy Coalition Approach*, 1993). Ces exemples témoignent de la difficulté qu'éprouve ce champ à faire émerger des modèles consacrés tout d'abord aux coalitions.

La plupart des recherches sur les coalitions issues du courant des études politiques tentent d'expliquer un phénomène politique. Elles reflètent généralement la science politique empirique, incluant des études descriptives de cas. Les exemples classiques des études de comportement de coalitions sont les coalitions électorales, gouvernementales et interétatique. Mais très peu de modèles d'une ampleur équivalente à ceux issus de la théorie des jeux ou des études psychosociales ont émergé du courant des études politiques. Quatre noms sont cependant à retenir : William Riker, à qui l'on attribue la paternité de ce courant, Michael A. Leiserson, Robert M. Axelrod et Abraham De Swaan.

En 1962, William Riker publie *The Theory of Political Coalitions*. Sa théorie repose sur le principe de la taille de la coalition. Il postule que tout acteur rationnel vise à créer la plus petite coalition possible, car sa part de bénéfices sera d'autant plus grande. Comme William Gamson, «Riker établit un lien entre la puissance relative des membres de la coalition et la distribution des bénéfices entre les membres de celle-ci», et il attache une grande importance aux bénéfices qu'un acteur peut en retirer (Bolduc et Lemieux, 1992 : 4).

Le modèle du «Minimal Range» repose sur des travaux de Michael A. Leiserson (1969) et de Robert M. Axelrod (1970). Ces chercheurs suggèrent que la similarité politique (orientations et idéologie) devrait faciliter la formation d'une coalition (Wilke, 1985 : 125). Leiserson précise que cette proximité ne doit pas entraîner de coûts. Si c'est le cas, cette variable peut être mise de côté. À ses yeux, l'idéologie perdrait de l'influence comme facteur explicatif. R. Axelrod propose à son tour sa «Minimal Collected Winning Theory». Il postule que la coalition la plus probable est celle qui regroupera les acteurs les plus près idéologiquement. Moins il y a de distance entre les partis, moins les négociations sont difficiles; plus il y a de l'harmonie sur le plan idéologique, moins il y a de possibilités de conflits internes. Bref, pour ces deux chercheurs, l'idéologie influence la formation des coalitions.

Enfin, terminons avec Abraham De Swaan qui, tout comme ses collègues, s'attarde à la formation des coalitions et non à leur maintien. Son modèle, souligne-t-il, génère «a set of "predicted" coalitions that is tested against actual data on cabinet formation in some Western multiparty systems» (De Swaan, 1970 : 424 ; 1973). Dans les faits, ce chercheur donne priorité aux effets de la distance idéologique. Selon lui, ce ne sont pas seulement les ressources des acteurs qui permettent les alliances, mais c'est aussi la distance idéologique qui les sépare : les acteurs choisissent une coalition qui adopte les politiques semblables à leur vision des choses.

L'*ADVOCACY COALITION FRAMEWORK (ACF)*

L'objectif de cette quatrième section est de présenter les avancées d'une «théorie alternative du processus politique» élaborée par Paul A. Sabatier et Hank C. Jenkins-Smith[2], l'*Advocacy Coalition Framework*.

Le cadre d'analyse des coalitions plaidantes a été élaboré dans l'optique d'apporter une meilleure compréhension des changements de l'action gouvernementale au sein de domaines spécifiques de politiques publiques. Pour Sabatier et Jenkins-Smith qui ont surtout orienté leurs analyses dans le domaine des politiques environnementales, l'explication fondamentale de ces changements repose sur la compétition entre des coalitions, chacune étant composée d'acteurs issus de multiples horizons : leaders de groupes d'intérêts, politiciens, fonctionnaires, journalistes, chercheurs. Comme ces coalitions cherchent à influencer les autorités gouvernementales, tant politiques qu'administratives, des conflits apparaissent entre elles quant aux changements à introduire. Ces coalitions sont alors sujettes à la médiation d'un autre groupe d'acteurs, les *policy brokers*, qui proposent des compromis acceptables afin de réduire les conflits et les dissensions (Sabatier et

---

2. Soulignons que c'est en 1988 que Sabatier et Jenkins-Smith signent un premier article, «Policy Change and Policy-Oriented Learning», puis, en 1993, ils publient *Policy Change and Learning. An Advocacy Coalition Approach*. Par la suite, ils développent une stratégie qui convie les étudiants et les chercheurs à critiquer l'*ACF* à partir de divers domaines politiques : environnement, énergie, transport, etc. Enfin, dans «The Advocacy Coalition Framework. An Assessment» publié dans *Theories of the Policy Process* (Sabatier, 1999), ces chercheurs apportent différentes précisions et modifications à leur cadre d'analyse.

Jenkins-Smith, 1993, 1999). L'*ACF* accorde également une grande importance aux facteurs cognitifs, comme les croyances des membres d'une coalition, et aux changements découlant de leurs actions, mais aussi aux facteurs non cognitifs, comme les événements socio-économiques, culturels et institutionnels qui contraignent le processus d'élaboration des politiques (Sabatier et Schlager, 2000).

Retenons pour l'instant que l'*ACF* s'attarde fondamentalement à l'aspect central du processus politique, que ce soit au niveau de l'émergence des problèmes (généralement au-delà d'une décennie), de l'élaboration et de l'adoption en politiques publiques, de leur mise en œuvre sous forme de programmes réalisables (*policy outputs*) et de leurs impacts dans l'environnement (*policy impacts*). Ce cadre d'analyse, qui tient compte du contexte sociétal et de son évolution ainsi que du processus de prise de décision (les rapports entre les acteurs, les coalitions), tente d'expliquer les variations rencontrées lors du cheminement d'une politique publique.

L'originalité de l'*ACF*

Comme le rappellent Sabatier et Jenkins-Smith dans l'introduction de leur ouvrage de 1993, une littérature importante s'est développée dans le domaine de l'analyse des politiques publiques depuis les années 1970. Cette littérature constitue, selon eux, une des formes d'information technique relativement importante pour les personnes qui conçoivent les politiques et programmes publics. Des «découvertes majeures», issues de plusieurs recherches en ce domaine, sont à la base de l'approche alternative que ces deux chercheurs proposent.

Sabatier et Jenkins-Smith rappellent tout d'abord que des différences culturelles importantes entravent généralement l'interaction entre les chercheurs, les politiciens et les fonctionnaires (*governmental officials*). Puis, parce qu'elles ont souvent une fonction «éclairante», les analyses de politiques publiques peuvent influencer des décisions gouvernementales spécifiques, et ce, bien qu'elles soient généralement utilisées pour des raisons secondaires : par exemple, augmenter la crédibilité organisationnelle, «occuper le terrain» ou retarder des décisions indésirables. Enfin, si les chercheurs et les analystes souhaitent avoir un impact significatif sur la politique, ils doivent abandonner ce rôle de «technicien neutre» pour adopter celui de défenseur (Sabatier et Jenkins-Smith, 1999 : 118).

Bref, en intégrant ces observations et nombre d'autres, Sabatier et Jenkins-Smith élaborent leur approche qui se distancie de la théorie alors dominante du processus politique – celle proposant l'approche par étapes. Dans cette optique, ils proposent une approche qui met l'accent sur l'interaction entre les coalitions plaidantes dans les débats sur les politiques publiques et qui s'attarde tout particulièrement au processus résultant du changement dans les croyances et les actions des acteurs. Élaboré dans le but de comprendre la complexité des sous-systèmes ou des domaines des politiques concernées et pour contribuer à l'analyse des dynamiques politiques, l'*ACF* s'apparente, dans certains cas, ou se distancie, dans d'autres, de certaines approches et concepts théoriques élaborés et défendus par d'autres chercheurs.

Par exemple, l'*ACF* ne tient pas vraiment compte de l'approche de Theodore Lowi, notamment en ce qui a trait au « fundamental tenet of this approach, namely, that the policy process differs substantially in distributive, regulatory and redistributive arenas » (Sabatier et Jenkins-Smith, 1993 : 36). Reconnaissant que de telles différences peuvent exister, ils les considèrent comme secondaires. La théorie d'État (Skocpol, 1979 ; Skowronek, 1982) leur apparaît également « douteuse » dans des pays où se retrouve une diversité d'intérêts et de valeurs représentés par une variété d'institutions et de paliers de gouvernement. Bien plus, soulignent-ils, cette théorie peut souvent être « trompeuse » dans des pays qui, comme la France, apparaissent centralisés. Bref, si ces théories et approches leur semblent « secondaires », « douteuses » ou « trompeuses », d'autres, par contre, leur paraissent plus prometteuses.

Ainsi, Sabatier et Jenkins-Smith reconnaissent les forces de l'approche des systèmes ouverts (*Funnel of Causality*), associée à Richard Hofferbert (1974). Cette approche insiste sur la nécessité de délimiter les conditions géographiques et historiques, de connaître l'importance de l'environnement socio-économique et de considérer le comportement politique des populations, des institutions gouvernementales et des élites. L'*ACF* diffère toutefois de ce modèle « en distinguant le sous-système de la politique du système politique élargi, en insistant sur l'apprentissage dans les politiques publiques [*policy-oriented learning*[2]] et les pressions des relations intergouvernementales » (traduit de Sabatier et Jenkins-Smith, 1993 : 37).

En ce qui a trait à l'approche du choix institutionnel rationnel de Kiser et Ostrom (1982 ; voir aussi Ostrom, 1990), cette approche accorde un rôle central à la décision humaine. Comme l'explique Ostrom, « cette conception générale de l'action rationnelle fait [cependant] porter l'essentiel de l'explication sur les

---

2. Cet apprentissage correspond aux « modifications relativement persistantes de la pensée ou des intentions de comportement résultant de l'expérience et concernant la réalisation ou la révision des objectifs de la politique » (Sabatier et Schlager, 2000 : 210).

variables de situation », comme les conflits politiques, les règles institutionnelles, le contexte socio-économique, les contraintes et l'influence de l'environnement, « plutôt que sur des hypothèses concernant le processus de calcul interne », comme les idées centrales d'une politique (Ostrom, 1990 : 193, cité par Sabatier et Schlager, 2000). L'*ACF* « est d'accord avec ces études qui affirment que les règles institutionnelles affectent le comportement individuel, mais il va au-delà en considérant ces règles comme les produits des stratégies des coalitions plaidantes au cours du temps » (traduit de Sabatier et Jenkins-Smith, 1993 : 37). Bref, cette approche des choix rationnels est un « super cadre », selon Sabatier (1991 : 152), mais le rôle de « l'information politique y est particulièrement négligé ».

L'*ACF* est aussi d'accord avec la théorie pluraliste de Truman qui insiste sur l'importance de la compétition entre les groupes d'intérêts au sein des institutions gouvernementales. Mais les coalitions plaidantes, telles que proposées par Sabatier et Jenkins-Smith, ne sont pas de « simples constellations de groupes d'intérêts ; leurs membres sont aussi des législateurs, des fonctionnaires, des chercheurs et des journalistes » (traduit de Sabatier et Jenkins-Smith, 1993 : 37). Ils croient également en l'importance de l'apprentissage dans les politiques publiques et des systèmes de croyances hiérarchisés, concepts « complètement négligés » par Truman.

Enfin, l'approche des courants politiques de Kingdon (1984) est particulièrement intéressante en ce qui a trait au processus d'émergence et d'une partie du processus de formulation des politiques publiques. Kingdon est également, selon Sabatier et Jenkins-Smith (1993 : 37), un des chercheurs à s'attarder « sérieusement » aux rôles des idées et à les analyser. L'approche de Kingdon incorpore aussi une large vue de la communauté politique et accorde un rôle prédominant à l'information politique. Cependant, l'*ACF* s'oppose aux vues de Kingdon quant au rôle des analystes et des chercheurs. Pour Kingdon, ils sont « apolitiques », alors que pour Sabatier et Jenkins-Smith les analyses, les idées et l'information sont des parties fondamentales du *policy stream* et une force majeure de changement (Parsons, 1995 : 195).

Les prémisses fondamentales

L'*Advocacy Coalition Framework* est basé sur cinq prémisses fondamentales largement issues de la littérature. Ces prémisses se présentent comme suit :

1) *L'information technique* : Comme le rappellent Sabatier et Jenkins-Smith dans leurs écrits, les « théories du processus politique ou du changement politique doivent traiter du rôle que joue dans ce processus l'information technique concernant

l'ampleur du problème, ses causes et les impacts probables [y compris les impacts distributionnels] de diverses solutions » (traduit de Sabatier et Jenkins-Smith, 1999 : 118).

Cette information technique concourt à l'apprentissage dans la politique publique et, ce faisant, elle contribue à la réalisation de ses objectifs et à l'acquisition de ressources afin de maintenir ou d'améliorer la situation. Cette information procure également une connaissance accrue des ressources et des stratégies des opposants à la politique ainsi que des moyens pour les neutraliser (Sabatier et Schlager, 2000 : 211).

Dans la présente analyse, cette information technique vient de la documentation scientifique (travaux de chercheurs universitaires, analyses statistiques, etc.), des études, des évaluations et des analyses du ministère des Affaires culturelles. De plus, les énoncés de politique, les plans d'action, les rapports officiels et administratifs (groupes-conseils, commissions parlementaires) ainsi que les discours politiques, les articles de presse et les éditoriaux l'assimilent et la diffusent souvent.

2) *La perspective temporelle*: Pour comprendre le processus de changement politique et le rôle de l'information technique, « il faut tenir compte d'une perspective d'une décennie ou plus ». Cette perspective à long terme est nécessaire « pour obtenir un portrait raisonnable du succès ou des failles et pour apprécier la variété des stratégies que les acteurs poursuivent à travers le temps » (traduit de Sabatier et Jenkins-Smith, 1999 : 118).

Cette perspective de longue durée permet de comprendre les changements survenus au sein des systèmes de croyances des acteurs politiques (par exemple, ce passage du *Welfare State* aux énoncés promus par le courant néolibéraliste) et de saisir les impacts de ces changements à différentes étapes de leur histoire contemporaine. Elle permet également de mieux prendre en considération les interventions gouvernementales passées, mais aussi de saisir les nombreux enjeux en présence au moment où émerge la nécessité d'élaborer une politique publique.

3) *Les sous-systèmes des politiques concernées*: Selon Sabatier et Jenkins-Smith, « l'unité d'analyse la plus pratique ou la plus utile pour comprendre le changement politique dans les sociétés industrielles modernes n'est pas une organisation gouvernementale spécifique mais plutôt un sous-système (ou domaine) de la politique » (*Ibid.* : 119).

Le sous-système est composé d'acteurs provenant d'une multitude d'institutions ou d'organismes publics et privés qui sont préoccupés par un problème. Ces acteurs cherchent à influencer la politique publique dans leurs domaines spécifiques. Comme le signalent Sabatier et ses collègues, mais aussi Heclo (1978) et Kingdon (1984), ces acteurs, dont font partie des journalistes, des chercheurs et des analystes, jouent des rôles importants « dans la reproduction, la dissémination et l'évaluation des idées politiques » (Sabatier et Jenkins-Smith, 1997 : 5).

4) *Les niveaux de gouvernement* : Les sous-systèmes impliquent les acteurs de plusieurs niveaux de gouvernement : fédéral, provinciaux et locaux ; la dimension internationale peut aussi être importante, selon Sabatier et Jenkins-Smith (1999 : 119).

Soulignons que cette quatrième prémisse s'avère intéressante, d'autant plus que la *Politique culturelle du Québec* de 1992, en plus de modifier les responsabilités internes du ministère, a instauré un partenariat avec les municipalités et impliqué la collaboration d'une vingtaine de ministères et d'organismes gouvernementaux. Comme nous le verrons, s'y est ajoutée la volonté de redéfinir les rapports en matière de culture avec le gouvernement fédéral.

5) *Les systèmes de croyances* : Selon Sabatier et Jenkins-Smith, « les politiques et programmes publics incorporent implicitement les théories du "comment atteindre les objectifs" et ainsi ils peuvent être conceptualisés "in much the same way" comme les systèmes de croyances » (*Ibid.* : 119).

Les systèmes de croyances « engagent les valeurs prioritaires, les perceptions des relations causales importantes, les perceptions des états mondiaux (y compris la magnitude du problème) et les perceptions/hypothèses concernant l'efficacité des différents instruments politiques » (*Ibid.*). Dans les faits, ces systèmes procurent une sorte d'habileté à « cartographier » les croyances et les politiques sur le même « canevas » et à évaluer l'influence des différents acteurs au fil des années et le rôle de l'information technique (Sabatier et Jenkins-Smith, 1997 : 5).

2.4.3. Le cadre d'analyse

Dans le modèle suivant (figure 1), on retrouve cinq composantes, caractérisée chacune par des flèches d'orientation et trois boucles de retour (ou de rétroaction) : les deux premières situées à l'intérieur du sous-système concerné et une troisième à la fin du processus. Ces boucles rappellent que les décisions politiques ont des répercussions sur les coalitions et qu'elles peuvent influencer l'environnement externe. On peut se représenter le modèle comme une boucle sans fin, les décisions politiques antérieures affectant celles à venir et ainsi de suite.

Figure 1
Cadre d'analyse des « coalitions plaidantes »
(*Advocacy Coalition Framework*)

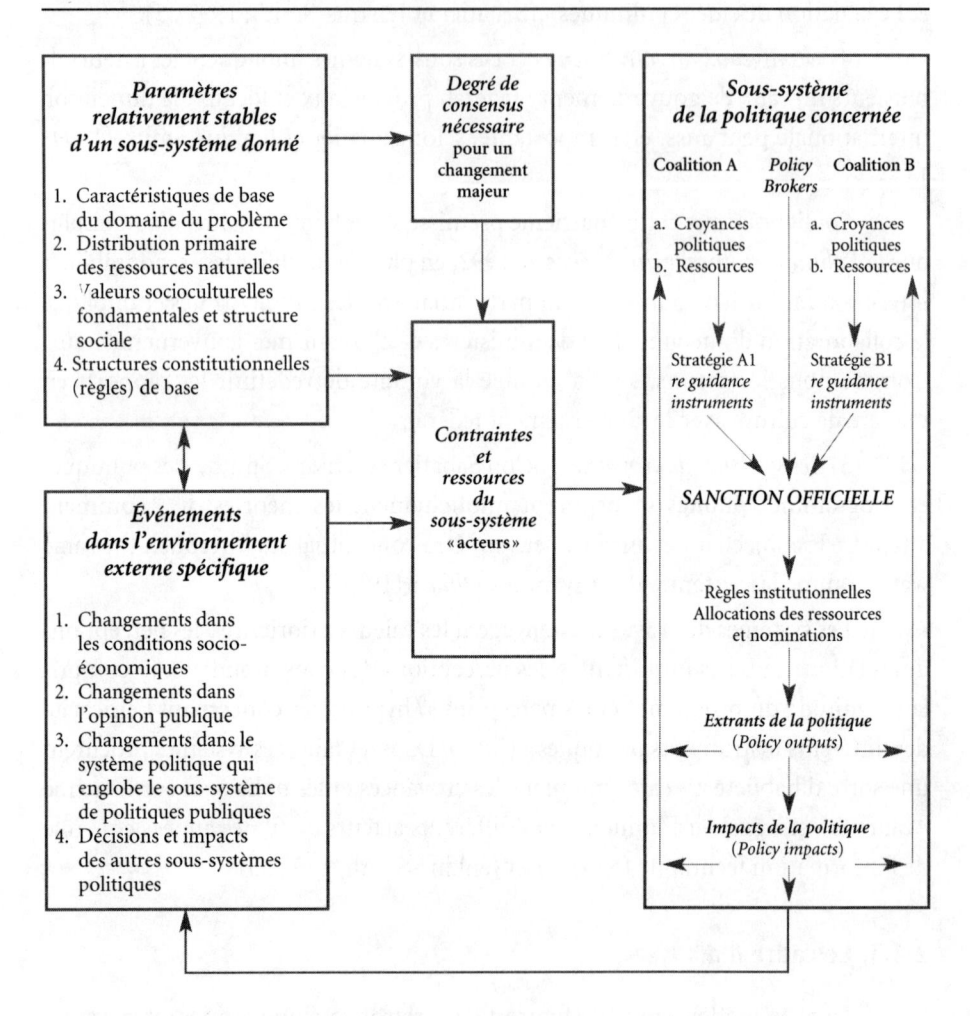

Paramètres relativement stables d'un sous-système donné
1. Caractéristiques de base du domaine du problème
2. Distribution primaire des ressources naturelles
3. Valeurs socioculturelles fondamentales et structure sociale
4. Structures constitutionnelles (règles) de base

Degré de consensus nécessaire pour un changement majeur

Sous-système de la politique concernée

Coalition A — Policy Brokers — Coalition B

a. Croyances politiques
b. Ressources

a. Croyances politiques
b. Ressources

Stratégie A1 *re guidance instruments*

Stratégie B1 *re guidance instruments*

SANCTION OFFICIELLE

Règles institutionnelles
Allocations des ressources et nominations

Extrants de la politique
(*Policy outputs*)

Impacts de la politique
(*Policy impacts*)

Événements dans l'environnement externe spécifique
1. Changements dans les conditions socio-économiques
2. Changements dans l'opinion publique
3. Changements dans le système politique qui englobe le sous-système de politiques publiques
4. Décisions et impacts des autres sous-systèmes politiques

Contraintes et ressources du sous-système « acteurs »

Source : Traduit de Paul A. Sabatier et Hank C. Jenkins-Smith, « The Advocacy Coalition Framework : An Assessment », dans Paul A. Sabatier, *Theories of the Policy Process*, Boulder/Oxford, Westview Press, 1999, p. 149.

Les différentes composantes de l'*ACF* sont les facteurs externes qui affectent le changement politique, soit les paramètres relativement stables d'un sous-système donné et les événements dans l'environnement externe spécifique qui, soulignons-le, s'influencent mutuellement. Si des variables des paramètres relativement stables ou des événements externes, comme la distribution des ressources naturelles ou les changements dans les conditions socio-économiques, peuvent affecter les contraintes et les ressources des acteurs du sous-système concerné, mentionnons que le « degré de consensus nécessaire pour un changement politique majeur » est normalement en relation avec des variables des paramètres relativement stables.

Dans le sous-système de la politique publique concernée, l'*ACF* soutient que les acteurs peuvent être agrégés en plusieurs coalitions plaidantes (habituellement de 1 à 4), composée chacune de personnes provenant de diverses organisations gouvernementales et privées, partageant un ensemble de valeurs fondamentales, d'hypothèses causales et de perception des problèmes. Ces personnes font preuve d'un « degré remarquable » de coopération au cours du temps (Sabatier et Jenkins-Smith, 1997 : 7).

Toujours dans le sous-système de la politique, se retrouvent les coalitions qui proposent leur stratégie et les *policy brokers* qui ont une fonction de médiation et qui aident à la prise de décisions par le gouvernement (sanction officielle). Ces décisions entraînent l'élaboration de règles institutionnelles, l'allocation de ressources et des nominations. Les extrants ou produits et les impacts de la politique ont finalement des effets de rétroaction sur les coalitions, mais également sur l'environnement externe. Tout au cours de ce processus, Sabatier et Jenkins-Smith insistent également sur le rôle (ou la position) et sur les habiletés du chercheur et de l'analyste (*model of the individual*), membres participants et certes pas neutres, ainsi que sur l'apprentissage dans la politique publique. Comme pour les autres composantes présentées précédemment, ils sont l'objet d'hypothèses spécifiques (voir Sabatier et Jenkins-Smith, 1999).

Avant de présenter les quatre hypothèses retenues dans le cadre de la présente recherche, rappelons que, depuis la publication de la version originale en 1987-1988, l'*ACF* a été l'objet de plusieurs critiques résultant notamment de 34 études de cas réalisées entre 1987 et 1998, dont 23 dans les secteurs de l'environnement et de l'énergie, et 11 dans d'autres domaines : éducation, défense nationale, infrastructure routière, réglementation des télécommunications, etc. De ces 34 études, 6 ont été réalisées par Sabatier et Jenkins-Smith (avec certaines collaborations), 8 sont des études sollicitées par les auteurs et, enfin, 20 études ont été initiées par des chercheurs, majoritairement des étudiants américains et européens, dont 4 au Canada (voir Sabatier et Jenkins-Smith, 1999 : 125-126). L'utilisation de l'*ACF* dans la compréhension de différentes politiques a entraîné certaines révisions, notamment au niveau des hypothèses de recherche.

Les hypothèses de recherche

La présentation des hypothèses retenues dans cette recherche tient compte d'une première révision de l'*ACF* en 1993 et d'une deuxième en 1999. Ces quatre hypothèses portent sur les coalitions plaidantes et les acteurs politiques, sur les facteurs externes affectant les sous-systèmes de politiques publiques et sur les systèmes de croyances des groupes d'acteurs.

Une coalition plaidante « consists of the actors from a variety of public and private institutions at all levels of government who share a set beliefs (policy goals plus causal and other perceptions) and who seek to manipulate the rules, budgets, and personnel of governmental institutions in order to achieve these goals over time » (Sabatier et Jenkins-Smith, 1997 : 27). Un des postulats de l'*ACF* est que les coalitions cherchent à modifier le comportement des institutions gouvernementales. La première hypothèse se présente donc comme suit :

> *Hypothèse 1* : « Dans les controverses majeures au sein du sous-système mature, lorsque sont confrontées les croyances politiques principales (*policy core beliefs*), l'alignement des alliés et de leurs adversaires a tendance à être plutôt stable pendant des périodes d'une décennie ou plus » (traduit de Sabatier et Jenkins-Smith, 1999 : 124).

Les deux autres hypothèses concernent les facteurs affectant les sous-systèmes de politiques publiques concernées. Deux séries de variables externes – les unes relativement stables, les autres plus dynamiques – affectent les contraintes et les ressources des acteurs du sous-système. Selon Sabatier et Jenkins-Smith, les changements politiques ont lieu lorsque des perturbations externes significatives surviennent autour des sous-systèmes.

La première série de variables – les « paramètres relativement stables d'un sous-système donné de politiques publiques » – est extrêmement résistante au changement. Elle est rarement tributaire des stratégies des coalitions, excepté, selon Sabatier et Jenkins-Smith, sur une période à long terme. Ces facteurs, dont certains peuvent avoir des impacts sur le « degré de consensus nécessaire pour un changement politique majeur », se présentent comme suit :

1. *Les caractéristiques de base de l'aire du problème (Problem area ou Good)* ou la « nature des biens, entendus au sens large, qui sont les enjeux du secteur » (V. Lemieux, 1998 : 140).

   Par exemple, dans le domaine spécifique de la culture : l'accent mis par le gouvernement du Canada et celui du Québec, depuis les années 1960, sur les droits collectifs des citoyens au développement culturel, le droit de disposer de biens culturels ou l'obligation par l'État de combler les besoins culturels en matière de biens collectifs : bibliothèques publiques et diverses infrastructures, lieux patrimoniaux, protection linguistique, etc.

2. *La distribution primaire des ressources naturelles.*

   Par exemple : durant la période de prospérité économique qui va de l'après-guerre aux années 1970, on assiste à une croissance importante des budgets (santé, éducation, culture, etc.); à compter du milieu des années 1970, les difficultés économiques restreignent graduellement l'allocation des ressources.

3. *Les valeurs socioculturelles fondamentales et la structure sociale.*

   Par exemple : l'évolution de la culture politique, une nation avec « deux solitudes », développement du nationalisme (canadien et québécois), évolution de la minorité anglophone québécoise, présence croissante des communautés culturelles au Québec, etc.

4. *Les structures (ou les règles) constitutionnelles.*

   Par exemple : la Constitution canadienne de 1867 et le partage des pouvoirs dans le domaine de la culture, les attributions spécifiques en matière d'éducation, le rapatriement de la Constitution en 1982, le débat constitutionnel déchirant qui le suit, l'isolement du Québec, l'échec de l'Accord du lac Meech, de l'Entente de Charlottetown, etc.

Plus dynamique et plus sujette à connaître des modifications au cours d'une décennie ou plus, la deuxième série de variables – les « événements dynamiques dans l'environnement externe spécifique » – comprend des événements systémiques qui ont un impact sur les ressources et les contraintes des acteurs du sous-système de la politique publique concernée. Il s'agit de changements qui ont lieu lorsque des perturbations importantes surviennent :

1. *Des changements dans les conditions socio-économiques et la technologie.*

   Par exemple : l'avènement des nouvelles technologies, la crise des finances publiques et la libéralisation des échanges dans les années 1980 et leurs impacts dans le domaine de la culture.

2. *Des changements dans l'opinion publique.*

   Par exemple : le Québec et la remise en question du fédéralisme canadien suite à la montée du nationalisme québécois, l'apparition du mouvement souverainiste québécois à la fin des années 1960, l'appui populaire aux référendums sur l'avenir constitutionnel.

3. *Des changements dans la coalition gouvernante (niveau système).*

   Par exemple : les gouvernements au pouvoir au Québec : Parti libéral (1960-1966, 1970-1976, 1985-1994), Union nationale (1966-1972), Parti québécois (1976-1985).

4. *Des décisions et impacts des autres sous-systèmes.*

   Par exemple : la préoccupation croissante du gouvernement du Québec en matière d'économie dans les années 1980 et au début des années 1990, et ses impacts dans les autres sous-systèmes (santé et bien-être social, éducation, etc.) et, conséquemment, dans le domaine de la culture et des politiques culturelles.

Les deux autres hypothèses retenues et associées aux facteurs externes affectant les sous-systèmes concernent le changement politique et mettent l'accent sur les relations intergouvernementales. Ces hypothèses se présentent comme suit :

Hypothèse 2: « Les croyances politiques [*policy core attributes*] d'un programme gouvernemental dans un champ de compétences spécifique ne seront pas révisées de manière significative aussi longtemps que la coalition plaidante du sous-système ayant lancé le programme demeurera au pouvoir, sauf lorsque le changement sera imposé par une instance supérieure » (traduit de Sabatier et Jenkins-Smith, 1999 : 124).

Hypothèse 3: « Une perturbation importante à l'extérieur du sous-système (par exemple des changements dans les conditions socio-économiques, l'opinion publique, les coalitions dominantes à l'échelle du système ou les extrants politiques provenant d'autres sous-systèmes) constitue une cause nécessaire du

> changement, mais non suffisante, dans les croyances politiques [*policy core attributes*] d'un programme gouvernemental »
> (*Ibid.* : 147).

Enfin, la quatrième et dernière hypothèse concerne les systèmes de croyances des groupes d'acteurs. À l'intérieur de chaque coalition, ces croyances sont organisées hiérarchiquement (dans une structure tripartite) et affectent des croyances plus spécifiques. Sabatier fait d'ailleurs de la stabilité de ces systèmes de croyances « une des caractéristiques les plus importantes des sous-systèmes politiques » (Le Galès et Thatcher, 1995 : 188).

Situées au niveau le plus haut et le plus large, les valeurs ou croyances fondamentales (*deep core beliefs*) sont les principes fondamentaux des individus ou leur philosophie de vie. Ces croyances sont très résistantes au changement et, si ce dernier survient, cela correspond à une sorte de « conversion religieuse » (Sabatier et Jenkins-Smith, 1993, 1997). Puis, il y a les « croyances politiques principales » (*policy core beliefs*) qui sont « le ciment fondamental des coalitions parce qu'elles représentent les engagements normatifs et empiriques fondamentaux dans le domaine de spécialisation des élites politiques » (traduit de Sabatier et Jenkins-Smith, 1993 : 7). Ce sont leurs principes plus stratégiques – c'est-à-dire ce à quoi on croit dans un domaine de politique –, donc les valeurs politiques. Enfin, les « aspects secondaires d'un système de croyances » (*secondary aspects*) s'attardent sur la mise en œuvre des choix de la politique.

> En résumé, les croyances sur les aspects secondaires et les croyances politiques sont cruciales pour décider quelle stratégie politique est la plus apte à maximiser un intérêt matériel. Si les croyances secondaires sont généralement nécessaires pour traduire les intérêts matériels en préférences politiques intelligibles, il existe aussi des occasions où les croyances centrales jouent un rôle tout aussi important dans le changement de ces préférences (Sabatier et Schlager, 2000 : 220).

La quatrième hypothèse retenue, et qui concerne le degré de contrainte/ cohésion dans les systèmes de croyances des deux grands groupes d'intérêts, se présente comme suit :

> *Hypothèse 4* : « Les élites des groupes idéologiques [*purposive groups*] sont plus contraintes dans l'expression de leurs croyances et de leurs positions politiques que les élites des groupes orientés vers des intérêts concrets [*material groups*] » (traduit de Sabatier et Jenkins-Smith, 1999 : 134).

LA MÉTHODOLOGIE

Vu la nature complexe des relations ou des interactions étudiées et de la profondeur de l'analyse, cette recherche a été de type qualitatif. La stratégie privilégiée a été celle de l'étude de cas (Yin, 1994) qui s'est appuyée essentiellement sur une analyse documentaire. L'unité d'analyse, comme l'envisage l'*ACF*, était le sous-système ou le domaine de politiques publiques concernées (prémisse 3).

Le choix de l'étude de cas unique s'est justifié par la complexité de l'action culturelle du gouvernement du Québec depuis les années 1960 et par mon intérêt pour une politique gouvernementale particulière. Il s'est justifié également par la nature de l'information et des questions de recherche ainsi que par la période d'observation de longue durée (prémisse 2); celle-ci visait à étudier les interactions et les sources d'influence des acteurs issus de plusieurs niveaux de gouvernement (prémisse 4), à comprendre le rôle de l'information technique face à l'ampleur du problème, ses causes et ses impacts probables (prémisse 1) et à définir les systèmes de croyances qui constituent les éléments centraux des coalitions plaidantes et qui sont l'objet d'une hypothèse retenue dans cette étude (prémisse 5). Enfin, comme il est généralement admis que l'étude de cas unique permet des recherches portant sur la compréhension (le comment?) et l'explication (le pourquoi?) des processus dynamiques et qu'elle constitue un moyen privilégié de comprendre les stratégies des acteurs et les conditions de leur réussite, ce choix a paru tout indiqué (Patton, 1990; Yin, 1994).

Les critères de sélection des documents, y compris les mémoires et les fiches-synthèses produits lors des travaux de la commission parlementaire sur la culture de l'automne 1991, sont les suivants : (1) la pertinence par rapport aux questions de recherche, aux quatre hypothèses retenues et aux prémisses de l'*ACF*, (2) la représentativité des différents acteurs sociaux, politiques et économiques en présence, (3) la correspondance entre les informations produites et la concordance avec les objets (ou volets) des rapports Coupet et Arpin et suscitant ultérieurement un débat et, enfin, (4) la suffisance ou la saturation de l'information.

Outre les ouvrages généraux, la documentation scientifique et celle à caractère législatif et / ou politique traitant de la culture (textes de loi, débats parlementaires, *Documents sessionnels*, allocutions et discours ministériels, correspondance, énoncés de politiques, etc.), les données secondaires sont issues des archives du Groupe-conseil Arpin (correspondance, documents administratifs, procès-verbaux, analyses statistiques et sectorielles, analyses de presse, etc.), de divers groupes et comités de travail du MAC, des mémoires de groupes d'intérêts présentés lors de la commission parlementaire sur la culture de 1991 ainsi que de sondages d'opinion et de dossiers de presse couvrant la période d'août 1986 à juin 1994.

La plupart des documents ont été localisés dans les bibliothèques universitaires, à la Bibliothèque nationale du Canada (BNC), à la Bibliothèque nationale du Québec (BNQ) et à la Bibliothèque de l'Assemblée nationale du Québec. La grande majorité des archives ont été retracées au ministère de la Culture et des Communications, notamment au Secrétariat général (Bureau du sous-ministre) et à la direction des Communications (dossiers de presse).

L'analyse documentaire a reposé sur la triangulation des sources de données et des méthodes d'analyse. La triangulation correspond à la procédure de vérification des données et permet de s'assurer de la fiabilité des résultats (Denzin et Lincoln, 1994; Yin, 1994). La méthode de l'étude de cas peut se concevoir avec des sources d'évidence multiples (diverses stratégies de recherche : entrevues, documents, etc.) ou, comme cela est privilégié dans cet ouvrage, par l'établissement d'une chaîne d'évidence (*chain of evidence*). Dans ce dernier cas, selon Yin :

> The principle is to allow an external observer – the reader of the case study, for example – to follow the derivation of any evidence from initial research questions to ultimate case study conclusions. Moreover, this external observer should be able to trace the steps in either direction (from conclusions back to initial research questions or from questions to conclusions). [...] If these objectives are archieved, a case study also will have addressed the methodological problem of determining construct validity, thereby increasing the overall quality of the case (Yin, 1991 : 102).

Comme je l'ai mentionné précédemment, j'ai multiplié la collecte des mêmes faits dans plusieurs sources documentaires jusqu'à une saturation de l'information. Comme dans toute recherche qualitative, j'ai dû m'appuyer sur le pouvoir de corroboration des faits : l'information issue d'un document étant validée par celle émanant d'un autre.

Enfin, il convient de rappeler que la recherche qualitative vise à rendre intelligible le phénomène étudié afin de produire une explication raisonnée. J'emprunte à Frédéric Wacheux (1996 : 83-85) les trois niveaux de validité qu'il a associés aux méthodes qualitatives :

1) « *La théorie qui se traduit par l'utilisation de la connaissance disponible* ». Dans cette recherche, il s'agissait de la théorie des coalitions plaidantes. Selon Wacheux, il faut être au fait du courant ou du paradigme dans

lequel cette théorie s'inscrit, de ses hypothèses implicites, de ses principes, de ses concepts et de ses notions. Des aspects de cette théorie doivent être régulièrement rappelés, à l'étape d'analyse, comme des référents.

2) « *Les critères de validité scientifique spécifiques aux méthodes qualitatives* ». L'utilisation de multiples sources documentaires, leur vérification, la saturation de l'information, la complétude et la cohérence des informations, la logique des explications et, finalement, la diffusion constituent des critères de validité reconnus.

3) « *Le processus de recherche* ». Ce dernier démarre avec la problématique (sa pertinence) et se termine par la vérification des hypothèses à l'étude, en passant par les étapes de la revue des écrits, de la présentation du cadre d'analyse, de la collecte et de l'analyse des données. Toutes ces étapes, et plus particulièrement celles associées à la collecte et à l'analyse, prennent appui sur les critères de pertinence (par rapport à la question), de validité (par rapport aux informations – nombres, sources et types – et au traitement) et de fiabilité (possibilité de trianguler et par rapport au résultat).

Conclusion de la partie 1

Au terme de cette première partie présentant la problématique de recherche, il convient de souligner certaines critiques et mises en garde qui ont notamment conforté mon choix du cadre de l'*Advocacy Coalition* pour l'analyse de la *Politique culturelle du Québec* de 1992.

Tout d'abord, rappelons que de nos jours on insiste plus que jamais sur la nécessité de saisir avec plus de finesse la complexité croissante du monde qui nous entoure, de revaloriser ou, du moins, de comprendre le nouveau rôle de l'État, de renouveler les connaissances et de développer de nouvelles méthodes de recherche. La recension des écrits sur les politiques culturelles canadiennes et québécoises depuis les années 1960 avait notamment comme objectif de faire ressortir la méconnaissance de ces objets d'étude que sont les coalitions, les groupes de pression et les *lobbies* issus des milieux de la culture et des arts. Il y avait donc là une nécessité de combler une lacune importante ou, du moins, d'entrouvrir une brèche dans un champ encore peu exploré, celui des jeux politiques du domaine de la culture, ce à quoi cette recherche s'est attaquée.

Puis, au regard du deuxième chapitre, soulignons que les approches du *Welfare Economics*, du *Public Choice* et des théories dérivées de la rationalité administrative et des courants marxistes et néomarxistes sont loin de faire l'unanimité malgré leur popularité. L'expansion des applications des sciences économiques a provoqué chez plusieurs chercheurs des sciences sociales (voir Radnitzky et Bernholz, 1987; McCall, 1994), et même chez les économistes (Boulding, 1969), un scepticisme croissant quant à la solidité de l'approche rationnelle à l'analyse de politiques et à l'endroit des théories et approches pluralistes (Dror, 1986; Majone, 1989, et nombre d'autres).

Bien que les théories abordées soient d'un intérêt certain, il n'en demeure pas moins qu'elles deviennent particulièrement gênantes, pour ne pas dire contraignantes, lorsqu'elles sont transposées à l'analyse des politiques. S'identifier à l'école du *Public Choice*, se définir comme néomarxiste ou adhérer aux thèses du nouveau libéralisme implique, dès le départ, une justification de la pertinence de l'une ou l'autre approche par des stratégies et des études empiriques (Meny et Thoenig, 1989). Howlett et Ramesh vont également dans le même sens lorsqu'ils signalent que les théories déductives (*Public Choice*, marxisme et néo-institutionnalisme) sont des « construits intellectuels » auxquels on tente d'ajuster la réalité, alors que les théories inductives (corporatisme ou pluralisme) ne peuvent être déclarées généralisables (Howlett et Ramesh, 1995 : 40-41). Pour contrer ces effets pervers, ces chercheurs suggèrent une science politique en perpétuelle construction et orientée essentiellement sur l'empirisme.

Par ailleurs, malgré les qualités indéniables des approches s'articulant autour du processus segmenté en stades ou séquences, certains chercheurs ont souligné le fait qu'elles créent « une vue artificielle de la *policy-making* » (voir les auteurs cités par Parsons, 1995 : 79). Sabatier et Jenkins-Smith font des critiques majeures quant à cette approche heuristique. Tout d'abord, elle n'explique « nullement » comment la politique se déplace d'une étape à l'autre. Puis, selon eux, elle ne peut être testée sur une base empirique. Elle présente également la *policy-making* comme « essentiellement de niveau top-down », contribuant ainsi à sous-estimer les autres acteurs, mais aussi les niveaux multiples de gouvernement. Elle tient peu compte ou mésestime l'apport de la connaissance et de la recherche utilisée lors du processus politique. Enfin, elle n'accorde pas une juste place à l'évaluation (Sabatier et Jenkins-Smith, 1993 : 1-4).

Chose certaine, en présentant les différents théories et approches qui développent l'idée de coalition, en les comparant les unes aux autres et en signalant certains travaux, je souhaitais faire ressortir leur originalité et leur valeur, mais aussi leurs limites pour l'analyse de politiques.

À cet effet, rappelons que la théorie des jeux apparaît « très théorique et absolument pas empirique ». Son objectif premier, selon Hinckley (1982 : 40), n'est pas de tester les hypothèses du jeu dans le « monde réel » jusqu'à ce qu'elles soient confirmées ou infirmées. Le problème majeur demeure donc son utilité pour l'analyse de politiques. Plusieurs chercheurs ont tenté de contourner ce problème en réalisant des travaux empiriques, avec de nombreux exemples descriptifs. Ainsi, dans son ouvrage sur la théorie du principe de la taille, Riker consacre la moitié de son livre à des exemples tirés de l'histoire américaine, de partis politiques et de coalitions législatives. Mais un autre problème persiste, celui de la communicabilité : selon Hinckley, les énoncés mathématiques de la théorie des jeux n'enthousiasment qu'un petit nombre de chercheurs rompus au langage mathématique. Par contre, utilisée avec d'autres techniques (analyses statistiques, études de cas, analyses comparatives), elle offre une certaine logique et une certaine rigueur dans l'analyse des problèmes politiques.

Les modèles issus du courant des études psychosociales et, dans une moindre mesure, de celui de la théorie des jeux, ont connu de nombreuses expérimentations. Un sérieux effet dissuasif au travail expérimental semble cependant reposer sur la question du caractère unique des rôles et des enjeux politiques. En fait, les situations créées en laboratoire sont artificielles. Elles tiennent compte parfois de si peu de variables qu'on est en droit de se demander quelle en est la pertinence. La réalité est beaucoup plus imposante et la complexité de la vie politique est certainement tout autre. Le monde n'est certes pas partagé en catégories et prêt pour les analyses. La généralisation consécutive aux expérimentations risque donc de poser problème. En effet, plusieurs phénomènes de distorsion sont à prendre en considération : le jugement du chercheur, les conditions d'expérimentation, le désir des sujets de contribuer au plein succès de l'expérience en aidant à valider les hypothèses expérimentales, etc. (Hinckley, 1982).

De plus, les études politiques en ce domaine ne constituent pas réellement un courant homogène. Par exemple, Riker applique la théorie des jeux au domaine politique. Axelrod, De Swaan et Leiserson, dans une moindre mesure, affirment que le facteur idéologique se révèle d'une importance capitale dans la formation des coalitions. D'autre part, comme le signalent Bolduc et Lemieux (1992 : 18), malgré l'intérêt qu'a pu susciter l'idée de coalitions au sein du courant des études politiques, « celui-ci fut moins développé que le courant des études psychosociales ». Mais tout comme ce dernier, le courant des études politiques tente d'expliquer comment agissent les acteurs dans un monde qui se transforme. Il cherche aussi à comprendre comment ces coalitions naissent, mais surtout évoluent. Contrairement au courant des études psychosociales, les objets étudiés par le courant des études politiques relèvent quasi exclusivement de la science politique : liens entre les coalitions gouvernementales, formation et types de coalitions, rapports entre l'identité idéologique, conduite des élus.

Enfin, comme toute nouvelle théorie, celle de Sabatier et Jenkins-Smith a été soumise à la critique. Les auteurs eux-mêmes notaient que c'était avant tout un «programme de recherche» et ils invitaient les chercheurs et les étudiants à tester leurs hypothèses à travers des études de cas (Sabatier et Jenkins-Smith, 1993; Sabatier, 1999). Reprenons ici les principales critiques soulevées par des chercheurs et soulignées par Wayne Parsons, dans *Public Policy. An Introduction to the Theory and Practice of Policy Analysis* (1995 : 200-203)[1].

Une première critique du modèle («aussi bien que les hypothèses concernées») est que si, dans certains cas, l'*ACF* trouve des applications concrètes (politiques concernant le nucléaire, l'environnement, etc.), dans d'autres ce serait «plus difficile» (Greenaway *et al.*, 1992, cité par Parsons, 1995 : 200). C'est ainsi le cas, selon Parsons, de certains domaines de la *policy-making*, comme les politiques de défense, où les coalitions plaidantes ne sont pas évidentes à trouver et où la prise de décision n'est pas pluraliste.

Parsons soutient également que la «pertinence de l'*ACF* semble douteuse» pour certains systèmes politiques qui, comme la Grande-Bretagne, font preuve de «beaucoup moins d'ouverture et de contacts entre les acteurs dans les différentes institutions» (1995 : 200). Par contre, dans les pays qui font preuve d'une plus grande disposition pour la consultation des groupes d'intérêts et les organisations, l'*ACF* pourrait être approprié et constituerait une «approche compréhensive et cohérente» à la réalisation des politiques publiques (*Ibid.*). Une autre situation où l'*ACF* pourrait être moins utile pour expliquer le changement politique, selon Parsons, concerne ces gouvernements qui, plutôt que de réagir aux événements et aux problèmes, ont tendance à imposer et à planifier leurs politiques à long terme. C'est le cas des pays ayant une tradition centralisatrice plus importante – là où la distribution du pouvoir et les arrangements politiques et administratifs demeurent davantage au niveau du gouvernement central.

Enfin, Parsons émet deux autres critiques : il signale cette «impression» que l'apprentissage dans les politiques publiques (*policy-oriented learning*) semble être un processus limité aux acteurs du sous-système (groupes d'intérêts, *think-thanks*, fonctionnaires, politiciens et professionnels); puis, il considère que la notion de sous-système est «plutôt suspecte». Pour appuyer ses dires, Parsons rappelle les

---

1. Pour des critiques du dernier ouvrage de Sabatier (1999), voir Dudley, Parsons et Radaelli (Dudley, 2000). Pour une comparaison de théories et modèles du processus politique, y compris celui de l'*ACF*, voir Schlager (1999) et Sabatier et Schlager (2000).

théories de Geoffrey Vickers (1965), théories qui défendaient le caractère indivisible de l'activité mentale et du processus social : le monde n'est pas en soi une série de données, mais « a construct, a mental artifact, a collective work of art » (Parsons, 1995 : 201). Il rappelle aussi les travaux John Child (1972) qui faisaient des élites, dans les organisations, des constructeurs « de l'image de l'environnement extérieur dans le but de faciliter leurs choix stratégiques » (Parsons, 1995 : 201). Bref, selon Parsons, les frontières semblent beaucoup moins bien définies entre le sous-système de la politique et cet environnement extérieur qui est présenté dans l'*ACF*.

Malgré ses critiques, Parsons convient cependant que l'*ACF* contribue de façon notable à synthétiser les approches qui comportent les phases du cycle politique – de la définition du problème à l'implantation, en passant par la mise à l'agenda et la prise de décision – « into a coherent and robust theory » :

> Le point fort de ce cadre est de faciliter la tâche de « cartographier » le processus politique d'une manière qui illustre comment il faut considérer les diverses étapes du cycle d'une politique comme étant plus fluides et plus interactives que les *stagists* ne le laissent entendre. Sans aucun doute, des recherches et des applications plus poussées (surtout dans des pays autres que les États-Unis) mettront à l'épreuve les prétentions du modèle de l'*Advocacy Coalition* à être plus qu'un instrument heuristique (traduit de Parsons, 1995 : 203).

PARTIE 2

L'émergence de la politique culturelle : les contraintes à l'origine du changement et l'alignement des acteurs

Au Canada, si les décennies 1930-1960 ont été caractérisées par la mise sur pied des premières organisations artistiques (Groupe des Sept, Union des artistes) et leurs premiers mouvements de contestations, les années 1960-1990 reflètent pour leur part des changements importants au sein de la société en général et des groupes de pression en particulier. Au cours de ces années, les groupes et associations du milieu de la culture et des arts deviennent de plus en plus distincts, mieux organisés, plus structurés et spécifiques, tout en demeurant relativement stables, du moins jusqu'au milieu des années 1980. À cette époque, les impacts de plusieurs décisions politiques (lois sur le statut de l'artiste, re-définition des mandats de certains organismes culturels, coupures, etc.) les affectent directement, tout en accentuant cette nécessité de se concerter.

Cette deuxième partie a pour objectif de décrire et de comprendre les événements et les contraintes qui ont contribué, à des degrés divers, à l'adoption de la *Politique culturelle du Québec*, en 1992. Elle a également pour but d'expliquer les prises de position des différents acteurs ou groupes d'acteurs impliqués et leurs stratégies sous-jacentes.

D'ailleurs, dans les approches et modèles s'attardant aux processus de changement politique, on dira que c'est généralement après l'identification du problème que des individus et des porte-parole de certains groupes proposent des solutions, que des intérêts s'affrontent et que la décision se dégage. Mais Sabatier et

Jenkins-Smith (1999) vont cependant au-delà de cette description simplifiée en affirmant que, pour une même politique, coexistent et s'affrontent plusieurs systèmes de croyances, spécifiques à chacune des coalitions en présence. Bien plus, selon eux, c'est à partir de l'interprétation des informations relatives aux paramètres du problème et aux événements dynamiques qui les affectent, de la reconnaissance par les acteurs politiques d'une certaine urgence, que des élites sectorielles cherchent à imposer leurs solutions. Bref, pour vérifier l'alignement des acteurs politiques quant aux problèmes de l'heure dans le domaine de la culture (hypothèse 1) et pour saisir les impacts des événements et des contraintes qui contribuent à transformer leurs croyances politiques (hypothèses 2 et 3), cette deuxième partie met l'accent sur les quatre premières composantes de l'*Advocacy Coalition Framework* (voir la figure 1).

Ainsi, avec le but avoué de cerner cette politisation croissante de la culture au Québec et au Canada depuis les années 1960, le troisième chapitre présente les « paramètres relativement stables du sous-système » de la politique culturelle. Puis, avec l'objectif d'insister plus particulièrement sur cette polarisation des groupes d'intérêts depuis le début des années 1980, le quatrième chapitre s'attarde aux « événements dans l'environnement externe dynamique ». Il reprend également les observations ou postulats qui ont justifié l'ajout d'une troisième composante à l'*ACF* en 1999 : le « degré de consensus nécessaire pour un changement majeur ». Enfin, dans l'optique de mieux situer les conséquences de cette évolution sur le milieu de la culture et des arts, soit les « contraintes et les ressources du sous-système concerné », le cinquième chapitre met l'accent sur l'évolution du secteur culturel canadien depuis les années 1970 et les demandes du public en matière de biens et de services. Il s'attarde aussi à la position des acteurs issus de différents milieux de la société ainsi qu'à la Coalition du monde des arts et de la culture (ou Coalition du 1 %), mise sur pied en 1986.

3 Les événements à l'origine de la *Politique culturelle* de 1992 : vers une politisation croissante de la culture

La présentation de l'*Advocacy Coalition Framework* (*ACF*), au chapitre précédent, a mis l'accent sur le système de croyances, la notion centrale du modèle, le changement par apprentissage (*policy-oriented learning*) et les principaux éléments qui permettent d'identifier les acteurs-clés : le sous-système de politiques publiques, la coalition plaidante, deuxième notion centrale du modèle, et le médiateur ou *policy broker*. Le schéma de l'*ACF* présenté dans le deuxième chapitre a également mis en évidence ses différentes composantes, dont celle relative aux « paramètres relativement stables d'un sous-système donné ».

Selon Sabatier et Jenkins-Smith, les paramètres relativement stables, qui sont extrêmement résistants au changement, sont : (1) « les caractéristiques de base du domaine du problème » (*problem area* ou *good*), (2) « la distribution primaire des ressources naturelles », (3) « les valeurs socioculturelles fondamentales et la structure sociale » et, enfin, (4) « les structures ou règles constitutionnelles » (voir la figure 1). Selon ces chercheurs, l'étude de ces paramètres ou variables – qui sont rarement tributaires des stratégies des coalitions, exception faite sur une période à long terme – permet de cerner les contraintes à l'intérieur desquelles évolue le débat politique.

LES FONDEMENTS DES ENJEUX DANS LE DOMAINE DE LA CULTURE

L'*Advocacy Coalition Framework* suggère que les caractéristiques de base du domaine du problème influencent les options politiques et entraînent subséquemment le changement politique. Dans le domaine de la culture et des politiques culturelles québécoises, ces caractéristiques – ou les fondements des enjeux – peuvent remonter aussi loin qu'à la naissance du Canada, en 1867. Comme une section de ce chapitre est consacrée à la *Loi constitutionnelle de 1867* (p. 90 et suivantes), laquelle prévoit la répartition des pouvoirs entre le Parlement et les législatures provinciales, retraçons plutôt les positions historiques des gouvernements fédéral et du Québec et des différents acteurs en ce domaine depuis le début du siècle. La littérature rend compte généralement de quatre grands enjeux, auxquels a été ajouté un cinquième plus spécifiquement lié à la société québécoise des années 1960, à savoir la Révolution tranquille. Ces enjeux, dont certains sont déjà présents au début du XIXe siècle, se résument comme suit :

1) Soutenir *l'unité et l'identité nationale* : Au Canada, la littérature fait souvent état de la *Nation Building* et rappelle la nécessité d'assurer l'intégrité culturelle canadienne face aux produits culturels américains. Au Québec, dès la fin des années 1960, on insiste particulièrement sur la préservation de la langue, de la culture et de l'identité collective.

2) Affirmer *la souveraineté culturelle* : Au Québec, particulièrement avant les années 1960, cela s'est souvent traduit par une attitude défensive du gouvernement provincial, notamment en rappelant régulièrement les prérogatives constitutionnelles en ce domaine (*Rapport Tremblay*, 1956). La littérature fait souvent état du contentieux Ottawa-Québec en matière de culture.

3) Contrer *l'envahissement culturel américain* : Depuis le début du XXe siècle, il s'agit d'un enjeu maintes fois mentionné, tant au fédéral qu'au provincial, dans les énoncés de politique culturelle, les mémoires et les rapports des comités parlementaires et des commissions d'enquête, les discours politiques, etc. À la fin des années 1980, cet enjeu s'avère d'autant plus important face à la mondialisation des économies et à la libéralisation des échanges qui s'accélèrent avec l'Accord de libre-échange entre le Canada et les États-Unis (ALE), entré en vigueur en 1989.

4) Amorcer et poursuivre *la démocratisation de la culture* : Modèle plus centralisé de développement qui fonde les politiques culturelles conçues après la Deuxième Guerre mondiale dans la plupart des pays occidentaux et qui s'oriente, notamment, vers le soutien à la création, la mise en place d'infrastructures de production et de diffusion, la

professionnalisation des activités culturelles et la promotion de la fréquentation des œuvres par le plus grand nombre.

5) Concourir à *la modernisation de la nation québécoise*: Selon le sociologue Fernand Dumont (1987), l'une des premières formes que prendra l'adhésion à la modernité sera l'élaboration de l'idéologie du progrès et du «rattrapage»[1] dont l'*establishment* intellectuel et l'État québécois seront les ardents promoteurs pendant la Révolution tranquille.

Les moyens utilisés au fil des décennies pour faire face à ces enjeux sont multiples : soutien financier aux institutions nationales et aux industries culturelles ainsi qu'à toute une «faune» de créateurs et d'artistes; financement pour la mise en place d'infrastructures culturelles (bibliothèques, musées, centres d'exposition, salles de théâtre, etc.) afin d'assurer l'accessibilité aux ressources culturelles; mise sur pied d'organismes de réglementation pour contrôler les contenus culturels et les subventions accordées aux artistes, créateurs, organismes culturels, etc.; adoption de mesures protectionnistes (politique d'immigration, politiques linguistiques, taxation des produits culturels étrangers, etc.) pour sauvegarder la culture nationale, canadienne ou québécoise.

Les interventions du gouvernement fédéral avant 1980 : la question de l'unité nationale

Les politiques culturelles, telles que nous les connaissons de nos jours, sont relativement récentes. Même si, au pays, les premières initiatives gouvernementales remontent à la seconde moitié du XIXe siècle, rappelons qu'elles visaient alors à accroître, pour des raisons de prestige et de philanthropie, le patrimoine artistique, littéraire, musical et architectural de la nation. Considérée jusque dans les premières décennies du XXe siècle comme élitiste (le «culte du beau») et relevant plus de l'initiative privée ou de quelques grandes institutions nationales, la culture tend graduellement à être considérée comme un «bien public»[2].

---

1. «C'est Marcel Rioux qui a introduit l'expression "idéologie de rattrapage" pour qualifier celle qui prévaut après la Seconde Guerre parmi les "syndicalistes, intellectuels, journalistes, artistes, étudiants et certains membres de professions libérales" (Rioux, 1968 : 112) et dirigée contre l'idéologie de conservation jusqu'alors dominante» (Fortin, 1996 : 23). Par contre, dans *Le sort de la culture* (1987 : 301-303), Fernand Dumont rappelle la continuité de cette idéologie de rattrapage avec les idéologies des années 1930.
2. Pour prendre connaissance d'une réflexion critique de cette notion de «bien public» dans le domaine de la culture, voir Pierre Lemieux (1996).

C'est à compter de la fin des années 1920 que les préoccupations du gouvernement fédéral en matière de politiques culturelles prennent un nouveau virage. La mise sur pied de la Commission Aird, en 1928, est guidée par deux motivations : l'unité nationale et l'universalité des services (Fortier, 1992 : 97-108). Des recommandations issues des travaux de cette commission découlera, notamment, la création de la Société Radio-Canada en 1938. Par ailleurs, bien que la Deuxième Guerre mondiale freine temporairement les initiatives culturelles, le gouvernement fédéral met sur pied, dès 1942, le Comité parlementaire sur la reconstruction d'après-guerre (Canada, *Rapport Turgeon*, 1944).

Chargés de trouver des solutions aux inquiétudes d'alors, notamment en ce qui a trait au retour des soldats à la vie civile et à la question de l'emploi après la guerre, les membres de ce comité entendent les représentations d'une quarantaine de groupes de spécialistes. Dans le domaine des arts et de la culture, la situation est difficile en cette période de guerre et de restrictions. C'est dans l'optique d'obtenir une aide accrue de l'État que plusieurs associations d'artistes, d'écrivains et de musiciens canadiens, tant francophones qu'anglophones, décident de se regrouper et de présenter, en juin 1944, un mémoire «impressionnant» aux membres du comité. Surnommé la Marche sur Ottawa, cet événement marque «le début d'une réflexion au Canada sur le rôle du gouvernement dans les arts» (Schafer et Fortier, 1989 : 6).

Au terme de ses travaux, le Comité Turgeon recommande de créer un organisme apolitique ou un «ministère des affaires culturelles» (Ostry, 1978 : 55), de mettre sur pied un réseau de centres communautaires pour la production et la diffusion des arts et, enfin, d'accorder une plus grande place aux arts dans la vie nationale. Le Premier ministre Mackenzie King ne réagit toutefois pas à ces recommandations. Mais face à une certaine effervescence et aux représentations du Conseil canadien des arts et de plusieurs autres associations culturelles, émerge cette nécessité de réfléchir sur le rôle du gouvernement fédéral en matière de culture au Canada. C'est ce à quoi s'attaque, dès 1949, la Commission royale d'enquête sur le développement des arts, des lettres et des sciences du Canada (*Rapport Massey-Lévesque*, 1951).

À la fin de son mandat, la Commission considère que toute action fédérale en matière de culture devra s'appuyer sur les questions de l'unité nationale, du renforcement de la «trame canadienne» et du partage des richesses culturelles parmi la population canadienne (Fortier 1992; Harvey, 1998 : 3). Dans les faits, le *Rapport Massey-Lévesque* constitue la «première esquisse d'une politique culturelle canadienne » (Bonin, 1992 : 185). Les recommandations proposent, entre autres, l'établissement d'un programme d'aide aux universités, mis en place en 1952, la création d'une bibliothèque nationale et d'un conseil des arts, respectivement mis sur pied en 1953 et en 1957, et l'accroissement du budget de Radio-Canada, lequel sera multiplié par près de cinq entre 1951 et 1956, passant de 8,3 millions de dollars à 39 millions. En fait, ce nouveau moyen de communication qu'est la télévision constitue une véritable manne pour les créateurs et pour les artistes-interprètes (Schafer et Fortier, 1989 : 9). En trame de fond, se retrouve cette idée de contrer l'influence culturelle américaine (surtout la presse, la radio et le cinéma) en suscitant et en nourrissant le nationalisme culturel canadien (Litt, 1991).

Poursuivant sur sa lancée, le gouvernement fédéral institue en 1955 la Commission royale d'enquête sur la radio et la télévision dont le mandat est d'étudier le rôle et le financement de Radio-Canada (*Rapport Fowler*, 1957). Les travaux de cette commission seront à l'origine de la mise sur pied du Bureau des Gouverneurs de la radiodiffusion en 1958, dont la responsabilité est de veiller à la gestion de Radio-Canada et de réglementer la radiodiffusion canadienne. Selon Fernand Harvey, et ce en conformité à de grands enjeux mentionnés précédemment, la Commission Fowler évoque quatre raisons pour réglementer les ondes au Canada : « le nombre limité de fréquences radio et de canaux de télévision disponibles, le rôle du Parlement pour contrer le laisser-faire, les dangers de la commercialisation à outrance et, enfin, le développement d'une radio et d'une télévision ayant un contenu canadien et reflétant l'identité canadienne » (Harvey, 1998 : 3).

Entre-temps, le gouvernement fédéral met sur pied trois commissions royales d'enquête : la Commission O'Leary sur les publications (1961), dont les recommandations visent principalement à protéger les magazines et les périodiques canadiens, la Commission Glassco (1962), qui suggère de créer un Secrétariat d'État regroupant certains organismes culturels – ce qui sera chose faite dès l'année suivante –, et la Commission Laurendeau-Dunton sur le bilinguisme et le biculturalisme (1962), qui a comme objectif de « sauver la confédération » en cherchant un « nouvel équilibre entre les deux cultures » (*Le Devoir*, 14 février 1963). Les travaux de cette dernière commission ont un impact considérable sur les futures politiques du gouvernement fédéral, telles que les lois des langues officielles (1969) et du multiculturalisme (1971), l'aide à l'éducation bilingue et le soutien aux minorités.

Bref, si l'on retrouve au sein des travaux et conclusions de ces commissions et comités fédéraux cette idée constante de promouvoir et d'affirmer l'identité canadienne, signalons également la présence de trois « principes traditionnels », comme l'a noté Gasher (1997) : le nationalisme, l'anti-commercialisation et l'anti-américanisme. Chose certaine, grâce à son pouvoir général de dépenser qu'il érige en principe, le fédéral accroît considérablement ses interventions dans le domaine de la culture. Au cours du « long règne des libéraux » – de Lester B. Pearson à Pierre Elliott Trudeau (1963 à 1984) –, les interventions du gouvernement central dans le domaine de la culture sont multiples et constantes (Schafer et Fortier, 1989 ; Fortier, 1992). De toutes les actions stratégiques du fédéral, celles du secteur des communications semblent fondamentalement axées, selon Bonin (1992), « sur la promotion du nationalisme canadien ».

**Les interventions du gouvernement du Québec avant 1980 :
la question de l'identité québécoise et de la souveraineté culturelle**

Au Québec, comme le remarque Fernand Harvey (1998 : 4), « la mise en œuvre de véritables politiques culturelles a été plus lente à venir ». Il faut cependant souligner, dans les années 1920, les initiatives d'Athanase David, surnommé le « mécène de la province », ou celles de Jean Bruchési, sous-secrétaire provincial sous le gouvernement Duplessis (1937-1959), qui se décrivait comme le *Santa Claus* des intellectuels canadiens-français (Handler, 1988a).

C'est d'ailleurs dans les années 1950, « bien à son insu », que le Premier ministre Duplessis met en place les forces de la Révolution tranquille (Hyman, 1988). Le gouvernement du Québec crée la Commission royale d'enquête sur les problèmes constitutionnels. Déposé en 1956, le *Rapport Tremblay* contient un important volet culturel qui insiste sur la nécessité d'accroître le soutien financier aux institutions culturelles déjà existantes et de créer divers organismes, dont un conseil des arts, des lettres et des sciences. Malgré le « rejet passif de Duplessis » (Hyman, 1988 : 58), plusieurs idées et recommandations du *Rapport Tremblay* se retrouvent dans un texte publié par le Parti libéral en prévision des élections de 1956, *Le Parti libéral – sa doctrine, ses buts, son programme*, ainsi que dans deux documents rédigés par Georges-Émile Lapalme, futur ministre des Affaires culturelles du Québec : *Pour une politique* (1959) et le *Programme du Parti libéral du Québec* (1960)[3].

---

3. On retrouve, dans le premier ouvrage, les propositions de créer un office de la linguistique, un bureau provincial d'urbanisme, doté de pouvoirs étendus sur le classement des sites historiques, un département du Canada français d'outre-frontières et un ministère des Affaires culturelles (Lapalme, 1959 : 87-97). Pour sa part, le programme du Parti libéral comprend 54 articles, dont le premier propose la création d'un ministère de la « Culture » à mission nationale (MAC).

Avec l'arrivée au pouvoir de l'« équipe du tonnerre » de Jean Lesage en 1960, les libéraux entreprennent une réforme sociale, économique et politique majeure au Québec. L'équipe libérale est alors convaincue que le Québec accuse un retard sur les autres provinces canadiennes. Pour Lesage, la solution passe par l'État québécois (Gow, 1992). On se propose donc « d'effectuer un *rattrapage* afin d'atteindre le niveau du développement économique et social des sociétés avancées » (McRoberts et Posgate, 1983 : 116).

Le ministère des Affaires culturelles du Québec (MAC) est créé dès 1961. Dans son discours présentant le projet de loi, le Premier ministre Lesage insiste sur la nécessité de « prévenir un danger [...] l'envahissement culturel américain » et de « créer le climat qui facilite l'épanouissement des arts », tout en soulignant qu'il est impossible « de dissocier la langue et la culture » au Québec (Turi, 1974 ; Hyman, 1988). Dans ce discours, se retrouve l'idée de démocratisation de la culture, idée fortement inspirée par la philosophie d'André Malraux, alors ministre des Affaires culturelles en France, et qui se traduit par une plus grande « accessibilité à la culture de l'élite par l'ensemble de la population » (Harvey, 1988 : 5).

Tout comme pour le fédéral qui en a fait un enjeu de l'unité nationale, la culture devient, dans la foulée de la Révolution tranquille, un enjeu pour la souveraineté culturelle du Québec. Les années 1960 sont d'ailleurs remarquables relativement à la création d'organismes de toutes sortes, aux visées nationalistes et culturelles : Office de la langue française en 1961, Délégation générale du Québec à Paris en 1962, Service du Canada français d'outre-frontières en 1963, Direction générale de l'immigration en 1966, qui relève alors du Secrétariat de la Province, et Radio-Québec en 1968. Alors que le ministère de l'Éducation contribue de façon importante aux transformations de la société québécoise, d'autres ministères, également à vocation culturelle, voient le jour : ministères de l'Immigration, en 1968, et des Communications, en 1969.

Le MAC multiplie et encadre lui aussi de nombreuses actions : création de la Commission d'enquête sur le commerce du livre (Commission Bouchard), parrainage de la *Loi de l'assurance-édition* pour améliorer la situation de l'édition québécoise, mise sur pied du Conseil provincial des arts[4], réalisation d'une vaste étude qui aboutit à l'élaboration d'une politique culturelle globale articulée autour de la notion d'identité culturelle : le *Livre blanc* de Pierre Laporte (1965). Par contre, la Commission d'enquête sur l'enseignement des arts, créée l'année suivante,

---

4. Fondé en 1962, le Conseil provincial des arts cesse cependant de fonctionner après seulement quelques réunions (« Une bien courte lune de miel », *Magazine Maclean*, janvier 1965).

soulève d'importantes questions quant à la place des arts au sein de la société québécoise. Tout comme dans le *Livre blanc* de Laporte, la question de l'identité québécoise imprègne alors «l'esprit général» du *Rapport Rioux* (voir Lemerise, 1989 : 35-50).

Le ministère des Affaires culturelles tend à mettre en place, au cours des années 1970, une nouvelle dynamique qui se traduit par des orientations plus nationalistes : politiques linguistiques, d'immigration, etc. Cette décennie d'effervescence est également caractérisée par des investissements massifs dans le domaine de la culture et par l'adoption de plusieurs lois qui créent ou encadrent des institutions culturelles nationales.

Pendant ce temps, le gouvernement du Québec présente deux énoncés de politique culturelle : *Pour l'évolution de la politique culturelle*, du ministre libéral Jean-Paul L'Allier, et *La politique québécoise du développement culturel*, du ministre péquiste Camille Laurin. Cette dernière politique est le fruit de la réflexion du ministre Laurin et de celle de deux grands intellectuels québécois, Fernand Dumont et Guy Rocher. C'est à la suite de ce livre blanc que seront créés l'Institut québécois de recherche sur la culture, dont le président fondateur ne sera nul autre que Fernand Dumont, et la Société de développement des industries de la culture et des communications (SODICC).

Dans un cas comme dans l'autre, en plus de demander l'ajout de ressources au secteur culturel, ces deux énoncés dénoncent vertement la concurrence faite par Ottawa, qui dispose de moyens financiers énormes. On n'hésite d'ailleurs pas à rappeler les tensions et les frustrations engendrées au Québec par l'attitude traditionnelle du gouvernement fédéral qui a toujours tendu «à nier la culture québécoise» comme un tout autonome, préférant la considérer comme une des «diverses expressions culturelles perceptibles au Canada». Bien plus, l'action fédérale en matière de culture semble alors traduire «une volonté ferme et cohérente de *créer une culture canadienne*» (Québec, MAC, *Livre vert*, 1976 : 98). Chose certaine, ces énoncés visent à promouvoir la culture québécoise de tradition française, à dynamiser les institutions culturelles québécoises et à assurer une diffusion et une accessibilité plus grandes de la ressource culturelle aux créateurs, utilisateurs et consommateurs.

Si le livre vert du ministre L'Allier vise un élargissement des pouvoirs, des responsabilités et des ressources financières du ministère des Affaires culturelles – bien que dénonçant au passage sa «marginalisation» et son incapacité à s'imposer jusqu'alors «comme la *conscience culturelle de l'État*» –, le livre blanc du ministre

Laurin (1978) a, pour sa part, des visées encore plus amples, mais pas nécessairement favorables aux demandes et prétentions traditionnelles du MAC. En effet, en réponse « à l'offensive culturelle fédérale », le gouvernement péquiste décide en 1978 de regrouper au sein d'un superministère d'État les ministères à vocation culturelle (Affaires culturelles, Éducation, Communications, Loisir, Immigration). Mise sur pied dans l'optique de faire concurrence « en taille et en ressources financières » au gouvernement fédéral, cette superstructure semble cependant ralentir durant quelques années, soit jusqu'à son abolition en 1982, certaines initiatives qu'aurait pu entreprendre le MAC (Schafer et Fortier, 1989 : 45). Dans les faits, les visées trop amples du livre blanc de Laurin et la grande ambition de son ministère d'État au Développement culturel semblent réduire la portée du MAC ce qui, somme toute, va à l'encontre des demandes répétées du milieu culturel qui en réclamait un élargissement (Bellevance et Fournier, 1992).

La situation particulière du français au Québec : tensions linguistiques et batailles juridiques

Au Québec, on reconnaît volontiers que la langue constitue la marque la plus évidente de l'identité culturelle, ce qui oblige à établir des rapprochements entre langue et culture, et à s'assurer d'une cohésion entre les politiques relatives à la langue, à l'immigration et à la culture. En fait, la question linguistique est depuis longtemps au cœur du nationalisme québécois : elle est d'ailleurs très tôt intimement liée à la problématique de l'immigration et au phénomène d'anglicisation de Montréal.

Autrefois directement associée au thème de la « survivance des Canadiens français » noyés dans une mer anglophone, la langue française se voit rapidement intégrée à une culture francophone spécifique du sous-continent nord-américain, celle des Québécois. En effet, étroitement liée et indissociable de la culture, la langue devient « un mode de pensée, une façon de concevoir les choses, une logique particulière » (Balthazar, 1992 : 656).

Il faut dire qu'au début des années 1960 la situation de la langue française au Canada n'est guère reluisante. Le rapport de la Commission royale d'enquête sur le bilinguisme et le biculturalisme (Commission fédérale Laurendeau-Dunton), en 1963, et celui de la Commission d'enquête sur la situation de la langue française et sur les droits linguistiques au Québec (Commission provinciale Gendron), à la fin des années 1960, démontrent autant l'un que l'autre l'infériorité économique des francophones au pays. En ce sens, il n'est donc pas surprenant que la question linguistique ait soulevé tant de passion, tant de mécontentement au Québec depuis le début des années 1960 (Dion, 1975; Balthazar, 1986; Godin, 1990). Montréal devient le champ de bataille pour la sauvegarde du français durant les années 1970. Même les lois 63 (1969) et 22 (1974), censées protéger et promouvoir le français au Québec, ne réussissent pas à contrecarrer l'usage croissant de l'anglais au travail et l'intégration des immigrants à l'école anglophone. Au milieu des années 1970, le libre choix de la langue d'apprentissage est encore présent. La prise du pouvoir par le Parti québécois viendra cependant modifier la situation.

Dans les mois qui suivent l'élection de 1976, l'adoption de la Charte de la langue française (*Loi 101*) fait du français la «langue officielle du Québec» et en prescrit l'usage dans la vie publique : parlement, tribunaux, enseignement, travail, commerce, affichage. Cette loi obtient alors l'appui d'une majorité de Québécois. Entre le moment de son adoption, en 1977, et celui du projet de loi 86, en 1993, qui abroge, amende ou remplace plusieurs dispositions de la Charte, plusieurs gestes judiciaires et législatifs tenteront de la modifier (Lapointe, 1998). En plus d'avoir suscité de grandes inquiétudes dans la communauté anglophone, la Charte a été la cible de certains groupes qui font montre d'une grande opposition, tel le mouvement Alliance-Québec. Comme le souligne Guy Rocher, de «l'assurance qui était la leur il y a une vingtaine d'années, les anglophones sont passés à l'incertitude et à l'inquiétude concernant l'avenir qui est réservé à leur communauté au Québec» (Rocher, 1992 : 447-448; voir aussi Caldwell, 1992).

À l'aube des années 1990, le paysage linguistique du Québec est clairement départagé. C'est dans la région de Montréal que se retrouve la plus forte concentration de population et c'est aussi dans cette région – et plus particulièrement sur l'île de Montréal – que les immigrants choisissent de s'établir. Entre 1968 et 1989, le Québec admet plus d'un demi-million d'immigrants, dont la grande majorité provient d'Europe (34 %) et d'Asie (29,6 %) (GRES, 1992 : 454). Si l'ensemble du Québec est majoritairement de langue maternelle française (81 % en 1991), la région de Montréal l'est à 67 % et la ville de Montréal à 61 %. Contrairement à la tendance des décennies précédentes, la majorité des jeunes allophones sont inscrits à l'école française à la fin des années 1980 (Linteau *et al.*, 1989).

Les enjeux des années 1980 : l'identité nationale et les impératifs économiques

Durant les années 1980 et le début des années 1990, les interventions gouvernementales canadiennes et québécoises en matière de culture s'orientent vers une

« double polarité » : industries culturelles *versus* secteurs subventionnés. En l'espace de quelques années, de manière tangible, les débats sur la culture changent de nature et ce n'est pas parce que les questions soulevées depuis les années 1960 ont perdu de leur pertinence ou de leur actualité. Au contraire, elles demeurent, mais elles sont recouvertes par d'autres, prises dans ce jeu qu'il faut bien nommer de nos jours la nouvelle idéologie de l'État libéral.

Les années 1980 sont marquées par des initiatives fédérales qui visent à repenser l'ensemble des stratégies culturelles. Le gouvernement central crée à cet effet divers comités et commissions d'études. Ainsi en est-il du Comité consultatif qui travaille à la révision de la politique culturelle fédérale (1979) et de la Commission Applebaum-Hébert (1980-1982) qui entreprend une vaste consultation canadienne. Mentionnons également les divers groupes de travail sur les musées nationaux, le Centre national des arts, le financement des arts (*Rapport Bovey*, 1986), le statut de l'artiste (*Rapport Gélinas-Siren*, 1986) et la réforme de la loi des droits d'auteur (1988). Plusieurs actions découlant de ces travaux ont pour effet de réorganiser ou de réorienter le financement des institutions fédérales, comme la Société Radio-Canada et l'Office national du film.

Entre-temps, outre le secteur des nouvelles technologies et des communications, le ministère des Communications du Canada se voit confier au début des années 1980 la responsabilité du secteur des arts et de la culture, auparavant rattaché au Secrétariat d'État (Meisel, 1988). Avec les sociétés qui relèvent de son autorité, ce ministère devient alors le principal intervenant en matière de culture sur la scène fédérale. À cette époque, comme le souligne Bellavance et Fournier (1992), « la structure des interventions culturelles fédérales » a atteint la forme qu'on lui connaît au début des années 1990 avec ses neuf grands organismes culturels : dans le domaine de la radiodiffusion, notons le CRTC (1958), Téléfilm Canada (1967) et la Société Radio-Canada (1935) qui reçoit alors à elle seule « près des deux tiers des budgets du ministère des Communications du Canada » ; dans le domaine du film, soulignons l'Office national du film (1939) ; dans celui des arts et des lettres, le Conseil des arts et des lettres du Canada (1957), le Centre national des arts (1969) et les musées nationaux ; enfin, dans des domaines plus spécifiques, les Archives publiques et la Bibliothèque nationale du Canada (1953) (Bellavance et Fournier, 1992 : 523, 544 ; voir aussi Schafer et Fortier, 1989).

Au Québec, le gouvernement délaisse son superministère à vocation culturelle en 1982 et adopte des programmes plus fonctionnels, favorables aux artistes, bien sûr, mais aussi à diverses institutions culturelles comme les musées et les bibliothèques publiques. D'ailleurs, tout au long des années 1980, les dépenses d'immobilisation, partagées par les deux paliers de gouvernement, sont élevées dans ces deux secteurs d'intervention. Dans celui de la muséologie, par exemple, elles permettent la construction du Musée de la civilisation de Québec, les agrandissements du Musée des beaux-arts de Montréal et du Musée du Québec, la rénovation du Musée McCord.

Au cours de la première moitié des années 1980, le MAC met aussi en place sa direction générale des musées et ses directions régionales, lance son plan quinquennal de développement des bibliothèques publiques dans les municipalités de plus de 5 000 habitants et élabore un document d'orientation sur la lecture au Québec. Diverses lois sont également adoptées dans les domaines des entreprises culturelles du livre, du cinéma, des archives, du théâtre et de la danse, ainsi que dans ceux des musées nationaux et des archives. On crée les sociétés de la Place des arts, du Grand Théâtre de Québec, du Musée du Québec et du Musée d'art contemporain, ainsi que la Société de mise en marché des produits des métiers d'art (Garon, 1995).

Au cours de la seconde moitié des années 1980, le gouvernement provincial met sur pied la Commission parlementaire sur le statut socio-économique de l'artiste et du créateur, dont les travaux débouchent sur l'adoption de lois sur le statut des artistes de la scène, du disque et du cinéma en 1987 et sur le statut des artistes des arts visuels, des métiers d'art et de la littérature en 1988. Ces lois accordent aux associations professionnelles d'artistes le pouvoir de défendre et de promouvoir les intérêts de leurs membres. D'autres lois connaissent également des modifications importantes (lois sur les biens culturels, sur le cinéma) au cours de cette période, alors que l'on procède à la fusion de la Société de développement des industries de la culture et des communications (SODICC) et de la Société générale du cinéma (SGC), qui deviendront la Société générale des industries culturelles (SOGIC).

Malgré l'établissement de nouvelles structures au sein du ministère des Affaires culturelles et les concessions faites aux milieux artistiques professionnels depuis le début des années 1980, la tension demeure parce que les inquiétudes sont grandes. D'abord, les difficultés économiques et la remise en cause de l'État-providence atteignent tous les secteurs d'intervention. Les crédits fédéraux alloués à certains secteurs de la culture stagnent et parfois diminuent. Enfin, les investissements massifs des deux paliers de gouvernement dans les infrastructures, notamment dans les musées et les bibliothèques, ou ceux du gouvernement fédéral dans

Téléfilm Canada à compter de 1985, semblent confirmer une fois de plus, selon certains (*La Presse*, 10 septembre 1988 : E17), que la création est délaissée au profit des grandes institutions nationales et des industries culturelles. Bref, à l'aube des années 1990, les inquiétudes et les récriminations émanant des milieux artistiques et culturels québécois sont plus que jamais présentes.

Pour faire le point, la ministre des Affaires culturelles du Québec, Lucienne Robillard, commande en avril 1990 une étude à des consultants de la firme Samson, Bélair/Deloitte & Touche (Coupet, 1990). Ces derniers ont alors le mandat d'étudier la question du financement des arts et de la culture au Québec et de proposer de nouvelles avenues de financement. Toujours aux prises avec le problème du financement des artistes, des producteurs et des industries culturelles, la ministre Liza Frulla-Hébert, nouvellement nommée à cette fonction, met sur pied à son tour, en février 1991, un groupe-conseil afin d'avoir une expertise indépendante sur la responsabilité de l'État. Le *Rapport Arpin*, qui propose 113 recommandations, servira de base aux travaux de la commission parlementaire sur la culture, à l'automne 1991, puis à l'élaboration de la politique culturelle gouvernementale, adoptée en décembre 1992.

L'EXPLOITATION DES RESSOURCES NATURELLES DU QUÉBEC ET SES IMPACTS SUR LA RICHESSE COLLECTIVE

La deuxième variable des paramètres relativement stables de l'*ACF* est la « distribution primaire des ressources naturelles ». Selon Sabatier et Jenkins-Smith, « la distribution présente (et passé) des ressources naturelles affectent fortement l'ensemble des richesses de la société et la viabilité des différents secteurs économiques [ainsi que] plusieurs aspects de sa culture et la faisabilité des options dans plusieurs domaines politiques » (traduit de Sabatier et Jenkins-Smith, 1993 : 21).

L'intervention étatique croissante et ses revers cuisants

Durant la période de prospérité qui s'étend de 1945 à 1975, le Canada connaît une forte croissance économique, d'où le nom des « trente glorieuses ». Plus populeuses, urbanisées et industrialisées, également situées à proximité des marchés américains, les provinces de l'Ontario et du Québec profitent avantageusement de cette période de prospérité. De plus, ces deux provinces sont favorisées par des coûts énergétiques relativement bas et par des systèmes de transport (réseaux routiers et chemins de fer) déjà bien établis. Tous ces facteurs, combinés à la présence de richesses naturelles sur leur territoire, favorisent le développement des industries de transformation de matières premières. L'après-guerre représente d'ailleurs, pour le Québec, « une période de forte expansion dans l'exploitation des richesses naturelles » (Linteau *et al.*, 1989 : 244), période et activités qui profitent à l'État, propriétaire des terres publiques et des richesses qu'elles renferment.

Dans le secteur énergétique, l'hydroélectricité arrive au tout premier rang. Les demandes énergétiques augmentent à la suite de l'utilisation grandissante des appareils électriques par les consommateurs et des besoins croissants de l'industrie. Au cours des années 1960, le gouvernement provincial nationalise les compagnies privées de production et de distribution de l'électricité à l'extérieur de Montréal et uniformise les tarifs sur l'ensemble du territoire québécois. L'énergie excédentaire produite par la société d'État Hydro-Québec est exportée à compter du milieu des années 1970 vers les États-Unis. Mais d'autres secteurs connaissent également des développements importants durant la période d'après-guerre. Il en est ainsi de ceux des pâtes et papiers et du raffinage des produits pétroliers, cette dernière industrie étant particulièrement concentrée à Montréal. Pour sa part, le secteur minier vit un véritable boom : sa valeur de production passe de 91,5 millions de dollars, en 1945, à 446,6 millions en 1960 (*Ibid.*).

Cette prospérité économique qui profite à l'État québécois se traduit par une expansion majeure des services sociaux et de santé, de l'éducation, des transports et nombre d'autres. Au cours des années 1960, les ministères et organismes publics se multiplient, les budgets s'accroissent, les programmes décuplent et, dans l'optique d'assurer la modernisation des structures politiques, économiques et sociales du Québec, de nouveaux secteurs d'intervention voient le jour en même temps que se construit l'administration publique. Assuré de cette prospérité, le gouvernement emprunte massivement pour des immobilisations. Entre 1960 et 1970, la dette nette consolidée passe de 282 800 dollars à plus de 1,9 milliard de dollars, alors que les effectifs de sa fonction publique s'accroît de plus de 50 %, passant de moins de 37 000 à 56 000 employés (Gow, 1992 : 672-673).

À compter du milieu des années 1970, les difficultés économiques, dont les événements les plus marquants demeurent les crises pétrolières de 1973 et de 1979, plongent l'économie mondiale dans une inflation généralisée. Même si le Québec est avantagé en ressources hydroélectriques, la crise de l'énergie, combinée à des préoccupations grandissantes pour la conservation, et la crise économique du début des années 1980 ralentissent la croissance de la demande dans ce secteur. Bientôt, la capacité de production dépasse les demandes de consommation. Après avoir réalisé de grands projets hydroélectriques au cours des années 1960 et 1970, le gouvernement est contraint, dans les années 1980, de reporter à plus tard les projets de construction de nouvelles centrales.

Dans le secteur pétrochimique, « le Québec est de plus en plus désavantagé face à l'Alberta et l'Ontario » pendant les années 1980. Pour réduire la dépendance envers l'importation de produits pétroliers, le gouvernement du Québec projette à quelques reprises d'impliquer sa société d'État SOQUIP dans le raffinage et la vente de détail. Mais face aux pressions du milieu, il est cependant contraint de reculer à chacune de ses tentatives. Entre-temps, la société d'État a toutefois étendu ses activités vers l'extérieur du Québec, notamment dans l'Ouest canadien où on découvre de grandes réserves de gaz naturel. Au cours de cette décennie, son action s'intensifie. Elle prend le contrôle de Gaz métropolitain et de Sundance Oil. Afin d'activer ce secteur, le gouvernement du Québec participe à la mise sur pied de Petromont dont les résultats s'avèreront cependant décevants (Linteau *et al.*, 1989 : 466-467).

Pour ce qui est de la forêt, ressource épuisable, rappelons qu'elle est sérieusement menacée au début des années 1970. Cette menace résulte d'une exploitation intensive effectuée par les compagnies forestières depuis plusieurs décennies, de l'insuffisance du reboisement et d'un nouveau fléau, la tordeuse d'épinette. Là aussi on sent l'essoufflement. À la suite de l'adoption de la loi 27 en 1974, l'État prend en charge la gestion des forêts publiques. Des subventions et un programme fédéral-provincial permettent aussi, grâce aux millions qui y sont injectés, la modernisation des usines vieillissantes. À cette époque, la Société de récupération, d'exploitation et de développement forestiers (REXFOR) et la Société générale de financement (SGF) acquièrent plusieurs entreprises du domaine du sciage appartenant à des Canadiens français. C'est également au cours des années 1970 que la SGF participe, avec la Caisse de dépôt, à la prise de contrôle de Domtar. Malgré les tentatives d'assurer l'expansion de cette industrie, les entreprises des secteurs des pâtes et papiers et des produits du bois connaissent des périodes de stagnation pendant les années 1970 et 1980. De plus, à la suite des traités de libre-échange, elles doivent faire face à une concurrence de plus en plus vive sur les marchés américains (Linteau *et al.*, 1989 : 467-468).

Enfin, bien qu'elle n'occupe « pas une grande place » dans l'économie québécoise, l'industrie minière, dominée par de grandes compagnies canadiennes-anglaises ou américaines, fait très peu de transformation sur place. De plus, comme le signalent Linteau, Durocher, Robert et Ricard (1989 : 488), « après avoir connu trois décennies d'expansion, le secteur minier québécois connaît des ratés au cours des années 1980 et doit évoluer dans un environnement marqué par une surproduction mondiale des matières premières ». Dans le but de favoriser la transformation du minerai de l'amiante dans la province – le Québec étant alors le premier producteur mondial –, le gouvernement péquiste procède à une étatisation partielle de ce secteur en 1978. Il crée la Société nationale de l'amiante (SNA) et acquiert Bell Asbestos et Asbestos Corporation. Cette dernière initiative se révèle cependant une erreur coûteuse puisque les ventes de ce minerai subissent bientôt les contrecoups d'une impopularité croissante.

Bref, dans un contexte de concurrence accrue à l'échelle mondiale, l'exploitation des richesses naturelles et, incidemment, la position du Québec au sein du Canada et de l'Amérique du Nord se détériorent au cours des années 1980. Nombreuses sont alors les conséquences sur l'économie provinciale, le niveau de vie des Québécois et les capacités de l'État à soutenir ses multiples programmes sociaux et économiques. Entre 1975 et 1990, le PIB réel ne s'accroît que de 59 % au Québec, comparativement à 70,9 % pour l'Ontario et à 64,2 % pour le Canada (Fréchette, 1992 : 27). Contrairement à l'Ontario et à certaines provinces de l'Ouest qui vivent un véritable boom économique, le Québec devient moins attractif quant à l'établissement de nouvelles industries et entreprises de pointe. Le taux de chômage demeure constamment plus élevé et les pertes d'emplois, notamment dans le secteur primaire, sont plus nombreuses (Cousineau et Fortin, 1992 ; voir aussi Fréchette, 1992).

Malgré ce contexte économique difficile, combiné à celui d'une crise financière de l'État, les dépenses publiques doublent entre 1979-1980 et 1989-1990, passant de 15 à 32,7 milliards de dollars. Cependant, traduit en pourcentage du produit intérieur brut, le poids de ces dépenses dans la vie économique diminue au cours de cette décennie. En 1989-1990, il représente 21,8 %, comparativement à 24 % en 1979-1980 (Gow, 1992 : 688). En ce qui a trait à l'action culturelle provinciale, soulignons qu'elle finit cependant par dépasser les investissement fédéraux au Québec dans plusieurs domaines au début des années 1990, et ce, au moment où « l'action fédérale se stabilise, et dans certains cas fléchit » (Bellavance et Fournier, 1992 : 528-529).

L'ÉVOLUTION DES VALEURS SOCIOCULTURELLES ET DE LA STRUCTURE SOCIALE

La troisième variable des paramètres relativement stables est celle ayant trait à l'évolution « des valeurs socioculturelles fondamentales et de la structure sociale ». À cet effet, rappelons que la société québécoise s'est profondément transformée depuis la Confédération de 1867. D'abord largement rurale, elle est devenue une société urbanisée et industrielle dès les années 1910-1920, et plus ouverte sur le monde, ce qui a entraîné des changements importants de ses valeurs. Malgré le conservatisme du parti politique au pouvoir (l'Union nationale dirigée par Maurice Duplessis) partagé par une grande partie du clergé catholique et des élites d'alors, l'après-guerre est caractérisé par le retour au plein emploi et par une poussée de natalité sans précédent, le *baby boom*. Le niveau de vie et le confort matériel de la population s'accroissent considérablement. Bientôt, le contexte des années 1960 suscite cependant de nombreuses remises en question.

Remises en question, ruptures profondes et inégalités croissantes

Les années 1950, 1960 et 1970 sont marquées par le « phénomène de la jeunesse ». Comme le soulignent Linteau, Durocher, Robert et Ricard (1989 : 438-441), ces jeunes prônent leurs propres valeurs de liberté et de changement, contestent et se révoltent. Conscients de leur force et revendicateurs (syndicalisme étudiant, grèves étudiantes), ils contribuent à la montée du mouvement indépendantiste au Québec. Entre-temps, la Révolution tranquille, qui est avant tout l'œuvre d'une « classe moyenne en émergence »[5], est caractérisée par la mise en place d'institutions publiques, de services sociaux et de nouveaux ministères. Une nouvelle petite bourgeoisie composée d'intellectuels, d'enseignants, de travailleurs sociaux et de gestionnaires contribue au développement de l'État québécois et à son omniprésence croissante dans toutes les sphères d'intervention (voir Linteau *et al.* : chapitre 38).

À cette époque, la mise en place de l'État-providence bouleverse les rapports sociaux et marginalise graduellement les institutions traditionnelles. La classe politique, les technocrates et bon nombre d'intellectuels s'appuient sur les grands thèmes de la modernité : progrès social, justice, solidarité sociale, droit social. Alors

---

5. McRoberts et Posgate insistent notamment sur le rôle de la « classe moyenne bureaucratique francophone » qui a été le produit de la modernisation politique du Québec (1983 : 142-143).

que sont établies des politiques fondées sur la sécularisation de la société et le principe de l'universalité, on crée des organisations centralisatrices et on adhère aux idées de la nationalisation.

À l'aube des années 1980, par contre, c'est la remise en question de l'État-providence. Alors que l'administration publique cherche un nouveau souffle, le gouvernement pressent l'urgence d'insuffler un nouveau dynamisme à l'économie tout en protégeant, d'une part, les libertés individuelles et, d'autre part, les intérêts collectifs (Gow, 1992). Cette décennie s'avère d'ailleurs particulièrement difficile pour la jeunesse. Le chômage est important (21 % en 1986 chez les jeunes de 20-24 ans) et l'emploi est caractérisé par la précarité : temps partiel, pige, emplois temporaires. Faute de travail, ils sont de plus en plus nombreux à prolonger leurs études ou à s'inscrire à l'aide sociale ; les programmes de soutien de revenu sont également moins généreux pour les jeunes de moins de 30 ans (Gauthier, 1988). Ces jeunes viennent alors grossir les rangs des personnes «pauvres». D'autres groupes connaissent également des problèmes de pauvreté et d'isolement. C'est le cas des familles monoparentales, surtout celles dirigées par les femmes, et des personnes âgées (Langlois et al., 1990 ; Langlois, 1992).

Du côté des valeurs des Canadiens, un document publié par le gouvernement fédéral en 1991, intitulé *L'identité canadienne : des valeurs communes*, souligne l'importance des valeurs communes suivantes : «liberté, démocratie, primauté du droit, fédéralisme, sens de la justice, empathie, compassion pour les autres, responsabilité devant la collectivité et autrui, égalité, droits communautaires, droits individuels, pluralisme, ouverture et soutien social» (cité dans Canada, [sans nom], 1996 : 10). Un document des Associés de recherche Ekos (*Rethinking Government Project*) souligne cependant le «fossé grandissant entre l'élite de prise de décision au Canada, qui privilégie les valeurs économiques et matérialistes, et le grand public, qui accorde une plus grande importance aux valeurs humanistes et idéalistes (liberté, propreté de l'environnement, santé de la population, intégrité, droits de la personne, sûreté et sécurité) » (cité dans Canada, [sans nom], 1996 : 4).

Quant aux valeurs personnelles des Québécois, elles subissent plusieurs changements perceptibles dès la fin des années 1940 (Armstrong et al., 1996). Au fil des décennies, les valeurs matérialistes et individualistes s'accroissent, les valeurs spirituelles ou, du moins, les pratiques religieuses déclinent et l'égalité entre les sexes devient une préoccupation constante à la fin des années 1970 ; le monde des affaires, de la finance et des activités professionnelles est également de plus en plus valorisé (Langlois et al., 1990). Une étude plus récente réalisée pour le gouvernement du Québec sur les valeurs dominantes des Québécois démontre que, parallèlement à l'évolution de ces valeurs plus individualistes, la société québécoise demeure «traditionnelle et conformiste»: elle accorde «une place de choix aux valeurs associées à la famille, à la sécurité et au travail» (Guité, 1995, cité dans Canada, [sans nom], 1996: n.p.). Les Québécois semblent également maintenir leur attachement à des valeurs collectives reposant sur des domaines prioritaires d'intervention des gouvernements, comme la santé, l'éducation et la sécurité du revenu.

Comme le signale le sociologue Simon Langlois, la majorité de la population québécoise continue d'appuyer le maintien et le développement des programmes sociaux. Il en est de même pour la redistribution des revenus, pour les mesures visant à promouvoir des droits collectifs, comme l'usage et le développement de la langue française, et pour les nouvelles préoccupations en matière de protection de l'environnement (Langlois *et al.*, 1990: 637).

L'évolution du monde du travail, des affaires et de la finance

Outre l'émergence d'une nouvelle classe moyenne «fonctionnarisée» au début des années 1960, le monde du travail, des affaires et de la finance connaît des changements importants au Québec entre 1960 et 1990. Au cours de ces années, la population active augmente de près de 1,3 million de personnes. Cette croissance s'est surtout produite entre 1961 et 1981 avec l'ajout de plus de 1,2 million de travailleurs, alors que la décennie 1980 enregistre un ralentissement puis une légère baisse à compter de 1986. Plus que la perte d'emplois (moins de 36 000) entre 1986 et 1990, c'est le fléchissement important du taux de progression de l'emploi qui est inquiétant: entre 1961 et 1981, ce taux s'établit à 69 %, alors qu'il n'est plus que de 2,2 % entre 1981 et 1990 (Rousseau et Saint-Pierre, 1992: 266-267).

Ce sont les secteurs primaire et secondaire qui enregistrent le plus grand nombre de pertes d'emploi. Entre 1960 et 1990, les domaines de l'agriculture, de la pêche, des mines et de la forêt perdent quelque 96 000 travailleurs, alors que les industries manufacturières, après un sommet historique de 642 000 emplois en 1981, enregistrent une baisse de plus de 62 000 emplois au cours des années 1980. Le secteur tertiaire, celui des services, connaît par contre un accroissement substantiel, passant de quelque 923 000 emplois (52,2 %) en 1961 à plus de 2,2 millions (72,1 %) en 1990. Les femmes contribuent particulièrement à la hausse de la main-d'œuvre active dans ce secteur. Par contre, environ 30 % d'entre elles ont des emplois à temps partiel en 1990, comparativement à 5 % des hommes. Enfin, malgré une meilleure formation scolaire, les jeunes québécois s'insèrent plus difficilement dans le marché du travail où sévit un taux de chômage élevé depuis la récession de 1981. Au début des années 1990, ce taux dépasse même la barre des 10 %. La situation des immigrés, des travailleurs non syndiqués, mais aussi de toute une catégorie d'âge de travailleurs et d'ouvriers (les 45-60 ans) devenus chômeurs, est également préoccupante (Rousseau et Saint-Pierre, 1992).

Entre-temps, la situation change passablement du côté du monde des affaires et de la finance, notamment au sein de la bourgeoisie d'affaires francophone. Alors que l'étude d'André Raynauld (1974) fait état d'une très faible proportion de francophones (16 %) contrôlant le secteur manufacturier en 1961, les grands médias de la fin des années 1980 parlent, pour leur part, d'une « reconquête de [l']économie et du rapatriement des centres de décision comme faits accomplis ou en voie de l'être » (Moreau, 1992 : 337). En 1990, 41 % des entreprises québécoises de plus de mille employés sont des « entreprises francophones », alors que cette proportion s'établissait à 25 % en 1981. Sur les 20 entreprises financières de plus de 1 000 employés, 10 sont francophones en 1990 (*Ibid.* : 345).

Bien que le milieu québécois des affaires et de la finance demeure subordonné aux politiques monétaires du gouvernement canadien, certains secteurs économiques profitent assez rapidement des retombées de l'Accord de libre-échange avec les États-Unis (1988). Cependant, la récession de 1990-1992 porte un autre dur coup à l'économie. Au Québec, les faillites se multiplient. Cette récession contraint plusieurs entreprises à restreindre leurs projets d'expansion. C'est le cas de Cascades, alors que « Socanav plie sous le fardeau des emprunts contractés pour l'acquisition de Steinberg » et que l'empire Lavalin fait faillite (Moreau, 1992 : 350). Il ne faut donc pas se surprendre si les milieux des affaires et de la finance ainsi que plusieurs catégories de travailleurs et des organisations syndicales exigent, dès le milieu des années 1980, des interventions de l'État favorisant la reprise économique et la baisse de la dette publique.

LA CONSTITUTION CANADIENNE ET LES INTERVENTIONS PUBLIQUES EN MATIÈRE DE CULTURE

La quatrième et dernière variable des paramètres relativement stables concerne la structure ou les règles constitutionnelles. Avant de faire état de la genèse du contentieux Ottawa-Québec en matière de culture, lequel trouve ses fondements dans la *Loi constitutionnelle de 1867*, et de présenter les événements entourant le rapatriement de la Constitution en 1982, il convient de rappeler brièvement certains aspects de la structure constitutionnelle canadienne.

La Constitution canadienne de 1867, rapatriée et modifiée en 1982, est la loi fondamentale du pays. Elle définit les institutions et régit les activités politiques, civiles et économiques. De la Constitution découle un ensemble de mesures ou de lois fondamentales qui établissent la forme de gouvernement, déterminent l'organisation des pouvoirs (législatif, exécutif et judiciaire) et prescrivent les jeux de l'arène politique (élections, référendums). La Constitution prévoit la répartition des pouvoirs entre les trois paliers de gouvernement, le fédéral, le provincial et le municipal, ce dernier étant directement sous la juridiction du gouvernement provincial. Les prérogatives du gouvernement central se retrouvent dans l'article 91, alors que celles des gouvernements provinciaux sont contenues dans l'article 92.

Ce qu'il faut retenir de l'article 91 c'est que, outre toutes les matières tombant dans les catégories des divers sujets[6], il est stipulé que le gouvernement fédéral a une juridiction en matière de droits d'auteur, des affaires autochtones et de tout ce qui n'est pas clairement assigné aux provinces dans les articles 92 et suivants. Ce dernier élément revêt une importance cruciale puisque c'est à partir de cet énoncé que le gouvernement fédéral revendique depuis des décennies des compétences exclusives en matière de radiodiffusion et de communications, champs d'activités inexistants en 1867. C'est dans cet article que se retrouvent également le pouvoir général de dépenser du fédéral et l'ensemble du pouvoir résiduaire, c'est-à-dire tout ce qui n'est pas spécifiquement attribué à un autre gouvernement dans le texte constitutionnel, ainsi que ses compétences prépondérantes[7].

L'article 92 attribue pour sa part des pouvoirs exclusifs aux législatures provinciales dans divers domaines, comme la santé (hôpitaux, asiles, institutions et hospices de charité), les institutions municipales, la propriété, l'administration de la justice (tribunaux, etc.), les ressources naturelles non renouvelables, etc. Bien plus, selon Maurice Croisat (1979 : 31), cet article accorde «aux législatures provinciales le droit exclusif de légiférer dans les matières ayant une incidence culturelle précise : le droit civil, le bien-être social, l'enseignement [...] ». D'autres articles ont aussi consacré le caractère biethnique et biculturel du Canada, comme l'article 133 relatif au bilinguisme du Parlement fédéral et l'article 93 qui stipule

---

6. Relativement à ces «divers sujets», voir Canada, Ministère de la Justice, 1993 : 27-28.
7. En ce qui a trait au pouvoir fédéral de dépenser, l'un des aspects les plus controversés du fédéralisme canadien, prendre connaissance du document suivant : Québec, SAIC, 1998. Consulter également Gérald-A. Beaudoin (2000), notamment les chapitres 12 et 13 : «L'éducation, la culture et la langue» et «Le pouvoir d'imposer et le pouvoir de dépenser».

que dans « chaque province, la législature pourra exclusivement décréter des lois relatives à l'éducation » (Canada, Ministère de la Justice, 1993 : 32-33). Chose certaine, malgré cette apparente volonté des « Pères de la Confédération » de départager les prérogatives et pouvoirs des deux niveaux de gouvernement, force est de constater que cela n'a pas empêché, au fil des décennies, des dédoublements et empiétements coûteux, sources de multiples tensions.

En fait, ce n'est qu'en 1982 qu'apparaît pour la première fois la « culture » dans les textes constitutionnels. L'article 40 de la *Loi constitutionnelle de 1982* stipule alors que : « Le Canada fournit une juste compensation aux provinces auxquelles ne s'applique pas une modification faite conformément au paragraphe 38(1) et relative, en matière d'éducation ou dans d'autres domaines culturels, à un transfert de compétences législatives provinciales au Parlement. » L'article 27 a trait, pour sa part, au multiculturalisme et se lit comme suit : « Toute interprétation de la présente charte doit concorder avec l'objectif de promouvoir le maintien et la valorisation du patrimoine multiculturel des Canadiens. » Bref, malgré ces changements, mais aussi l'imprécision de certains termes, comme « domaines culturels » (art. 40) et « patrimoine multiculturel » (art. 27) note Gérald-A. Beaudoin (2000 : 658), « [nous] n'avons pas jusqu'ici d'arrêt clé qui délimite les pouvoirs fédéraux et provinciaux en matière de culture comme telle ».

La genèse du contentieux Ottawa-Québec

Si l'on excepte la question des droits linguistiques, c'est à la fin des années 1920 que survient une des premières manifestations du contentieux Ottawa-Québec en matière de culture, contentieux qui s'appuie alors sur l'interprétation des prérogatives conférées par la Constitution. Stimulé par les travaux de la Commission fédérale Aird instituée en 1928, le gouvernement du Québec adopte en 1929 sa *Loi de la radiodiffusion*. Cette loi, qui démontre la volonté du gouvernement du Québec de s'attribuer des compétences en matière de communications, est contestée par le gouvernement fédéral et jugée inconstitutionnelle par le Comité judiciaire du Conseil privé d'Angleterre en 1932 (Beaudoin, 2000 : 655). Pour répliquer à ce jugement, le gouvernement provincial adopte une nouvelle loi qui crée, cette fois-ci, un service provincial de radiodiffusion. Ce service ne sera cependant opérationnel qu'en 1968, année de la création de Radio-Québec (Laramée, 1991 : 1165-1167).

Entre-temps, le fédéral crée Radio-Canada et l'Office national du film dans les années 1930 et met sur pied la Commission royale d'enquête sur le développement des arts, des lettres et des sciences du Canada en 1949. Jugeant la commission « constitutionnellement non compétente en matière d'éducation et d'arts », le gouvernement du Québec refuse d'y prendre part, se démarquant ainsi des autres provinces canadiennes (Hyman, 1988 : 42). Plusieurs associations québécoises décident cependant de s'y présenter. Si toutes semblent d'accord pour une aide gouvernementale accrue dans le domaine de la culture et des arts, elles sont cependant divisées sur le rôle que doit y jouer le gouvernement fédéral (*Ibid.* : 43).

Quelque deux ans après la publication du *Rapport Massey-Lévesque*, le gouvernement du Québec crée à son tour la Commission royale d'enquête sur les problèmes constitutionnels (1953-1956). Dénonçant depuis des années le centralisme fédéral, le gouvernement Duplessis mandate alors la Commission pour étudier les pouvoirs du Québec, les problèmes constitutionnels et la question litigieuse de la répartition des impôts. Le *Rapport Tremblay* défend un « fédéralisme intégral » fondé sur l'égalité des deux nations et sur l'idée de subsidiarité. Il contient aussi un important volet culturel qui insiste sur la nécessité d'accroître le soutien financier aux institutions culturelles déjà existantes et de créer divers organismes, dont un conseil des arts, des lettres et des sciences. Plusieurs énoncés fondent la pertinence de politiques culturelles distinctes pour le Québec, tout en légitimant son intervention en ce domaine.

Bref, si avant la Révolution tranquille la culture apparaissait déjà comme un enjeu idéologique et politique entre les deux paliers de gouvernement, les années qui suivront la création du ministère des Affaires culturelles (MAC) seront capitales dans l'élargissement de la mission culturelle de l'État québécois. À cette époque, les actions du gouvernement provincial visent surtout à sauvegarder et à promouvoir « l'expression culturelle canadienne-française ». Les décideurs politiques, appuyés par l'*intelligentsia* et par la communauté artistique, font de la culture (et de la notion d'identité) leur cheval de bataille pour la protection de l'intégrité culturelle du Québec (Bergeron, 1981).

À tour de rôle, entre 1960 et 1976, les gouvernements Lesage, Johnson et Bourassa réclament une réforme en profondeur du fédéralisme canadien. Plusieurs conférences constitutionnelles se tiennent, sans qu'aucune n'aboutisse à des réformes qui répondraient aux demandes traditionnelles d'autonomie du Québec (échec de Victoria en 1971). Malgré cela, quelques arrangements conclus avec le fédéral laissent une certaine marge de manœuvre au gouvernement provincial, notamment dans les secteurs de l'immigration et des relations internationales : ouverture de délégations du Québec à l'étranger, signature d'accords et d'ententes avec des pays étrangers. L'élection du Parti québécois, en 1976, marquera cependant un tournant majeur sur la scène politique canadienne et québécoise.

Le rapatriement de la Constitution en 1982 et les échecs des accords de Meech (1990) et de Charlottetown (1992)

Au cours de la campagne électorale de 1976, le Parti québécois annonce la tenue d'un référendum sur un projet de souveraineté assorti d'une association économique avec le Canada. Le Premier ministre canadien Pierre Elliott Trudeau prend activement part à la « bataille référendaire » et s'engage à renouveler le fédéralisme canadien. Au terme d'un débat déchirant, le scrutin du 20 mai 1980 se conclut par la victoire du « non »[8].

Dans les mois qui suivent, le Premier ministre Trudeau entreprend des négociations avec les provinces en vue de modifier et de rapatrier la Constitution. Il en résulte la *Loi constitutionnelle de 1982* qui comporte une formule d'amendement et qui incorpore la Charte canadienne des droits et libertés. Cette dernière, qui garantit la liberté d'expression, rend inconstitutionnel l'affichage unilingue au Québec et invalide plusieurs articles de la Charte de la langue française (Taddeo et Taras, 1987; Plourde, 1988; Rocher, 1992).

Au Québec, le gouvernement de René Lévesque refuse d'approuver cette nouvelle Constitution qui lui enlève des droits historiques, comme son droit de veto. Porté au pouvoir en 1985, le Parti libéral de Robert Bourassa se met en devoir de conclure une entente avec le gouvernement conservateur de Brian Mulroney et avec les autres provinces : l'Accord du lac Meech (1987). Sur la base de conditions posées par le Québec, cet accord, qui doit être soumis à l'approbation de tous les gouvernements canadiens (central et provinciaux), a alors pour objectif de le ramener dans le « giron » constitutionnel canadien. Au Canada anglais, une opposition croissante à la reconnaissance du Québec comme « société distincte » incite finalement Terre-Neuve (Clyde Wells), le Nouveau-Brunswick (Franck McKenna) et le Manitoba (Gary Filmon) à refuser la ratification de Meech en 1990. Au Québec, à la suite de cet échec, le Premier ministre Bourassa lançait au reste du Canada le message suivant : « [L]e Canada anglais doit comprendre d'une façon

---

8. En 1995, le Québec tenait son deuxième référendum sur la souveraineté, laquelle est assortie d'une offre de partenariat économique et politique avec le Canada. Avec un taux record de participation de plus de 93 %, la proposition de souveraineté est finalement défaite le 30 octobre 1995 par une faible majorité de 1,16 %.

très claire que, quoi qu'on dise et qu'on fasse, le Québec est, aujourd'hui et pour toujours, une société distincte, libre et capable d'assumer son destin et son développement» (Québec, *Journal des débats*, 31, 62, 22 juin 1990 : 4134).

Cet échec a comme conséquence d'aviver une nouvelle fois le sentiment nationaliste au Québec. L'idée d'un Québec souverain gagne en popularité, même chez un grand nombre d'économistes et de gens d'affaires (Balthazar, 1992 : 660). Avec l'objectif de faire le point sur la question constitutionnelle et en vertu d'une loi adoptée à l'unanimité des formations politiques, le gouvernement de Robert Bourassa crée en septembre 1990 la Commission Bélanger-Campeau. Rendu public en mars 1991, le rapport insiste sur la liberté politique des Québécois de déterminer démocratiquement leur destin politique et rappelle que la *Loi constitutionnelle de 1982* a été proclamée sans l'accord du gouvernement du Québec. Faisant suite aux recommandations de la Commission et dans la foulée du *Rapport Allaire* émanant du Parti libéral du Québec, l'Assemblée nationale adopte le 20 juin 1991 la *Loi sur le processus de détermination de l'avenir politique et constitutionnel du Québec* (la «loi 150») qui propose la tenue d'un référendum sur la souveraineté avant le 26 octobre 1992.

Entre-temps, le Premier ministre Bourassa revient sur sa décision de ne plus participer à des rencontres fédérales-provinciales et accepte de collaborer aux pourparlers de Charlottetown qui débouchent sur un nouvel accord[9]. Signée le 29 août 1992, l'entente est présentée pour fin d'approbation lors d'un référendum pancanadien le 26 octobre suivant. Jugé comme étant bien inférieur à Meech et aux revendications québécoises traditionnelles, l'accord est rejeté tant au Québec (57 % contre) qu'au Canada.

---

9. Pour une critique des offres contenues dans l'Entente de Charlottetown, consulter Brun, Otis, Morin, Turp, Woehrling, Proulx, Schabas et Patenaude (1992).

4 Les événements systémiques et leurs impacts : vers une polarisation des groupes d'intérêts en matière de culture

Plus dynamique et plus sujette à connaître des modifications au cours d'une décennie ou plus, la deuxième série de variables (ou de contraintes) proposée par Sabatier et Jenkins-Smith – les « événements dynamiques de l'environnement externe spécifique » – comporte des événements systémiques qui peuvent avoir un impact sur la composition et les ressources des acteurs (ou coalitions) du sous-système de politiques publiques concernées.

Les événements, qui restreignent plus directement les choix des acteurs lors du processus de prise de décision et qui surviennent dans l'environnement du sous-système concerné, mais aussi dans celui des autres sous-systèmes (santé, éducation, etc.), sont de quatre ordres : (1) « des changements dans les conditions socio-économiques et la technologie », (2) « des changements dans l'opinion publique », (3) « des changements dans la coalition gouvernante (niveau système) » et, enfin, (4) « les décisions et les impacts des autres sous-systèmes » (figure 1).

LES CHANGEMENTS DANS LES CONDITIONS SOCIO-ÉCONOMIQUES

Entre 1960 et 1990, le Québec connaît plusieurs changements dont l'un des plus remarquables est la « chute vertigineuse » du développement (ou taux de croissance) de sa population, phénomène attribuable en grande partie à une baisse de la natalité et à un bilan migratoire négatif. Au cours de ces trois décennies, la population canadienne croît tout de même de près de 46 %, passant de

18,2 millions à 26,6 millions de personnes. Comparativement à l'Ontario où la population augmente de plus de 56 %, le Québec fait piètre figure : sa population s'accroît d'à peine 28 % entre 1960 et 1990 pour atteindre les 6,8 millions (Fréchette, 1992 : 25).

Par ailleurs, comparativement à l'économie ontarienne et même canadienne, l'économie québécoise réussit moins bien au cours de ces trois décennies. Les Québécois gagnent moins et chôment plus que les Ontariens et les Canadiens. En fait, après avoir connu une croissance soutenue entre 1960 et 1975, l'économie québécoise évolue de façon beaucoup plus lente par la suite. Le niveau de vie des Québécois se multiplie tout de même par presque trois (187,6 %) au cours de ces trois décennies alors que le revenu personnel par habitant (en dollars constants de 1986) passe de 6 018 dollars, en 1961, à 17 415 dollars, en 1990 (Fréchette, 1992 : 25). Bref, malgré une croissance plus importante du revenu personnel au Québec qu'en Ontario et au Canada, cela ne représente toujours que 85,4 % du revenu personnel par Ontarien en 1990, lequel s'établit alors à 20 382 dollars (*Ibid.*). Comme en témoigne le tableau 1, il importe de distinguer deux périodes de croissance.

Tableau 1
Performance de la croissance économique canadienne,
1960-1975 et 1975-1990

	Périodes	Québec	Ontario	Canada
Croissance du PIB réel (en %)	1960-1975	90,6	101,9	108,5
	1975-1990	59,0	70,9	64,2
Croissance de l'emploi (en %)	1960-1975	47,3	57,6	53,3
	1975-1990	25,5	38,1	35,4
Taux de chômage (moyenne annuelle en %)	1960-1975	6,6	4,1	5,3
	1975-1990	10,8	7,1	8,8
Croissance du revenu personnel réel par habitant (en %)	1960-1975	113,1	90,1	97,0
	1975-1990	35,8	32,1	34,4

Sources : Pierre Fréchette, « Croissance et changements structurels de l'économie » (1992 : 27, tableau 3 ; données issues de *Statistique Canada*, n°s 13-213 et 71-001).

En effet, la performance de l'économie nationale entre 1960 et 1975 est beaucoup plus significative que celle des quinze années suivantes. La croissance de l'emploi au Québec diminue de presque la moitié entre ces deux périodes, passant de 47,3 % à 25,5 %. Conséquemment, le taux de chômage augmente de façon importante après 1975 pour atteindre une moyenne annuelle de près de 11 %, alors que le niveau de vie moyen des Québécois ralentit (35,8 %) après avoir plus que doublé entre 1960 et 1975 (113,1 %). Plusieurs facteurs expliquent cette situation.

Tout d'abord, à la faveur d'une économie mondiale généralement favorable, plusieurs grands projets d'envergure nationale voient le jour durant la phase de croissance des années 1960-1975 : construction du métro de Montréal (1962-1966) et de la route transcanadienne (aujourd'hui l'autoroute Jean-Lesage), mise en place des infrastructures pour l'Expo 67 et pour les Jeux olympiques de 1976. C'est également au cours de cette période que la société Hydro-Québec devient l'un des symboles de l'expertise québécoise et que la construction des barrages de la Côte-Nord et de la baie James insuffle à la population un sentiment d'abondance, mais aussi de fierté. Plusieurs petites entreprises québécoises connaissent également un essor remarquable. Il en est ainsi des compagnies Bombardier, Cascades, Provigo, Quebecor et SNC-Lavalin (voir Linteau *et al.*, 1989).

Entre 1975 et 1992, malgré une deuxième crise du pétrole, deux récessions et des taux d'intérêt et de change généralement élevés, le Québec s'ouvre graduellement sur le monde. L'Accord de libre-échange (ALE) conclu entre le Canada et les États-Unis en 1988 (auquel adhère le Mexique en 1992 : ALENA) contribue à accroître l'intégration économique du Québec au sous-continent nord-américain. Pour nombre de Québécois, il y a là un gage de prospérité que la récession du début des années 1990 vient cependant contrecarrer.

LES CHANGEMENTS DANS L'OPINION PUBLIQUE

Selon Sabatier et Jenkins-Smith, la prise en compte de l'évolution de l'opinion publique sur une période plus ou moins longue est importante : « although public opinion is seldom knowledgeable enough to affect policy specifics, it can certainly alter general spending priorities and the perceived seriousness of various problems » (1993 : 223). Incidemment, au-delà des problèmes méthodologiques classiques relatifs aux sondages d'opinion[1], il convient donc de mettre en rapport

---

1. Il faut tout d'abord souligner les problèmes inhérents à l'accessibilité, à la qualité et à la fiabilité des données et des analyses produites qui sont souvent résumées et présentées de façon succincte

quelques événements marquants de l'actualité politique des années 1980 et du début des années 1990, événements qui ont altéré de façon substantielle la confiance du public envers ses institutions politiques, administratives et judiciaires.

Par ailleurs, parce que traités dans d'autres sections de cet ouvrage, les événements plus politiques, comme l'élection d'un parti politique indépendantiste en 1976, la crise constitutionnelle des années 1980 ou la popularité croissante de l'option souverainiste, ne seront pas abordés ici. Essentiellement, trois domaines d'intervention particulièrement embarrassant pour le gouvernement du Québec au tournant des années 1980 seront évoqués.

Trois domaines d'intervention préoccupants : l'environnement, l'administration publique et les affaires autochtones[2]

À compter de la fin des années 1980, plusieurs événements viennent amoindrir la crédibilité du gouvernement du Québec et de ses fonctionnaires. Le doute s'installe parmi la population, le mécontentement croît lorsque que les médias révèlent au grand public les cas de corruption, de favoritisme et de mauvaise gestion. Au tournant des années 1990, au moment où se discute vertement l'avenir constitutionnel du Québec et la nécessité de rapatrier des pouvoirs, notamment en matière de culture (Commission Bélanger-Campeau, *Rapport Arpin*), les élus comme les fonctionnaires font face à une succession de crises qui a pour effet d'altérer la confiance du public ou, du moins, de dévier son attention vers des problématiques ponctuelles et inquiétantes.

Tout d'abord, ce n'est qu'au début des années 1980 que les deux paliers de gouvernement créent chacun leur ministère de l'Environnement, ministères qui doivent devenir le lieu d'élaboration d'une politique d'ensemble sur ce dossier. Cependant, les événements qui surviennent à la fin des années 1980 semblent contredire les efforts jusqu'alors consacrés à ce secteur. L'incendie d'un dépôt de

---

par les médias. De plus, il faut rappeler que le recours aux techniques de sondage présente de nombreux biais qui affectent fréquemment la composition des échantillons, la préparation des questionnaires, le déroulement des entrevues et l'interprétation des résultats (B. Lacroix, 1993 ; voir aussi V. Lemieux, 1988 ; Breton et Proulx, 1989 ; Baillargeon, 1990).

2. La principale source sur l'évolution de l'opinion publique est *L'année politique au Québec*. Il s'agit d'un bilan annuel de l'actualité politique réalisé par des chercheurs et des collaborateurs du Département de science politique de l'Université de Montréal et publié par Québec/Amérique et Fides (adresse Internet : http://www.pum.umontreal.ca/apqc/rubrique.htm).

BPC à Saint-Basile-le-Grand en 1988 révèle au grand public des failles importantes dans la gestion d'une telle situation de crise, notamment dans l'élimination des déchets toxiques. Dans les mois qui suivent, le commissaire aux incendies blâme sévèrement, dans son rapport, le ministère provincial et ses fonctionnaires. C'est également suite à cet événement que des mouvements « pas dans ma cour » s'accentuent : mise sur pied d'un front commun anti-BPC en Abitibi et opposition de la population abitibienne sur l'entreposage de BPC dans la région, refus des débardeurs de la Côte-Nord de décharger des produits toxiques. Comme l'écrivent Jacques Bourgault et James Iain Gow, « [jamais] de mémoire de citoyens, autant de faits troublants ridiculisant la gestion d'un domaine n'ont été dévoilés dans l'espace d'une seule année » (Bourgault et Gow, *L'année politique au Québec 1988-1989*). Selon ces chercheurs, la crédibilité du gouvernement du Québec et celle de son ministère de l'Environnement sont « sérieusement mises en cause ». L'incendie d'un site de pneus usés à Saint-Amable en 1990 n'arrange assurément pas les choses.

Puis, un autre secteur qui accentue le mécontentement de l'opinion publique se révèle au travers des diverses confrontations entre le gouvernement et ses employés (Lemelin, 1984; Hébert, 1992). Déjà, au cours de la première moitié des années 1980, plusieurs décisions gouvernementales impopulaires, comme le gel des salaires des employés des secteurs public et parapublic, avaient eu pour conséquence de « coûter bien des appuis » au Parti québécois (Lévesque, 1986; Rouillard, 1989; Blais et Crête, 1989). Comme le souligne Pierre Drouilly, les politiques de gestion de la crise, mais surtout les politiques salariales et les décrets frappant les secteurs public et parapublic, combinées à l'échec constitutionnel (référendum de 1980 et rapatriement de la Constitution en 1982), mènent finalement « à une crise interne dont une des conséquences [est] le départ de plusieurs ministres, députés et militants en 1984 » et à la perte du pouvoir pour le Parti québécois aux élections de 1985 (Drouilly, *L'année politique au Québec 1989-1990*). L'arrivée au pouvoir du Parti libéral n'allège pas pour autant le climat de tension entre l'État et ses employés. Plusieurs événements auront également tôt fait d'irriter la population en général et les contribuables en particulier.

Outre les problèmes environnementaux notés précédemment, mentionnons cette série record de pannes du réseau hydroélectrique en 1988-1989, le refus des infirmières de faire des heures supplémentaires, entraînant ainsi la fermeture de plus de 2 000 lits d'hôpital en 1989, la multiplication des dénonciations de gaspillage des fonds publics. Bref, le moindre scandale a tôt fait d'être relaté par les médias. Les dépenses des politiciens et les actions des hauts fonctionnaires sont également scrutées à la loupe. Vers la même époque, de nombreux conflits concernant la fonction publique municipale ont pour effet d'exaspérer les citoyens. L'année 1991 est remarquable à ce titre : longue série d'arrêts de travail des cols bleu de Montréal et de la Communauté urbaine de Montréal, grèves des chauffeurs et des employés d'entretien des sociétés de transport des villes de Montréal et de Québec, etc. Bref, à l'aube des années 1990, la légitimité des syndicats, comme celle de la fonction publique et des politiciens, est particulièrement « ébranlée » (Noreau, *L'année politique au Québec 1990-1991*).

Enfin, un dernier secteur d'intervention des gouvernements, mais non le moindre, est celui concernant les autochtones. En effet, bien que depuis le début des années 1970 divers débats et pourparlers (mégaprojets hydroélectriques, droits ancestraux, etc.) aient suscité et alimenté le nationalisme autochtone, ce dernier semble trouver tout son sens dans la proposition du gouvernement fédéral d'enchâsser les droits autochtones dans la *Loi constitutionnelle de 1982*. Les années qui suivent se caractérisent par la recherche de l'autonomie gouvernementale et c'est d'ailleurs au nom de cette autonomie que le député autochtone manitobain Elijah Harper oppose son veto à l'Accord du lac Meech en 1990. Mais, bientôt, d'autres événements attirent l'attention des Québécois et du monde entier.

À l'aube des années 1990, les relations sont particulièrement tendues entre le gouvernement fédéral, celui du Québec et les autochtones, d'autant plus que ces derniers ont multiplié depuis quelques années les appels aux tribunaux et aux instances internationales. Pour faire valoir leur point de vue, certaines communautés font appel à des lobbyistes américains réputés, qui ont pour mandat d'approcher les journalistes et les politiciens et de sensibiliser les groupes écologiques à leur cause. Plusieurs organismes internationaux, comme les Nations unies, le Tribunal international des eaux et le Parlement européen, sont sensibilisés aux problèmes des autochtones du Canada. Si de telles interventions sont généralement peu diffusées et peu connues du grand public, un événement majeur suscitera cependant l'attention des médias, tant nationaux qu'internationaux, en 1990. Cet événement a pour effet de mieux faire connaître les revendications traditionnelles et aussi nouvelles des autochtones, notamment leur reconnaissance comme « société distincte » (Monière, *L'année politique au Québec 1990-1991*).

À l'été 1990, les Mohawks de Kanesatake, dans la région de Montréal, prennent les armes, dressent des barricades et bloquent le pont Mercier et la route 132. Le blocus dure des semaines et l'agressivité est croissante de part et d'autre.

Une fois de plus, le gouvernement du Québec est sur la sellette. On l'accuse d'être dépassé par les événements (V. Lemieux, 1992). Alors que les moyens pris pour défendre et pour affirmer les revendications autochtones avaient été jusqu'alors généralement «modérés et pacifiques» au Canada, le radicalisme des autochtones du Québec, surtout de leurs leaders, se fait sentir. Comme le souligne Denis Monière :

> Alors que le Québec francophone s'apprêtait sereinement à tirer les conclusions de l'échec du lac Meech et à débattre de son avenir politique, les Mohawks de Kahnawake et de Kanesatake donnaient la parole aux armes pour imposer leurs revendications à l'agenda politique. Depuis plusieurs années, les relations entre les communautés autochtones et les gouvernements se détérioraient. L'émergence de la Société des guerriers et son emprise politique et militaire sur les réserves ont modifié le rapport de forces et radicalisé les exigences des peuples autochtones, qui veulent maintenant contrôler leur territoire et leur développement économique (Monière, *L'année politique au Québec*, 1990-1991).

Cet événement et bien d'autres conflits qui opposent les autochtones aux autorités politiques et policières (commerce illicite du tabac, ouverture illégale de maisons de jeux, opposition du député autochtone manitobain Harper à l'Accord du lac Meech) suscitent l'attention des médias et la désapprobation croissante des Québécois. Par ailleurs, comme le souligne Monière, «[la] perspective de devenir une majorité dotée des pleins pouvoirs pose de nouveaux problèmes et force les intellectuels et décideurs politiques à préciser leurs conceptions et leurs intentions vis-à-vis des peuples autochtones, qui étaient jusqu'alors restés à l'écart du débat politique sur l'avenir du Québec» (*Ibid.*).

LES CHANGEMENTS DANS LE SYSTÈME POLITIQUE[3]

Entre 1960 et le début des années 1990, plusieurs personnalités ont marqué le paysage politique du Québec : au niveau fédéral, il y a les Pierre Elliott Trudeau, Brian Mulroney et Lucien Bouchard et, au niveau provincial, les Jean Lesage,

---

3. Cette section s'inspire de la «Chronologie de l'histoire du Québec» de Claude Routhier (site Web : http://page.infinit.net/histoire/quebec-h.html), ainsi que des ouvrages de Linteau *et al.* (1989) et de Daigle et Rocher (1992), notamment les chapitres de Guy Rocher (sur la langue), de Réjean Pelletier (sur la Révolution tranquille), de Vincent Lemieux (sur les partis politiques du Québec) et de Louis Balthazar (sur le nationalisme québécois).

Robert Bourassa, René Lévesque et Jacques Parizeau. Les partis politiques canadiens ont également connu une évolution importante au cours de ces décennies, notamment par l'arrivée de nouvelles formations politiques. Conforme à l'une des prémisses de l'*ACF* qui recommande de tenir compte des différents paliers de gouvernement, cette section se consacre aux changements intervenus dans le système politique canadien depuis 1960.

L'affirmation politique du Québec, puis son isolement

Sur la scène politique québécoise, il convient de rappeler les événements marquants des années 1960-1992 : la défaite de l'Union nationale lors de l'élection du 20 juin 1960, après seize années à la gouverne de la province, la victoire libérale de Jean Lesage et l'avènement de « l'équipe du tonnerre » en 1960, le gouvernement libéral de Robert Bourassa (1970-1976), la création du Parti québécois en 1968 et la montée du mouvement indépendantiste qui le porte finalement au pouvoir en 1976, l'effritement de l'Union nationale au cours des années 1970, puis sa disparition au début des années 1980 et, enfin, le retour du Parti libéral de Robert Bourassa en 1985, et sa réélection en 1989.

L'année 1976 marque assurément un virage majeur sur la scène politique provinciale et fédérale : les électeurs québécois élisent pour la première fois un parti aux visées indépendantistes. Bien que confrontés depuis une quinzaine d'années aux revendications nationalistes du gouvernement du Québec qui réclame sans cesse plus de pouvoirs, le fédéral ainsi que l'ensemble du Canada anglais se trouvent en présence d'un nouvel acteur dont l'objectif premier est clairement défini dans son programme politique.

Dès son élection, le Parti québécois met de l'avant divers projets à saveur socio-démocrate : adoption d'une législation interdisant aux personnes morales de souscrire à la caisse des partis politiques, limitant les montants pouvant être offerts et obligeant la publication des noms des donateurs les plus importants, entrée en vigueur du nouveau régime d'assurance automobile, adoption de la loi sur le zonage agricole et de la Charte de la langue française ou *Loi 101*. Comme le mentionne Vincent Lemieux, les lois et les règlements promulgués par le gouvernement péquiste, « bien reçus par la majorité des électeurs », « prennent systématiquement parti pour les francophones contre les anglophones, pour les syndiqués contre les patrons, pour les agriculteurs contre les spéculateurs, pour les consommateurs et les usagers contre les organisations qui disposent de plus de moyens qu'eux » (V. Lemieux, 1992 : 635). Malgré la popularité croissante du gouvernement, 60 %

des électeurs refusent la souveraineté-association au référendum de 1980. Sur la scène politique provinciale, on assiste alors à une bipolarisation à peu près exclusive entre le Parti libéral et le Parti québécois.

Le deuxième mandat du Parti québécois (1981-1985) s'avère par contre difficile, notamment en ce qui a trait aux discussions constitutionnelles fédérales-provinciales. Le Premier ministre René Lévesque s'engage sur la voie des compromis et recherche des solutions de rechange permettant au Québec d'adhérer à la nouvelle Constitution canadienne, alors en élaboration. De concert avec sept provinces anglophones, il collabore à la rédaction d'un texte permettant d'insérer une partie de la Charte canadienne des droits et libertés à la Constitution. Dans les jours qui suivent, c'est le volte-face.

Après d'intenses négociations et une rencontre nocturne des représentants clés, excluant ceux du Québec, le gouvernement fédéral et les neuf autres provinces canadiennes en arrivent à un consensus. Au lendemain de cette mémorable nuit, le Québec a perdu son droit de veto. De plus, l'intégralité de la Charte canadienne, telle que conçue par Pierre Elliott Trudeau, est conservée et incorporée à la nouvelle Constitution. Cette charte, qui suscite alors tant d'opposition de la part du Québec – et qui en suscite toujours –, diminue les pouvoirs du gouvernement du Québec, notamment en matière de langue et d'éducation. Bref, au Québec, l'Assemblée nationale rejette massivement l'entente et refuse de la signer – ce qui n'empêche pas pour autant le Québec d'y être assujetti. En avril 1982, sans l'assentiment du Québec, le gouvernement fédéral procède au rapatriement de la Constitution.

Quelque deux années plus tard, soit en décembre 1984, René Lévesque accepte le « beau risque » et choisit, malgré une vive opposition de certains membres de son parti, de participer à des discussions fédérales-provinciales. Élus avec cette promesse électorale de réintégrer le Québec dans la « famille canadienne », les conservateurs et leur chef, Brian Mulroney, de concert avec les Premiers ministres provinciaux, travaillent à l'élaboration d'un consensus. Quelques mois plus tard, soit en juin 1985, « excédé et meurtri » par la tournure des événements et par les critiques émanant de son entourage, Lévesque démissionne comme chef de parti (*Le Devoir*, 4 octobre 1996 : A5). Son successeur, Pierre-Marc Johnson, annonce des élections générales pour le 2 décembre suivant. Les péquistes sont alors défaits et les libéraux prennent le pouvoir avec 42 % des votes exprimées. Pour sa part, l'Union nationale a définitivement disparu du paysage politique, alors que le parti Égalité nouvellement créé réussit à faire élire quatre députés à Montréal, grâce au mécontentement des anglophones (V. Lemieux, 1992). En fait, au cours des deux mandats du Parti libéral (1985 à 1994) « c'est la conjoncture plutôt que son programme qui commande les actions du gouvernement » (V. Lemieux, 1997 : 283).

Conforme à l'un de leurs engagements électoraux, les libéraux provinciaux poursuivent les pourparlers constitutionnels. En mai 1986, par la voie du ministre libéral aux Affaires intergouvernementales, Gil Rémillard, cinq « conditions minimales » sont posées pour la réintégration du Québec dans la Constitution[4]. Au terme des discussions, soit en juin 1987, les gouvernements fédéral et provinciaux acceptent les cinq revendications du gouvernement du Québec. Pour qu'il prenne force de loi, l'Accord du lac Meech doit être entériné par tous les Parlements, fédéral et provinciaux avant le 23 juin 1990, ce qui n'a finalement pas lieu.

L'arrivée de nouveaux acteurs politiques

Sur la scène fédérale, outre la réélection du Parti conservateur de Brian Mulroney en novembre 1988, mentionnons l'entrée en jeu d'un nouvel acteur au début des années 1990. Après le dépôt du rapport Charest qui dilue de façon substantielle les cinq conditions minimales exigées par le Québec pour réintégrer la Constitution canadienne, Lucien Bouchard démissionne de ses fonctions de ministre fédéral de l'Environnement et de ministre responsable de la Francophonie. Il quitte le Parti conservateur le 22 mai 1990 et siège comme député indépendant. Quelques semaines plus tard, il est choisi par des ex-députés conservateurs comme chef du nouveau groupe parlementaire souverainiste à Ottawa, le Bloc québécois.

Du côté du Québec, l'Assemblée nationale adopte en septembre 1990 une loi qui crée la Commission Bélanger-Campeau sur l'avenir politique et constitutionnel du Québec. Regroupant des représentants du gouvernement, de l'opposition officielle et de divers milieux (syndicaux, municipaux, patronaux, etc.), cette commission obtient très majoritairement l'appui de la population québécoise. Au terme de ses travaux, la Commission conclut que le *statu quo* constitutionnel est inacceptable, qu'il ne reste plus pour le Québec que deux options possibles, le

---

4. Ces cinq conditions sont la reconnaissance du Québec comme « société distincte », le droit de veto pour tout changement constitutionnel, des garanties quant à la nomination de juges québécois à la Cour suprême (un tiers doivent être Québécois), des garanties de compensations financières si le Québec refuse de participer à certains programmes fédéraux et, enfin, la prise en charge exclusive par le Québec de l'immigration sur son territoire.

fédéralisme décentralisé ou la souveraineté, et recommande la tenue d'un référendum sur l'avenir constitutionnel du Québec.

Par ailleurs, au sein même du Parti libéral du Québec, des militants plus revendicateurs produisent le *Rapport Allaire* en mars 1991. Devenu le programme officiel du PLQ, ce rapport représente un « changement de cap radical » par rapport aux cinq conditions initiales parce que « carrément centré sur une nouvelle répartition des pouvoirs qui aurait considérablement accru les compétences du Québec aux dépens du Parlement fédéral » (Hurley, 1994 : 10-11). Il suggère également la tenue d'un référendum sur la souveraineté pour l'automne 1992, à moins que le fédéral transfère au Québec la presque totalité des pouvoirs fédéraux, à l'exception de la défense, de la perception des impôts et du paiement de la péréquation à la province. Dans le reste du Canada, c'est le tollé général et surtout l'incompréhension.

En réalité, peu d'anglophones hors Québec semblent comprendre les revendications et l'insistance du Québec à être reconnu comme « société distincte ». Bien plus, contrairement aux Québécois, une majorité de Canadiens souhaitent plus de pouvoirs pour le fédéral. Comment expliquer ces conceptions divergentes et de tels écarts dans les demandes et les attentes des Canadiens et des Québécois ? Nul doute que les bouleversements démographiques des dernières décennies et que la montée du pluralisme au Canada y sont pour quelque chose : en 1991, 42 % de la population canadienne se déclare d'origine autre que britannique ou française (Canada, 1996 : 6). Chose certaine, à la suite des travaux de cette commission, l'Assemblée nationale du Québec adopte en juin 1991 la *Loi 150* qui impose la tenue d'un référendum sur la souveraineté, et ce, au plus tard le 26 octobre 1992 (Québec, Assemblée nationale, 1991 : 95).

Entre-temps, après des mois de discussion et la création de commissions d'étude fédérales, les gouvernements des neuf provinces anglophones, des deux territoires canadiens et les représentants de quatre groupes autochtones parviennent à un consensus et rédigent en juillet 1992 un nouveau projet : l'Entente de Charlottetown. Malgré de nombreuses oppositions au Québec, parce qu'on la juge inférieure au consensus qui s'est dégagé des travaux de la Commission Bélanger-Campeau, Robert Bourassa signe cet accord en août 1992. Quelques jours plus tard, le 3 septembre, la *Loi 150* est amendée afin que le référendum porte non plus sur la souveraineté du Québec mais sur les propositions de Charlottetown. À l'intérieur du Parti libéral du Québec, un groupe de militants désavouent leur chef. C'est la scission. Jean Allaire quitte le parti et fonde, avec le président démissionnaire de l'aile Jeunesse du Parti libéral, Mario Dumont, le parti de l'Action démocratique du Québec (ADQ).

Le référendum pancanadien sur l'Entente de Charlottetown se tient le 26 octobre 1992 : 57 % des Québécois et 54 % des Canadiens des autres provinces se prononcent contre. Pour les Québécois, c'est trop peu ; pour les Canadiens, c'est tout simplement faire trop de concessions au Québec. Pour les Mulroney et Bourassa, c'est un échec cuisant : tous deux remettent leur démission, l'un en mai et l'autre en septembre 1993.

LES DÉCISIONS ET IMPACTS DES AUTRES SOUS-SYSTÈMES DE POLITIQUES PUBLIQUES

La quatrième et dernière variable des événements de l'environnement externe spécifique concerne les décisions relatives aux autres secteurs publics et à leurs impacts sur le sous-système de politiques publiques concernées, ici la culture. Selon Sabatier et Jenkins-Smith, « les sous-systèmes sont partiellement autonomes » et « les décisions et impacts des autres secteurs politiques sont les principaux éléments dynamiques affectant les systèmes spécifiques » (traduit de Sabatier et Jenkins-Smith, 1993 : 23).

La préoccupation croissante du gouvernement du Québec en matière d'économie au cours des années 1980 et au début des années 1990 a des impacts sur les secteurs de la santé, du bien-être social et de l'éducation, comme sur celui de la culture. Il faut dire qu'en ce qui a trait aux dépenses publiques, le gouvernement s'est surpassé au cours des années 1970. Alors qu'elles totalisent près de 4,6 milliards de dollars en 1971-1972, les dépenses totales passent à 10,3 milliards en 1976-1977, puis à 20,4 milliards en 1981-1982, atteignant ainsi des taux d'accroissement quinquennaux de 125 et de 98 % (voir tableau 2). Par contre, l'accroissement annuel moyen des dépenses du gouvernement entre 1981 et 1991 est de 5,7 % ; à cette dernière date, elles dépassent les 34 milliards.

De la construction de l'État-providence à sa remise en question

Bien avant la fin de la Deuxième Guerre mondiale, les gouvernements sont intervenus en investissant massivement dans différents programmes à caractère social : pensions de vieillesse (programme instauré par le gouvernement fédéral et accepté par le Québec en 1936), assurance-chômage (loi adoptée en 1940), allocations familiales et habitation (lois adoptées en 1945). Plus tard, d'autres programmes

Tableau 2
Les dépenses totales brutes du gouvernement du Québec
entre 1971 et 1993 (en millions de dollars)
et accroissement annuel et/ou quinquennal (en %)

Années	Dépenses (000 $)	↗/an	↗/5 ans	Années	Dépenses (000 $)	↗/an	↗/5 ans
1971-1972	4 575[1]			1987-1988	30 325[1]	6,5 %	
1976-1977	10 298[1]		125 %	1988-1989	30 934[2]	2,0 %	
1981-1982	20 359[1]		98 %	1989	29 619[3]	-1,2 %	
1982-1983	22 254[1]	9,3 %		1990	32 014[3]	8,1 %	
1983-1984	24 523[1]	10,2 %		1991	34 112[3]	6,6 %	20 %
1984-1985	25 542[1]	4,2 %		1992	35 228[3]	3,3 %	
1985-1986	27 222[1]	6,6 %		1993	35 991[3]	2,2 %	
1986-1987	28 465[1]	4,6 %	40 %				

Sources : 1. Données extraites d'un tableau présenté sur le site Web *L'année politique au Québec 1987-1988* (http://www.pum.umontreal.ca/apqc/87_88/profil/223a.gif) ; 2. Prévisions et ajustements (*Budget 1988-1989*) ; 3. Données qui correspondent au total des dépenses courantes et extraites d'un tableau sur le site Web *L'année politique au Québec 1995-1996* (http://www.pum.umontreal.ca/apqc/95_96/profil/232.gif).

s'ajouteront : régime fédéral d'assurance-hospitalisation en 1958, suivi d'un programme équivalent au Québec en 1961, régime des rentes du Québec en 1960 (Dumont, Langlois et Martin, 1994). L'impact de ces mesures est tel que les dépenses dans le seul secteur de la sécurité du revenu au Québec, pour ne citer que celui-ci, se multiplie par près de neuf entre 1966 et 1978, passant de 841 millions de dollars à plus de 7,5 milliards (Fluet et Lefebvre, 1992 : 63). À ces chiffres, il faut ajouter les autres dépenses en santé (hôpitaux) qui passent de 422 millions en 1966 à 1,3 milliard en 1978, puis à 2,7 milliards en 1988-1989 (*Ibid.*).

Autre domaine privilégié par l'État, le système d'éducation connaît d'importants investissements et des réformes majeures à compter du milieu des années 1960, dont les plus importantes découlent des travaux de la Commission royale d'enquête sur l'enseignement dans la province de Québec (Commission Parent, 1963-1966). Malgré de vives protestations, notamment celles de l'épiscopat catholique qui voit là une atteinte à ses prérogatives traditionnelles, plusieurs recommandations du *Rapport Parent* sont adoptées : création d'un ministère de l'Éducation en 1964, mise sur pied d'un organisme consultatif, le Conseil supérieur de l'éducation, regroupement des 1 500 commissions scolaires, démocratisation du système d'éducation qui devient public et gratuit, refonte complète des structures et des programmes d'études, mise en place des collèges d'enseignement général et professionnel (cégeps) et création de l'Université du Québec. Les résultats de ces réformes sont remarquables (Chénard et Lévesque, 1992), mais les dépenses publiques du Québec en ce domaine font des bonds vertigineux : de 181 millions en 1960-1961 (soit 24,4 % des dépenses totales), les dépenses dépassent le milliard de dollars dix ans plus tard (29 %), pour s'établir à plus de 6 milliards en 1982-1983 (27,4 %) (Linteau *et al.*, 1989 : 662).

Malgré de fortes pressions, les gouvernements tentent de maintenir leur présence dans différents secteurs. Par exemple, au Québec, la sécurité du revenu connaît une croissance plus lente de ses dépenses à compter de la fin des années 1970, passant de 7,5 milliards de dollars en 1978 à 18,1 milliards en 1988-1989 (Fluet et Lefebvre, 1992 : 59). En fait, bien que ce secteur ne connaisse ni recul ni mise sur pied de nouveaux programmes au cours des années 1980, les gouvernements fédéral et du Québec procèdent à des rajustements en vue de restreindre l'accessibilité à certains programmes : pensons ici à celui de l'assurance-chômage.

Pour lutter contre la pauvreté, des programmes de compensation des charges familiales et d'assistance aux familles défavorisées sont instaurés. L'essor de certains phénomènes inquiète, d'autant plus qu'ils sont fortement médiatisés : c'est le cas de la situation des sans-abri, de la prostitution juvénile, de la violence conjugale, de la désinstitutionnalisation des personnes déficientes intellectuellement et des personnes âgées en perte d'autonomie.

Les domaines prioritaires d'intervention et la dure réalité des années 1980 : la santé, les services sociaux et l'éducation

Dès la fin des années 1980, la crise des finances publiques est une réalité incontournable. Le gouvernement central et celui du Québec détiennent respectivement une dette publique de l'ordre de 400 et de 30 milliards de dollars en 1991, alors que le déficit budgétaire est pour l'un de 30 milliards et pour l'autre de

3 milliards environ; leur service de la dette est du même ordre. La dette moyenne de chaque Québécois totalise 19 000 dollars, dont environ 15 000 au fédéral. « Ce niveau d'endettement public est parmi les plus élevés des pays de l'OCDE, après ceux de la Belgique, de l'Irlande et de l'Italie » (Fréchette, 1992 : 46).

Après avoir investi massivement au cours des années 1960 et 1970, les gouvernements sont contraints de se retirer de plusieurs secteurs économiques et sociaux ou, du moins, de réviser leurs interventions en réorientant certaines priorités. On opte pour la réduction des dépenses publiques, on diminue les services et on met de l'avant des politiques de privatisation. Afin d'assainir les finances publiques, le gouvernement fédéral coupe dans les paiements de transfert aux provinces au début des années 1990, tandis que le gouvernement du Québec procède à des délestages majeurs, dont l'un des plus décriés demeure le transfert de 500 millions de dollars aux municipalités québécoises (Saint-Pierre, 1994).

Alors que les Québécois (citoyens et décideurs) prennent conscience des besoins et des coûts croissants en santé et en services sociaux – de moins de 4 milliards en 1970, les dépenses atteignent les 8,3 milliards en 1986-1987 (White, 1992 : 238) –, de la persistance d'inégalités dans l'état de la santé selon les classes et les régions, les Québécois réalisent également que les moyens financiers de l'État sont de plus en plus limités. Pour faire face aux nombreux défis, dont celui de l'accroissement considérable des coûts, le gouvernement met sur pied en 1985 une commission d'enquête sur les services de santé et les services sociaux, commission présidée par Jean Rochon. Quelque six ans plus tard, le ministère de la Santé et des Services sociaux élabore finalement un projet de réforme qui aboutit à la loi 120 sur les services de santé et les services sociaux, adoptée en août 1991. Axée sur la prévention et le choix des interventions, cette politique, qui a comme objectif de remplacer la loi 65 de 1971 (réforme Castonguay), commande des ressources considérables, particulièrement limitées à cette époque de déficits récurrents.

Le domaine de l'éducation est également confronté à des défis important au cours des années 1980 : baisse très importante des effectifs scolaires au primaire et au secondaire (Chénard et Lévesque, 1992 : 389), diminution de près de 10 000 enseignants entre 1979 et 1984 (Linteau *et al.*, 1989 : 669-670), vieillissement du corps professoral, précarité d'emploi chez les plus jeunes. À ces réalités s'ajoutent les défis entourant l'intégration des enfants des minorités culturelles à l'école française et à la société québécoise, la désertion des programmes de l'enseignement professionnel et le décrochage scolaire. Nombre d'études démontrent aussi les écarts persistants, parfois croissants, à différents niveaux d'études, entre garçons et filles, entre francophones et anglophones, entre Québécois, Canadiens et même Nord-Américains[5]. Il paraît important de cerner les problèmes de l'heure, du moins ceux jugés comme prioritaires par l'État québécois au moment où s'élabore la politique culturelle du Québec. Pour ce faire, portons une attention aux grandes lignes du discours du budget 1992-1993 au printemps 1992 et commenté par André Blais et François Vaillancourt, dans *L'année politique au Québec, 1991-1992*.

Tout d'abord, ce sont le ministère des Finances et, surtout, celui de la Main-d'œuvre, de la Sécurité du revenu et de la Formation professionnelle qui obtiennent les plus fortes augmentations de crédits. En prévision d'une hausse importante du nombre d'assistés sociaux résultant notamment des changements intervenus dans le programme fédéral d'assurance-chômage, le budget alloué à l'aide sociale est majoré de 16 %. Les fonds consacrés à la formation professionnelle augmentent également de façon importante (24 %). Par contre, la part du budget consacrée au ministère de l'Éducation est moindre que celle de l'année précédente, reflet, semble-t-il, d'une diminution de la clientèle étudiante et des coupures de l'ordre de 30 % prévues dans les crédits pour l'éducation populaire. On annonce également un certain nombre de mesures additionnelles devant entraîner des dépenses estimées à 91 millions : les deux plus importantes ont trait au réseau routier local (35 millions) et au décrochage scolaire (30 millions). Les réactions au budget ne se font pas attendre. Si l'opinion de la presse semble plutôt partagée, plusieurs représentants de groupes d'intérêts n'hésitent pas à en faire des critiques virulentes[6].

Critiques des activités gouvernementales : les rapports Scowen, Fortier et Gobeil (1986)

Si la première moitié des années 1980 s'avère particulièrement difficile pour le gouvernement péquiste, la situation catastrophique des finances publiques et les coupures de plus en plus prévisibles du gouvernement fédéral commandent très vite des mesures de redressement. De plus, les pressions insistantes des organismes financiers internationaux sur les gouvernements, les attentes et les comportements de la population en général face à l'État et aux services publics, jointes à divers

---

5. Prendre notamment connaissance des études suivantes : Saint-Germain (1984), Beauchesne (1991), Corriveau (1991), Chénard et Lévesque (1992).
6. Il en est ainsi du président de la CSN, Gérald Larose (*La Presse*, 15 mai 1992 : A5), du président du Conseil du patronat, Ghislain Dufour, et du chef de l'opposition, Jacques Parizeau (Blais et Vaillancourt, *L'année politique au Québec, 1991-1992*).

autres défis (environnement, immigration, mondialisation des échanges, vieillissement de la population, croissance du chômage), créent un sentiment d'urgence. Le gouvernement du Québec doit se délester de certaines responsabilités et être plus décentralisé ; il doit devenir plus transparent, rendre imputable ses hauts fonctionnaires et responsabiliser sa fonction publique. C'est ce à quoi prétendra s'attaquer le gouvernement libéral, au lendemain de son élection en 1985.

L'un de ses premiers gestes est de mettre sur pied trois groupes de travail dont les mandats sont d'examiner l'activité gouvernementale. Signe des temps, ces trois groupes sont composés essentiellement d'hommes d'affaires. Au terme de leur réflexion, trois rapports sont déposés qui ont pour effet de susciter de vives réactions dans les milieux concernés. Ces rapports tendent également à convaincre l'électeur, contribuable, de la nécessité d'un « dégraissage » au sein de la fonction publique et des organismes d'État.

Le rapport Scowen (*Réglementer moins et mieux*, 1986) s'attaque au domaine du travail et propose notamment de déréglementer les professions et les industries de la construction et du camionnage. Le rapport Fortier (*De la Révolution tranquille... à l'an deux mille*, 1986) suggère pour sa part de privatiser les sociétés d'État qui sont en concurrence directe avec le secteur privé et propose de réexaminer les monopoles publics. Enfin, le rapport Gobeil (*Rapport du Groupe de travail sur la révision des fonctions et organisations gouvernementales*, 1986), le plus décrié de tous, recommande ni plus ni moins l'abolition de 86 organismes d'État, la privatisation de Radio-Québec et de certains centres hospitaliers, la révision du mandat de la Commission de la santé et de la sécurité du travail (CSST), l'accroissement de la charge de travail des enseignants, l'abolition de certaines subventions aux entreprises, la perception des impôts par le gouvernement fédéral, etc. (Gow, 1992 : 686).

Malgré l'ampleur des recommandations de ces trois rapports, le gouvernement libéral demeure prudent quant à leur application (Dion et Gow, 1989 : 61-76). Quelques organismes sont abolis entre 1985 et 1988 et certaines privatisations, souvent partielles hormis Québécair et Madelipêche, sont réalisées. L'industrie de la construction et du camionnage est déréglementée de façon importante, alors que, dans le cas des professions, la déréglementation n'est que partielle. D'autres secteurs connaissent des mesures plus radicales. Ainsi, malgré de vives protestations de groupes d'assistés sociaux et de la Commission des droits de la personne, le gouvernement met sur pied les « escouades de boubou-macoutes » : leurs visites impromptues permettent à l'État de réaliser des économies de

« 150 millions de dollars en un an ». À compter de 1988 (projet de loi 37), on établit désormais des distinctions entre les assistés sociaux aptes au travail et ceux qui sont inaptes. Ceux du premier groupe qui refusent de participer à des programmes d'aide à l'emploi voient leurs prestations réduites (Gow, 1992).

Dans la fonction publique québécoise, après une décennie d'efforts, de coupures et de redressements, les effets de coupures sont particulièrement visibles : le nombre de fonctionnaires passe de 58 000 en 1980 à 52 800 en 1990. Autre indice : bien que les dépenses publiques atteignent les 32 milliards en 1989-1990, comparativement aux 15 milliards de dollars en 1979-1980, la proportion des dépenses par rapport au produit intérieur brut (PIB) diminue de façon appréciable, passant de 24 % en 1979-1980 à 21,8 % en 1989-1990 (Gow, 1992 : 688).

Au tournant des années 1990, l'administration publique québécoise se heurte à plusieurs autres problèmes. Certains enjeux l'affectent particulièrement, le poids financier du secteur public dans l'économie québécoise constituant plus que jamais une des principales priorités politiques. Le gouvernement regarde de plus près ses programmes afin de poursuivre la cure d'amaigrissement de son administration. Malgré des efforts dans la réduction des organismes d'État, la reprise de la croissance économique, à la fin des années 1980, a notamment comme conséquence de faire augmenter le nombre d'organismes (Gow, 1992).

Pour s'attaquer au déficit, le gouvernement gèle les salaires de ses employés en avril 1991 puis, en décembre, il gèle ses propres dépenses. L'année 1992 est encore plus difficile pour le gouvernement libéral dont les mesures s'avèrent particulièrement impopulaires. Vers la même époque, le gouvernement est sur la sellette : les médias commentent abondamment les débordements des coûts du biodôme de Montréal, lesquels dépasseraient de quelque 18 millions de dollars le montant initial de 40 millions (février 1992) ; des firmes d'ingénieurs proches du Parti libéral, qui auraient profité de majorations importantes, sont pointées du doigt. La société d'État Hydro-Québec est ébranlée par la décision du gouverneur de l'État de New York d'annuler le plus important contrat de son histoire (mars 1992). Hydro-Québec perd ainsi un contrat d'une valeur de 17 milliards de dollars sur une période de 20 ans. Enfin, comme si cela n'était pas suffisant, la CSST, qui a connu le plus fort déficit depuis sa création (près de 800 millions de dollars en 1991), annonce un déficit probable de plus de 600 millions pour 1992.

Bref, alors que le Québec vit une crise constitutionnelle importante, divers événements viennent bousculer l'agenda politique : les autochtones lèvent des barricades, les activités gouvernementales sont scrupuleusement scrutées à la loupe, les dénonciations de mauvaise gestion se multiplient (voir Bourgault et Gow, *L'année politique au Québec 1991-1992*).

Les problématiques particulières dans le secteur de la culture : protestations, tiraillements et concertations

Comme le montre le tableau 3, le budget du ministère des Affaires culturelles du Québec connaît une augmentation continue, passant de 19,2 millions de dollars en 1971 à 288,7 millions en 1991-1992. C'est ici sans compter les budgets d'autres ministères, en particulier ceux de l'Éducation, des Communications et des Loisirs, qui soutiennent des activités culturelles et artistiques comme la formation des artistes, la radio-télévision publique, les festivals populaires et les loisirs scientifiques. Le rapport Samson, Bélair / Deloitte & Touche (Coupet, 1990 : 103) souligne que les dépenses publiques consacrées aux arts et à la culture au Québec totalisent environ 900 millions de dollars en 1990. La participation du gouvernement du Québec à la culture est alors plus élevée (47 %) que celles du fédéral (31 %) et des municipalités (22 %).

Malgré une croissance appréciable des budgets et les nombreuses déclarations d'intention quant à son augmentation, le MAC fait cependant toujours figure de « parent pauvre ». Alors que son budget équivaut à 0,46 % des dépenses totales de l'État en 1960-1961, soit 2,7 millions de dollars, cette part a tendance à stagner et même à diminuer par la suite : en 1976-1977, elle s'établit à 0,43 %. L'insatisfaction du milieu est importante puisque des artistes et des intellectuels rédigent un rapport affligeant en 1975, le *Rapport du Tribunal de la culture*.

Au cours des années 1980, les débats sur la culture changent de nature. L'appellation « politique du développement culturel », nouveau terme pour désigner le modèle *Welfare State* alors en pleine crise (De Biase, 1987 : 37-47), est alors consacrée pour devenir un domaine de croissance. Les États adoptent dans cette optique des approches « économicistes ». Les politiques culturelles s'orientent alors vers des secteurs de pointe (télévision *via* satellite, inforoute de l'information, système de télédiffusion et nouvelles technologies), des secteurs compétitifs dans un contexte de mondialisation des échanges et d'ouverture des marchés, des secteurs à la recherche de la rentabilité et du profit, des secteurs générateurs d'emplois.

Par ailleurs, malgré les pressions exercées par et sur d'autres secteurs névralgiques d'intervention de l'État jugés prioritaires par les décideurs et la population en général, les dépenses totales des trois paliers de gouvernement en matière de

Tableau 3
Évolution des budgets du ministère des Affaires culturelles
et de l'État québécois, 1971-1991

Année	Crédits/MAC (000 $)	Crédits/Qué. (000 $)	MAC/Qué. %	Crédits/MAC (000 $)	Crédits/Qué. (000 $)
	(en dollars courants)			(en dollars constants[1])	
1971-1972	19 153	4 543 808	0,42	19 153	4 179 218
1976-1977	45 586	10 596 504	0,43	30 615	7 116 524
1981-1982	108 705	20 712 872	0,52	45 886	8 743 298
1986-1987	173 335	29 022 553	0,60	56 241	9 236 033
1989-1990	234 403	33 213 000	0,71	75 526	10 476 357
1991-1992	288 700	38 863 507	0,74	n.d.	n.d.

1. L'indice des prix utilisé pour obtenir les dollars constants est issu de Statistique Canada, cat. n° 13-001.
Source : Québec, MAC, *Rapport Arpin*, juin 1991, p. 241-242.

culture ne diminuent pas au cours des années 1980. En fait, elles ne connaissent qu'un léger fléchissement en 1991-1992. Pour leur part, les dépenses totales du Québec au titre de la culture augmentent de 46,1 % entre 1986-1987 et 1991-1992 pour atteindre, à cette dernière année budgétaire, les 592 millions de dollars (Canada, Statistique Canada, 1993a : 39-40). Les crédits alloués au ministère des Affaires culturelles passent de 108,7 millions de dollars, en 1981-1982, à 288,7 millions, en 1990-1991.

Alors, comment expliquer la levée de bouclier au milieu des années 1980, si ce n'est parce que les contraintes budgétaires, sources de vives récriminations des milieux culturels, émanent en grande partie du sous-système même de la culture. L'explication à l'origine des récriminations et des demandes du milieu culturel se trouve-t-elle dans les choix publics des gouvernements de favoriser et d'investir dans tel secteur d'activités culturelles plutôt que dans tel autre[7] ? Cette explication

7. Comme en témoignent des études de Statistique Canada sur les *Dépenses publiques au titre de la culture au Canada*, certains secteurs culturels connaissent des baisses importantes (radiodiffusion et télévision) ou des stagnations des investissements fédéraux (arts d'interprétation, patrimoine) au milieu des années 1980, alors que d'autres sont fortement favorisés. Ainsi, les dépenses fédérales dans le secteur des musées augmente de 165 % entre 1982-1983 et 1986-1987 ; celles du Conseil des arts du Canada n'augmentent que de 10 % entre 1984-1985 et 1990-1991 (Canada, Statistique Canada, 1993b).

se trouve-t-elle dans de nouvelles directives de rationalisation et dans un contrôle accru des gouvernements dans la gestion des fonds publics ?

Au Canada et au Québec, les industries culturelles et les grandes institutions muséales, notamment, sont privilégiées (Canada, Statistique Canada, 1993a). Tant au fédéral qu'au provincial, on cherche à appliquer des critères plus économiques, axés sur la rentabilité et l'autofinancement. Malgré de vives protestations du milieu, les gouvernements procèdent à une rationalisation de leurs programmes d'aide financière destinée aux artistes et revoient leur soutien aux associations professionnelles et aux regroupements d'artistes ; les sociétés d'État et les organismes culturels ne sont pas exemptés et nombre d'entre eux voient leur mandat réévalué.

De par son autorité publique, l'État se met à discriminer et à allouer les ressources disponibles. Cette situation suscite plus que jamais des réactions et des actions de groupes d'intérêts issus des milieux culturels. Producteurs, diffuseurs, gestionnaires d'organismes et d'institutions à vocation culturelle, artistique et patrimoniale, créateurs, artistes, travailleurs culturels tentent tous de tirer leur épingle du jeu. Les problématiques auxquelles a alors à faire face le milieu de la culture et des arts suscitent parmi les acteurs concernés des rapports de force et des tiraillements, mais elles provoquent aussi des alliances stratégiques, comme celle de la Coalition du monde des arts qui demande, à compter du milieu des années 1980, que 1 % des dépenses gouvernementales totales soient consacrées à la culture. Mais n'anticipons pas.

Face aux revendications croissantes des milieux culturels, le gouvernement fédéral et celui du Québec adoptent des lois reconnaissant le statut professionnel des artistes et leurs conditions d'engagement, déléguant ainsi aux associations et corporations le pouvoir de contrôler elles-mêmes leur profession[8]. Avec l'objectif de défendre leurs intérêts corporatistes, plusieurs associations professionnelles, comme la Conférence canadienne des arts ou l'Union des artistes, se positionnent comme les seuls experts capables de répondre efficacement aux besoins qui s'expriment chez leurs membres. Trouvant une oreille attentive auprès des politiciens, ces associations obtiennent des lois sur les droits d'auteur, sur les industries culturelles, et exigent la création d'organismes culturels et l'accroissement des budgets.

---

8. Au Québec, il s'agit de la *Loi sur le statut professionnel et les conditions d'engagement des artistes de la scène, du disque et du cinéma* (1987) et de la *Loi sur le statut professionnel des artistes des arts visuels, des métiers d'art et de la littérature et sur leurs contrats avec les diffuseurs* (1988). Le gouvernement fédéral met aussi sur pied le Comité consultatif canadien sur le statut de l'artiste en 1987, et dépose un projet de loi en mai 1991.

Il faut dire qu'au Québec, mais également à Ottawa, les lieux d'exercice des pressions politiques se sont multipliés et institutionnalisés depuis quelques décennies (Dawson, 1975; Pross, 1975, 1982). Les grandes commissions d'enquête, états généraux, sommets et commissions parlementaires, comités consultatifs ou autres comités *ad hoc* sont autant d'occasions pour les groupes de pression de faire valoir leurs intérêts. Face à l'annonce de coupures budgétaires importantes au milieu des années 1980, la communauté culturelle et artistique du Québec s'organise, se mobilise pour faire front commun.

Mais avant de traiter de l'alignement des acteurs politiques et de la Coalition du monde des arts et de la culture, il convient de s'attarder à la troisième composante du modèle de l'*Advocacy Coalition Framework* (*ACF*).

LE DEGRÉ DE CONSENSUS NÉCESSAIRE POUR UN CHANGEMENT MAJEUR

Selon Sabatier et Jenkins-Smith, « le degré de consensus nécessaire pour un changement politique majeur » est directement en relation avec des variables des paramètres relativement stables du sous-système donné, soit la première composante de l'*ACF*. Compte tenu de l'analyse précédente, cette proposition apparaît quelque peu discutable. Chose certaine, une des forces majeures de l'*ACF* est qu'il fournit, selon ces deux chercheurs, un critère relativement net pour distinguer un changement politique majeur d'un changement mineur.

Ainsi, un changement dans les aspects politiques fondamentaux d'un programme gouvernemental correspond à un changement majeur, alors que le changement mineur affecte généralement les aspects secondaires : modifications de règles administratives, nouvelles allocations budgétaires, nouveaux programmes, etc. Ce sont donc « l'objet et la portée » des réformes ou des modifications introduites et mises en œuvre qui déterminent le type de changement (majeur ou mineur). Bien plus, selon Sabatier et Jenkins-Smith (1999 : 147), un même changement peut être mineur pour un sous-système et majeur pour un autre. Le projet de loi 52 qui modifie les pouvoirs du ministère des Affaires culturelles et le projet de loi 53 qui crée le Conseil des arts et des lettres du Québec ont des impacts mineurs dans les domaines des transports et de l'agriculture, mais assurément majeurs dans celui de la culture.

Pour déterminer le degré d'un changement et en comprendre les causes, Sabatier et Jenkins-Smith (1999 : 147-150) suggèrent de tenir compte de six observations qui concernent le changement politique majeur : (1) les changements politiques majeurs sont généralement peu fréquents; (2) les perturbations externes significatives du sous-système «sont une cause nécessaire, mais non suffisante, de changement»; (3) l'opinion publique est importante parce qu'elle peut influencer le choix des décisions; (4) le degré de consensus requis pour un changement politique majeur est fonction de la structure constitutionnelle de base, mais aussi des normes culturelles en vigueur; (5) les tentatives de changer les croyances politiques peuvent émaner du gouvernement même; enfin (6), il existe différents processus de changement politique majeur. Reprenons chacune de ces observations ou postulats pour le sous-système de la culture.

La fréquence des changements politiques majeurs

Sabatier et Jenkins-Smith mentionnent que «les changements dans les croyances politiques (*policy core*) des programmes gouvernementaux sont peu fréquents et que la grande majorité des changements affecte plutôt les aspects secondaires» (traduit de Sabatier et Jenkins-Smith, 1999 : 147).

Rappelons les arguments concernant la stabilité des croyances politiques principales d'une coalition et son désir, selon Sabatier et Jenkins-Smith, de les traduire dans les programmes gouvernementaux. L'hypothèse 2 soutient que les croyances politiques attribuées à des programmes gouvernementaux dans un champ de compétences spécifiques ont «peu de chances d'être modifiées tant et aussi longtemps que la coalition qui a instauré la politique demeure au pouvoir» (*Ibid.* : 125). Selon cette logique, la seule possibilité de modifier de façon importante la politique (et ses programmes), et incidemment les croyances politiques principales qui s'y rattachent, doit provenir d'un quelconque bouleversement venant de l'extérieur du sous-système, bouleversement qui altère alors de façon substantielle la distribution des ressources ou les perceptions des coalitions plaidantes du sous-système. L'hypothèse 3 postule pour sa part qu'une «perturbation importante à l'extérieur du sous-système constitue une cause nécessaire de changement, mais non suffisante, dans les croyances politiques d'un programme gouvernemental». Un bouleversement peut donc provenir d'événements externes du sous-système (hypothèse 2), mais il peut aussi être imposé par une juridiction supérieure (hypothèse 3). À ce propos, il convient de faire état de trois remarques.

Tout d'abord, l'adoption des projets de loi 52 et 53 en décembre 1992 constitue assurément un changement majeur pour le sous-système concerné : on définit une nouvelle mission pour le ministère des Affaires culturelles, on modifie ses pouvoirs et ses responsabilités et, enfin, on crée une nouvelle instance, le

Conseil des arts et des lettres du Québec, fondée sur le principe du *arm's length*. On est donc loin d'un quelconque changement dans les aspects secondaires d'un programme gouvernemental. Même *La politique québécoise du développement culturel* du ministre Laurin (1978), vaste et fort ambitieuse, n'initia pas de tels changements.

Puis, une deuxième remarque a trait à l'hypothèse 2, laquelle suggère qu'un ordre de gouvernement hiérarchiquement supérieur (*superior jurisdiction*) puisse imposer le changement à un ordre de gouvernement subordonné (*subordinate jurisdiction*). Dans les faits, ce n'est qu'à la suite de l'analyse du rôle des acteurs et du processus d'élaboration et d'adoption de la politique concernée, objets de la troisième partie de cet ouvrage, que seront précisées avec certitude ces juridictions dites supérieure et subordonnée.

Enfin, une dernière remarque concerne l'hypothèse 3 qui suggère qu'un changement majeur soit attribuable à un bouleversement engendré par des événements extérieurs au sous-système de politique concernée. Assurément, l'analyse des événements à l'origine de la *Politique culturelle* de 1992 incite à corroborer cette assertion. En effet, le débat constitutionnel déchirant des années 1980 et du début des années 1990, les impacts des traités de libre-échange et de la mondialisation des marchés ainsi que la redéfinition obligée des institutions publiques d'un *Welfare State* que l'on dit en crise constituent des événements marquants qui ont eu pour effet d'entraîner une nouvelle répartition des ressources gouvernementales, mais aussi des pouvoirs entre les forces en présence.

Les perturbations externes sont nécessaires, mais non suffisantes

Une deuxième observation concerne une nouvelle fois l'hypothèse 3. Selon Sabatier et Jenkins-Smith, des perturbations externes fournissent l'opportunité d'un changement politique majeur, mais « un tel changement ne pourra se produire à moins que l'opportunité soit habilement exploitée par les promoteurs ou les initiateurs de changement que sont les coalitions minoritaires » (traduit de Sabatier et Jenkins-Smith, 1999 : 148).

Ainsi, au regard à la politique culturelle adoptée en 1992, les promoteurs de changement semblent avoir habilement exploité l'opportunité créée par la promesse électorale du Parti libéral – celle de porter à 1 % du budget global de l'État le budget du MAC – en 1985, mais aussi par le contexte socio-économique difficile qui suscite, chez les acteurs concernés, de nombreuses inquiétudes quant à leur avenir. À cela, il faut ajouter les conséquences du débat constitutionnel qui perdure, lequel entraîne des scissions au sein du Parti libéral du Québec mais aussi chez les conservateurs fédéraux (figure 2). Ce débat éveille en même temps une nouvelle ferveur souverainiste, notamment au sein d'un grand nombre d'acteurs culturels qui sont d'ailleurs, depuis longtemps, relativement sympathiques à cette option[9].

Figure 2
Les principales contraintes externes à l'origine du changement politique

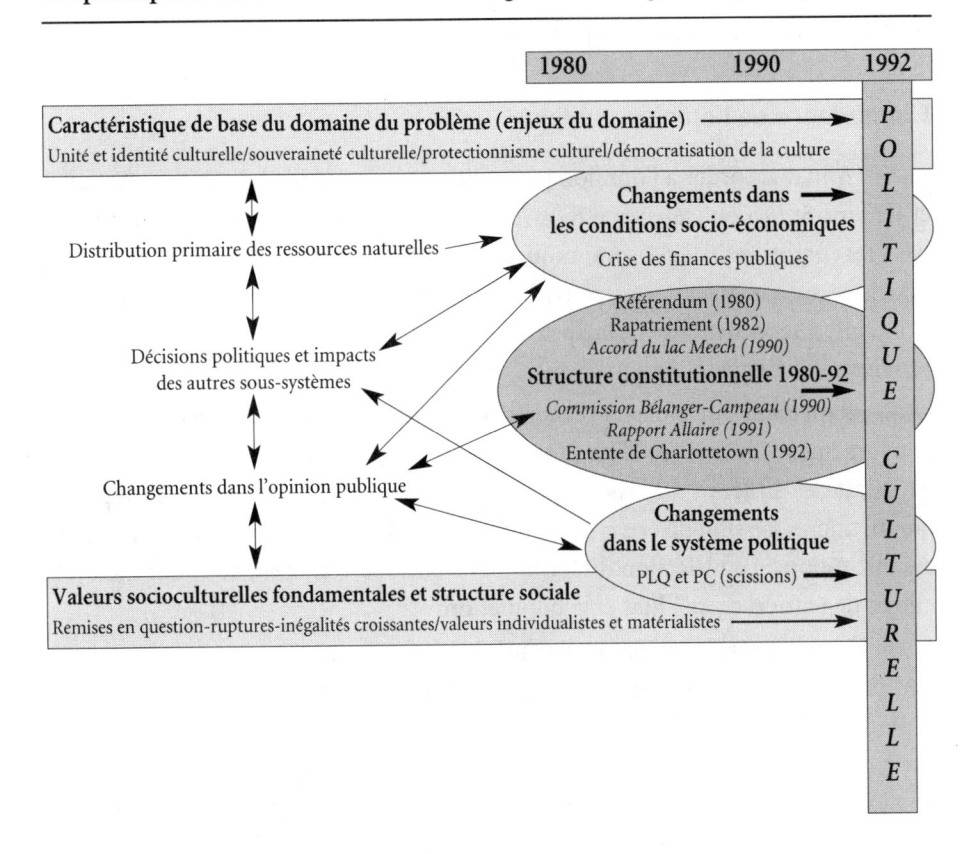

―――

9. Voir notamment les articles suivants rédigés au moment de la Commission Bélanger-Campeau sur l'avenir politique et constitutionnel du Québec : *Le Devoir*, 26 octobre 1990 : B8 ; *Le Soleil*, 15 novembre 1990 : A6 ; *La Presse*, 15 et 16 novembre 1990 : B1 et B3, et 28 janvier 1991 : A6 ; *The Gazette*, 29 janvier 1991 : A3.

Chose certaine, cette promesse électorale provoque la mise sur pied en décembre 1986 d'une coalition initiée par des « têtes d'affiche de la scène, de la littérature, des arts visuels et de la muséologie, les syndicats d'artistes et d'artisans, et une cinquantaine de représentants d'organismes culturels » (*Le Devoir*, 16 décembre 1986 : 4).

Bref, c'est donc la rencontre de différents paramètres (ou événements) qui déclenche chez les acteurs concernés une mobilisation générale, laquelle a pour effet d'attirer la sympathie du public ou, du moins, d'autres acteurs généralement favorables au maintien et à l'accroissement de l'intervention de l'État en ce domaine (politiciens, chercheurs, journalistes, fonctionnaires).

L'importance de l'opinion publique

Afin d'accorder à l'opinion publique une plus grande importance, Sabatier et Jenkins-Smith ont séparé cette variable de celle, plus vaste, des « changements dans les conditions socio-économiques ». Bien que la population soit souvent peu informée sur ce qui affecte les politiques spécifiques, l'opinion publique peut « certainly alter general spending priorities and the perceived seriousness of various problems » (Sabatier et Jenkins-Smith, 1999 : 148).

Rappelons que plusieurs événements sont venus amoindrir la crédibilité du gouvernement du Québec et de sa fonction publique au cours des années 1980 et au début des années 1990. Alors que le mécontentement s'accroît dans la population, une succession de crises a pour effet de miner la confiance du public envers ses institutions. La réélection du Parti libéral en 1989 n'allégera pas pour autant le climat de tension entre l'État et la population.

Au contraire, le débat constitutionnel s'accentue. De multiples sondages démontrent que la majorité de la population souhaite la souveraineté du Québec. Loin de diminuer les tensions, la création de la Commission Bélanger-Campeau sur l'avenir politique et constitutionnel du Québec, en septembre 1990, procure aux Québécois et à leurs leaders une occasion d'exprimer leurs inquiétudes, mais aussi leurs aspirations. Au terme de ses travaux, la Commission conclut que le statu quo constitutionnel est inacceptable et qu'il ne reste plus pour le Québec que deux options possibles : le fédéralisme décentralisé ou la souveraineté. Du même coup, on insiste sur cette nécessité de procéder au rapatriement des pouvoirs, notamment en matière de culture. Même le *Rapport Arpin* (juin 1991) fait de cette proposition l'une de ses principales recommandations, et la ministre du MAC, Liza

Frulla-Hébert, amorce, quoique sans succès, des négociations en ce sens avec le fédéral au cours du premier semestre de 1992.

Bref, même si le schéma de l'*ACF* ne met pas en relation directe cette variable de l'opinion publique ainsi que celle relative aux changements dans les conditions socio-économiques, toutes deux associées à la deuxième composante (les événements dynamiques de l'environnement externe spécifique), avec la troisième composante du modèle (le degré de consensus nécessaire), il est vraisemblable qu'elles y aient joué un rôle des plus appréciables.

La variabilité du degré de consensus

En s'inspirant de travaux de chercheurs européens (Eberg, 1997 ; Muller, 1995 ; Jobert et Muller, 1987 ; et nombre d'autres), Sabatier et Jenkins-Smith affirment que le degré de consensus nécessaire pour instaurer un changement politique majeur tend à varier considérablement selon les pays :

> la variation est (1) de moins d'une majorité (dans les pays non démocratiques et dans les États puissants comme la France) ; (2) à une majorité faible (comme la Grande-Bretagne et la Nouvelle-Zélande) ; (3) à une supermajorité (par exemple dans les systèmes de séparation du pouvoir comme aux États-Unis) ; (4) à un consensus (comme la Suisse ou les Pays-Bas) (traduit de Sabatier et Jenkins-Smith, 1999 : 148).

Selon eux, le degré de consensus requis est fonction de la structure constitutionnelle de base, mais aussi des normes culturelles en vigueur : « [it] clearly affects the constraints and strategies of subsystem actors, as well as the probability that major policy change will actually occur » (*Ibid.* : 148). Mais au-delà de cette affirmation ou postulat, Sabatier et Jenkins-Smith sont avares d'explications. La seule autre information qu'ils donnent c'est que « le degré de consensus requis pour instituer un changement politique majeur est si important qu'il devrait être ajouté au schéma de l'*ACF* » (*Ibid.*).

Si, d'ores et déjà, on peut convenir qu'au Québec comme au Canada le degré de consensus, tel que défini par ces chercheurs, repose sur le système parlementaire « à majorité faible » d'inspiration britannique (50 % des députés élus plus un), on peut aussi convenir que les normes culturelles correspondent, pour leur part, aux valeurs collectives des sociétés canadienne et québécoise explicitées précédemment, tels la liberté, la démocratie, la primauté du droit, le sens de la justice, la responsabilité devant la collectivité et devant autrui, l'égalité, les droits communautaires, les droits individuels, le pluralisme.

Les tentatives de changer les croyances politiques au sein même du gouvernement

Une cinquième observation porte sur le fait « qu'une unité hiérarchiquement supérieure du gouvernement peut tenter de changer les croyances politiques d'un niveau subordonné » (traduit de Sabatier et Jenkins-Smith, 1999 : 148). Selon Sabatier et Jenkins-Smith, quiconque « familiar with the implementation literature is likely to view this an exceedingly problematic entreprise that is strongly dependent upon the relative resources of coalitions at the two levels » (*Ibid.*). Relativement à cette observation, il y a lieu de se demander ce que ces deux chercheurs entendent par *unité hiérarchiquement supérieure* du gouvernement et *niveau subordonné*.

Pour l'instant, rappelons simplement le débat constitutionnel au sein de la société canadienne depuis le début des années 1980 et les revendications du Québec, notamment en ce qui a trait à sa reconnaissance comme « société distincte ». Compte tenu du contexte politique d'alors, l'initiative d'élaborer une politique culturelle d'ensemble pour le Québec constituerait-elle une stratégie du gouvernement provincial (Premier ministre, Conseil des ministres, avec la ministre du MAC) de faire valoir des revendications traditionnelles du Québec, notamment en ce qui a trait au rapatriement des pouvoirs d'Ottawa en matière de culture ? Cette initiative viendrait-elle plutôt de la haute direction du MAC (ministre, sous-ministres et hauts fonctionnaires) qui, profitant de ce contexte politique, réussit à faire inscrire à l'agenda gouvernemental un projet de politique culturelle d'ensemble ?

Les processus de changement politique majeur

Enfin, une dernière observation : il peut y avoir trois processus de changement politique majeur à l'intérieur d'un sous-système donné, selon Sabatier et Jenkins-Smith.

Un premier processus résulte du remplacement d'une coalition dominante par une autre. « Tôt ou tard, une levée importante de l'intérêt public autour d'un problème conduit à un intense processus de compétition politique entre les députés élus ou entre les partis politiques et, de cette façon, au remplacement d'une coalition par une autre » (traduit de Sabatier et Jenkins-Smith, 1999 : 148). D'ores et déjà, on peut affirmer que ce n'est pas le cas, puisque le Parti libéral du Québec a été reporté au pouvoir en 1989 avec une forte majorité de sièges.

Un deuxième processus s'apparente à ce scénario, « plus fréquent », selon lequel une coalition minoritaire croît en importance et attend de tirer avantage d'une opportunité apportée par une perturbation externe. Selon Sabatier et Jenkins-Smith, ce scénario est particulièrement vraisemblable dans les systèmes « où beaucoup plus qu'un vote à majorité simple est requis pour un changement majeur » ce qui, compte tenu des distinctions apportées précédemment, n'est pas le cas au Québec et au Canada (système parlementaire). Toujours selon eux, la coalition minoritaire peut alors utiliser des tactiques pour obtenir des appuis ou des votes supplémentaires, ainsi que des tentatives de manipulation, de corruption, ou même en négociant l'abandon d'autres projets de loi en faveur de celui alors promu par la coalition minoritaire.

Enfin, un troisième processus, « négligé par les chercheurs », mais particulièrement intéressant pour l'étude de la politique culturelle de 1992, correspond aux situations où toutes les coalitions (ou groupes) en présence sont d'accord sur le fait que le problème qui prévaut est inacceptable. Dans l'espoir de trouver un compromis, ces coalitions peuvent alors être bien disposées à engager des négociations : « les conditions pour qu'un processus de consensus soit réussi s'apparentent [alors] à celles d'un forum professionnel réussi[10] » (*Ibid.* : 150) : (1) toutes les coalitions conviennent que le maintien du statu quo est inacceptable ; (2) les négociations se déroulent en privé et durant une période relativement longue (c'est-à-dire au moins six mois) ; (3) les négociations sont facilitées par un *policy broker*, respecté par tous et perçu comme relativement neutre. Le résultat final d'un tel processus, le plus plausible pour la politique culturelle de 1992, n'est pas une coalition dominante et plusieurs coalitions minoritaires.

---

10. Les *professional fora*, qui réunissent des groupes d'acteurs politiques, sont « assez prestigieux » pour que les représentants des différentes coalitions y participent. Généralement dominés par des normes professionnelles (Sabatier, 1988 : 156), ces structures ont « comme rôle de contraindre les professionnels aux systèmes de conviction et de faire primer certaines idées ». Selon Sabatier et Jenkins-Smith : « le désir de crédibilité professionnelle et les normes du débat scientifique conduiront [...] à une plus grande convergence des points de vue à propos de la nature d'un problème et des conséquences des différentes solutions politiques possibles » (traduit par Richardson, 1995 : 189 ; voir Sabatier et Jenkins-Smith, 1988).

[Au contraire,] il devrait être vu comme un pouvoir partagé entre les coalitions (analogue à une grande coalition dans les systèmes parlementaires). Mais les biais de perception qui font partie du *model of the individual* de l'*ACF* suggèrent que de telles coalitions seront vraisemblablement instables à moins que (1) l'entente entraîne une distribution équitable [et] continue des bénéfices pour toutes les coalitions et que (2) les nouveaux leaders qui font consensus se substituent aux vieux guerriers [*old warriors*] dans les coalitions (traduit de Sabatier et Jenkins-Smith, 1999 : 150).

5 L'alignement des acteurs politiques et la Coalition du monde des arts et de la culture

Ce chapitre présente les principaux acteurs, issus de différents milieux de la société québécoise, qui ont pris part au débat suscitant l'émergence de la politique culturelle de 1992, et retrace les événements qui ont entouré la création de la Coalition du monde des arts et de la culture en 1986. Il s'attarde également à leur positionnement respectif au cours des années subséquentes.

Pour rendre compte « des contraintes et des ressources des acteurs du sous-système donné », soit la quatrième composante de l'*ACF*, une première section met l'accent sur l'évolution du secteur culturel canadien depuis les années 1970, afin de mieux situer les impacts ou les conséquences sur le milieu artistique et culturel québécois. Une deuxième section insiste spécifiquement sur la position des acteurs politiques issus de différents milieux en soulignant tout particulièrement les contraintes et les enjeux auxquels ils sont confrontés au cours des années 1980 ainsi que leurs attentes vis-à-vis de l'État. Enfin, une dernière section s'attarde essentiellement à la Coalition du monde des arts et de la culture (ou Coalition du 1 %) entre 1986 et 1992, notamment à sa composition, à ses stratégies, à ses ressources et aux alliances qu'elle concrétise, mais aussi aux dissensions qui surviennent durant les années où elle est active.

LE DÉVELOPPEMENT DU SECTEUR CULTUREL AU CANADA ET AU QUÉBEC

À compter de la fin des années 1970, le secteur culturel canadien et québécois connaît un essor important comme en témoignent les données du tableau 4 issues de divers sondages de Statistique Canada[1] et du Conseil pour le monde des affaires et des arts au Canada (CMAAC). Bien qu'il s'agisse d'une «estimation prudente» selon les analystes, on évalue que le nombre d'établissements dans les domaines des arts d'interprétation, des arts visuels, de la radiodiffusion, de l'édition, du cinéma et de l'enregistrement sonore s'est accru de 16 % en dix ans, pour atteindre les 19 162 en 1989.

Tableau 4
Taille estimative du secteur culturel au Canada[1],
1979, 1984, 1989, et accroissement décennal

Canada	1979	1984	1989	1979-89 (%)
Nombre d'établissements	16 531	17 831	19 162	16 %
Total des recettes (en millions de dollars courants) (en dollars constants de 1986)	6 034 9 957	10 056 10 790	15 960 14 187	42 %
Total des traitements et salaires (en millions de dollars courants)[2]	2 008	3 314	4 878	143 %

1. Estimation compilée à l'aide de divers sondages de Statistique Canada et du Conseil pour le monde des affaires et des arts (CMAAC). Sont exclues, cependant, certaines informations non disponibles, telles que le nombre d'employés du domaine des arts d'interprétation et les activités des artistes et autres travailleurs culturels qui travaillent à leur propre compte (se référer plutôt au tableau 5).
2. Aucune donnée n'a été recueillie dans le domaine des arts visuels relativement aux traitements et salaires, ni dans le domaine des bibliothèques scolaires.

Source : Canada, Conseil des arts du Canada, *Arts-Chiffres. Statistiques diverses sur les arts et la culture du Canada*, Ottawa, CAC, Service de la recherche et de l'évaluation, janvier 1993 (1re édition), tableaux 1(a) à 1(d).

---

1. Bien que le programme de statistiques culturelles de Statistique Canada présente des données fédérales depuis 1978, ce n'est qu'à compter de 1984-1985 que les données extraites des *Comptes publics du Canada* sont ventilées par province. Par ailleurs, les données sur les dépenses des gouvernements provinciaux sont réunies depuis l'enquête de 1981-1982, alors que celles des municipalités le sont depuis 1984. Voir les mises en garde dans : Canada, Statistique Canada, 1993a (Catalogue 87-206) : 9.

Si de tels résultats sont probants quant à l'essor du secteur culturel canadien, mentionnons par contre que la valeur moyenne des subventions du Conseil des arts du Canada aux organismes culturels, en dollars constants de 1986, passe de 31 500 dollars, en 1978-1979, à 20 200 dollars, en 1990-1991 (Canada, CAC, janvier 1993 : tableau 22g). Ainsi, si les Canadiens et les Québécois disposent d'un plus grand nombre d'établissements, donc de plus de choix quant aux activités et lieux culturels, ces mêmes établissements voient cependant diminuer leur financement de source gouvernementale au fil des années. Conséquemment, pour se développer ou même simplement survivre, les établissements culturels doivent accroître et diversifier leurs sources de financement.

En ce qui a trait aux recettes générées par le secteur culturel, mentionnons qu'elles atteignent les 15,9 milliards de dollars en 1989 (ou 14,2 milliards en dollars constants de 1986), soit une augmentation de 42 % en dix ans. La majeure partie de ces recettes est attribuable aux industries culturelles (près de la moitié dans l'édition et un tiers dans la radiodiffusion). Quant aux salaires et aux traitements versés, ils se multiplient par presque 2,5 fois entre 1979 et 1989, et atteignent les 4,9 milliards de dollars cette dernière année.

L'évolution de la population culturelle active

Au Canada, la population culturelle active s'est accrue de 99 % entre 1971 et 1986, passant de 156 500 à 311 600 personnes (tableau 5). C'est plus que le double du taux de croissance de la population active canadienne dans son ensemble (48 %). Les professionnels des domaines artistiques et littéraires, des arts d'interprétation et des secteurs connexes se sont accrus encore plus rapidement (143 %), passant de 65 400 à 158 800 personnes (Canada, CAC, janvier 1993 : tableau 4a).

Comme pour l'ensemble du Canada, la population culturelle active québécoise double presque entre 1971 et 1986 (98 %) ; elle atteint à cette dernière date les 87 600 personnes. Elle constitue alors près de 27 % de la population culturelle active canadienne. Les artistes et les techniciens de la scène, de la radio et de l'écran s'accroissent, pour leur part, de 161 % au Québec ; les professionnels des domaines artistique et littéraire, des arts d'interprétation et des secteurs connexes augmentent de 136 %, passant de 19 200 personnes, en 1971, à 45 400, en 1986 (Canada, CAC, janvier 1993 : tableaux 4f et 4g).

Enfin, selon les données du recensement de 1991, on dénombre 95 760 Québécois œuvrant dans le secteur de la culture et des médias, dont 26 250 personnes directement associées à la création : peintres, sculpteurs, écrivains, artisans des métiers d'art, producteurs, réalisateurs, compositeurs, musiciens, chanteurs, acteurs, etc. (Québec, MCCQ, septembre 1999 : 20-21). Signe des développements récents en ce domaine, 65 % de ces personnes sont âgées de 25 à 44 ans (*Ibid.* : 29). Entre 1971 et 1991, le taux de croissance des groupes professionnels des arts et de la culture au Québec, y compris le secteur des médias, est largement supérieur (116 %) à celui de l'ensemble de la population active québécoise (59 %). Mais au-delà de ces statistiques, comment se traduit l'essor du secteur culturel au Québec ?

Tableau 5
Croissance de la population culturelle active au Canada (1971-1986[1])
et au Québec (1971-1991[2])

Canada	1971	1981	1986	1991	71-81 (%)	81-86 (%)	71-86 (%)	71-91 (%)
Population active totale	8 626 925	12 005 320	12 783 505	n.d.	39 %	6 %	48 %	n.d.
Population culturelle active	156 455	272 640	311 610	n.d.	74 %	14 %	99 %	n.d.
En % de la population active totale	1,8 %	2,3 %	2,4 %	n.d.	—	—	—	—
Québec	1971	1981	1986	1991[2]	71-81 (%)	81-86 (%)	71-86 (%)	71-91 (%)
Population active totale	2 169 145	2 986 540	3 089 535	3 440 810	38 %	3 %	42 %	59 %
Population culturelle active	44 310	78 660	87 565	95 760	78 %	11 %	98 %	116 %
En % de la population active totale	2,0 %	2,6 %	2,8 %	2,8 %	—	—	—	—

1. Données extraites des recensements du Canada de 1971, 1981 et 1986. Sont comprises dans la population culturelle active les professions artistiques et d'autres professions comme celles du domaine de l'impression et de la bibliothéconomie.
2. Données extraites du *Recensement du Canada, 1991* et reproduites dans : Québec, MCCQ, *La population active expérimentée des secteurs de la culture et des communications au Québec* (septembre 1999 : 20-21).

Source : Canada, Conseil des arts du Canada, *Arts-Chiffres. Statistiques diverses sur les arts et la culture au Canada*, Ottawa, CAC, Service de la recherche et de l'évaluation, janvier 1993 (1re édition), tableaux 4a et 4f.

Plusieurs enquêtes du ministère des Affaires culturelles (MAC) mais aussi différentes études confirment un accroissement de l'offre en biens et en services culturels durant les années 1980[2]. Ainsi, le *Rapport Coupet* (1990 : 34) signale qu'en six ans à peine le membership de l'Union des artistes (UDA) s'est accru de 43 %, passant de 2 800 membres en 1984 à 4 000 en 1990. Il y avait 45 compagnies de théâtre financées par le MAC en 1980-1981, on en dénombre 75 en 1987-1988. Le nombre de maisons d'édition agréées double entre 1981 et 1990, et plusieurs grands festivals voient le jour au cours de cette période (Jazz, Rire, Films, Lanaudière, etc.). Enfin, chaque année, 400 nouveaux musiciens sortent des écoles de musique.

En cette décennie 1980 où le secteur culturel québécois est caractérisé par un essor indéniable, les activités culturelles connaissent aussi un « éclatement », une diversification. Les organismes et les institutions font preuve d'une grande créativité, mais aussi d'une forte compétitivité pour attirer le public consommateur. Durant ces années, de grands joueurs s'affirment. Comme le signalent les auteurs du *Rapport Coupet* (1990 : 41), la « règle du 80-20 » tend à s'installer « un peu partout » : « quelques institutions dominent le marché parallèlement à une prolifération de petites institutions ». Ainsi, dans les prévisions budgétaires de mars 1990, treize grandes institutions accaparent 42 % (ou 82,4 des 196,3 millions de dollars) du budget de transfert du MAC (*Ibid.* : 89). Si l'ensemble de la population québécoise semble être la grande gagnante de cette effervescence, notamment grâce à la diversification et à la multiplication des activités, des lieux et des organismes culturels, la majorité des travailleurs en ce domaine vivent cependant difficilement de leur art.

Signe de la précarité dans les domaines de la culture et des arts, bon nombre de travailleurs tirent la majeure partie de leur revenu annuel d'autres activités. En 1985, au Canada, le revenu moyen total des professionnels des domaines artistiques, littéraires, des arts d'interprétation et des secteurs connexes s'établit à 15 900 dollars, comparativement à 18 700 dollars pour l'ensemble de la population active. Ces revenus sont encore plus faibles pour certaines catégories de professionnels comme les comédiens (12 700 dollars), les musiciens (11 900 dollars), les peintres et les sculpteurs (10 800 dollars) (Canada, CAC, janvier 1993 : tableau 8)[3].

---

2. Voir notamment *Chiffres à l'appui*, bulletin réalisé par le MAC, et les *Indicateurs d'activités culturelles*, par le Bureau de la statistique du Québec ; voir aussi Pronovost (1990), Baillargeon (1986, 1996), ainsi que les ouvrages cités dans le *Rapport Coupet* (1990).
3. Une étude sur la situation socio-économique des membres de la Guilde des musiciens de Montréal, réalisée en 1985, révèle cependant que 80 % des membres de cette association « tirent de la

D'ailleurs, indice d'une préoccupation croissante en ce domaine, nombre d'articles de presse et d'études font état des « misères » des milieux artistiques (Fournier, 1986 ; Bellavance et Fournier, 1992 ; Lacroix, 1990 ; Coupet, 1990). On y signale, souvent avec insistance, la forte précarité de l'emploi, l'insuffisance et l'instabilité des revenus, mais aussi le manque de débouchés. En effet, si au fil des décennies les actions des gouvernements fédéral et du Québec ont contribué à augmenter la production culturelle et à multiplier les occasions d'y faire carrière, ces mêmes actions ne semblent pas avoir amélioré, par contre, la situation des travailleurs en ce domaine, ni fait croître de façon substantielle la consommation des biens et des services culturels.

Les demandes du public en matière de biens et de services culturels

Au fil des décennies, l'État est intervenu de multiples façons pour développer la culture : construction de musées et de bibliothèques publiques, établissement de parcs nationaux, élaboration de politiques de conservation du patrimoine, mise sur pied de programmes de soutien destinés aux artistes, aux créateurs, aux producteurs et aux diffuseurs, adoption de programmes scolaires (enseignement des arts et de la musique), financement d'institutions et d'organismes régionaux, etc. Ces initiatives ont contribué du même coup à accroître les attentes envers l'État.

Par contre, malgré les millions de dollars investis dans les infrastructures publiques et dans les activités culturelles de toutes sortes, les Canadiens demeurent plus que jamais des adeptes d'activités familiales et sociales en 1990-1991. À cette époque, selon une étude de Cultur'inc. inc. et Decima Research (1992 : 15), une minorité de personnes disent fréquenter au moins une fois par mois la bibliothèque (16 %), aller au cinéma (14 %), assister à un spectacle en salle (4 %) ou visiter un musée ou une galerie d'art (2 %). Plusieurs facteurs contribuent cependant à une variation des taux de participation. Parmi les plus importants, mentionnons la taille des agglomérations – une ville comme Montréal offre assurément plus de possibilités de sorties –, le niveau de scolarité et le revenu des ménages.

Par ailleurs, selon les auteurs du rapport sur le financement des arts et de la culture (Coupet, 1990 : 36), « on surestime un peu partout la capacité d'absorption de la demande tandis que l'on sous-estime l'effort requis pour l'attirer et la

---

musique un revenu inférieur à 5 000 $ par année » ; pour l'UDA, c'est 60 % des membres qui gagnent 5 000 $ et moins (voir : MCCQ, DPE, chemise 1450-12-26d : Mémoire de la Guilde des musiciens au groupe-conseil Arpin, non daté).

maintenir». Bien plus, malgré une créativité débordante dans toutes les disciplines, laquelle entraîne l'apparition de nouveaux produits et de nouvelles institutions, «la demande ne parvient pas à absorber les fruits de cette offre surabondante» (Cultur'inc. inc. et Decima Research, 1992 : 9). Selon les auteurs de ces deux études, plusieurs raisons expliquent cette situation : un marché d'amateurs d'art et de produits culturels beaucoup trop restreint, un non-public très important, un accroissement très lent des consommateurs[4]. Enfin, comme on le signale dans ce rapport (Coupet, 1990 : 27), les Québécois font également preuve de plus d'éclectisme dans le choix de leurs activités : «Plus critiques, parce que plus scolarisés et plus expérimentés, et de plus en plus exigeants, parce que mieux informés, "branchés" sur l'international par le biais des voyages et des moyens audiovisuels, les Québécois changent d'autant plus volontiers d'activité qu'ils disposent d'un choix abondant. Le "zapping" s'inscrit dans les façons de vivre.»

Les impacts de l'évolution de l'offre et de la demande sur le milieu culturel

Au cours des années 1980, le foisonnement de la production culturelle face à la faible croissance de la demande a plusieurs conséquences : multiplication de nouvelles institutions de petite taille à la viabilité difficile, concurrence de plus en plus vive entre les organismes pour conquérir les consommateurs, segmentation des marchés qui accentue l'étroitesse de certains secteurs (musique contemporaine, danse moderne, etc.), accentuation de la précarité financière de la majorité des artistes et des créateurs québécois, intensification de la migration des jeunes artistes et créateurs vers Montréal, là où il y a de meilleures chances d'emploi, et, enfin, renforcement du rôle «d'incubateur» dévolu aux régions (Coupet, 1990 : 41-45, 55; voir aussi Audet, 1989; Lacroix, 1990).

Autre conséquence de cette évolution, les conditions de travail, devenues «trop souvent difficiles ou rendues aléatoires par un environnement plus ou moins hostile» (Coupet, 1990 : 65; voir aussi Lacroix, 1990), ainsi que les rapports des commissions fédérale et provinciale sur le statut de l'artiste incitent des

---

4. À titre d'exemple, voir les articles de presse «Trop d'organismes culturels, pas assez de clients», *La Presse* (26 janvier 1991 : B2), et «Cri d'alarme de Lise Bissonnette. La production artistique au Québec s'accroît pendant que les consommateurs diminuent», *Le Soleil* (10 février 1991 : C3). Consulter également l'étude de Gilles Pronovost (1990) et le premier chapitre des *Indicateurs d'activités culturelles au Québec* (Québec, BSQ, 1997 : 15-50) qui se consacre à la participation des Québécois à diverses activités culturelles entre les années 1986 et 1994.

regroupements ou renforcent ceux déjà existants. Si ce n'est déjà fait, des travailleurs du milieu culturel mettent sur pied des syndicats ou des associations professionnelles afin de mieux défendre leurs intérêts.

Au cours des années 1980, les gouvernements se montrent particulièrement sensibles aux préoccupations du milieu culturel. Ainsi, le gouvernement fédéral crée une commission sur le statut de l'artiste (*Rapport Gélinas-Siren*, 1986), réforme la loi des droits d'auteur (1988), puis adopte une loi sur le statut de l'artiste au début des années 1990. Entre-temps, le gouvernement du Québec met sur pied la Commission parlementaire sur le statut socio-économique de l'artiste et du créateur, puis adopte des lois en ce sens en 1987 et en 1988. Signe des temps, on crée aussi à la même époque une commission qui doit offrir un service de médiation et d'arbitrage. Mais outre l'accentuation d'un « syndicalisme » ou d'un « corporatisme » des milieux culturels, une autre conséquence résultant de l'évolution de l'offre et de la demande, mais aussi des disponibilités financières de l'État, consiste en l'accroissement de l'écart dans l'attribution des ressources entre les différentes régions du Québec. Cette situation peut être perçue à travers les allocations du budget du MAC, à la fin des années 1980 (tableau 6).

Proportionnellement à sa population culturelle active (13,2 %), la région de la capitale s'en tire relativement bien avec 29 % du budget de transfert du MAC, et ce, même si on soustrait les budgets attribués aux sociétés d'État (17,4 millions de dollars), majoritairement concentrées dans la métropole et dans la capitale provinciale. Par contre, bien que le pourcentage de la population totale de 1986 de la grande région de Montréal soit équivalent à celui du budget octroyé dans cette dernière région (autour des 57 %), on y recense plus de 68 % de la population culturelle active québécoise. Enfin, les régions périphériques et centrales du Québec perçoivent 13,7 % des budgets de transfert du MAC en 1989-1990 (ou 21,7 millions de dollars), alors qu'on y retrouve 28,5 % de la population québécoise et 18,3 % de la population active du secteur de la culture et des médias.

Dans leur étude sur le financement des arts et de la culture, les auteurs concluent également, dans une certaine mesure, à « un décalage important » entre Montréal et le reste de la province, hormis Québec (Coupet, 1990 : 66). Selon eux, les conséquences sont nombreuses. Parmi celles mentionnées, il y a la standardisation montréalaise du développement culturel à la grandeur du Québec[5], la

---

5. En 1987, une étude signale que 86 % de l'activité économique du secteur culturel québécois se concentre dans la métropole et que quelque 72 250 travailleurs autonomes et salariés y œuvrent alors dans un domaine artistique ou dans un domaine connexe (Québec, MAC, avril 1991b : 1).

Tableau 6
Allocation du budget de transfert du MAC selon les régions[A]
pour l'année budgétaire 1989-1990 et population culturelle active en 1991[B]

Régions	Population 1986	%	Population culturelle active 1991 %	Budget de transfert du MAC				
				Total (millions $)	%	Sans les sociétés d'État (millions $)	%
Région de Montréal[1]	3 732 270	57,1	68,4	91,6	57,3	60,5	60,7
Région de Québec[2]	943 423	14,4	13,2	46,3	29,0	17,4	17,5
Régions centrales[3]	966 978	14,8	11,9	9,2	5,8	9,2	9,2
Régions périphériques[4]	896 336	13,7	6,4	12,5	7,9	12,5	12,5
TOTAL	6 539 007	100,0	100,0	159,5	100,0	99,6	100,0

1. Comprend Montréal, Laval, Lanaudière, Laurentides et Montérégie.
2. Comprend Québec et Chaudière-Appalaches.
3. Comprend Mauricie–Bois-Francs, Estrie, Outaouais.
4. Comprend Gaspésie–Îles-de-la-Madeleine, Bas-Saint-Laurent, Saguenay, Abitibi-Témiscamingue, Côte-Nord, Nord du Québec.

Sources : A. Coupet, 1990 : 66 ; données issues de la Direction de la recherche et de la statistique du ministère des Affaires culturelles ; B. Population du secteur de la culture et des médias, excluant celle du secteur des télécommunications : Québec, MCCQ, septembre 1999 : 44-47.

circulation à sens unique de la production artistique, la disparité des équipements en région, « tant sous l'angle de la taille que sous l'angle de la qualité », la démobilisation des compagnies artistiques qui ont peu d'intérêt à organiser des tournées en région, la sous-diffusion de la production artistique régionale et le « manque d'émulation causé par un milieu artistique limité, des ressources financières restreintes et, conséquemment, un manque de crédibilité, ce qui inhibe leur développement » (Coupet, 1990 : 69 ; voir aussi Lacroix, 1990).

De tels constats, largement diffusés par les rapports Coupet et Arpin, risquent de susciter chez les acteurs en région des alliances ou, du moins, des concertations afin de revendiquer un plus grand soutien de l'État.

L'ACUITÉ DES PROBLÉMATIQUES ET SES IMPACTS (1985-1992)[6]

Pour introduire cette section, il y a lieu de proposer une classification des différents acteurs en présence entre 1985 et 1992. Le tableau 7 répartit les 264 mémoires transmis à la Commission parlementaire sur la culture, à l'automne 1991, selon quatre grands milieux. Cette répartition, incluant également différents sous-regroupements, vise à cerner les problématiques ainsi que les principales demandes ou attentes des groupes, organismes et associations qui seront l'objet de négociations et de dissensions au début des années 1990.

Contrairement aux commissions parlementaires sur la culture antérieures à 1985 (Saint-Pierre, 2001 : 267-271), le milieu culturel est fortement représenté, alors que le milieu socio-économique et politique arrive au troisième rang. Signe évident des préoccupations des milieux municipaux, cette catégorie arrive au deuxième rang. D'ailleurs, à cette époque, les rapports Coupet et Arpin insistent particulièrement sur une plus grande implication des municipalités québécoises et des milieux socio-économiques. À présent, regardons de plus près chacun de ces milieux en insistant sur les contraintes qu'ils vivent dès la seconde moitié des années 1980, sur les enjeux auxquels ils doivent faire face et sur les attentes qu'ils éprouvent envers l'État.

Le milieu culturel et sa représentativité sectorielle

Comme le montre le tableau 7, le milieu culturel a été subdivisé en cinq grands groupes d'acteurs : les associations, les organismes et les institutions voués à la conservation et au patrimoine ; les créateurs et les artistes ; les producteurs des arts de la scène et des variétés et les institutions vouées à la formation ; les diffuseurs des arts de la scène et des arts visuels ; enfin, les industries culturelles.

La conservation et le patrimoine

Les organismes ou groupes associés au milieu de la conservation et du patrimoine ont été subdivisés en trois grands secteurs : le patrimoine et

---

6. Dans cette section, plusieurs sources ont été mises à contribution : les archives du Comité de travail sur la politique culturelle du MAC (1990-1991), des analyses sectorielles réalisées pour l'étude sur le financement des arts et de la culture (*Rapport Coupet*), des dossiers de presse (période de 1985 à janvier 1993) conservés à la Direction des communications du ministère de la Culture et des Communications, des analyses réalisées par Von Schoenberg et Hamel (1991a et b) et, enfin, des mémoires transmis à la Commission parlementaire sur la culture, à l'automne 1991.

Tableau 7
Mémoires transmis à la Commission parlementaire (automne 1991)

Milieu	Mémoires reçus	REGROUPEMENTS Total des mémoires par milieu et par regroupement	
Milieu culturel	160 (60,6 %)	1. Patrimoine	51
		1.1. Patrimoine et architecture	*(13)*
		1.2. Histoire et archives	*(22)*
		1.3. Musées et muséologie	*(16)*
		2. Créateurs et artistes	26
		3. Arts de la scène et variétés (formation et production)	27
		4. Diffusion des arts de la scène et des arts visuels	23
		5. Industries culturelles	33
		5.1. Livre et édition	*(16)*
		5.2. Communications, audiovisuel, cinéma, etc.	*(17)*
		Total	160
Milieu municipal et régional	41 (15,5 %)	1. Conseils régionaux de la culture et organismes de développement culturel	15
		2. Unions municipales (UMRCQ, UMQ)	2
		3. CUM (incluant le Conseil des arts de la CUM) et MRC	3
		4. Villes	21
		Total	41
Milieu socio-économique et politique	33 (12,5 %)	1. Regroupements politiques et/ou idéologiques	5
		2. Milieu des affaires	9
		3. Syndicats (autres que du milieu culturel ; CSN et FTQ)	2
		4. Organismes de développement socio-économique	8
		5. Groupes ethniques et communautés culturelles	7
		6. Groupes confessionnels	2
		Total	33
Milieu scolaire et universitaire	30 (11,4 %)	1. Milieu de l'éducation (cégeps, universités, commissions scolaires, CEQ)	16
		2. Chercheurs/intellectuels/intervenants individuels	14
		Total	30
Total général			264

l'architecture, l'histoire et les archives, les musées et la muséologie. Dans ce domaine, on dénombre de grandes associations ou organismes nationaux comme l'Association des archivistes du Québec, l'Association des musées canadiens, le Conseil des monuments et sites du Québec, la Commission des biens culturels et la Fédération des sociétés d'histoire du Québec. Des trois sous-secteurs identifiés dans le tableau 7, ceux des domaines du patrimoine et des musées, y compris les lieux historiques, les centres d'exposition, les lieux de patrimoine naturel, attirent particulièrement l'attention par l'acuité des problèmes soulignés dans les divers documents consultés.

En 1990, parmi les 466 institutions québécoises à caractère muséal et patrimonial, dont trois musées d'État (Musée national des beaux-arts du Québec, alors le Musée du Québec, Musée d'art contemporain de Montréal et Musée de la civilisation de Québec), à peine 103 sont subventionnées par le MAC (Québec, MCCQ, DPE, chemise 1450-12-05, 1991). Ces 103 institutions reçoivent à elles seules environ 35 % du budget de transfert du MAC en 1989-1990, soit près de 55 des 159,5 millions de dollars. D'autre part, des 240 lieux historiques et institutions dans le domaine du patrimoine naturel, à peine une quarantaine profitent du soutien du MAC en 1990. Plusieurs institutions patrimoniales sont cependant gérées par le ministère du Loisir, de la Chasse et de la Pêche ainsi que par les ministères de l'Environnement et de l'Énergie et des Ressources (Coupet, 1990 : 227).

Il ne faut pas négliger la présence de ministères et d'organismes fédéraux dont les responsabilités recoupent alors celles du MAC : Archives nationales du Canada, Bibliothèque nationale du Canada, musées nationaux, Société du centre national des arts et ministère de l'Environnement pour le programme Parcs Canada. Ainsi, par l'intermédiaire de son programme d'appui aux musées (PAM), le fédéral a versé au Québec quelque 1,7 million de dollars en 1989-1990, soit 20 % du budget total affecté à ce secteur. L'année suivante, il investit 39 millions dans le Musée des civilisations de Hull. Enfin, sur les 39,7 millions de dollars dépensés au total par la Bibliothèque nationale du Canada en 1990-1991, 25,4 millions le sont sur le territoire québécois (Canada, Statistique Canada, 1993b : tableau 2.5)[7].

Par ailleurs, depuis l'adoption d'un moratoire par le gouvernement du Québec, en 1979, très peu d'institutions muséales ont obtenu leur accréditation. Au

---

7. Par contre, selon un document produit par le MAC, ce budget s'établirait, pour le Québec, à 13,3 millions de dollars (Québec, MCCQ, DPE, chemise 1450-12-01b, janvier 1991 : 4-5).

cours des années 1980, plusieurs d'entre elles vivent des problèmes criants, notamment les petits musées régionaux qui sont confrontés à des difficultés financières croissantes. Parmi les facteurs souvent relevés dans la documentation, dont les mémoires issus de ce milieu, mentionnons le penchant de plus en plus prononcé de l'État à soutenir les grandes institutions muséales nationales[8], essentiellement concentrées à Montréal et à Québec, le soutien minime et inégal des municipalités et la faible croissance des revenus en provenance du public.

Les créateurs et les artistes

Dans ce secteur, on peut distinguer les créateurs et les artistes selon leur discipline. Là aussi se retrouvent de grandes associations nationales comme l'Union des artistes (UDA) et la Conférence des créateurs et créatrices du Québec qui regroupe seize associations distinctes, dont l'Union des écrivains et écrivaines, le Centre des auteurs dramatiques, le Conseil des métiers d'art, le Conseil de la sculpture et le Conseil de la peinture. L'audiovisuel (Société des auteurs, recherchistes, documentalistes et compositeurs), la littérature (Union des écrivains et écrivaines du Québec, Association des traducteurs littéraires), les arts visuels (Regroupement des associations en arts visuels), les métiers d'art (Conseil national des métiers d'art du Québec et la Société de mise en marché des métiers d'art), la chanson (Société professionnelle des auteurs et des compositeurs) et la musique (Guilde des musiciens, Centre de musique canadienne) sont les principales disciplines.

Plusieurs de ces regroupements sont relativement jeunes, comme dans le cas de la Société de mise en marché des métiers d'art créée en 1984[9], alors que plusieurs autres comptent un membership fort important à la fin des années 1980 : près de 8 000 membres et stagiaires à l'UDA, environ 4 000 à la Guilde des musiciens, près de 1 500 au Regroupement des associations en arts visuels, lequel comporte cinq associations disciplinaires (sculpture, peinture, arts textiles, estampe

---

8. Dans « Une année de bâtiment. Mais sûrement pas celle des artistes québécois » (*La Presse*, 10 septembre 1988 : E17), Jocelyne Lepage souligne que l'année 1988-1989 est celle des grands musées : ouvertures du Musée de la civilisation à Québec (coûts de 30 millions de dollars), du Centre canadien d'architecture à Montréal (40 millions) et du Musée des civilisations à Hull (170 millions) ; travaux au Musée McCord (25 millions), au Musée des beaux-arts (60 millions) et au Musée d'art contemporain (27 millions), tous trois situés à Montréal.
9. Malgré l'argent injecté par le gouvernement entre 1984 et 1991 (près de deux millions de dollars), les activités de la Société « n'ont jamais réussi à se rentabiliser » ; elles cessèrent le 11 janvier 1991 (Québec, MCCQ, DPE, chemise 1450-12-10a).

et illustration) et plus de 700 à l'Union des écrivains et écrivaines du Québec (Québec, MAC, *Rapport Arpin*, juin 1991).

Plusieurs études montrent que la majorité des créateurs et des artistes demeurent à Montréal. Ainsi, une enquête de Jean-Guy Lacroix auprès d'un échantillon de près de 6 200 artistes confirme que 72 % des auteurs, comédiens, danseurs et musiciens résident dans la métropole (Lacroix, 1990). Au début des années 1990, la grande majorité des associations artistiques et de création recrutent plus de 80 % de leurs membres à Montréal (Québec, MAC, avril 1991b : 23). Enfin, 67,5 % des artistes interrogés dans l'enquête de Lacroix ont un revenu annuel de moins de 5 000 dollars (*Le Devoir*, 12 mai 1990 : D3). En matière de soutien gouvernemental, les créateurs et les artistes peuvent cependant profiter des subventions octroyées par les deux principaux bailleurs de fonds, le Conseil des arts du Canada et le ministère des Affaires culturelles du Québec.

Du côté fédéral, le Conseil des arts du Canada (CAC) a pour objectif de favoriser et de promouvoir l'étude et la diffusion des arts, ainsi que la production d'œuvres d'art. En 1987-1988, le budget d'intervention du Conseil (subventions et services) est de 81,6 millions de dollars (Québec, MCCQ, DPE, chemise 1450-12-16a : 226). Par contre, pour certaines activités, comme celles associées aux métiers d'art (bois, céramique, verre, etc.), où on dénombre environ 1 000 artisans au Québec, aucune aide financière n'est accordée par le fédéral (Coupet, 1990 : 299).

Du côté du gouvernement du Québec, c'est certainement dans les dépenses de transfert du MAC que l'on peut prendre connaissance des sommes allouées aux créateurs et aux artistes, et des écarts importants entre les différents agents culturels financés par l'État. Ainsi, les conservateurs (musées québécois), les producteurs et les diffuseurs issus des industries culturelles accaparent respectivement 37,5 %, 25,4 % et 19,1 % des dépenses de transfert en 1989-1990. Pour leur part, les créateurs et les associations et regroupements professionnels récoltent seulement 9,8 millions de dollars, soit 6,1 % des dépenses de transfert (Québec, MCCQ, DPE, chemise 1450-12-16b).

Enfin, au sein même de la communauté des créateurs et des artistes, on n'hésite pas à faire état, parfois, d'un certain arbitraire chez les fonctionnaires du ministère. Par exemple, Jocelyne Richer souligne dans *Le Devoir* (18 décembre 1991 : 1) qu'une « cinquantaine d'écrivains » se sont partagé la moitié des bourses du gouvernement du Québec depuis 1976 ce qui, au dire de la journaliste, contribue à alimenter les soupçons « de favoritisme » et de « concours arrangés ».

Les arts de la scène et les variétés (formation et production)

Les arts de la scène peuvent se subdiviser en trois grandes catégories, chacune étant représentée par de grandes associations ou regroupements nationaux : le théâtre (Conseil québécois du théâtre, Centre d'essai des auteurs dramatiques, Quebec Drama Federation[5]), la danse (Regroupement des professionnels de la danse du Québec, les Grands Ballets canadiens), la musique (Association des organismes musicaux du Québec) à laquelle on associe de grands ensembles (orchestres symphoniques, opéras). Il faut également ajouter à ces catégories les lieux de formation, comme des écoles de musique, de danse et de théâtre et des conservatoires de musique et d'art dramatique.

Les producteurs du domaine des arts de la scène et des variétés, sauf quelques rares exceptions, sont concentrés dans les milieux urbains, mais tout particulièrement dans la métropole. Traditionnellement, les entreprises de production et de formation se localisent là où l'accès à leurs marchés et à leurs fournisseurs est évident, mais là aussi où se concentrent un personnel spécialisé et des infrastructures d'accueil appropriées (Coupet, 1990). C'est également dans la métropole que se concentrent aussi les grandes institutions d'enseignement et parfois les seules pour certaines disciplines : École supérieure de danse du Québec, École nationale du cirque, École nationale du théâtre du Canada, etc.

Dans le domaine de la musique, l'Association des organismes musicaux du Québec représente au début des années 1990 quelque 47 associations membres et affiliées, orchestres, sociétés et autres regroupements musicaux du Québec. De ce nombre, hormis l'Orchestre métropolitain de Montréal, on retrouve sept orchestres symphoniques, l'Opéra de Montréal, quatre organisations vouées à des festivals de musique (Lanaudière, Montréal, Victoriaville et Saint-Irénée) et de nombreux ensembles musicaux (Nouvelle-France, Philarmonia, Anonymus, etc.). Signe de l'importance de ce secteur au Québec, on dénombre quelque 500 chefs d'orchestres, compositeurs et arrangeurs en 1991 et 5 130 musiciens et chanteurs (Québec, MCCQ, septembre 1999 : 21).

Le Conseil québécois du théâtre (CQT), fondé en 1981, représente au début des années 1990 près d'une vingtaine d'associations artistiques professionnelles, diverses compagnies théâtrales (TNM, Théâtre de Quartier, Théâtre Parminou et nombre de théâtres en région), ainsi que des metteurs en scène, comédiens, etc.

---

5.   Cette fédération a comme objectif de favoriser le développement du théâtre anglophone au Québec (Québec, MCCQ, DPE, chemise 1450-12-63b, 24 septembre 1992).

(Québec, MCCQ, DPE, chemise 1450-12-63a). En plus de réunir environ 3 000 praticiens, 111 théâtres subventionnés et quelque 70 troupes sans but lucratif, le CQT est souvent sur la ligne de front, revendiquant sans cesse l'amélioration des conditions de travail de ses membres (*Le Soleil*, 2 avril 1988 : D6). Ainsi, il adopte dès 1981 une résolution demandant que les trois paliers de gouvernement consacrent respectivement 1 % de leur budget global au Conseil des arts du Canada, au ministère des Affaires culturelles du Québec et à la vie culturelle locale (Québec, MCCQ, DPE, chemise 1450-12-26a, 4 février 1991).

La diffusion des arts de la scène et des arts visuels

On peut subdiviser les diffuseurs des arts de la scène et des arts visuels en trois grandes catégories : les théâtres et les salles de spectacles (Théâtres associés et le Réseau indépendant des diffuseurs et événements artistiques unis), les centres d'exposition et les centres d'artistes et d'arts visuels (Regroupement des centres d'artistes autogérés du Québec) et les autres lieux de diffusion, comme les galeries d'art (Association des galeries d'art contemporain de Montréal, Association professionnelle des galeries d'art du Canada). On peut aussi rappeler l'importance des musées dans la diffusion des arts visuels ainsi que celle des événements majeurs, comme les grands festivals, dans la diffusion des arts de la scène (Société des fêtes et festivals du Québec).

En 1989, dans une enquête réalisée auprès de 105 festivals membres, la Société des fêtes et festivals du Québec souligne « que mis à part les très gros festivals, la participation gouvernementale est pour ainsi dire inexistante », notamment en ce qui a trait aux événements à rayonnement local et régional (*Fêtes et festivals*, printemps 1989 : 14-15). Dans le secteur des spectacles de variétés, on évalue le chiffre d'affaires à 40 millions de dollars en 1991, dont 50 % sont générés par Montréal. En fait, plus de 95 % des entreprises de spectacles (données comportant également celles du disque) sont localisées à Montréal (Québec, MAC, avril 1991b : 26). C'est également dans cette ville que l'on retrouve la plus grande concentration d'équipements culturels et d'événements majeurs comme le Festival international de jazz de Montréal, le Festival Juste pour rire, les Francofolies.

Au chapitre de la diffusion des arts visuels, le Québec compte plusieurs institutions et entreprises privées en 1990 : une soixantaine de centres d'exposition, dont seulement 20 sont accrédités par le MAC, 180 galeries commerciales responsables de plus de 70 % des transactions en ce domaine, quelques salles de vente et plusieurs manifestations importantes : Symposium de peinture de Baie-Saint-Paul,

Biennale internationale de la tapisserie, etc. (Coupet, 1990 : 234). Si, en 1984, on estimait entre 46,4 et 61,1 millions de dollars les sommes générées par ce commerce (Couture *et al.*, 1984 : 9 ; voir aussi Coupet, 1990 : 236), il y a tout lieu de croire que ce secteur a connu au cours des années subséquentes une certaine croissance ; mais la crise économique du tournant des années 1990 lui porte de sérieux préjudices (*Le Devoir*, 9 mai 1991 : B1-2).

Dans le secteur des salles de spectacles, là aussi des difficultés et des disparités sont tangibles. Tout d'abord, il y a de grandes différences entre Montréal, mieux dotée en infrastructures d'accueil et en salles de spectacles (Place des arts, maisons de la culture de la Ville de Montréal, etc.), et les régions du Québec. Mais la métropole fait également face à des problèmes de taille. Par exemple, les auteurs du *Rapport Coupet* soulignent cette politique de gratuité pratiquée par la Ville de Montréal et par des villes avoisinantes, laquelle «perturbe le marché» du spectacle et met «en péril les efforts de développement de clientèles pilotés par les organismes sur le territoire». Également, on note que l'effervescence du milieu artistique montréalais et la concentration des activités entraînent une forte concurrence. Enfin, les auteurs du rapport mentionnent différentes problématiques inhérentes au parc immobilier métropolitain : pénurie de lieux spécialisés bien équipés et de dimension diversifiée, viabilité difficile des salles de spectacles en périphérie de Montréal, prix élevé de location des salles de la Place des arts, laquelle s'explique par «l'escalade des coûts» résultant, notamment, de la syndicalisation du personnel (Coupet, 1990 : 269-270).

En région, les problèmes sont d'un tout autre ordre : disparités énormes d'une région à l'autre, peu de municipalités ont intégré le développement culturel à leurs plans stratégiques, plusieurs formules de gestion différentes (services de loisirs des municipalités, comités de bénévoles, organisations communautaires) rendant difficile l'intégration d'un véritable réseau de tournées, retard dans plusieurs régions du Québec dans la construction d'équipements culturels de qualité, et ce, à cause d'un moratoire décrété par le MAC en 1986 (levé en 1989). Bref, selon les auteurs du *Rapport Coupet* (1990 : 273), «seuls les spectacles de masse font leurs frais».

Les industries culturelles

Mentionnons, parmi les industries culturelles, celle du disque (Association du disque et des industries du spectacle du Québec), les stations de radio (95 stations privées et 21 stations communautaires en 1987 : Québec, MCCQ, DPE, chemise

1450-12-16a : 246), le secteur de l'audiovisuel, de la télévision et du cinéma (Association des producteurs de films et vidéos du Québec, Association des câblodistributeurs) et, enfin, le monde de l'édition et du livre (Association des éditeurs canadiens, Association des libraires du Québec). On peut aussi associer aux industries culturelles certaines sociétés d'État comme la Société de développement des industries de la culture et des communications ou la Régie du cinéma.

Entre 1985-1986 et 1987-1988, la production télévisuelle connaît un fort accroissement. Le budget total des productions dans les deux langues passe de 40 à 86 millions de dollars. Trois événements expliquent cette situation : l'accroissement du budget de Téléfilm Canada à compter de la seconde moitié des années 1980, la politique du CRTC qui incite à accroître la part des émissions produites par des maisons indépendantes et l'arrivée de Télévision Quatre Saisons (Coupet, 1990 : 279). Signe de l'importance de l'industrie de la télévision à Montréal, la métropole est devenue en 1989 «le principal centre de production télévisuelle au Canada». Près de 80 % des emplois en ce domaine au Québec, soit 4 300 travailleurs, y sont concentrés selon une étude du ministère des Communications du Québec, *Les médias à Montréal, portrait et tendances* (étude citée par *La Presse*, 3 juin 1989 : D2).

Dans d'autres secteurs des industries culturelles, une étude réalisée par l'économiste Claude Martin pour le compte du MAC, en 1986, dénombre 10 000 emplois au Québec dans les domaines du livre, du cinéma, de l'enregistrement sonore et de la vidéocassette, et ce, y compris le commerce de détail (Martin, 1986 : 2). Dans le domaine du disque et du vidéo, cependant, les auteurs du *Rapport Coupet* notent une concurrence importante des produits étrangers et les limites inhérentes au «petit marché francophone québécois». En fait, ce marché est dominé par quelques grandes maisons de production qui doivent assumer les coûts de plus en plus élevés dans la production, notamment en ce qui a trait aux vidéo-clips (Coupet, 1990 : 294-295).

Par contre, les producteurs québécois du domaine des industries culturelles profitent de programmes d'aide, tant du gouvernement fédéral que du gouvernement du Québec. Il y a le ministère des Communications du Canada, le Conseil des arts, Téléfilm Canada et l'Office national du film au fédéral, la Société générale du cinéma du Québec (SGCQ) et la Société de développement des industries de la culture et des communications (SODICC) au provincial[6]. Ces ministères et

---

6. En 1988, la SGCQ et la SODICC ont fusionné pour donner la Société générale des industries culturelles (SOGIC).

organismes gèrent une multitude de programmes d'aide à la production (subventions à la production de disques, de vidéo-clips, de longs, moyens et courts métrages, etc.), alors que diverses mesures indirectes les protègent : avantages fiscaux, taxes à l'importation de produits étrangers, déductions fiscales des coûts à la production, subvention à la recherche, au perfectionnement, etc.

Parmi les constats affectant le secteur de la télévision et du cinéma, mentionnons les coûts de production particulièrement élevés – 3 à 4 millions de dollars pour un long métrage et facilement un million pour une heure d'une série télévisée en 1990 –, un appui très important de l'État mais qui, selon le contexte économique d'alors, risque de faire défaut ou, du moins, de connaître certains ralentissements. Ce secteur doit également faire face à une multiplicité de politiques qui le régissent, ce qui rend «toute planification presque impossible». Enfin, des changements en matière d'abris fiscaux et «le gel des budgets des principaux organismes» engendrent un vent d'incertitude dans ce milieu (Coupet, 1990 : 284-285).

Un autre secteur important est celui de l'édition. En 1988, on dénombre 187 librairies au Québec, et le chiffre d'affaires de 85 des 110 éditeurs agréés est de 157,2 millions de dollars (vente de livres et distribution). Bien que ce secteur se soit surtout développé à compter de 1975, il demeure, encore en 1990, «concentré et fragmenté» : 75 % des éditeurs subventionnés par le MAC et 82 % des maisons d'édition se retrouvent à Montréal, et 22 % d'entre elles réalisent 74 % des revenus totaux générés par cette industrie. C'est également à Montréal que se concentrent 90 % de la production (Québec, MAC, avril 1991b : 25 ; voir aussi Coupet, 1990 : 286-289).

Dans ce domaine, plusieurs formes d'aide existent également (subventions et mesures indirectes), au niveau tant du gouvernement fédéral que du gouvernement du Québec. Il en est ainsi du programme fédéral d'aide au développement de l'industrie de l'édition (PADIE) qui soutient quelque 165 maisons d'édition canadiennes et 275 projets en 1987-1988. Mais comme le mentionne un journaliste du journal *La Presse* en 1989, les «temps sont durs» pour le milieu de l'édition et la «crise» remonte à l'année 1982, soit au moment où le fédéral décide d'abandonner son programme d'aide à la promotion des livres (*La Presse*, 13 mai 1989 : K1). Bref, bien que cette industrie soit importante pour le milieu de la culture et dans l'économie québécoise, il n'en demeure pas moins qu'elle éprouve des difficultés au début des années 1990.

Ainsi, pris dans ce « tourbillon des resserrements », le MAC n'octroie plus les subventions et bourses aux éditeurs et aux artistes québécois au début des années 1990 (*Le Devoir*, 21 février 1990a : 20). Puis, comme le constatent les auteurs du *Rapport Coupet* (1990 : 286-289), les écarts vont en s'accroissant entre les grandes et les petites maisons d'édition. Ce secteur est également affecté par d'autres problèmes : accès difficile aux grands réseaux de distribution, concurrence importante avec les éditeurs européens et, plus particulièrement, français, petite taille des maisons d'édition québécoises. Selon Jean Savard du *Devoir* (24 janvier 1992 : C6), le principal écueil des industries culturelles, incluant celle du livre, demeure en effet « l'étroitesse du marché ». Enfin, de tous les secteurs des arts et de la culture, c'est celui de l'édition qui connaît « le plus grand stress face à l'introduction de taxes sur les produits et services (TPS) » en janvier 1991 (Coupet, 1990 : 292)[7].

À ce secteur du livre et de l'édition, il faut également ajouter ceux des périodiques (Société de développement des périodiques culturels québécois) et des bibliothèques publiques, y compris la Bibliothèque nationale du Québec, les bibliothèques scolaires, universitaires et collégiales (Association des directeurs de bibliothèques publiques du Québec, Regroupement des bibliothèques centrales de prêt). Bien qu'il s'agisse d'un secteur traditionnellement privilégié par le gouvernement provincial et par les municipalités[8], les bibliothèques publiques subissent aussi les contrecoups des gels et des coupures de financement. Ainsi, les subventions provinciales (en dollars constants de 1960) connaissent une importante diminution, passant de 5,9 millions en 1980, à 4,7 millions en 1985 et à 4,6 millions en 1989 (Québec, MCCQ, DPE, chemise 1450-12-10b). Entre-temps, le gouvernement provincial a imposé un moratoire au programme d'aide à la construction et à la rénovation des bibliothèques publiques en 1986. Trois ans plus tard, plusieurs articles de presse font état de l'impact de ce moratoire et de la « misère des bibliothèques publiques » au Québec (*Le Devoir*, 23 février 1989 : 9).

---

7. Certaines personnes qui appuient cette mesure font cependant des sorties publiques pour affirmer que « la situation de l'édition québécoise n'est pas aussi dramatique qu'on le dit » et rappellent que les produits typiquement québécois ne subissent pas réellement de concurrence étrangère puisque c'est un « marché captif » (*Le Devoir*, 19 septembre 1990 : 6).
8. Les dépenses totales du gouvernement du Québec et des municipalités dans ce secteur sont respectivement de 165,3 millions de dollars, dont 8,9 millions à la Bibliothèque nationale du Québec, et de 167,3 millions en 1990-1991. Le milieu municipal y consacre près de 62 % de ses dépenses culturelles totales (Canada, Statistique Canada, 1993a : 34-35).

Les conséquences du développement des associations

Bien que certains regroupements d'artistes, de producteurs et de diffuseurs aient vu le jour entre les années 1940 et 1970, ce n'est qu'au cours de cette dernière décennie que la volonté de s'organiser s'accentue. Durant les années 1970, une vingtaine d'autres associations et regroupements s'ajoutent. Ils sont issus de domaines aussi variés que la littérature, la dramaturgie, le graphisme, la traduction littéraire, les producteurs de disques, la muséologie et l'archivistique (Québec, MAC, avril 1991a). Au cours des années 1980, le mouvement s'intensifie afin de faire face aux enjeux de l'heure : mise à jour de la loi fédérale sur les droits d'auteur, reconnaissance du statut de travailleur des artistes, adoption de lois régissant la formation professionnelle et la fiscalité.

Parallèlement aux problèmes auxquels a à faire face le monde de la culture et des arts, la vie associative prend de l'importance au cours des années 1980. Signe de la progression et du développement dans le milieu des arts et des lettres, mais aussi de l'appui du gouvernement du Québec en ce domaine, l'aide aux associations et aux regroupements nationaux connaît une hausse constante au cours de cette décennie et s'accentue même en 1987-1988. Il faut dire qu'en cette dernière année, deux lois provinciales sur le statut de l'artiste sont adoptées. Incidemment, alors qu'ils n'étaient que 17 organismes nationaux à recevoir 431 000 dollars du programme d'aide aux associations et aux regroupements nationaux du domaine des arts et des lettres en 1981-1982, ils sont désormais 35 à se partager 2,5 millions de dollars en 1988-1989 (Québec, MAC, avril 1991a : 2). En 1991, « pratiquement tous les secteurs d'activités culturelles sont représentés » par une instance associative et/ou professionnelle.

Par contre, cet essor a également comme impact le fractionnement disciplinaire et géographique (création de regroupements régionaux) ainsi que l'accroissement des coûts des services offerts par ces associations et regroupements. Contraints désormais à employer de plus en plus de ressources professionnelles permanentes au lieu des traditionnels bénévoles, contraints également d'introduire de nouvelles technologies et de nouvelles méthodes de gestion afin d'offrir et de développer de nouveaux services, les associations et regroupements accroissent du même coup leurs demandes de soutien financier auprès de l'État. À ce titre, citons cet extrait du mémoire du Conseil des métiers d'art du Québec, destiné au groupe-conseil Arpin, et qui explique les changements survenus en une décennie :

> Sur le plan des regroupements ou des activités professionnelles, il y avait au début des années 1980, un très grand nombre de groupes et un saupoudrage

d'argent. Pire, sur le terrain, il y avait une guerre de clochers inter-régionale et une guerre de clochers entre les compagnies telles la Centrale d'artisanat, le Salon des métiers d'art, l'organisation de Québec, les organisations régionales, etc. En somme, le milieu [des métiers d'art] était divisé assez pour que n'importe qui puisse le manipuler. D'où cette situation où n'importe qui pouvait jouer sur le ressentiment d'artisans du milieu ou le «power trip» individualiste pour alimenter suffisamment de chicanes et paralyser le développement du milieu. [...] Le souci premier des artisans qui ont œuvré au regroupement des forces et des ressources a donc été d'établir des bases et des services directement reliés aux artisans (Québec, MCCQ, DPE, Mémoire du CMAQ, 26 février 1991 : 6-7).

Le milieu municipal et régional

Quoique la dynamique qui prévaut entre la métropole et les régions du Québec ait été déjà soulignée, notamment en ce qui a trait aux effectifs culturels et à la répartition des ressources financières en matière de culture, il convient d'expliquer brièvement le contexte dans lequel évolue le monde municipal et régional au cours des années 1970 et 1980.

Pendant ces décennies, diverses pressions s'exercent sur le monde municipal. Tout d'abord, la grande région de Montréal connaît une des croissances démographiques les plus importantes au Québec. En comparaison, les autres régions, hormis celle de la capitale provinciale, ne voient croître leur population que faiblement. Certaines, comme les régions de la Gaspésie–Îles-de-la-Madeleine et de la Côte-Nord, y perdent même. Cette situation découle en grande partie du vieillissement de la population, mais aussi d'une émigration importante vers la métropole et ses villes limitrophes. La croissance démographique de la métropole est également attribuable à l'apport important des immigrants. Ainsi, en 1991, 48 % de la population québécoise est concentrée dans les régions Montréal-Montérégie-Laval, comparativement à 36 % en 1971. En ajoutant celles de Lanaudière et des Laurentides, plus de 57 % de la population québécoise se retrouve dans la grande région montréalaise en 1991 (Fréchette, 1992 : 29). Mais au-delà de ces quelques constats qui font de la zone métropolitaine un joueur important sur l'échiquier politique, les édiles municipaux et les élus provinciaux font face à bien d'autres problèmes.

Ainsi, face à la crise des finances publiques, les gouvernements fédéral et du Québec réorientent leurs interventions au milieu des années 1980 tout en lorgnant de plus en plus du côté des municipalités. À la suite de coupures fédérales dans les paiements de transfert aux provinces au début des années 1990, le gouvernement du Québec procède à son tour à un «délestage» vers les municipalités en transférant certaines de ses responsabilités (*Le Soleil*, 21 février 1990 : A1 ; *Les Affaires*, 20 octobre 1990 : n.p.).

En décembre 1990, le ministre Ryan dépose un document faisant état de trois mesures importantes en ce sens : tarifer les services policiers dispensés par la Sûreté du Québec, transférer aux municipalités la responsabilité de la voirie locale et, enfin, mettre fin au soutien financier (subventions) des organismes publics de transport en commun. À elles seules, ces trois mesures «impliquent un transfert net aux municipalités de 477,5 millions de dollars et l'ouverture de nouveaux champs fiscaux de 545,7 millions de dollars» (Québec, MCCQ, DPE, Chemise «Comité interministériel», 10 décembre 1991 : 75-76). Pour les grandes villes québécoises comme Montréal, l'élément le plus coûteux et qui soulève le plus de réactions est celui qui touche le transport en commun. Pour les petites municipalités, c'est la tarification des services policiers (Saint-Pierre, 1994). Les municipalités et bien d'autres intervenants s'élèvent vivement contre ces décisions. Il en est ainsi des maires de Montréal et de Québec, de la Conférence des maires de la banlieue de Montréal, des syndicats du transport en commun de la région de Montréal et diverses autres sociétés de transport, du Conseil du patronat du Québec, de l'Union des producteurs agricoles, de la Fédération des travailleurs et travailleuses du Québec et de la Confédération des syndicats nationaux (*La Presse*, 19 janvier, 19 et 25 février, et 25 avril 1991). Mais la volonté gouvernementale de réduire ses dépenses publiques est plus ferme que jamais.

Vers la même époque, la question de la fiscalité engendre d'autres conflits importants entre le monde municipal et le gouvernement du Québec. Ce dernier se propose d'accroître l'accès des commissions scolaires au champ foncier, ce qui constitue «un changement radical au Pacte fiscal» de 1980 (*Urba*, juin 1990 : 8). Âprement combattue par les unions municipales mais également par plusieurs groupes importants de la société québécoise, cette décision est malgré tout consacrée par l'adoption du projet de loi 145, le 20 juin 1991.

Bref, au début des années 1990, les rapports sont plus que jamais tendus entre le gouvernement du Québec et les municipalités québécoises. Au moment où émerge l'idée d'une politique culturelle gouvernementale au Québec, laquelle est précédée par deux études (*Rapport Coupet* et *Rapport Arpin*) qui insistent sur la participation accrue du monde municipal, il va de soi que ce dernier risque de se montrer inquiet, pour ne pas dire réticent.

Au moment où s'amorcent les travaux de la commission parlementaire, un article de *La Presse* (20 septembre 1991 : A16) rappelle que les « dirigeants municipaux ont peur de la nouvelle politique culturelle à venir des Québécois ». Comme le souligne Jocelyne Richer du *Devoir* (16 octobre 1991 : B1), le « monde municipal a tenu à rappeler qu'il a déjà été assez échaudé par la réforme Ryan et qu'il n'a pas l'intention de financer davantage les activités culturelles ». Par contre, lors des travaux de la commission parlementaire, les élus municipaux font preuve de plus d'ouverture (*Le Devoir*, 15 novembre 1991a, b et c) quoique, selon Jocelyne Richer, ils veulent surtout « être partie prenante au processus de rédaction de cette politique pour s'assurer que les municipalités n'en feront pas les frais » (*Le Devoir*, 15 novembre 1991c : A1).

D'ailleurs, en matière de culture, ce palier de gouvernement est caractérisé par une implication variée. En effet, si la grande majorité des municipalités consacrent des budgets aux bibliothèques, seulement quelques-unes, notamment les capitales régionales, affectent des fonds à des organismes culturels régionaux, à des sites patrimoniaux, à des salles de spectacle et à des centres d'exposition. En 1990, leur participation au financement des arts et de la culture n'est cependant pas à minimiser, puisque les municipalités représentent 22 % des dépenses gouvernementales totales en ce domaine (Québec, MAC, *Rapport Arpin*, 1991 : 249).

Le milieu socio-économique et politique

Les acteurs du milieu socio-économique et politique sont répartis en trois sous-groupes : d'abord le milieu des affaires, les grandes centrales syndicales et les organismes de développement socio-économique, puis les regroupements politiques et/ou idéologiques, enfin, les communautés culturelles et/ou linguistiques et les groupes confessionnels.

Traditionnellement, le monde des affaires et de la finance, mais également les grandes centrales syndicales, ont pris part à des débats sur la culture (Québec, BANQ, 1982, 1986). Les rapports Coupet et Arpin insistent particulièrement sur le rôle que jouent ces milieux dans le développement de la culture. Dans les faits, au fil des décennies, le mécénat privé s'est exprimé de différentes façons : commandite de projets ou d'événements majeurs, achat d'œuvres d'art, création de fondations privées, participation au programme du Fonds d'appariement du MAC[9], etc. En

---

9.   Ce programme visait à inciter l'implication financière du secteur privé dans le domaine de la culture. En mars 1988, devant « l'avalanche de demandes de la part d'organismes culturels », la ministre Lise Bacon suspend ce programme, mais finalement le rétablit en 1989-1990 (*La Tribune*, 14 mars 1988 : A3).

1988, on estime que le quart de la commandite canadienne, soit 75 des 300 millions de dollars, est destiné à la culture (Fischer et Brouillet, 1990). Entre 1980 et 1987, les dons à la culture issus des membres (corporations) de l'Institut de recherche en dons et en affaires publiques (IRDAP) se sont accrus de près de 50 %, comparativement à 38 % pour l'ensemble des œuvres de charité (sondage de l'IRDAP cité par Coupet, 1990 : 96).

Mais au-delà des données relatives au soutien du secteur privé dans le domaine de la culture, c'est le nombre de publications, d'analyses, d'articles et de sondages qui en font état qui sont révélateurs des pressions qui s'exercent sur ce milieu au cours de la seconde moitié des années 1980[10]. On y fait généralement état du mécénat déjà important du secteur privé québécois et canadien, mais on signale également les divers problèmes que cela comporte : ingérence des commanditaires qui, dans un souci de visibilité ou de publicité accrue, financent très souvent les projets s'adressant aux masses, forte concurrence des autres secteurs dans la levée de fonds (santé, environnement, éducation, etc.), faible nombre de sièges sociaux au Québec et absence d'une tradition de mécénat surtout chez les francophones, saupoudrage des commandites à un plus grand nombre de demandeurs et, enfin, aléas des cycles économiques qui, là aussi, font fluctuer l'implication du secteur privé (voir Coupet, 1990 : 100-101).

Bref, à l'aube des années 1990, le milieu socio-économique est assurément pressenti comme l'un des intervenants importants dans le soutien aux arts et à la culture. Par contre, entre le désir et la réalité, il semble y avoir une marge, comme le souligne Rudy Le Cours (*La Presse*, 31 décembre 1990 : A1) : « Les entreprises prévoient hausser leur aide aux démunis et aux universités, mais réduire celle qui va à la culture. » Ce journaliste signale au passage que « les besoins en philanthropie sont passés de 2 milliards à 3 milliards de dollars au Canada de 1990 à 1991 », et que 40 % des entreprises prévoient même réduire leurs contributions. Chose certaine, leurs représentants sont des acteurs présents dans le débat qui s'enclenche sur la future politique culturelle gouvernementale.

Le deuxième groupe d'acteurs associés au milieu socio-économique et politique sont les partis politiques fédéraux et provinciaux ainsi que des organisations nationalistes et/ou souverainistes, très souvent à caractère idéologique, comme le Mouvement Québec français, la Ligue d'action nationale et la Société nationale des Québécois.

---

10. Voir les publications citées dans les rapports Coupet (1990) et Arpin (1991).

Le partage des pouvoirs entre le Canada et le Québec en matière de culture a suscité plusieurs contentieux entre ces deux paliers de gouvernement depuis les années 1920; rappelons que le débat constitutionnel qui perdure depuis le début des années 1980 et les compressions budgétaires des gouvernements qui exacerbent les milieux culturels incitent, cette fois-ci, des prises de position d'un grand nombre d'acteurs politiques et/ou idéologiques quant au rapatriement des pouvoirs dans le domaine de la culture au début des années 1990. Il en est ainsi de l'alliance d'acteurs anglo-canadiens, la Common Agenda Alliance for the Arts.

Enfin, le troisième groupe d'acteurs associés au milieu socio-économique et politique sont les communautés culturelles et/ou linguistiques et les groupes confessionnels. Ici aussi, il importe de rappeler certains événements, dont les divers débats qui ont eu lieu au Québec depuis les années 1960 en matière de langue et la problématique, très actuelle au début des années 1990, émanant des communautés autochtones. Les événements concernant les questions linguistiques et autochtones ont alors contribué à la formation de certaines associations représentatives des communautés linguistiques, confessionnelles et culturelles du Québec.

Parmi les principaux intervenants présents lors des travaux du groupe-conseil Arpin et de la commission parlementaire sur la culture, mentionnons le Centre de recherche-action sur les relations raciales, le Grand Conseil des Cris du Québec, l'Institut culturel et éducatif montagnais, l'Assemblée des évêques du Québec et les Services communautaires juifs de Montréal. On y dénombre également trois conseils du gouvernement du Québec : le Conseil de la langue française, le Conseil des communautés culturelles et de l'immigration et le Conseil permanent de la jeunesse. Enfin, la communauté artistique anglophone et/ou immigrante du Québec est représentée par divers organismes et associations, comme la Townshippers' Association, la Canadian Actor's Equity Association, The Black Theatre Workshop of Montréal, The Foundation for Minority Arts and Culture et l'Union des écrivains du Canada (ou Writtings' Union of Canada). Parmi les inquiétudes ressenties par les allophones et les Anglo-Québécois, mentionnons celles ayant trait à la perte éventuelle du lien avec le fédéral advenant le rapatriement des pouvoirs.

Le milieu de l'enseignement et les intellectuels

Le cadre d'analyse de l'*Advocacy Coalition* insiste particulièrement sur le rôle que joue l'«information technique» dans l'évolution des systèmes de croyances des acteurs concernés. Selon Sabatier et Jenkins-Smith, cette information technique émane principalement de la documentation scientifique, mais aussi des études, des rapports, des évaluations et des analyses réalisés par le gouvernement, des énoncés de politique, des discours politiques et autres documents officiels produits au fil des années. Cette information est utilisée par les journalistes qui la diffusent dans leurs articles de presse et leurs éditoriaux. Mais avant de signaler les prises de position de ces derniers, il convient de situer celles issues du milieu de l'enseignement et de la recherche en général.

Traditionnellement, le milieu de l'enseignement et de la recherche a été présent aux différentes commissions parlementaires sur la culture depuis le milieu des années 1970 (Québec, BANQ, 1982, 1986). Il faut dire que les débats en matière de langue incitaient à des prises de position de la part des associations étudiantes, des syndicats de professeurs, mais aussi des commissions scolaires et de diverses institutions d'enseignement.

À la lumière des dossiers de presse conservés au ministère de la Culture et des Communications, mais aussi des travaux du groupe-conseil Arpin et de la commission parlementaire sur la culture, le milieu de l'enseignement et de la recherche se sent une fois de plus concerné, notamment en ce qui a trait à la question du « sous-financement public ». En fait, la quinzaine de mémoires déposés pour les travaux de la commission et issus de ce milieu (commissions scolaires, cégeps, universités, Centrale de l'enseignement du Québec-CEQ) font généralement part des préoccupations concernant la formation, la recherche et l'enseignement (voir, par exemple, *Le Devoir*, 17 octobre 1991b : B1). Loin de se distancier du débat constitutionnel, certains organismes et institutions prennent aussi des positions plus nationalistes.

Ainsi, le mémoire soumis par l'Université du Québec à Trois-Rivières à la commission parlementaire de l'automne 1991 fait explicitement état de la relation entre l'activité universitaire et les orientations du *Rapport Arpin* en ce domaine. Ses auteurs insistent sur plusieurs points, comme la formation des artistes-créateurs (programmes de baccalauréat et de maîtrise), la formation et le perfectionnement des maîtres, la recherche-création, la recherche fondamentale, le perfectionnement des gestionnaires de la culture et le rôle des régions comme milieux de recherche et de création culturelle (*Le Nouvelliste*, 25 octobre 1991). Pour sa part, la Centrale de l'enseignement du Québec soutient qu'il faut mieux définir et même élargir la notion de culture, tout en appuyant ouvertement le rapatriement des compétences en matière de culture et de communications bien que, de l'avis de la centrale, ce rapatriement « ne pourra jamais se réaliser dans le cadre fédéral actuel ».

Signe de l'intérêt que suscitent les problématiques qui se posent pour le milieu de la culture, diverses institutions universitaires et organismes de recherche organisent des congrès et colloques au cours de la seconde moitié des années 1980 et au début des années 1990[11]. Dans la documentation ayant servi à l'élaboration de la politique culturelle, mais aussi dans des articles de presse, on retrouve maintes fois cités les ouvrages qui en ont résulté.

D'ailleurs, au-delà des milieux plus académiques, il demeure que les recherches et analyses sont souvent intégrées aux contenus journalistiques. Pensons ici aux ouvrages de Josette Féral (*La culture contre l'art*, 1990), de Jean-Guy Lacroix (*La condition de l'artiste*, 1990) ainsi qu'aux statistiques culturelles en provenance de l'IQRC, de la direction de la recherche et de la statistique du MAC, de Statistique Canada et de certains groupes d'intérêts.

D'autre part, il faut souligner qu'à l'occasion certains politiciens cherchent également à se rallier les éditorialistes et autres « faiseurs d'opinion » des médias. Comme le souligne le journaliste Bruno Dostie, il est de la stratégie même de la ministre des Affaires culturelles de commettre le gouvernement et de rendre politiquement impossible tout nouveau renvoi aux « calendes grecques » (*La Presse*, 9 mars 1991 : D3). Du même coup, il s'avère que c'est le moyen le plus efficace, selon lui, pour contrer la valse des millions qui se livre au Conseil des ministres et dont la balance penche très souvent en faveur de la santé et de la sécurité du revenu.

Le dépouillement systématique des dossiers de presse conservés au ministère de la Culture et des Communications, et couvrant la période d'août 1986 à mars 1993, et les analyses de presse de Jean Lemieux (1991a et b; 1992) permettent de camper les positions des journalistes et de faire part de quelques observations générales quant au rôle joué par les médias, en général, et par le milieu journalistique, en particulier.

Tout d'abord, la très grande majorité des journalistes, éditorialistes et commentateurs francophones ont été favorables aux revendications des milieux

---

11. Ainsi, en avril 1988, l'Université du Québec à Hull accueille des participants à un colloque sur le financement des arts en région. À la fin de ce même mois, le Conseil régional de la culture du Saguenay-Lac-Saint-Jean organise à son tour un colloque sur le statut de l'artiste. À l'automne 1991, plusieurs personnes participent au colloque international sur les politiques culturelles et les enjeux nationaux de l'École des hautes études commerciales de Montréal. Enfin, en mai 1992, le colloque « Recherche : Arts et culture » de l'IQRC et du MAC convie des chercheurs de la communauté universitaire, de divers organismes publics et d'autres associations du monde de la culture à débattre de problématiques de l'heure.

culturels québécois, et ce, dès la création de la Coalition du monde des arts et de la culture en 1986. Il en va de même des articles s'inspirant d'entrevues auprès d'intellectuels en vue, de personnalités politiques et artistiques connues ou qui citent des extraits de mémoires déposés pour les travaux de la commission parlementaire sur la culture de l'automne 1991. Plus rarement, par contre, des articles sont venus appuyer la nécessité de rapprochement entre les deux principales communautés linguistiques du Québec ou signaler des signes de conciliation entre le gouvernement fédéral et le Québec. Quelques-uns ont fait état des craintes émanant des communautés culturelles ou des artistes anglo-québécois, alors que d'autres ont vanté, à l'occasion, les mérites des institutions fédérales au Québec, quoique l'on y fasse très souvent état des coupures budgétaires ou du manque de budget.

Enfin, il faut mentionner que les journalistes, éditorialistes et commentateurs ont été de façon générale «élogieux à l'égard de la ministre» Liza Frulla-Hébert et du président du groupe-conseil Arpin. Ils ont régulièrement fait part du courage de la ministre et de sa détermination à mettre en question, à l'occasion, les prises de position de ses collègues et plus particulièrement celles du Premier ministre Robert Bourassa (J. Lemieux, 1991b : 22). Ils ont insisté sur la «grande crédibilité» dont jouissent le président du groupe-conseil, Roland Arpin, et son équipe. Enfin, plus d'une fois, des articles ont souligné la qualité du rapport déposé en juin 1991 (J. Lemieux, 1991a).

À l'opposé, le ministère des Affaires culturelles et ses fonctionnaires semblent avoir reçu très peu d'éloges. Les journalistes ont plutôt cité des témoignages issus des audiences de la commission qui faisaient état des craintes de «dirigisme», de «bureaucratisation» et de «mainmise des fonctionnaires» (J. Lemieux, 1991b : 10). Au chapitre des événements ayant suscité le plus d'attention de la part des médias au début des années 1990, la question du rapatriement des pouvoirs d'Ottawa en matière de culture arrive sans aucun doute au premier plan.

Bref, la couverture journalistique tout au cours de ces années est généralement favorable aux revendications du milieu des arts et de la culture[12]. Les

---

12. Citons les quelques exemples suivants : «L'agonie de la culture au Québec», par Martine Corrivault (*Le Soleil*, 13 mars 1988 : B4); «Théâtre : vivre d'art et d'eau fraîche», par Mario Roy (*La Presse*, 19 mars 1988 : E1); «Montréal a besoin d'un coup de main mais Québec lui donne des coups de pied», par André Noël (*La Presse*, 4 septembre 1988 : A1); «Le 1 % du MAC, Mme Bacon? La coalition des arts a raison d'insister», par Gilles Lesage (*Le Devoir*, 18 mars 1989 : A12); «Pauvre culture!», par Ariane Émond (*Le Devoir*, 5 et 9 janvier 1991 : A-12 et 10); «Et la culture, bordel? Le" parti des artistes " n'a pas, n'a jamais eu de véritable politique culturelle», par Paule des Rivières (*Le Devoir*, 25 janvier 1991 : B1).

journalistes anglophones, notamment ceux de la *Gazette* et du *Globe and Mail*, sont également sensibles aux problèmes vécus par la communauté artistique et culturelle, décriant au passage les coupures de financement au sein des institutions culturelles fédérales dont celles affectant le Conseil des arts du Canada. Mais les médias anglophones se prononcent aussi contre le rapatriement des pouvoirs en matière de culture au Québec, tout en soulignant maintes fois les craintes de certains milieux artistiques et culturels québécois et canadiens. Sans s'étendre plus longuement, il convient maintenant de s'attarder à la Coalition québécoise du 1 %.

LA COALITION DU MONDE DES ARTS ET DE LA CULTURE (1986-1992)

Cette section a pour objectif de présenter la Coalition du monde des arts et de la culture – aussi appelée Coalition du 1 % –, de retracer son origine, sa composition, d'identifier au fil des années ses principaux leaders et de mettre en rapport ses activités avec les événements que doit alors affronter la société québécoise et canadienne. Elle vise aussi à signaler ses principaux appuis en provenance de différents milieux sociaux, politiques et économiques, et à présenter les stratégies ou les moyens de pression qu'elle utilise au fil des années.

Son origine, sa composition et ses leaders

Un article du journal *Le Devoir* du 16 décembre 1986, « Une coalition culturelle propose un dialogue avec Lise Bacon », signale que les « principales têtes d'affiche » des milieux artistiques québécois, dont les représentants d'une cinquantaine d'organismes culturels, se sont rassemblées à la Place des arts de Montréal pour réclamer une « rencontre urgente » avec la ministre des Affaires culturelles afin de discuter des suites à donner à la commission parlementaire sur le statut de l'artiste, tenue au printemps. Demandant d'être associés à toutes les discussions concernant l'élaboration éventuelle d'une politique culturelle au Québec, les membres de la coalition rappellent également les promesses électorales faites par le Parti libéral à l'automne 1985, soit de porter à 1 % du budget global de l'État le budget du ministère des Affaires culturelles.

Dans les faits, la mise sur pied de la Coalition du 1 % – qui, selon *The Globe and Mail* (16 décembre 1986 : A17), est le « largest arts lobby group Quebec has known » – semble découler de deux principales rumeurs : le transfert éventuel de responsabilités au secteur privé et aux municipalités et l'annonce de coupures additionnelles de l'ordre de 15 millions de dollars du budget 1986-1987 du MAC. Cette compression s'ajouterait alors à celle de l'année précédente qui était de l'ordre des 16 millions, et dont le Musée de la civilisation et divers autres secteurs culturels, comme les bibliothèques et les équipements culturels, avaient fait les frais (*Le Devoir* et *La Presse*, 16 décembre 1986 : 4 et B-4). À cette époque, les associations et les organismes culturels ainsi que les créateurs et les artistes éprouvent également des besoins criants.

Par ailleurs, il faut également souligner qu'après l'arrivée au pouvoir du Parti conservateur du Canada, des intervenants culturels du Canada anglais avaient fondé à Halifax, en 1984, la Nova Scotia Coalition in Arts and Culture. L'objectif de cette coalition était de mobiliser les intervenants contre les coupures budgétaires fédérales appréhendées dans le domaine des arts. Outre les diverses initiatives fédérales visant alors à rationaliser et à réévaluer le mandat d'organismes publics, le milieu culturel canadien est particulièrement inquiet des impacts éventuels des négociations de libre-échange avec les États-Unis[13]. Réunissant rapidement quelque 1 000 supporters à l'échelle nationale, la Coalition se transforme cependant, avec le temps, en groupe de pression provincial voué à la défense des intérêts des milieux artistiques de la Nouvelle-Écosse (Herbert, 1989 : 69). Même si aucun lien n'a été retracé dans la presse québécoise entre cette coalition anglo-canadienne et le milieu culturel québécois, il est probable que cet événement ait pu influencer la formation de la Coalition du monde des arts et de la culture au Québec.

En effet, des artistes et des intervenants québécois sont membres d'associations canadiennes, siègent à des comités et des jurys du Conseil des arts du Canada, de la Conférence canadienne des arts et autres organisations pancanadiennes; ce sont donc des individus assurément informés des mouvements de protestation initiés au Canada anglais. De plus, au moment de sa fondation, la Coalition regroupe une cinquantaine de groupes d'artistes issus des arts de la scène, de la littérature, des arts visuels, de la muséologie, des syndicats d'artistes et d'artisans, ainsi que des représentants d'organismes comme la Conférence canadienne des arts et l'Alliance of Canadian Cinema and Radio Artists. Comme le résume le journal *La Presse*, c'est l'ensemble du milieu culturel québécois qui s'unit

---

13.   Voir l'étude de l'économiste Claude Martin (1986), ainsi que les articles des journaux suivants : *Le Soleil*, 30 juillet 1988 : D9; *Le Devoir*, 26 octobre 1988 : 2, 18 novembre 1988 : 7, 15 mai 1989 : 2; *La Presse*, 15 mai 1989 : A16.

pour former un groupe de pression qui, pour la première fois, « ressemble beaucoup plus à une chambre de commerce de la culture qu'à un mouvement de contestation idéologique réunissant des nostalgiques de l'ère péquiste » (*La Presse*, 24 janvier 1987 : E1).

Signe de la concertation générale du milieu culturel, se retrouvent au sein de cette coalition des groupements qui, traditionnellement, avaient des intérêts divergents, comme l'ADISQ et l'Union des artistes ou l'Orchestre métropolitain de Montréal et la Guilde des musiciens. C'est probablement ce qui constitue sa principale force au moment de sa création, mais aussi sa principale faiblesse au fil du temps. En effet, comment concilier à long terme les intérêts divergents entre les différents acteurs et regroupements ? Comment les revendications des créateurs, des artistes et de la relève, que la presse décrit très souvent comme les moins favorisés par l'État, feront-elles contrepoids à celles des grands musées et de certaines industries culturelles qui profitent alors de l'attention des gouvernements ?

Chose certaine, au moment de la fondation de la Coalition, c'est la comédienne Catherine Bégin, présidente du Conseil québécois du théâtre (CQT), qui en est la porte-parole. Au cours des années suivantes, c'est d'ailleurs cette association qui semble en assumer le leadership. On retrouve aussi les vedettes les plus en vue de la communauté artistique québécoise, comme l'écrivain Michel Garneau, les comédiens Marie Tifo et Jean Duceppe, le pianiste et compositeur André Gagnon, la chanteuse Louise Forestier et nombre d'autres.

Ses demandes, ses moyens de pression et ses ressources

La principale demande de la Coalition est le respect de la promesse électorale du Parti libéral aux élections de 1985, soit celle de porter à 1 % du budget global de l'État le budget du ministère des Affaires culturelles (PLQ, novembre 1985 : 14-15). Mais bien d'autres questions semblent également la préoccuper : le statut de l'artiste, la diversification du financement, le transfert, du provincial au municipal, de responsabilités culturelles, les problèmes inhérents à la relève, etc. (*Le Devoir*, 16 décembre 1986 ; *La Presse*, 24 janvier 1987). En fait, si cette coalition insiste sur un point plutôt qu'un autre entre le moment de sa création et le début des années 1990, la demande du 1 % demeure, par contre, constamment présente.

La principale stratégie de cette coalition au fil des années est sans aucun doute ses sorties publiques, largement commentées par les médias qui, rappelons-le, sont généralement sympathiques à cette cause. Régulièrement, la presse fait état des difficultés et des misères du milieu artistique et culturel tout en rappelant au passage l'effet multiplicateur du revenu de l'industrie des arts et de la culture sur l'économie québécoise, son apport au PIB et au développement de la société québécoise. À l'occasion, des pages publicitaires sont achetées dans les grands quotidiens. Des éditoriaux de Lise Bissonnette, de Martine R. Corrivault, de Lysiane Gagnon et nombre d'autres, ainsi que des textes d'opinion issus de regroupements collectifs ou de sympathisants, comme Yves Beauchemin et Jacques Godbout, ajoutent du poids aux revendications du milieu culturel.

Peu après la création de la Coalition, la ministre des Affaires culturelles, Lise Bacon, donne cependant le ton aux négociations qui s'amorcent entre le gouvernement et le milieu culturel québécois :

> On n'est pas leurs chums [parlant ici du milieu de la culture et des arts], on ne l'a jamais été : leurs chums, c'était les autres qui ont été là pendant neuf ans... [c'est-à-dire le Parti québécois]. Alors, ces gens-là ne nous connaissaient pas bien : ils avaient des préjugés sur le Parti libéral anti-culture, anti-arts. Mais depuis un an, le langage que je tiens leur a démontré qu'il y a aussi dans notre parti des gens préoccupés de culture. On peut travailler ensemble et établir entre nous un climat de confiance (*La Presse*, 24 janvier 1987 : E1).

C'est dans cette optique qu'une première rencontre a lieu entre le gouvernement et des représentants de la Coalition le 26 janvier 1987. Ces derniers demandent le respect de la promesse électorale du 1 %. Tout au long des trois années qui suivront, plusieurs rencontres auront lieu entre les délégués de la Coalition, le Premier ministre et la ministre du MAC. Maintes fois des promesses de respecter cet engagement seront faites et maintes fois le gouvernement en reportera l'échéance.

Les périodes d'activité les plus intenses de la Coalition sont toujours celles qui précèdent le dépôt du budget, au printemps, et la préparation des prévisions budgétaires des ministères, à l'automne. Durant toutes ces années, on sent parfois quelques fléchissements de part et d'autre. Par exemple, en avril 1987, à l'approche de la présentation du budget (1987-1988), la Coalition n'exige plus l'ajout de 100 millions de dollars pour que le 1 % soit atteint, mais évalue plutôt les besoins de la prochaine année à 50 millions de dollars. Comment expliquer ce fléchissement sinon que, à la même époque, on parle abondamment dans les médias de coupures de programmes fédéraux et provinciaux, de gels de services, de privatisation, de baisse de financement dans les soins de santé, dans l'éducation et d'autres domaines jugés prioritaires par la population québécoise. De plus, l'opinion publique et les organismes internationaux exercent d'énormes pressions sur les gouvernements afin que le déficit soit abaissé.

Malgré cette période somme toute moins propice à l'injection d'argent neuf dans le domaine de la culture, la Coalition continue d'accroître son membership. En décembre 1987, soit un an après sa création, elle regroupe 95 organismes. Forte de ses nouveaux appuis, elle réclame une nouvelle rencontre avec le Premier ministre. Entre-temps, au cours de l'automne, l'exécutif de la Coalition entreprend de sensibiliser les députés de l'Assemblée nationale et les ministres québécois. Les rencontres se multiplient afin d'expliquer leur démarche et l'urgence d'investir des fonds publics dans la culture (*La Presse*, 9 décembre 1987 : C2). Une fois de plus, à la sortie de la rencontre avec Robert Bourassa, les représentants affirment avoir eu des garanties quant au respect de l'engagement du 1 %. Les parties conviennent d'une autre rencontre en février, le temps de laisser à la ministre des Affaires culturelles de présenter son « plan de réalisation du 1 % » au Conseil des ministres et au Conseil du Trésor (*Le Devoir*, 15 décembre 1987 : 11).

Une nouvelle fois les mois passent. Vers la fin de mars 1988, le MAC obtient l'ajout de quelque 33 millions de dollars par rapport aux crédits votés en 1987. Les réactions des représentants de la Coalition ne se font pas attendre. Pour la porte-parole Catherine Bégin, c'est « extrêmement » décevant : « cela ne correspond en rien aux augmentations substantielles qu'on nous avait promis pour la pratique et la diffusion des arts » (*La Presse*, 25 mars 1988 : A10). Le président du Conseil du Trésor réplique en affirmant que cette augmentation consentie est près du double de celles accordées aux autres postes budgétaires. La part du lion de cette augmentation va alors au Musée de la civilisation (6,7 millions de dollars) et aux bibliothèques publiques (4,3 millions) (*Le Devoir* et *La Presse*, 31 mai 1988 : B6 et B1). Pour la Coalition qui demandait que la majeure partie de l'argent neuf soit investie dans la pratique et dans la diffusion des arts, on est très loin de crier victoire.

Dans les mois qui suivent, la presse écrite mentionne à maintes reprises la détermination du milieu de la culture à obtenir le 1 %, mais certains journaux soulignent aussi la « résignation du milieu artistique » – ou le « blues du 1 % » (*Le Devoir*, 15 mars 1989 : 11) – devant des échéances constamment reportées (*La Presse*, 1er juin 1988 : B1). L'année 1989 sera cependant marquée par de nouveaux appuis.

Dès janvier, à l'approche des élections, le chef péquiste Jacques Parizeau s'engage à son tour à consacrer 1 % des dépenses publiques à la culture, rappelant au passage qu'au moment où le Parti québécois était au pouvoir (1976-1985) les crédits du MAC étaient passés de 0,42 % à 0,67 % (*Le Soleil* 10 janvier 1989 : A6). Pour sa part, la Coalition du 1 % poursuit ses pressions et demande une nouvelle rencontre au Premier ministre tout en multipliant ses démarches auprès de députés de l'Assemblée nationale. Bien que la majorité des grands quotidiens prédisent que 1989 sera «l'année du 1 %», au début de l'année, la Coalition apprend que le budget de dépenses du MAC ne sera augmenté que de 10 millions de dollars, soit l'équivalent du taux d'inflation (*Le Devoir*, 22 mars 1989 : 11). Sur ce, les réactions ne se font pas attendre.

Comme le déclare l'un des porte-parole de la Coalition : «Jusqu'à présent, on a joué *fair play* avec le gouvernement. On s'est dit : il nous a fait une promesse, on va lui donner la chance de nous prouver qu'il était de bonne foi. Donc on a dépolitisé la question de la culture. Peut-être qu'à la veille des élections il faudra politiser» (*Le Soleil*, 22 mars 1989 : B9). Au cours du mois suivant, les déclarations du parti au pouvoir et de l'opposition se multiplient. À l'approche du dépôt du budget provincial – pré-électoral –, la Coalition renforce ses moyens de pression.

Ainsi, en avril 1989, des personnalités en vue du monde des affaires et de la finance, des universitaires et nombre d'autres acceptent de venir appuyer officiellement les revendications de la Coalition lors d'une conférence de presse donnée au Musée des beaux-arts de Montréal. Parmi les têtes d'affiche, on retrouve les Pierre Péladeau, Pierre Bourgault, Gérard Pelletier, le sénateur Jacques Hébert, Florian Sauvageau, de la Commission Caplan-Sauvageau sur la télévision et la radiodiffusion, et Ginette Busque, présidente de la Fédération des femmes du Québec. Outre ces appuis majeurs, la Coalition déclare entreprendre une nouvelle offensive en sensibilisant les milieux syndicaux (*La Presse* et *Le Droit*, 26 avril 1989 : B5 et 25). En marge de cette conférence de presse, le dramaturge Michel Garneau déclare que si le Parti libéral ne respecte pas sa parole «le milieu artistique essayera de lui nuire autant qu'il le peut lors de la prochaine campagne électorale» (*Le Devoir*, 26 avril 1989 : 11). Bref, le ton monte et se durcit, ce qui a pour effet d'entraîner de nouvelles promesses, tant du côté du PLQ que de celui du Parti québécois. Insatisfaits, les représentants de la Coalition demandent un «vrai» ministre de la Culture qui ne soit pas, comme Lise Bacon, partagé entre deux ministères puisque, en plus de ses fonctions de vice-première ministre, elle assume également la direction du ministère de l'Environnement (*Le Devoir*, 26 septembre 1989 : 6). Dans les semaines qui suivent, Lucienne Robillard lui succède; cette dernière ne demeure cependant en poste que quelques mois.

L'évolution de la polémique au début des années 1990

En avril 1990, soit après sa réélection, le gouvernement libéral annonce que la promesse du 1 % sera tenue, mais qu'elle se fera progressivement au cours des trois prochaines années budgétaires (*Le Devoir*, 24 avril 1990 : A2). Pour trouver de nouveaux moyens de financement, la ministre Robillard fait appel, entre-temps, à la firme privée Samson, Bélair / Deloitte & Touche. La Coalition semble accorder au départ le « bénéfice du doute » quant aux résultats découlant de cette étude, mais la porte-parole de la Coalition déclare une mois plus tard : « C'en est assez des études qui ne finissent plus » (*Le Devoir*, 8 mai 1990 : 9).

En fait, cette réaction semble suscitée par le nouveau budget (1990-1991) qui s'avère une fois de plus décevant pour les membres de la coalition[14]. Avec une légère augmentation de 16 millions de dollars, le budget du ministère des Affaires culturelles atteint à peine les 0,73 % de l'ensemble des crédits (*Voir*, 3-9 mai 1990). Pour la Coalition, « Le vase a débordé » (*La Presse*, 8 mai 1990 : B1). Le journal *Voir* titre : « Aux arts, citoyens ! » Malgré de nouvelles rencontres avec le Premier ministre et la ministre Robillard, malgré les sorties publiques, les crédits du MAC demeurent toujours en deçà du 1 %.

Avec la nomination d'une nouvelle ministre en octobre 1990, Liza Frulla-Hébert, s'amorce cependant un vent de changement. Peu après son arrivée, elle crée le groupe-conseil Arpin, décision particulièrement bien accueillie parce que les membres qui le composent sont issus du milieu culturel. De plus, les déclarations répétées de la ministre sur la nécessité de rapatrier les pouvoirs fédéraux en matière de culture plaisent à une majorité d'acteurs du milieu, mais aussi à l'ensemble de l'élite politique et de la population québécoise (*Le Devoir*, 25 janvier 1991a : A1 ; *The Gazette*, 25 janvier 1991 : A4). Comme le souligne le journaliste Pierre Gravel, s'il est « un point sur lequel les partisans d'un fédéralisme renouvelé peuvent s'entendre avec les souverainistes, c'est bien sur l'absolue nécessité pour le Québec de récupérer d'Ottawa tous les pouvoirs relatifs à la culture » (*La Presse*, 18 octobre 1991 : B2).

---

14. La Coalition réagit à l'annonce du nouveau budget : « Le monde des arts demande à Bourassa de s'engager dans la voie culturelle », par Jocelyne Lepage (*La Presse*, 3 avril 1990 : B8) ; « Budget de la culture. Le milieu artistique déplore les " pirouettes " et " jeux de mots " des libéraux », [sans nom] (*Le Devoir*, 4 avril 1990 : 18) ; « Les artistes menacent de débrayer si on les oublie », par la Presse canadienne (*Le Soleil*, 26 avril 1990 : A1).

Tout au cours de l'année 1991, la ministre multiplie ses déclarations appuyant la souveraineté culturelle du Québec et exige le rapatriement des pouvoirs. Le gouvernement fédéral réplique en faisant état des coûts exorbitants advenant la souveraineté culturelle du Québec. La presse anglophone commente aussi cette insistance du Québec pour le rapatriement des pouvoirs d'Ottawa en matière de culture. Mais le ton tranche généralement, comme en témoigne cet article du quotidien *The Gazette* (16 mars 1991 : J3) : « Quebec would be poorer without Canada Council ». Bref, durant des semaines et des mois dans les médias, c'est la valse des chiffres, des répliques, des accusations.

À cette époque, le débat constitutionnel est particulièrement mouvementé. Divers sondages confirment également la montée de l'option souverainiste au Québec. De plus, l'annonce de pourparlers prochains dans le cadre d'un nouveau traité de libre-échange avec le Mexique incite le milieu culturel québécois à prendre part à une autre débat. Plusieurs organismes comptent faire front commun avec des associations et organismes culturels canadiens-anglais. Au Québec, on doit donc mener deux luttes distinctes : maintenir les pressions sur le gouvernement provincial afin que ce dernier débloque les crédits budgétaires nécessaires pour l'atteinte du 1 % et faire pression sur le gouvernement fédéral pour que la culture soit exclue des pourparlers sur le libre-échange. Au cours de cette période, tout se bouscule.

Le groupe-conseil Arpin réalise une consultation auprès du milieu culturel québécois et dépose son énoncé de politique en juin 1991. La ministre entreprend à son tour une tournée de consultations à travers le Québec et demande aux groupes, aux organismes et aux institutions de déposer des mémoires en prévision de la tenue d'audiences publiques pour l'automne. Entre-temps, elle continue de revendiquer auprès du fédéral le rapatriement des pouvoirs en matière de culture s'appuyant, au passage, sur les rapports des commissions fédérales Laurendeau-Dunton (1965), Pépin-Robarts (1978) et MacDonald (1983), ainsi que sur les rapports québécois Allaire et Bélanger-Campeau, lesquels ont tous conclu en faveur d'un accroissement des pouvoirs du Québec en matière de culture (*Ottawa-Hull*, 2 octobre 1991 : 24)[15].

---

15. Voir les articles suivants : « Frulla-Hébert rejette ce qu'elle qualifie de " tutelle " d'Ottawa », par Jocelyne Richer (*Le Devoir*, 2 octobre 1991 : A1) ; « La proposition fédérale est inacceptable », par Liza Frulla-Hébert (*Le Devoir*, 2 octobre 1991 : B2) ; « Québec n'acceptera jamais la tutelle d'Ottawa en matière culturelle, prévient Mme Frulla-Hébert », par André Pépin (*La Presse*, 2 octobre 1991 : B8).

Au cours de l'été et de l'automne 1991, par contre, la grande unanimité apparente du milieu culturel québécois, du moins celle médiatisée, et la quasi-symbiose entre ce dernier et la ministre des Affaires culturelles commencent à montrer certains signes d'effritement (*La Presse*, 2 août 1991 : B2). Alors que l'on sentait un certain fléchissement du fédéral en matière de culture au printemps 1991 – du moins, au cours de cette période où «les fonctionnaires du ministère des Communications envisageaient divers scénarios susceptibles de répondre aux attentes du Québec» (*Info Presse*, 7, 2, octobre 1991 : 62) –, la volonté ferme du milieu culturel anglo-canadien de maintenir le rôle d'Ottawa vient ébranler, en juillet, le ministre fédéral Perrin Beatty. Comme l'écrit Florian Sauvageau : «Au Québec même l'unanimité apparente n'est peut-être pas si solide qu'on le pense. Certains se demandent si, confiées aux fonctionnaires du Québec, les industries culturelles jouiraient des mêmes relations d'indépendance avec le pouvoir que celles qui ont existé à Ottawa» (*Ibid.*). Mais il n'y a pas seulement chez certains représentants issus des industries culturelles que l'on sent quelques hésitations. Des producteurs et des créateurs québécois s'inquiètent, et là aussi apparaît le «dilemme Canada-Québec»[16].

Enfin, au Canada anglais, naît vers cette époque la Common Agenda Alliance for the Arts, un regroupement qui fait pression sur Ottawa afin que la culture soit exclue des prochaines propositions constitutionnelles, c'est-à-dire de l'Entente de Charlottetown. Les diverses associations canadiennes qui en sont membres combattent alors toute idée de transfert des pouvoirs en matière de culture aux provinces et s'opposent aux revendications du Québec en ce domaine (*Le Devoir*, 25 juillet 1991 : A11). Mais outre certains secteurs spécifiques des industries culturelles québécoises qui profitent directement de l'omniprésence du fédéral (télévision et cinéma) et quelques rares regroupements et artistes, peu d'associations culturelles et artistiques québécoises semblent s'y associer[17].

---

16.   Voir la série de trois articles d'Yves Beauchemin : «Une culture à deux drapeaux...» (*La Presse*, 18, 19 et 20 décembre 1991 : B3).
17.   Bien plus, un article paru en 1992 note que les «artistes du Canada et ceux du Québec s'entendent à merveille... pourvu que les conversations touchent à la pluie et au beau temps. Et surtout, pourvu que le mot constitutionnel ne surgisse pas dans la conversation.» Du côté du Québec, les associations artistiques, l'Union des artistes en tête, sont d'un autre avis : leurs représentants dénoncent ouvertement l'entente et, surtout, le peu de pouvoirs que le fédéral «consent à abandonner au Québec» (*Le Devoir*, 8 octobre 1992 : B4).

Vers la mi-octobre, le vent commence à tourner au Québec en ce qui a trait à la question du rapatriement des pouvoirs en matière de culture. Ce passage de l'éditorialiste Pierre Gravel, du journal *La Presse*, résume relativement bien le climat qui règne alors :

> Il aura suffi que des groupes de créateurs s'émeuvent, en Commission parlementaire, devant la menace de tarissement d'une abondante source de subventions fédérales pour, de son propre aveu, ébranler les convictions de la ministre. Au point de l'amener à parler maintenant de responsabilité partagée avec Ottawa. Comme si la culture était la « chose » exclusive des artistes. Et que les droits de la collectivité, qui en est dépositaire, devaient être subordonnés à la loi du plus offrant interprétée par les bénéficiaires de l'aide à la création.
>
> Vue par ce bout de lorgnette, la méfiance des créateurs est facilement compréhensible. Victimes de l'absence de volonté politique des gouvernements québécois en ce domaine depuis des lustres et profitant d'une manne fédérale dépassant leur importance proportionnelle par rapport à l'ensemble du Canada, on les comprend de vouloir faire durer le plaisir. Mais à moins de conclure que tout est monnayable, on ne voit pas très bien en quoi leurs préférences immédiates devraient amener la ministre à modifier la position fondamentale du Québec (*La Presse*, 18 octobre 1991 : B2).

Dans les semaines qui suivent, soit au moment du discours de clôture des travaux de la commission parlementaire sur la culture, la ministre réaffirme sa position sur ce dossier et dément la rumeur croissante d'un affaiblissement de sa part (*Le Devoir* et *La Presse*, 21 novembre 1991 : A1 et B8). Les mois qui suivent montreront cependant qu'il en est autrement.

Conclusion de la partie 2

Comme on a pu l'observer, l'étatisation de la culture a suivi son cours depuis les années 1960. Les initiatives du gouvernement fédéral ont favorisé la promotion de l'identité canadienne et de l'unité nationale, alors que celles du gouvernement du Québec ont fait de la culture une « affaire d'État », une question de souveraineté nationale et de survivance culturelle. Même au cours des années 1980, cette nécessité de soutenir et d'augmenter le sentiment d'appartenance à la nation est plus que jamais omniprésente. Le débat constitutionnel déchirant qui perdure depuis le début des années 1980 et qui ravive plus que jamais la flamme nationaliste d'une majorité de Québécois, les traités de libre-échange, la mondialisation des marchés et les inquiétudes croissantes quant au devenir de l'État-providence imposent le maintien et même l'accroissement de la présence gouvernementale dans la sphère culturelle. Comme l'écrit Daniel Bonin (1992), depuis les années 1960, la culture s'exprime « à l'ombre de deux capitales ».

Les changements survenus en cette période de crise des finances publiques et de restrictions économiques font que les politiques culturelles entrent en concurrence directe avec d'autres services publics comme l'éducation, la santé et les services sociaux. Mais contrairement à ce à quoi on pourrait s'attendre, les dépenses des trois paliers de gouvernement en matière de culture au Québec ne diminuent pas. Chose certaine, par nécessité probablement, l'idée de pluralité des niveaux de responsabilité éclate au grand jour au début des années 1990. Les politiques culturelles exigent une médiation entre réalité économique et exigences politiques, appellent une répartition stratégique des actions entre les ministères, impliquent plus que jamais le secteur privé, les communautés régionales et locales ainsi que les acteurs concernés.

Dans cette deuxième partie, deux aspects ont été au cœur de la réflexion : l'évolution de la question (ou de la controverse majeure) relative à une plus grande implication du gouvernement du Québec dans le domaine de la culture et l'alignement des alliés et de leurs adversaires face au débat qui s'enclenche au milieu des années 1980.

À la lumière des analyses et des informations produites, il apparaît que la première controverse est supplantée par une deuxième au début des années 1990. Ainsi, à la demande répétée des milieux culturels d'injecter de l'argent neuf succède celle d'élaborer une politique culturelle qui encadrerait l'ensemble de l'activité gouvernementale en ce domaine. Bien plus, les propositions du *Rapport Arpin* (1991) et de nombreux acteurs font de la question du rapatriement des pouvoirs en matière de culture, et aussi des fonds publics qui y sont associés, l'un des éléments fondamentaux.

Engendré par l'échec de l'Accord du lac Meech, les travaux de la Commission Bélanger-Campeau, les recommandations du rapport Beaudoin-Dobbie (contre l'accroissement des pouvoirs des provinces en matière de culture), du *Rapport Allaire* du Parti libéral du Québec et de l'énoncé du groupe-conseil Arpin (pour le rapatriement des pouvoirs), le débat constitutionnel s'intensifie et contribue à susciter une prise de position quasi unanime du milieu culturel au début des années 1990. Bien plus, on réaffirme haut et fort que la culture est indissociable de cette notion de « société distincte », alors si chère à la majorité des Québécois.

Dès le milieu de l'année 1991, la demande de la Coalition du 1 % est donc supplantée par un nouvel objectif commandé, cette fois-ci, par de multiples acteurs sociaux : l'élaboration d'une politique gouvernementale au Québec qui redéfinirait ou réaffirmerait les pouvoirs et qui encadrerait l'ensemble de l'activité gouvernementale en ce domaine. Fait particulièrement révélateur, l'analyse de la revue de presse de Jean Lemieux (1991b), pour la période qui couvre les travaux de la commission parlementaire, souligne que « très peu d'informations relatives » à la promesse du 1 % en émanent. Aucun mémoire ne sera d'ailleurs produit par la Coalition en prévision des travaux de la commission parlementaire sur la future politique culturelle gouvernementale.

Bref, au terme de cinq années de revendications de la Coalition, il est clair que la persistance et l'acuité du débat constitutionnel ainsi que les difficultés financières croissantes des gouvernements ont contribué à modifier la position des membres de la Coalition. D'ailleurs, selon les auteurs du *Rapport Coupet* (1990), l'atteinte du « symbole » du 1 %, en plus de ne pas résoudre le problème du financement, porte selon eux un sérieux préjudice au milieu culturel : « le débat actuel monopolise la problématique du financement des arts et de la culture sur le seul ministère des Affaires culturelles alors qu'il s'agit d'un débat de société ». Selon eux, ce débat est « malheureux » puisqu'il marginalise les dépenses en matière culturelle du budget de l'État, « comme s'il s'agissait de financer des activités et services superfétatoires » (Coupet, 1990 : 125). Sur cette question, ils terminaient par un appel à tous :

> Il est clair que l'État doit injecter des fonds supplémentaires dans les arts et la culture, et ce, à un niveau bien supérieur à celui du 1 %, mais ceci doit s'exprimer en facilitant ou réclamant le décloisonnement des responsabilités en matière de financement des arts. Déjà, en 1986, le rapport Bovey recommandait clairement un accroissement sensible des budgets destinés à la culture et cette recommandation s'adressait à tous les acteurs : ministère des Affaires culturelles, municipalités, gouvernement fédéral, entreprises...
> Pour résoudre la problématique du financement des arts et de la culture au Québec, il importe donc tout d'abord qu'une ouverture s'opère chez tous les acteurs concernés par la question, ouverture quant à leurs conceptions du rôle de la culture dans le progrès d'une société et ouverture quant aux responsabilités que chacun doit assumer dans le support financier aux arts et à la culture (*Ibid.* : 125-126).

Le mémoire déposé par le Regroupement professionnel de la danse du Québec lors des travaux du groupe-conseil Arpin est assez révélateur de la position des membres de la Coalition au début de l'année 1991, même si, selon l'Union des écrivains et écrivaines du Québec, « la bataille du 1 % est perdue » (Québec, MCCQ, DPE, chemise 1450-12-03b, 26 février 1991 : 11). Citons à cet effet un extrait du mémoire reproduit dans *Le Devoir* et qui constitue, en quelque sorte, une réponse aux auteurs du *Rapport Coupet* :

> Malgré les apparences, le milieu artistique n'est pas un revendicateur aveugle du 1 % et ne voit pas la satisfaction de cette demande comme étant une solution à tous les problèmes. Il est bien évident que le simple fait d'augmenter le budget du MAC pour qu'il atteigne le 1 % du budget de l'État n'est pas une condition suffisante pour assurer le développement des arts et des professions artistiques au Québec ; c'est cependant une condition nécessaire voire vitale. [...] Si le débat sur le 1 % se poursuit, c'est en raison de l'absence de réponse du gouvernement du Québec à une revendication minimale. Ce silence a eu pour effet de retarder le débat sur la teneur d'une véritable politique culturelle. [...]

Par ailleurs, il ne faudrait pas oublier que le discours de la Coalition du monde des arts précisait que l'augmentation du budget du MAC visait ses champs actuels d'intervention dans l'aide à la pratique et à la diffusion des arts. Ce faisant, elle signifiait que, par exemple, la contribution de l'État au niveau de la fiscalité, des programmes sociaux, de la radio-télévision, de la langue, de l'éducation, etc., n'était pas considérée dans le calcul du 1 %. Ce n'est pas que le milieu des arts ne juge pas ces contributions nécessaires, mais plutôt que, malgré leurs existences, elles ne suffisent pas (*Le Devoir*, 19 mars 1991 : B1).

Dès lors, il y a lieu de s'attarder à la position des acteurs entre 1984-1986, années qui sont caractérisées par la création d'une coalition canadienne et de la coalition québécoise du monde des arts, et 1991-1992, période où le débat constitutionnel atteint son paroxysme et «enflamme» les milieux sociaux, politiques et économiques canadiens et québécois.

À la faveur de décisions politiques de la seconde moitié des années 1980, le milieu culturel québécois obtient la reconnaissance législative (lois sur le statut des artistes), laquelle concède des existences juridiques et des pouvoirs de négociation. Les associations, syndicats professionnels et organismes représentatifs de ce milieu se multiplient et se fractionnent afin de représenter les intérêts du plus grand nombre.

Puis, au cours de ces années qui vont de la création de la Coalition du monde des arts et de la culture, en décembre 1986, à la publication du *Rapport Arpin*, en juin 1991, les membres de cette coalition semblent plus que jamais décidés à obtenir un accroissement des budgets du MAC. En cela, il ne semble pas y avoir de défections ni de divergences parmi les membres. Au contraire, les porte-parole de la Coalition reviennent périodiquement à la charge, talonnent le Premier ministre Robert Bourassa et les ministres successives des Affaires culturelles. Tout au cours de ces années, le Conseil québécois du théâtre et l'Union des artistes semblent y assurer un leadership certain. L'inverse serait surprenant, puisque la demande initiale de la Coalition est l'injection d'argent neuf pour la pratique artistique, donc pour mieux soutenir les créateurs et les artistes. En cela aussi, les autres membres de la Coalition issus de diverses institutions et organismes ne peuvent se dissocier même si, à l'occasion, certains milieux artistiques semblent décrier le trop grand intérêt pour les grandes institutions muséales, les bibliothèques publiques et certaines industries culturelles.

Même si, pour des représentants du milieu culturel, les propositions du groupe-conseil Arpin et le déroulement des audiences de la commission parlementaire sur l'énoncé de politique semblent garants de l'aboutissement imminent d'une démarche entreprise cinq ans plus tôt, ces propositions et ces audiences sont également l'amorce d'une nouvelle « controverse majeure », quoique déjà latente, et d'un « re-positionnement » des acteurs sociaux issus, cette fois-ci, de tous les milieux de la société québécoise. En effet, la commission parlementaire est l'occasion d'élargir le débat, de prendre en compte les intérêts autres que ceux issus du milieu culturel. Des groupes et des regroupements venant d'autres horizons, des représentants du monde de la finance et des affaires, des communautés culturelles, incluant les Anglo-Québécois, font part de leurs attentes, de leurs inquiétudes, mais aussi de leurs appuis à l'énoncé du groupe-conseil Arpin.

Les figures 3 et 4 traduisent les changements qui se sont opérés entre 1986 et 1992. Elles mettent en évidence les principaux événements et décisions qui ont eu des impacts sur les milieux culturels, mais aussi sur nombre d'autres acteurs sociaux. Compte tenu des rapprochements faits tout au cours de cette deuxième partie entre les événements politiques confrontant la scène politique fédérale et la scène politique provinciale (contentieux Ottawa-Québec en matière de culture, rapatriement des pouvoirs en ce domaine, Entente de Charlottetown, scissions de partis politiques, etc.), les deux figures départagent ces deux niveaux de gouvernement tout en mettant en relation les principaux acteurs préoccupés par le débat qui a cours. Mais auparavant, donnons quelques indications quant à leur interprétation.

Les flèches de direction dans l'une et l'autre des figures signifient des relations directes, continues et généralement suivies entre les acteurs, soit avec des allers et des retours pour indiquer des réactions, des échanges et/ou des collaborations, soit dans une seule direction pour montrer qu'il s'agit de pressions exercées par un acteur (ou un regroupement) sur un autre. Les lignes ou flèches pointillées signalent la présence de relations entre les acteurs, mais ces dernières, plus diffuses ou moins suivies, sont des réactions et/ou des relations occasionnelles. Il en est de même des cercles avec des grisés plus pâles et des pointillés identifiant des acteurs ou regroupements d'acteurs présents, mais qui sont alors secondaires ou qui se tiennent à distance du débat. Les acteurs ou regroupements dans des cercles avec des grisés foncés sont les plus importants. Ils sont omniprésents dans le débat.

Enfin, les grands cercles en pointillés et de forme ovale ont essentiellement pour but de représenter les grandes alliances entre acteurs et/ou groupes d'acteurs : d'abord celle du milieu culturel québécois et qui a donné naissance à la Coalition du monde des arts et de la culture, ou Coalition du 1 % (figure 3) au milieu des années 1980; puis l'alliance de l'ensemble des acteurs de la scène provinciale québécoise face à la question du rapatriement des pouvoirs en matière de culture, au début des années 1990, et celle des autres acteurs, majoritairement anglo-canadiens, mais aussi issus des secteurs artistiques et des industries culturelles du Québec qui font notamment pression sur le fédéral pour contrer le rapatriement des pouvoirs (figure 4).

La figure 3 résume donc les événements politico-administratifs et économiques issus des deux paliers de gouvernement (fédéral et provincial) et qui sont à l'origine de la création de la Coalition du monde des arts en 1986. Elle présente les positions des acteurs des milieux culturel et politico-administratif en 1984-1986, les seuls alors présents ou omniprésents dans le débat.

Figure 3
Les acteurs en présence en 1984-1986

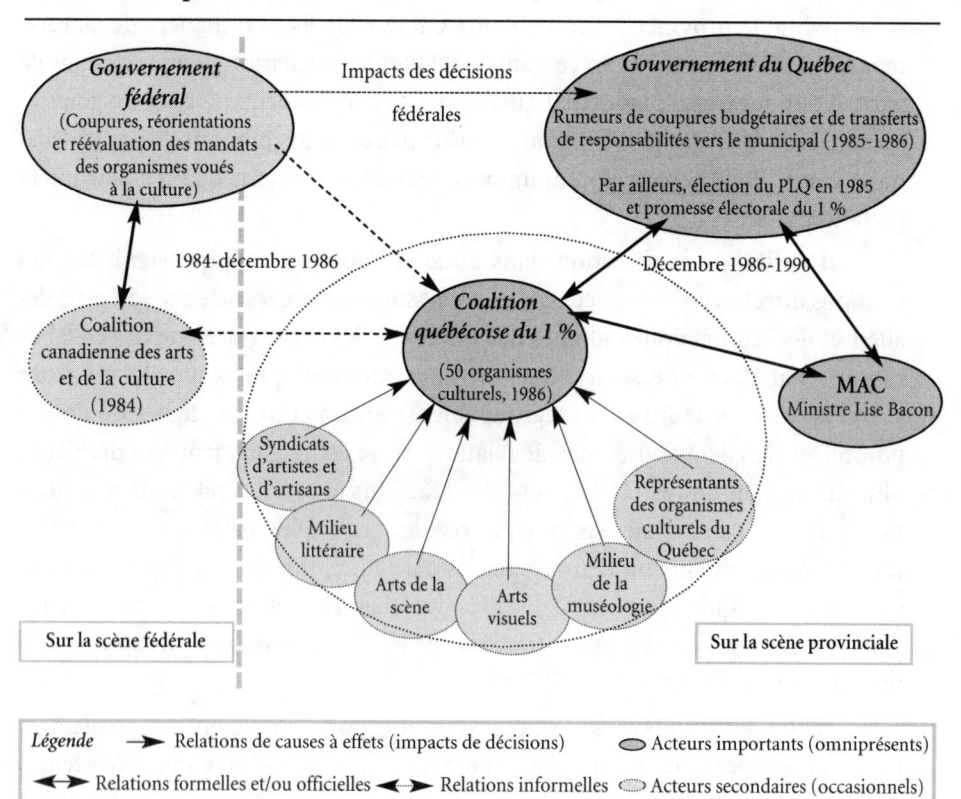

La figure 4 fait état des événements marquants du début des années 1990, ceux qui suscitent le maintien de la levée de boucliers du monde des arts et de la culture au Québec. Elle présente les positions des acteurs en présence au cours de l'année 1991-1992, soit entre le dépôt du *Rapport Arpin*, en juin 1991, et le dépôt de la politique culturelle, en juin 1992. On y remarque également l'ajout de nouveaux acteurs, issus du monde municipal et du milieu socio-économique et politique, ainsi que certains «regroupements» ou catégories d'acteurs du monde de la culture qui semblent prendre leur distance du débat central d'alors, à savoir le rapatriement des pouvoirs en matière de culture. Il en est ainsi des milieux québécois du cinéma, de la télévision et de certains regroupements artistiques qui optent pour le maintien du lien avec le fédéral.

Sans trop anticiper sur les prochains chapitres, citons cet extrait d'un article d'Agnès Gruda, du *Devoir*, qui décrit relativement bien les hésitations du milieu culturel à l'automne 1991, mais aussi le revirement qui s'effectue au cours de l'hiver et du printemps 1992 :

> Le chat est sorti du sac, l'automne dernier [lors des travaux de la commission parlementaire], dans la foulée du rapport Arpin sur la culture, qui recommandait le rapatriement complet des compétences fédérales en matière culturelle. Diagnostic : le milieu artistique québécois souffre de schizophrénie aiguë. Tout en étant traditionnellement acquis aux revendications autonomistes du Québec, il se sent cent fois mieux traité à Ottawa que dans la capitale provinciale. Et à la seule perspective de se retrouver avec, pour seuls pourvoyeurs de fonds, des fonctionnaires qui de l'avis quasi unanime traitent les artistes avec condescendance et mépris, les créateurs québécois ont pris panique.
> Le message que le monde artistique envoyait ainsi au gouvernement était le suivant : avant d'aller vous battre pour des compétences additionnelles, descendez donc sur le plancher des vaches et commencez par vous acquitter convenablement de celles dont vous disposez déjà.
> Le message a porté. Dans le projet de politique qu'elle a rendu public la semaine dernière, la ministre Liza Frulla-Hébert met la sourdine sur son appétit pour des pouvoirs supplémentaires [...] (*Le Devoir*, 22 juin 1992 : B2).

Il reste maintenant à voir comment, au sein de ce sous-système *mature*, les divers groupes de pression issus du milieu de la culture et des arts, mais aussi de bien d'autres milieux, vont se concerter, s'aligner ou se distancier les uns des autres.

La *Politique culturelle du Québec* de 1992 : continuité ou changement ?

Figure 4
Les acteurs en présence en 1991-1992

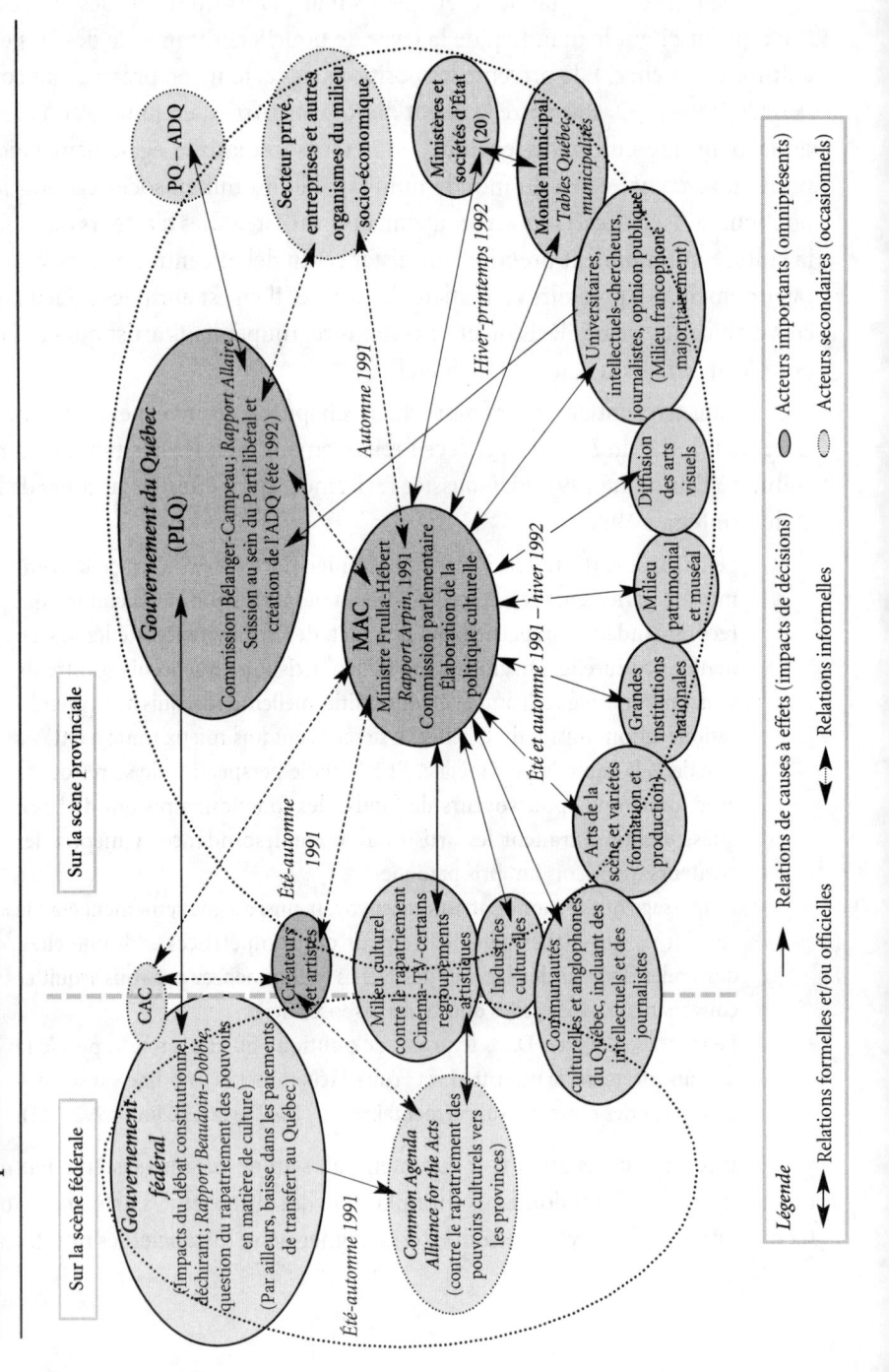

PARTIE 3

L'élaboration et l'adoption de la politique culturelle : Les acteurs, leurs croyances, les décisions gouvernementales et leurs impacts

La deuxième partie a été consacrée aux acteurs, aux regroupements et aux organismes du milieu culturel, mais aussi aux autres acteurs sociaux au moment de l'émergence de la politique culturelle gouvernementale de 1992. Les principales contraintes vécues par ces acteurs ont été également abordées ainsi que le rôle et les stratégies mises de l'avant par la Coalition du monde des arts et de la culture à compter de 1986.

Ainsi, à cette donnée structurelle qu'est le partage des pouvoirs en matière de culture entre Ottawa et Québec se sont ajoutés, durant les années 1980 et le début des années 1990, des facteurs conjoncturels comme la crise des finances publiques et la consolidation des groupes de pression issus des milieux culturels. Ces derniers sont désormais mieux organisés, mais surtout plus revendicateurs. Favorisés par des circonstances politiques et constitutionnelles exceptionnelles, mais exacerbés par des compressions budgétaires dans certains domaines, les institutions, les associations professionnelles et les organismes culturels québécois font pression auprès du gouvernement du Québec afin que ce dernier accroisse le budget dévolu au ministère des Affaires culturelles.

Cette troisième et dernière partie s'attarde au processus qui mène à l'adoption de la politique culturelle gouvernementale, en décembre 1992. Elle vise à faire connaître le rôle des fonctionnaires du ministère des Affaires culturelles lors de l'élaboration de la politique et des différents groupes en présence. Elle tient aussi compte de leurs élites respectives et de leurs systèmes de croyances ainsi que des décisions gouvernementales et de leurs impacts.

Dans les faits, cette partie concerne la période intensive qui va du dépôt du *Rapport Arpin*, en juin 1991, à l'adoption de la politique, en décembre 1992, en faisant cependant un bref retour sur le *Rapport Coupet* (novembre 1990) puisque cette étude lance le processus d'élaboration de la politique. Outre le fait de mettre l'accent sur la cinquième composante du modèle de l'*Advocacy Coalition Framework*, soit «le sous-système de la politique concernée» (voir la figure 1), cette partie s'attarde plus particulièrement à la quatrième hypothèse retenue dans le cadre de cet ouvrage et qui porte sur les systèmes de croyances des élites, soit les acteurs qui montent au front, qui sont porteurs du discours et qui œuvrent dans les coulisses du pouvoir. Cela étant dit, soulignons que cette dernière partie se divise en trois chapitres.

Le chapitre 6 se consacre aux étapes préliminaires de la politique culturelle, à son élaboration en 1991 et au cours de la première moitié de l'année 1992, ainsi qu'au rôle joué par les *policy brokers* et à leur fonction de médiation et d'aide à la prise de décisions. Le chapitre 7 met l'accent sur l'identification des croyances des groupes idéologiques et des groupes orientés vers des intérêts concrets, alors que le chapitre 8 traite des décisions prises par les autorités gouvernementales et de leurs impacts «immédiats» puisqu'une évaluation de la politique culturelle de 1992 reste toujours à venir.

6 L'élaboration de la politique culturelle gouvernementale

Ce chapitre s'attarde aux étapes préliminaires et à l'élaboration de la politique culturelle gouvernementale. Après le dépôt des rapports Coupet (novembre 1991) et Arpin (juin 1991) et durant les audiences de la Commission parlementaire sur la culture, à l'automne 1991, divers services du ministère travaillent à formuler la future politique, à en évaluer les coûts, à élaborer un plan d'action et à faire cheminer le tout dans les dédales administratifs et politiques du gouvernement. Plusieurs comités de travail au sein du ministère sont à pied d'œuvre afin qu'un consensus général entre les acteurs concernés s'établisse quant aux finalités de la politique. Au terme de ce processus d'élaboration, la *Politique culturelle du Québec* est déposée à l'Assemblée nationale du Québec en juin 1992.

LES ÉTAPES PRÉLIMINAIRES

Bien que plusieurs aspects du *Rapport Coupet* aient été relevés dans les chapitres précédents, il y a lieu de rappeler brièvement son origine et les impacts de ses recommandations sur les événements ultérieurs. Mentionnons également que cette étude sur le financement des arts et de la culture se déroule durant la période où se discute l'adoption, par tous les gouvernements canadiens, d'un nouveau cadre constitutionnel qui permettrait au Québec de réintégrer la Constitution canadienne : l'Accord du lac Meech qui est cependant rejeté le 23 juin 1990.

Le *Rapport Coupet* (novembre 1990)

Au printemps 1990, face aux difficultés croissantes qu'éprouve le ministère des Affaires culturelles à soutenir le développement de certains secteurs culturels, face aussi aux pressions croissantes du milieu de la culture, la ministre Lucienne Robillard accorde à une firme privée, Samson, Bélair/Deloitte & Touche, «le mandat d'étudier la question du financement des arts et de la culture au Québec et de proposer de nouvelles avenues de financement» (Coupet, 1990 : 3). L'annonce publique de cette décision suscite un «véritable vent d'inquiétude», pour ne pas dire d'indignation (*La Presse*, 19 avril 1990 : E3; *Le Soleil*, 19 avril 1990 : B16). Nombre de médias insistent tout particulièrement sur le fait que le gouvernement du Québec semble chercher de nouveaux moyens pour solutionner les problèmes de financement public mais surtout, selon la journaliste Martine R.-Corrivault, on soupçonne «l'État de chercher des moyens de se désengager» (*Le Soleil*, 25 janvier 1991a : A6).

L'équipe formée pour la réalisation de cette étude se compose de quatre consultants : deux économistes (André Coupet, directeur du projet, et Guy DeRepentigny), une psychologue spécialiste du domaine des arts (Linda Otis) et un expert dans le financement des entreprises (Claude Lafond). Cette équipe s'adjoint deux conseillers externes qui interviennent de façon ponctuelle : François Arcand, président de la firme de consultants Cultur'inc inc., et François Colbert, professeur aux Hautes Études commerciales (HEC). Enfin, un comité de huit personnes du ministère des Affaires culturelles assure le suivi des travaux (validation de la méthodologie et examen de la progression des résultats).

Conscients des remous que risque de susciter cette étude, les auteurs résument en ces termes les perspectives ou la nécessité d'aller bien au-delà de la simple question du financement :

> Initiée dans la tempête, cette étude, une fois achevée, soulèvera-t-elle une nouvelle bourrasque qui repoussera les problèmes et les vrais débats encore un peu plus loin dans le temps ou bien, plus sereinement, mettra-t-elle en route un processus d'élaboration d'une nouvelle politique culturelle pour le Québec des années 1990? Pourrait-il y avoir émergence d'un consensus, ne serait-ce qu'entre les représentants des institutions culturelles et le ministère des Affaires culturelles, pour faire en sorte que les autres acteurs (le gouvernement fédéral, les municipalités, le secteur privé) et finalement toute la société embarquent dans le défi de doter le Québec d'une culture encore plus forte et mieux partagée.
> Il serait quand même navrant que ce document à peine lu, à peine ouvert, serve de pomme de discorde entre toutes les parties alors que force est de constater que le ciel s'assombrit : la récession économique qui s'amorce risque de réduire les recettes de toutes les institutions au niveau de la

billetterie ou au niveau des fonds en provenance du secteur privé. Les nouvelles taxes (TPS et TVQ) renforceront, elles aussi, les freins à la consommation des produits culturels (Coupet, 1990 : 6-7).

En fait, pour les auteurs de l'étude, c'est «la société québécoise elle-même, finalement, dans son essence, dans son devenir» qui est en jeu (*Ibid.* : 3). Il leur apparaît donc pertinent de profiter des «deux grandes opportunités» qui se présentent alors.

Tout d'abord, les «Tables Québec-municipalités», prévues pour le printemps 1991, ont comme objectif «une redistribution des rôles et vraisemblablement des assiettes fiscales entre les deux niveaux de gouvernement». De l'avis des auteurs du *Rapport Coupet*, le milieu des arts et de la culture doit être présent dans ce nouveau partage. Puis, au-delà du nouveau cadre constitutionnel qui se discute alors, il importe, selon eux, «que l'on se donne un contenu, un projet de société au centre duquel doit impérativement se situer la politique culturelle du Québec de demain» (*Ibid.*: 6-7).

Bref, si la diffusion de cette étude et de ses dix-huit recommandations suscite «une nouvelle bourrasque» au sein du milieu culturel et des municipalités[1], elle a le mérite, par contre, d'avoir mis en route le processus d'élaboration de la politique qui, d'ailleurs, sera facilité par deux personnalités en vue du milieu politico-administratif gouvernemental : Liza Frulla-Hébert et Roland Arpin. Ces derniers réussiront le tour de force de concilier les intérêts, parfois divergents, de groupes concernés.

Le *Rapport Arpin* (juin 1991)

En poste depuis à peine trois mois, la nouvelle ministre des Affaires culturelles, Liza Frulla-Hébert, fait part assez rapidement de ses intentions : adopter deux projets de loi sectoriels sur le cinéma et les conservatoires de musique et d'art dramatique, finaliser les grands travaux de construction et de réaménagement du Musée du Québec (maintenant le Musée national des beaux-arts du Québec), du Musée d'art contemporain et de la Place des arts, créer une table sectorielle à la Table Québec-municipalités, poursuivre le processus d'examen du modèle de

---

1. Pour prendre connaissance de ces dix-huit recommandations touchant des aspects aussi divers que la fiscalité, le renouvellement des organismes non performants, le partenariat privé-public, le développement culturel et artistique régional, la gestion des organismes culturels, etc., voir Coupet (1990 : 193-217).

gestion administrative du ministère[2] et, finalement, mettre sur pied un groupe-conseil dont le mandat est de formuler des propositions qui définiront le cadre et le contenu d'une politique culturelle pour le Québec.

Il faut dire que le mouvement de protestation et d'inquiétude suscité par la publication du *Rapport Coupet*, mais aussi certains constats qui ne «dorent pas la pilule» au gouvernement obligent une nouvelle conception des interventions publiques en ce domaine. Bref, «agacée par la question du fameux 1 % du budget total du gouvernement du Québec qui devrait être dévolu à son ministère (une promesse du Parti libéral dont l'objectif lui apparaît symbolique et trop restrictif), Mme Frulla-Hébert insiste plutôt pour "qu'on passe aux vrais enjeux et qu'on élargisse le débat sur des problèmes cruciaux"» (*Le Soleil*, 25 janvier 1991b : A1).

Pour ce faire, comme l'écrit la journaliste Martine R.-Corrivault, la ministre «a besoin d'un appui sans faille du milieu et d'arguments de poids pour convaincre ses collègues et les autres intervenants dont l'engagement sera nécessaire» (*Le Soleil*, 25 janvier 1991a : A6). Le plus difficile demeure cependant, selon la ministre, l'obtention d'un consensus pour la mi-juin afin qu'une commission parlementaire ait lieu dès l'automne. C'est le défi que relève le groupe-conseil qu'elle crée en janvier 1991.

Les membres et le mandat du groupe-conseil

Outre le président Roland Arpin, identifié au milieu muséal, ce groupe-conseil se compose de dix représentants issus de la plupart des secteurs culturels du Québec :

– Disque, spectacle... : Gaétan Morency (directeur de l'Association québécoise de l'industrie du disque, du spectacle et de la vidéo-ADISQ)

– Édition : Antoine Del Busso (directeur des Éditions de l'Homme et Le Jour, éditeur)
Marcel Couture (*Revue Force* et président du Salon du livre de Montréal)

---

2. Il s'agit notamment de l'application du principe du guichet unique, de la déconcentration de la gestion vers les régions, de la généralisation progressive des ententes triennales avec les organismes et de l'actualisation des mécanismes d'information (Québec, MCCQ, DPE, chemise 1450-12-07a, avril 1991).

– Cinéma :	Bernard Boucher (secrétaire général de l'Institut québécois du cinéma)
– Théâtre :	Marie Tifo (comédienne et représentante du milieu du théâtre)
– Artistes :	Serge Turgeon (président de l'Union des artistes-UDA)
– Diffuseurs :	Peter Krausz (directeur de la Galerie d'art du Centre Saidye Bronfman)
	Andrée Ménard (directrice de RIDEAU – diffuseurs des arts d'interprétation)
– Musique :	Robert Spickler (directeur de l'Orchestre symphonique de Montréal-OSM)
– Patrimoine :	Jules Bélanger (président de la Société historique de la Gaspésie)

Malgré une bonne représentation des différents milieux culturels, certains groupes réagissent à l'absence de représentants de leur secteur au sein du groupe-conseil. Ce mouvement d'opposition se limite cependant à quelques organismes et associations[3]. En fait, selon Bruno Dostie, s'il y a des réactions c'est que : « Les uns voyaient là un sourd complot du gouvernement pour obtenir de ce nouveau comité les arguments en faveur du désengagement financier que l'étude Samson, Bélair / Deloitte & Touche ne lui avait pas donnés. Et les autres, y voyant des états généraux dont ils étaient exclus, réclamaient un siège d'urgence » (*La Presse*, 16 mars 1991 : D2).

D'entrée de jeu, le président du groupe-conseil rédige le cadre de réflexion, d'ailleurs déjà fortement explicité dans son mémoire transmis à la Commission Bélanger-Campeau quelques semaines auparavant (Arpin, 1991). L'introduction de ce document de travail résume le mandat et trace les balises de l'énoncé de politique à remettre à la ministre, à la mi-juin :

---

3. Ainsi en est-il de la Conférence des associations de créateurs et de créatrices du Québec, du Regroupement des professionnels de la danse, de l'Union des écrivains et écrivaines du Québec et de la Société des auteurs, recherchistes, documentalistes et compositeurs (*Le Devoir*, 29 janvier 1991 : B8 ; *La Presse*, 30 janvier 1991 : B5, et 3 février 1991 : C5).

> [...] dans nos sociétés libérales, fortement axées sur l'action, voire la surconsommation de biens et de services – y incluant les services et les programmes publics – la pression exercée sur les élus pour qu'ils développent toujours plus, qu'ils rajoutent sans cesse, qu'ils répondent à des besoins toujours plus grands, est considérable et compréhensible.
> Considérable parce que les besoins semblent croître tout autant dans l'abondance certaine que dans une évidente pauvreté ; compréhensible parce que le libéralisme économique et le consumérisme cheminent main dans la main et que l'aspiration à « moins d'État » est tolérable tant qu'elle s'applique au détriment des autres [...] (Québec, MCCQ, DPE, chemise 1450-12-01a, 19 janvier 1991 : 1).

Abordant cette nouvelle initiative ministérielle, Arpin souligne la volonté ferme de la ministre Frulla-Hébert de vouloir se doter d'un document d'orientation préalable à une politique culturelle pour le Québec :

> Une telle politique, compte tenu des engagements publics à cet effet, et compte tenu aussi de son importance objective, ne saurait échapper au processus de la commission parlementaire. La Ministre a sans doute raison de croire qu'une certaine grogne, un cynisme certain du milieu, le constat d'un élargissement du fossé entre des créateurs – que la loi sur **le statut de l'artiste** avait remotivé pour un temps – et surtout le comportement, à l'endroit de la culture, d'un gouvernement perçu comme prioritairement affairiste, ne lui fournissent pas les munitions nécessaires pour monter à l'assaut du Conseil du Trésor et du Conseil des ministres.
> Faut-il souligner qu'un document d'orientations de plus ne saurait émouvoir ces organismes de décision ; qu'en conséquence, cette initiative de la Ministre risque de lui créer finalement des difficultés additionnelles, si une stratégie n'est pas préalablement arrêtée entre elle et le Premier ministre lui-même. (Ce qui vaut pour les choix hydroélectriques doit bien valoir pour les choix culturels... Ne pas le signaler clairement à la Ministre serait mal la servir...).
> Une autre considération s'impose : **on se saurait – sans le plus grand risque – traiter de cette question et de ce projet de préparation d'un énoncé de politique sans le lier à la vaste réflexion sur l'avenir politique et constitutionnel du Québec** [...] (*Ibid.* : 9).

Voilà qui trace bien l'orientation générale et les visées particulières de l'énoncé à produire en si peu de temps, lequel devra faire consensus et susciter chez tous les acteurs concernés une adhésion déterminante pour que ce nouveau document ne soit pas à son tour « mis sur les tablettes ». Quant à la démarche de travail, il revient au président du groupe-conseil d'en définir les modalités.

Par contre, à la demande de la ministre, le groupe de travail doit tenir compte de la récente étude sur le financement des arts et de la culture (*Rapport Coupet*) et utiliser les études, analyses et travaux de recherche du ministère. Il doit également mettre en place un « mécanisme de consultation assurant la crédibilité des travaux » tout en respectant la brièveté du délai, donc « il ne pourra s'agir que d'une consultation restreinte et en circuit fermé » (Québec, MCCQ, DPE, chemise 1450-12-01a, 19 janvier 1991 : 11). Ce mécanisme de consultation n'est pas sans rappeler le déroulement du « forum professionnel réussi », tel que défini par Sabatier et Jenkins-Smith, lequel implique des négociations « en privé », et ce durant une période de quelques mois. Le groupe-conseil et Roland Arpin semblent donc correspondre à cette idée d'un « forum professionnel » et à cette fonction de *policy broker*.

Les consultations et les groupes rencontrés

Si les auteurs de l'*Étude sur le financement des arts et de la culture* ont consulté quelque 130 personnes, dont près d'une quarantaine du ministère des Affaires culturelles, les membres du groupe-conseil Arpin rencontrent, pour leur part, une vingtaine de regroupements culturels ainsi que des spécialistes en ce domaine et des cadres du ministère (Québec, MCCQ, DPE, chemise 1450-12-03a). Des mémoires et des documents sont aussi transmis au groupe-conseil par des individus et des organismes qui n'ont pas été entendus[4].

Entre la création de ce groupe-conseil et le dépôt de son rapport, les membres ont à peine cinq mois pour s'entendre, concilier les multiples intérêts et élaborer une proposition de politique dont les recommandations seront étudiées en commission parlementaire. En plus d'une rencontre avec des hauts fonctionnaires du ministère[5], le groupe-conseil se réunit à sept reprises entre le 7 janvier et le 17 mai 1991 pour entendre les critiques des associations et des regroupements

---

4.   Mentionnons l'Alliance francophone pour la radio et la télévision publique, l'Association des artistes réputés dans le domaine des arts visuels, des conseils régionaux de la culture, la Société des musées québécois, le Regroupement des associations en arts visuels, les villes de Laval et de Montréal (Québec, MCCQ, DPE, chemise 1450-12-27, 28 mai 1991).
5.   À l'occasion de la rencontre du 30 avril 1991, les hauts fonctionnaires du MAC font plusieurs commentaires sur le projet de politique qui leur a été soumis. Ils soulignent notamment que le document devrait aborder la question de la langue française, tenir compte de la capacité des municipalités lorsque l'on préconise la décentralisation, insister sur le rôle de la métropole et sur sa vocation nationale et internationale, réfléchir à l'idée de mettre en place un observatoire des politiques culturelles et de créer un groupe-conseil permanent sur la culture (Québec, MCCQ, DPE, chemise 1450-12-03c, 30 avril 1991).

culturels sur le *Rapport Coupet*, écouter leurs doléances et prendre note de leurs demandes.

Dès la première rencontre, les membres s'entendent sur un certain nombre de points : élaborer une politique culturelle et non une politique des arts, traiter de la question régionale, discuter du saupoudrage des ressources financières tout en dissociant « culture » de « subvention », préciser les acquis à préserver et les nouveaux champs à développer, tenir compte des médias comme industries culturelles, élargir la notion de patrimoine à des dimensions autres que celle de patrimoine architectural et, enfin, laisser aux fonctionnaires du MAC le soin d'élaborer le plan d'action (Québec, MCCQ, DPE, chemise 1450-12-03d, 7 janvier 1991).

Lors des réunions subséquentes, les membres du groupe-conseil rencontrent différents représentants des regroupements. Fait surprenant, compte tenu de l'analyse de presse réalisée précédemment, hormis le Conseil québécois du théâtre (CQT) qui qualifie les recommandations du *Rapport Coupet* « d'erronées et d'extrêmement dangereuses » (Québec, MCCQ, DPE, Mémoire du CQT, mars 1991 : 3), la plupart des organismes commentent de façon relativement positive les recommandations de cette étude[6].

Si la grande majorité de ces regroupements conviennent de la nécessité d'un plus grand soutien à la création et de l'injection d'argent neuf, plusieurs exigent une plus grande concertation entre le ministère des Affaires culturelles et les ministères des Communications et de l'Éducation notamment, et une meilleure formation générale en arts et en musique. Certains insistent sur le développement culturel en région, sur la mise en place d'incitatifs fiscaux et sur le renforcement des centres d'excellence à travers le Québec, alors que d'autres, comme la Guilde des musiciens, se prononcent carrément contre la décentralisation du MAC. Dans les faits, on craint la création de nouvelles structures qui ne feraient qu'accaparer des fonds publics au détriment des milieux culturels, en général, et des créateurs et des artistes, en particulier. Quelques-uns, enfin, comme le Regroupement des professionnels de la danse du Québec, condamnent le manque de vision globale de plusieurs organismes d'État, le faible leadership du MAC et soulignent, au passage, ses nombreuses lacunes de fonctionnement[7].

---

6. Procès-verbaux du groupe-conseil Arpin et mémoires soumis par les organismes (Québec, MCCQ, DPE, chemise 1450-12-03a, 7 janvier au 17 mai 1991).
7. Également, pour le Conseil des métiers d'art du Québec (CMAQ), il « faut un ministère qui assume le leadership » et, pour cela, « il faut que ses pouvoirs soient considérablement renforcés [...]. Cela implique également que le ministre des Affaires culturelles soit reconnu comme un ministre majeur » (Québec, MCCQ, DPE, Mémoire du CMAQ, 26 février 1991 : 19).

Relativement à la création d'un organisme analogue au Conseil des arts du Canada, l'Union des écrivains et écrivaines du Québec est d'avis que ce conseil devrait disposer d'un budget voté par le Parlement, recueillir de l'argent du secteur privé, distribuer les subventions et s'occuper de diffusion, et cela sans être contrôlé par la ministre. Bien que les membres du groupe-conseil reconnaissent qu'un conseil « semble répondre aux besoins des artistes et des créateurs et obtenir leur confiance », ils se demandent s'il est pertinent de créer ce type de structure (Québec, MCCQ, DPE, chemise 1450-12-03b, 26 février 1991 : 8).

Les conclusions et les réactions

Au cours des réunions du groupe-conseil, les membres conviennent des principales lignes directrices de la future politique. Tout d'abord, bien qu'il soit « difficile » de faire reconnaître l'importance de la culture, ils conviennent que cette notion « comme enjeu de société » est nouvelle. Ils appuient également le fait que la politique culturelle devra être « gouvernementale et non ministérielle » (Québec, MCCQ, DPE, chemise 1450-12-03e, 6 mars 1991 : 10). Comme la culture a ses règles propres, cela justifie, selon eux, « qu'elle doit être considérée par le gouvernement comme un des axes de développement de notre société au même titre que le social ou l'économique » (Québec, MCCQ, DPE, chemise 1450-12-03f, 16 et 17 avril 1991 : 8).

Les membres du groupe-conseil retiennent également l'idée d'une commission ou d'un conseil permanent de la culture qui faciliterait le développement d'une vision commune. Ce conseil devrait comprendre quatre groupes : le MAC-SOGIC, les créateurs, les industries culturelles et les institutions (Québec, MCCQ, DPE, chemise 1450-12-03g, 24 et 25 avril 1991 : 2-3). Ils considèrent également que l'Institut québécois de recherche sur la culture (IQRC) « pourrait jouer un rôle important dans le domaine culturel si le gouvernement lui confiait un nouveau mandat » (Québec, MCCQ, DPE, chemise 1450-12-03f, 16 et 17 avril 1991 : 4). D'ailleurs, dans la proposition finale, on associe directement cette institution à la recommandation de créer un observatoire. Les membres discutent aussi de la question de la fusion des ministères des Communications et des Affaires culturelles, de la transformation du MAC en ministère de la Culture et du rapprochement nécessaire avec le ministère de l'Éducation. Relativement au financement de la culture et à la question des jurys nationaux *versus* des jurys régionaux dans les programmes de subventions et de bourses, deux irritants majeurs pour les milieux culturels, les membres du groupe-conseil conviennent tout d'abord que le financement doit venir de l'État, sans pour autant statuer sur son importance et le quantifier, puis ils privilégient la présence de jurys nationaux.

Enfin, en ce qui a trait au rapatriement des responsabilités fédérales en matière de culture et à la maîtrise d'œuvre unique par le MAC, les recommandations 94 et 95 du rapport sont particulièrement explicites : « que la culture fasse l'objet d'un rapatriement complet, avec les fonds correspondants et une pleine compensation financière » et « que les sommes provenant de toute forme de compensation financière soient affectées en totalité à la culture par le gouvernement du Québec » (Québec, MAC, *Rapport Arpin*, juin 1991 : 320).

Le 14 juin 1991, le groupe-conseil dépose son rapport. Les 5 000 exemplaires sont distribués en quelques semaines, ce qui oblige à réimprimer 3 000 nouveaux exemplaires. Ce document fait l'objet d'une importante couverture de presse, ce qui a pour effet, selon Roland Arpin, « d'en amplifier la portée et de créer une pression considérable sur le gouvernement » (Arpin, 1993 : 45).

Généralement bien reçu par le milieu culturel, l'énoncé de politique suscite par contre de vives réactions dans la presse anglophone, comme en témoignent les titres suivants : « Sloppy, windy and dangerous. Quebec report on the art encourages centralism », « Quebec sees its culture from a splendid isolation » et « Report on Quebec cultural policy calls for Ottawa to cede everything » (*The Gazette*, 23, 27 et 29 juin 1991 : B2, C3 et E11). Jean Lemieux signale que « les journalistes anglophones estiment que la Proposition est trop centralisatrice, qu'elle favorise la bureaucratisation » (1991a : 5). Même le Conseil des arts du Canada, qui se sent déjà assez menacé, se porte à la défense du fédéralisme culturel (*La Presse*, 30 juillet 1991 : C4).

Du côté des médias francophones, le rapport est abondamment commenté. Les éloges fusent de toutes parts : c'est un « rapport réaliste [qui] vise autant le gouvernement... que les tenants du 1 % » (*Voir*) ; « C'est plein, harmonieux, visionnaire » (Lise Bissonnette, *Le Devoir*) ; « C'est admirable. C'est impressionnant. C'est généreux. Le rapport est très bien fait » (Claude Masson, *La Presse*) ; « La proposition est généreuse et positive » (Jocelyne Lepage, *La Presse*) ; « L'aide à la création, l'accès aux arts, le financement de la culture, rien n'a été négligé » (Paule des Rivières, *Le Devoir*) ; « Le rapport ouvre une foule de perspectives » (Lise Bissonnette à Radio-Canada).

En fait, ce que les journalistes, les commentateurs et les éditorialistes retiennent le plus c'est la nécessité de « mettre fin au saupoudrage » des subventions et de créer un « véritable ministère de la Culture ». Les médias commentent aussi abondamment les recommandations concernant le rapatriement d'Ottawa de tous les pouvoirs en matière de culture, la réduction de la TVQ à 3 % et le fait d'étendre aux municipalités la politique d'acquisition et d'installation d'une œuvre d'art (valeur de 1 %) dans les édifices gouvernementaux. Les quelques faiblesses soulignées par les journalistes concernent la formation dans le monde des arts, qui est « terriblement déficiente » selon Jocelyne Lepage (*La Presse*, 15 juin 1991 : D5), et la timidité éprouvée envers le rôle de Montréal (Paule des Rivières, *Le Devoir*, 19 juin 1991 : B1). Avec le temps et du recul, cependant, les inquiétudes augmentent au sein des organismes culturels et du monde municipal. Les audiences de la commission parlementaire sur la culture permettent de canaliser les différentes prises de positions.

Les travaux de la commission parlementaire (automne 1991)

Contrairement à l'omniprésence des acteurs, institutions et organismes issus du milieu culturel lors des travaux du groupe-conseil Arpin, la commission parlementaire de l'automne 1991 permet d'élargir le débat à d'autres acteurs issus des milieux sociaux, économiques et politico-administratifs. Ces derniers y prennent une part active en produisant notamment plus d'une centaine de mémoires.

Entre-temps, la ministre du MAC parcourt le Québec du 19 août au 9 septembre 1991. L'objectif de cette tournée est de « prendre le pouls des partenaires du Ministère sur leur vision du développement culturel en région » (*Inter Mac*, vol. 1, n° 9, 16 août 1991). Vers la même époque, elle entreprend également une « démarche de sensibilisation auprès des ministères impliqués de près ou de loin dans l'activité culturelle ».

Les membres de la commission parlementaire entendent 181 témoignages et prennent connaissance de 264 mémoires. Ces derniers viennent de tous les horizons. Selon la ministre, c'est la deuxième commission parlementaire « en importance dans l'histoire » après celle de la Commission Bélanger-Campeau sur l'avenir politique et constitutionnel du Québec (Québec, MAC, Allocution de Liza Frulla-Hébert, 20 novembre 1991 : 2). Au cours des deux mois où se déroule cette commission, soit du 1er octobre au 20 novembre, l'actualité devient culturelle, « du jamais vu au Québec » selon Roland Arpin (1993 : 45).

Outre la question « des sous », puisque c'est là le nerf de la guerre pour les milieux culturels, celle du rapatriement des pouvoirs occupe plus que jamais l'actualité journalistique. Selon Jean Lemieux, cette commission s'est d'ailleurs « déroulée sur un fond constitutionnel » et cela explique « que les journalistes ont été plus sensibles aux différents mémoires des groupes ou organismes qui ont pris position sur la question » (J. Lemieux, 1991b : 4-5). Par contre, les médias anglophones ont particulièrement retenu les témoignages s'opposant ou soulignant des craintes quant à cette idée de rapatriement des pouvoirs (*Ibid.* : 16).

Bien que la plupart des artistes se rallient à l'idée du rapatriement des pouvoirs, les journalistes soulignent la méfiance et le scepticisme des milieux culturels quant à sa réalisation. Les déclarations de représentants du milieu du cinéma et de la télévision ne laissent place, par contre, à aucune équivoque : c'est le désaccord total quant à une juridiction exclusive du Québec dans le domaine de la culture[8]. Mais selon Serge Turgeon, président de l'UDA et membre du groupe-conseil, la charge des associations contestataires, notamment celles du cinéma et de la télévision, est une « charge complètement fédéraliste qui donne le coup d'envoi au débat référendaire ». Pour elles, selon Turgeon, « la question des sous passe avant tout » (*Le Devoir*, 25 septembre 1991 : B3).

Certains journalistes font également état que cette consultation représente la « tribune ultime » ou la « dernière chance » pour le gouvernement de répondre aux vœux exprimés par 30 ans de revendications des milieux culturels. On signale aussi la mainmise des fonctionnaires, car nombreux sont ceux à voir dans le *Rapport Arpin* « un danger de bureaucratisation, de dirigisme ». Le milieu municipal s'inquiète, pour sa part, de l'impact du transfert éventuel de responsabilités (*Le Devoir*, 15 novembre 1991a, b, c). Plusieurs intervenants insistent aussi sur la nécessité de réaffirmer le leadership du MAC en ce domaine et sur l'urgence d'agir en vue d'élaborer une véritable politique culturelle (J. Lemieux, 1991b : 11). Enfin, on critique ouvertement la grande générosité à l'endroit des industries culturelles et du ministère des Affaires culturelles ainsi que l'idée des trois pôles culturels (Montréal-Québec-ensemble régional), s'opposant ainsi « à ce que les régions ne soient que des " réceptacles " des productions réalisées dans les grands centres » (J. Lemieux, 1991b : 15).

Le tableau 8 permet de camper les différentes positions des principaux regroupements, associations et intervenants relativement au *Rapport Arpin*, et qui se partagent entre ceux qui se montrent généralement favorables, ceux qui adoptent une attitude plus mitoyenne en émettant quelques réserves et ceux qui désapprouvent la plupart des recommandations ou qui désavouent carrément la proposition de politique culturelle.

---

8. Voir les articles suivants : *Le Devoir*, 17 septembre 1991 : A1 ; 18 septembre 1991 : 3 ; *La Presse*, 19 septembre 1991 : C6 ; *The Globe and Mail*, 19 septembre 1991 : A12.

Tableau 8
Position des principaux regroupements,
associations et intervenants quant au *Rapport Arpin*[1]

Pour le rapport (+)	Position mitoyenne (+ ou –)	Contre le rapport (–)
Conseil québécois du théâtre (CQT)	Conseils régionaux de la culture	Milieu québécois du cinéma et de la télévision[2]
Union des artistes (UDA)	Regroupement des centres d'artistes autogérés du Québec (RCAAQ)	Les éditeurs anglophones
Fédération des travailleurs du Québec (FTQ)		Association québécoise des auteurs dramatiques (AQUAD)
Conseil des syndicats nationaux (CSN)	Association des artistes réputés des arts visuels	Centre des auteurs dramatiques CEAD
Mouvement Québec-français	Orchestre symphonique de Montréal	Société de développement des périodiques culturels (SODEP)
Ville de Montréal	Union des municipalités du Québec (UMQ)	
Ville de Québec	Centre canadien d'architecture	Milieux et organismes régionaux[3]
Mouvement Desjardins	Association des galeries d'art contemporain de Montréal	
Grands Ballets canadiens		Milieux anglo-québécois[4]
Grand Théâtre de Québec	Assemblée des évêques du Québec	Association québécoise de l'industrie du disque, du spectacle et de la vidéo (ADISQ)
	Milieu de l'éducation en général	
	Théâtre du Nouveau Monde (TNM)	Grand Conseil des Cris du Québec
	Société professionnelle des auteurs et des compositeurs du Québec (SPACQ)	Fédération des sociétés d'histoire
		Domaine du livre en général (Association québécoise des salons du livre)
	Association des organismes musicaux du Québec (AOMQ)	Union des écrivains et écrivaines (UNEQ)
	Groupe de chercheurs (Coupet, DeRepentigny et 16 cosignataires)	

1. Cette classification est issue de commentaires rapportés par la presse écrite dans les jours suivant le dépôt du *Rapport Arpin* et lors de la commission parlementaire.
2. Mentionnons les groupes suivants : Association des producteurs de films et de TV du Québec, Association des propriétaires de cinéma, Association des réalisateurs-trices de films du Québec, Société des auteurs, recherchistes, documentalistes et compositeurs, Syndicat des techniciens-nes de cinéma et de vidéo du Québec, Canadian Independant Film Causus, Association québécoise des distributeurs et exportateurs de films et vidéos.
3. Certains organismes et institutions comme le Musée régional Louis-Hémon, le Centre national d'exposition de Jonquière, le Musée des religions de Nicolet, l'Atelier Presse Papier, certains conseils régionaux de la culture, la Ville de Trois-Rivières, l'Université du Québec à Trois-Rivières.
4. Playwright's Workshop Montreal, Congrès juif canadien, Services communautaires juifs de Montréal, Association des Townshippers des Cantons de l'Est, etc.

Par ailleurs, malgré le dépôt de la proposition de politique et les audiences de la commission parlementaire, la ministre Frulla-Hébert signale que le gouvernement n'est pas encore prêt à s'engager à adopter une politique culturelle gouvernementale pour le Québec. Pour ce faire, souligne-t-elle, il faut que la «facture autant que [le] contenu» de la proposition soient «modifiés pour prendre la forme de la position du gouvernement» (Québec, MCCQ, DPE, chemise 1450-12-40 : 3). C'est ce à quoi travaillent différentes instances et les fonctionnaires du MAC au cours des mois suivants.

LES *POLICY BROKERS* ET L'ORIGINE DU CHANGEMENT POLITIQUE MAJEUR

Selon Sabatier et Jenkins-Smith, le *policy broker* maintient le niveau de conflit politique dans des limites acceptables, recherche des compromis raisonnables afin de réduire l'intensité des discordes et suggère des solutions aux problèmes (Sabatier et Jenkins-Smith, 1993 : 27)[9]. Selon ces deux chercheurs, c'est une fonction traditionnelle de quelques élus politiques et, dans quelques pays européens comme la France et la Grande-Bretagne, de hauts fonctionnaires de l'État (*high civil servants*). À la lumière des documents consultés mais aussi des dossiers de presse dépouillés entre 1986 et 1993, la ministre Liza Frulla-Hébert et le président du groupe-conseil, Roland Arpin, ont assumé cette fonction.

Trois ministres libérales, Lise Bacon, Lucienne Robillard et Liza Frulla-Hébert, se succèdent à la direction du ministère des Affaires culturelles du Québec entre 1985 et 1992. Si le mandat de la ministre Robillard est relativement court, ceux des ministres Bacon et Frulla-Hébert demeurent marquants. Bien que l'on attribue à la ministre Bacon le mérite du dossier de la reconnaissance juridique du statut de l'artiste à la fin des années 1980, le milieu culturel tout comme les médias décrièrent très souvent son incapacité à forcer le gouvernement libéral à se plier à sa promesse du 1 % et ainsi à mieux soutenir les créateurs, les artistes et, également, le développement culturel du Québec.

---

9. Selon Sabatier et Jenkins-Smith, la distinction entre *advocate* et *broker* se situe sur un continuum : « Many brokers will have some policy bent, while advocates may show some serious concern with system maintenance. The framework merely insists that policy brokering is an empirical matter that may or may not correlate with institutional affiliation. While high civil servants may be brokers, they are also often policy advocates – particularly when their agency has a clearly defined mission » (Sabatier et Jenkins-Smith, 1993 : 27).

Par contre, pendant tout le mandat de la ministre Frulla-Hébert, on louange généralement la détermination de cette «Dame " fer et velours " des Affaires culturelles» (Régis Tremblay du *Soleil*). On souligne sa ténacité à trouver des solutions et à faire adopter une politique culturelle gouvernementale qui, somme toute, satisfasse toutes les parties. De plus, l'annonce de la création du Conseil des arts et des lettres du Québec, demande maintes fois réitérée par le milieu, et l'ajout substantiel de fonds publics (57 millions de dollars) en 1992 sont particulièrement bien accueillis. Au dire de plusieurs, cette ministre réussit là où bien d'autres avaient échoué. Reprenons ce commentaire révélateur de Lise Bissonnette, du *Devoir*, après le dépôt du projet de loi, en juin 1992 :

> La Ministre des Affaires culturelles, madame Liza Frulla-Hébert, mérite une ovation. Fonceuse, tenace, fougueuse, elle vient d'arracher à l'un des cabinets les moins culturels de notre histoire une politique globale qui devrait, bon gré mal gré, en finir avec la marginalité de la mission culturelle de l'État. Avant de chipoter sur les détails on devrait à l'unanimité lui offrir des lauriers. Elle fait avancer les choses, peu de politiciens pourront jamais en dire autant («L'art, et le possible», *Le Devoir*, 20 juin 1992a : A10).

De plus, profitant assurément d'un contexte constitutionnel et politique particulier, et forte d'un consensus général émanant des milieux socio-politiques et culturels, la ministre Frulla-Hébert reprend le flambeau des revendications culturelles traditionnelles du Québec et réclame haut et fort le rapatriement des pouvoirs d'Ottawa en ce domaine. Au cours du premier semestre de 1992, elle amorce des négociations en ce sens auprès de son homologue fédéral, Marcel Masse. D'ailleurs, dans les mois qui précèdent, elle déclare aux médias que ce «qu'il faut pour obtenir quelque chose, c'est le *timing* et la volonté du milieu». En ce qui a trait au *timing*, note Bruno Dostie, «elle croit l'avoir : c'est le contexte politique actuel, où le débat constitutionnel fait de la culture le fondement même de la " société distincte "» (*La Presse*, 9 mars 1991 : D3).

Dans les faits, la ministre assume une fonction de médiation au sein du Conseil des ministres, mais aussi auprès des différents acteurs culturels, sociaux et économiques qui prennent part au débat. Mais il y a également un autre personnage public qui, entre-temps, réussit à concilier les acteurs du milieu de la culture et à susciter un consensus.

Les dossiers de presse conservés au ministère ont permis de constater que la nomination de Roland Arpin à la présidence du groupe-conseil est particulièrement bien accueillie. L'analyse de presse réalisée par Jean Lemieux et couvrant les deux semaines qui suivent le dépôt du *Rapport Arpin* fait aussi état de la « très grande crédibilité » dont il jouit. Lemieux souligne que les journalistes ont particulièrement « mis l'accent sur " le travail accompli, en si peu de temps ", soit à peine cinq mois, et qui " fait honneur à l'équipe fort bien choisie qu'on lui avait donnée ", tout en rappelant les états de service de M. Arpin et en soulignant ses connaissances en matière de culture » (J. Lemieux, 1991a : 5).

Ainsi, dès sa nomination, Roland Arpin est perçu comme un personnage qui « offre des garanties » (Martine R.-Corrivault, *Le Soleil*, 25 janvier 1991a : A6). Selon Gilles Lesage, du *Devoir*, c'est un « humaniste et [un] bulldozer courtois » (26 janvier 1991b : A1), alors que pour Bruno Dostie de *La Presse* il est « brillant, convaincant, voire contagieux » (16 mars 1991 : D2). Ce personnage a une feuille de route impressionnante et les médias font état de ses multiples fonctions : ancien directeur du cégep Maisonneuve, ex-président de la Fédération des cégeps du Québec, ex-membre et ex-vice-président de la Commission d'éducation de l'OCDE, à Paris, ex-sous-ministre adjoint à l'Éducation et ex-sous-ministre aux Affaires culturelles, ancien secrétaire du Conseil du Trésor et, enfin, directeur du Musée de la civilisation de Québec depuis 1987.

Nationaliste convaincu, ce qui plaît à plus d'un, Arpin présente un mémoire aux membres de la Commission Bélanger-Campeau, *La culture : un territoire indivisible* (Arpin, 1991), dans les semaines qui précèdent sa nomination. Décrivant la complexité croissante des choix pratiques et de l'allocation des ressources réservées aux programmes culturels, Arpin conclut que « le Québec n'a d'autre choix que de revendiquer la pleine autonomie et la maîtrise d'œuvre des moyens pour exercer ses choix de développement ». Faisant allusion aux tendances souverainistes du président de l'Union des artistes, aussi membre du groupe-conseil Arpin, le journaliste Bruno Dostie (*La Presse*, 16 mars 1991 : D2) souligne que « pour un " mandarin ", [Roland Arpin] n'est pas si éloigné de Serge Turgeon que ça ».

Par ailleurs, rappelons un des points abordés précédemment et qui concerne les changements politiques majeurs. Une des conclusions de Sabatier et Jenkins-Smith a trait à la deuxième hypothèse retenue et suggère qu'une « hierarchically superior jurisdiction » de la politique peut imposer le changement à une « subordinate jurisdiction ». D'emblée, compte tenu de la dynamique canadienne en matière de culture et du contexte constitutionnel d'alors, il est exclu que le gouvernement fédéral et le gouvernement du Québec correspondent aux juridictions « supérieure » et « subordonnée ». Il restait donc deux autres possibilités : que le gouvernement provincial (Premier ministre et Conseil des ministres) impose un changement majeur en demandant au ministère des Affaires culturelles, et donc à la ministre, de travailler à l'élaboration d'une politique culturelle d'ensemble ou que la ministre du MAC (et le ministère) soit l'initiatrice de ce changement et l'impose à ses directions et aux organismes d'État relevant de son champ de compétence.

À la lumière de l'analyse du processus d'émergence de la politique, il paraît évident qu'à l'origine c'est la ministre du MAC qui initie le changement politique majeur. D'abord Lise Bacon, qui commande l'*Étude sur le financement des arts et de la culture*, et ce, même si le document déposé ne fait pas consensus. Puis Liza Frulla-Hébert, qui crée le groupe-conseil Arpin et met en branle, avec l'accord du gouvernement, les travaux de la commission parlementaire de l'automne 1991. Entre-temps, l'ensemble de l'appareil gouvernemental – c'est-à-dire les ministères, les secrétariats et les autres organismes d'État (OPDQ, etc.) ne relevant pas du domaine de compétence du ministère des Affaires culturelles –, assurément avec l'appui du Premier ministre et du Conseil des ministres, entreprend des discussions afin d'élaborer non pas une politique ministérielle, mais bien une politique gouvernementale.

Dès à présent, abordons un autre aspect sur lequel insiste le cadre d'analyse de l'*Advocacy Coalition*, soit l'apport des fonctionnaires lors du processus d'élaboration et l'impact de leurs systèmes de croyances sur le contenu (principes, orientations et plan d'action) de la politique culturelle déposée à l'Assemblée nationale du Québec, en juin 1992.

LE PROCESSUS ET LES ACTEURS IMPLIQUÉS DANS L'ÉLABORATION DE LA POLITIQUE

À l'occasion de l'ouverture des travaux de la commission parlementaire, la ministre des Affaires culturelles résume les démarches entreprises jusqu'alors. Outre le défi relevé par les membres du groupe-conseil Arpin et les pressions considérables sur le gouvernement, elle souligne que « pas moins de 14 ministères » ont été impliqués jusqu'alors dans le processus. Des rencontres de cabinets politiques et des réunions interministérielles ont eu lieu et, dans une action sans précédent, « plus de 300 membres et employés du ministère des Affaires culturelles ont participé à une journée de réflexion » (Québec, MAC : Allocution de Liza Frulla-Hébert : 1er octobre 1991 : 5).

Cette section vise à faire état du rôle des différentes instances du ministère, des démarches et des négociations avec les ministères concernés par l'élaboration du plan d'action et, enfin, des réactions des directions sectorielles et des fonctionnaires du MAC. Elle vise également à démontrer que l'élaboration de la politique culturelle gouvernementale, mais surtout la prise en compte des diverses finalités par les instances du ministère des Affaires culturelles, rendent difficile l'identification d'alliances entre des fonctionnaires du MAC et des groupes d'intérêts. Non pas que les liens tissés au fil des années, voire des décennies, entre ces acteurs ne soient pas tangibles, mais plutôt que les visées globales de la politique – lesquelles impliquent une multitude d'acteurs de divers horizons (ministères, sociétés d'État, municipalités, milieux des affaires, communautés culturelles, etc.) et de différents domaines de la culture (patrimoine, arts visuels, arts d'interprétation, etc.) – incitent et même obligent tout d'abord un consensus général.

Le rôle des instances du MAC (1991-juin 1992)

À cette étape, le parti pris pour un secteur ou un groupe plutôt qu'un autre, quoique sans être d'emblée exclu, paraît secondaire puisque l'effort doit être surtout mis sur l'assentiment de tous quant à la nécessité d'adopter au Québec une politique culturelle gouvernementale. Pour y arriver, la ministre Frulla-Hébert et son Comité de direction mettent sur pied différents groupes et comités de travail : groupes interministériel et ministériel, commission parlementaire, directions sectorielles du MAC, Table Québec-municipalités, etc. En fait, c'est beaucoup plus à la lumière de l'analyse des grandes orientations de la *Politique culturelle*, mais surtout des mesures de son plan d'action élaboré au cours de l'hiver 1992 par les différentes instances du MAC, que les intérêts particuliers de certains groupes d'intérêts semblent s'affirmer.

L'organigramme de travail qui fait état des différents comités de travail et de leur mandat respectif est reproduit ici (figure 5) afin de faciliter la compréhension de la dynamique qui s'installe au sein des instances du ministère (Québec, MCCQ, DPE, chemise 1450-12-41a, 15 août 1991).

Avant de présenter les mandats et les responsabilités de ces comités ou de ces groupes de travail, il y a lieu de souligner que le processus d'élaboration de la politique et du plan d'action s'étend sur trois étapes distinctes.

La première étape se déroule du mois d'août au mois de décembre 1991. Elle se caractérise par l'analyse et par la synthèse de la documentation produite, laquelle s'inspire du *Rapport Arpin* et des audiences de la commission parlementaire, mais aussi de divers documents produits par les équipes rattachées aux comités interministériel et ministériel. Cette première étape s'achève avec une

Figure 5
Organigramme de travail – Élaboration de la *Politique culturelle du Québec*

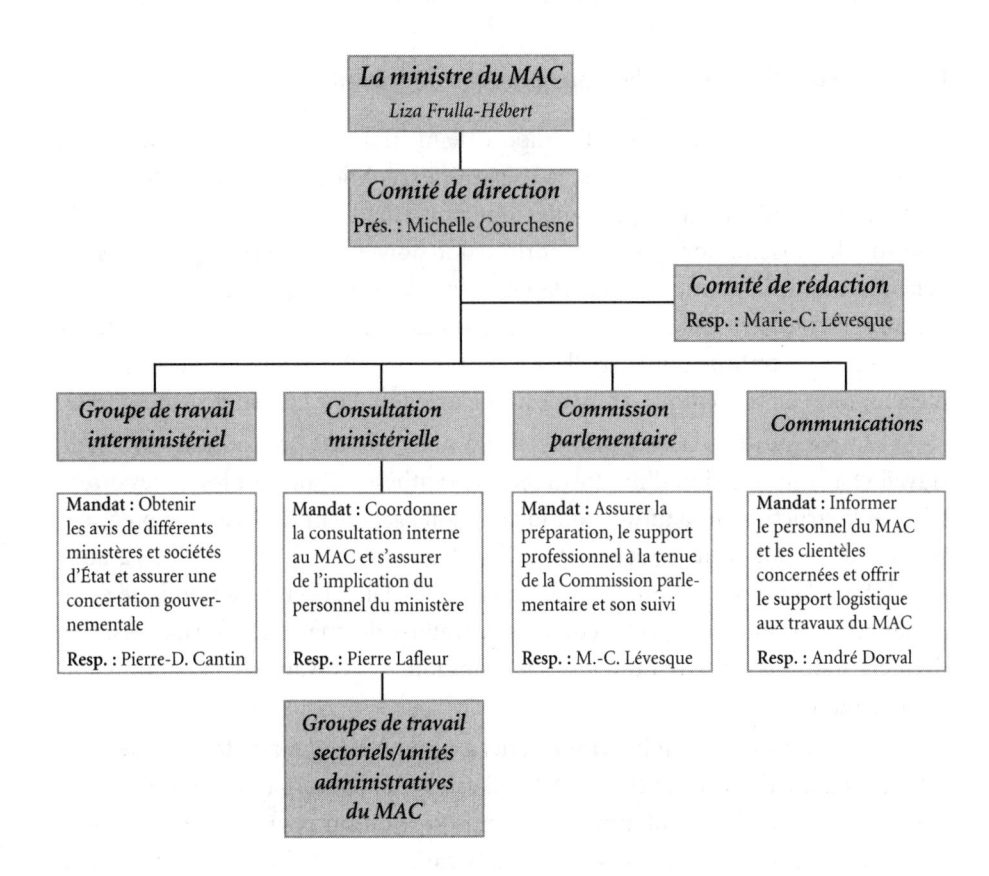

```
                    La ministre du MAC
                     Liza Frulla-Hébert
                            |
                    Comité de direction
                    Prés. : Michelle Courchesne
                            |
                            |────────────── Comité de rédaction
                            |               Resp. : Marie-C. Lévesque
    ┌───────────────┬───────┴──────┬──────────────────┐
Groupe de travail  Consultation   Commission      Communications
interministériel   ministérielle  parlementaire
```

Groupe de travail interministériel	Consultation ministérielle	Commission parlementaire	Communications
Mandat : Obtenir les avis de différents ministères et sociétés d'État et assurer une concertation gouvernementale	**Mandat** : Coordonner la consultation interne au MAC et s'assurer de l'implication du personnel du ministère	**Mandat** : Assurer la préparation, le support professionnel à la tenue de la Commission parlementaire et son suivi	**Mandat** : Informer le personnel du MAC et les clientèles concernées et offrir le support logistique aux travaux du MAC
Resp. : Pierre-D. Cantin	**Resp.** : Pierre Lafleur	**Resp.** : M.-C. Lévesque	**Resp.** : André Dorval

Sous Consultation ministérielle : *Groupes de travail sectoriels/unités administratives du MAC*

proposition de politique, en décembre 1991. Au cours de la deuxième étape, soit approximativement de janvier à mai 1992, est entreprise l'élaboration du plan d'action et des choix d'orientation. Les séances de discussion sont reprises auprès des partenaires (ministères, municipalités et milieux culturels) afin de valider ces documents. C'est aussi au cours de cette période que des fonctionnaires du ministère entreprennent l'étude de faisabilité des coûts des propositions contenues dans le plan d'action. Enfin, la troisième étape qui se déroule de la mi-mai à la fin de juin 1992 est celle du processus d'approbation gouvernementale, d'abord auprès du

Comité ministériel permanent des Affaires culturelles et sociales (COMPACS)[10], puis auprès du Conseil du Trésor et du Conseil des ministres[11]. Au terme de ces trois étapes, la politique est déposée à l'Assemblée nationale le 29 juin 1992.

Le comité de direction et les sous-comités de travail

Le comité de direction est composé de membres de l'administration et du cabinet ministériel du MAC. C'est la sous-ministre, Michelle Courchesne, qui en assume la présidence. Ces personnes ont pour mandat de recommander à la ministre les orientations et les priorités qui doivent être privilégiées lors de l'élaboration de la politique et du plan d'action. En plus d'approuver les plans de travail et les rapports des cinq comités mis sur pied, elles doivent mettre en place et coordonner la stratégie ministérielle. Ce comité est actif pendant tout le processus d'élaboration de la politique, et même au-delà de son adoption en décembre 1992.

Le comité de rédaction voit, dès l'automne 1991, à la préparation du plan de travail et à la production d'un document de synthèse définissant les lignes directrices et la structure de la future politique. Il doit également élaborer une première version de la politique (Québec, MCCQ, DPE, chemise 1450-12-41b, 12 août 1991). Sous la responsabilité de la directrice de la Direction de la politique et de l'évaluation du ministère, cette équipe se compose de quatre professionnels. Ces derniers font aussi partie du comité responsable des travaux de la commission parlementaire.

Le groupe de travail interministériel a comme mandat d'obtenir les avis des différents ministères et sociétés d'État et d'assurer la concertation gouvernementale. Ses responsabilités sont importantes puisque c'est sur ce groupe de travail que repose en grande partie la réussite de l'élaboration de la politique culturelle que

---

10. Dans un document préparé pour l'étape d'approbation de la politique, on fait état des points à aborder lors de la séance du COMPACS et du Conseil du Trésor, prévue pour le 1er juin. Cette séance a notamment pour but de présenter l'Institut québécois des arts (avantages, coûts et modes de fonctionnement) et d'expliquer le changement de nom du ministère des Affaires culturelles en celui de ministère de la Culture (nouveau mandat, opérationalisation). On se propose également d'exposer les diverses modifications législatives à venir, les mesures et les coûts éventuels pour chacun des ministères (Québec, MCCQ, DPE, chemise 1450-12-56e, 28 mai 1992 : 1-2).

11. Dans son mémoire destiné au Conseil des ministres, la ministre Frulla-Hébert expose la situation, les grands consensus émanant de la commission de la culture, les orientations proposées, la prise en compte des lois existantes, les implications financières et budgétaires, les résultats des consultations interministérielles et autres consultations (monde municipal notamment). Pour clore le tout, elle aborde la question des relations fédérales-provinciales (Québec, MCCQ, DPE, chemise 1450-12-55c, 27 mai 1992 : 9).

l'on souhaite gouvernementale et non ministérielle (MAC). En effet, les membres de ce comité doivent susciter et maintenir l'implication active des partenaires ministériels concernés tout le long du processus, vérifier auprès d'eux la faisabilité des recommandations du *Rapport Arpin* qui les concernent, susciter leur engagement dans la production d'orientations et de mesures à intégrer lors de l'élaboration de la politique et du plan d'action et rechercher des solutions à des enjeux ou des problèmes communs. De plus, ils sont responsables de la cohérence entre la politique culturelle et d'autres politiques existantes ou en élaboration : autochtones, jeunesse, affaires internationales, question constitutionnelle, etc. (Québec, MCCQ, DPE, chemise «Généralités», 6 septembre 1991).

En décembre 1991, au terme de la première étape de consultations interministérielles, un document de synthèse est produit. Ce dernier intègre les commentaires des ministères sur les recommandations du groupe-conseil Arpin et ceux des secrétariats à la Capitale, aux Affaires autochtones, à la Famille et à la Jeunesse et de l'Office de planification et de développement du Québec (OPDQ). En général, ces commentaires portent sur les «oubliés du *Rapport Arpin*» (autochtones, communautés culturelles, relève artistique, jeunes), sur la nécessité d'une définition plus large de la culture, sur la formation et l'aide à la création, sur la question du droit d'auteur, sur les équipements culturels et l'éducation culturelle, sur l'action internationale et le financement (Québec, MCCQ, DPE, chemise 1450-12-03h, 4 décembre 1991). Bref, différents aspects mentionnés lors des travaux de la commission parlementaire.

Pour sa part, le groupe de travail ministériel est responsable de la coordination interne et de l'implication du personnel du ministère. Ainsi, dès le lancement de l'opération par la ministre et la sous-ministre, le 27 août 1991, les fonctionnaires sont associés à la réflexion sur la politique culturelle[12]. La majorité des unités administratives organisent des rencontres de travail et «ce remue-méninges ministériel» atteint son apogée le 12 septembre, alors que 300 employés du MAC sont réunis à Québec pour discuter des recommandations du groupe-conseil Arpin. Au début de l'année 1992, les unités administratives responsables de secteurs visés par la politique poursuivent leur réflexion, proposent des actions novatrices et structurantes en vue de l'atteinte des orientations et des objectifs initialement retenus.

---

12. Voir le document « Rencontre de Mme Frulla-Hébert avec le personnel du MAC – 27 août, 11h00 à 12h30 – Amphithéâtre de l'édifice Marie-Guyard » (Québec, MCCQ, DPE, chemise 1450-12-44b, 27 août 1991, 3 p.).

Le groupe de travail de la commission parlementaire est particulièrement actif au cours de l'automne 1991. Ses membres voient à l'analyse des mémoires reçus avant la tenue des audiences. Ils rédigent également des synthèses de ces mémoires et différents documents de soutien. Les fonctionnaires rattachés à ce groupe élaborent les questions que la ministre doit poser aux différents intervenants pendant les séances. Après les audiences, c'est à eux que revient la responsabilité de réaliser la synthèse des travaux de la commissions parlementaire et de proposer les orientations à retenir.

Enfin, le comité des communications a essentiellement pour tâche d'informer le personnel du MAC. Il est aussi responsable des communications avec les médias et les clientèles, de la rédaction de rubriques hebdomadaires dans le bulletin du ministère, *Intermac express*, de la revue de presse quotidienne, etc.

Les grands consensus émanant du personnel du MAC

Bien avant l'amorce des travaux de la commission parlementaire en octobre 1991, certains consensus ont déjà émané des responsables des différents comités du MAC et des fonctionnaires rattachés aux unités administratives et sectorielles.

La première réunion du comité de direction, les 17 et 18 août 1991, a d'ailleurs pour but d'établir la position du ministère sur les recommandations du *Rapport Arpin*, de cerner les éléments qui font consensus, de rejeter ceux qui suscitent des désaccords, de déterminer les études additionnelles à obtenir et d'identifier les lignes directrices qui guideront l'élaboration de la politique.

Dès le début des travaux de ce comité, quatre éléments recueillent le consensus. Tout d'abord, tout en étant d'accord sur le diagnostic et les orientations du *Rapport Arpin*, il y a lieu de les dépasser, d'innover au niveau des objectifs et des moyens. Pour ce qui est de la trame de fond qui fait de la culture un « projet de société et l'un des trois grands vecteurs de toute décision politique », on la trouve tout à fait pertinente. Quant à la question de l'accessibilité, on convient qu'elle est fondamentale. Enfin, le rôle du MAC comme coordonnateur et leader de la concertation fait l'unanimité.

Lors de cette première rencontre, les membres du comité rejettent cependant la troisième finalité du *Rapport Arpin*, « Accroître l'efficacité de l'intervention du gouvernement et de ses partenaires dans la gestion de la mission culturelle », qui, selon eux, est trop axée sur la gestion de la culture. On lui substitue une autre finalité qui intègre les notions de patrimoine et de langue et qui tient compte de la dimension multiethnique : « Préservation et affirmation de l'identité culturelle ». On convient aussi de la pertinence des trois pôles d'intervention (Montréal-Québec-ensemble régional) développés dans le *Rapport*, mais on souligne la nécessité de revoir cette idée, tout en accordant une attention particulière aux villes de Québec et de Montréal (Québec, MCCQ, DPE, chemise 1450-12-41d, 30 août 1991).

Entre-temps, la plupart des directions administratives et sectorielles du ministère, y compris des directions régionales, sont à pied d'œuvre. Dès le début de septembre 1991, elles ont produit des documents qui font état de leur perception globale du *Rapport Arpin*, de la pertinence des finalités et des orientations proposées et des nouvelles pistes à explorer. Quatre grandes questions sont discutées lors des séances plénières et des ateliers du 12 septembre 1991, et les commentaires qui en sont issus reflètent des croyances fondamentales et politiques des fonctionnaires du MAC.

Rappelons que selon Sabatier et Jenkins-Smith (1999), les fonctionnaires, tout comme les élus, les experts et les journalistes, sont des membres actifs des coalitions plaidantes. À ce titre, s'attarder aux conclusions de ces ateliers, qui réunissent dans une sorte de « forum » les hauts dirigeants du ministère des Affaires culturelles, les directeurs administratifs et sectoriels ainsi que des professionnels, s'avère intéressant. Il ne faut pas négliger l'influence de cette activité de concertation sur la suite du processus de changement politique, d'autant plus que cette activité précède les audiences de la commission parlementaire et qu'elle donne, pour ainsi dire, le coup d'envoi à une dynamique d'une ampleur importante au sein du ministère. Mais revenons aux quatre grandes questions soumises lors de cette rencontre :

1. « Une politique sur la culture devrait-elle être axée davantage sur le développement des arts ou, plus largement, sur la protection, la promotion et le rayonnement de l'identité culturelle québécoise ? Quelles sont les orientations à considérer et les priorités à privilégier ? »

Les participants font preuve d'un consensus « très fort » quant à la nécessité que la politique ne soit pas ministérielle et essentiellement axée sur les arts. La politique doit fondamentalement s'attarder « à la protection, à la promotion et au développement de l'identité culturelle de la société québécoise (langue, patrimoine, apport des communautés culturelles et amérindiennes, loisirs socio-culturels, etc.) ». Bref, relativement à ces questions, il y a presque autant de priorités que d'opinions : « les uns ont posé la protection de la langue comme la priorité n° 1, alors que d'autres ont identifié l'éducation, ou encore l'appui à la création ».

2. « La responsabilité de l'État par rapport au citoyen "culturel" dans un contexte d'interdépendance culturelle, et d'internationalisation de la culture. »

Les participants conviennent que l'État a une responsabilité dans la protection et la promotion de l'identité culturelle en valorisant notamment son rayonnement international. Il doit favoriser la création, la recherche et l'innovation dans le domaine de la culture, faciliter l'accès à tous les citoyens et soutenir l'éducation culturelle. Pour certains, cette dernière fonction devrait être assumée par le MAC et pas nécessairement par le ministère de l'Éducation. Quant à la question relative au protectionnisme pour protéger la spécificité culturelle dans le contexte nord-américain, elle demeure pour ainsi dire sans réponse. On souligne plutôt « que le Québec doit être ouvert à la culture internationale ». Mais pour contrer les risques de l'importation culturelle massive, on mentionne que la solution réside peut-être dans le maintien et le développement de la « création artistique et culturelle forte et originale ».

3. « Le développement culturel sur le territoire québécois, les rôles et les liens entre les différentes régions du Québec, y compris Montréal et Québec. »

« Il y a une UNANIMITÉ quant à une remise en cause globale de la problématique régionale telle qu'elle a été présentée dans le RA [*Rapport Arpin*]. Pour tous les participants, c'est la grande faiblesse de ce rapport. Il y a nécessité de revoir toute la problématique régionale dans une perspective inter-régionale car il faut garantir la participation à la vie culturelle partout. » En fait, on n'adhère pas nécessairement à l'« approche égalitariste », mais on insiste plutôt sur celle de complémentarité entre les régions qui tienne compte « des potentialités très différentes d'une région à l'autre ».

4. « Les modifications majeures à apporter au cadre actuel des responsabilités de l'État et des différents partenaires. »

Relativement à la question du rapatriement des pouvoirs d'Ottawa, « tous sont d'accord à la condition que les compétences, l'argent (points d'impôts) et les biens soient transférés ». Par contre, pour les participants, il faut que les crédits ainsi transférés soient affectés en totalité à la culture. Il y a lieu également de mettre au préalable en place « les structures d'accueil pour recevoir ces transferts de responsabilités ». Pour ce qui est du rôle du MAC, il doit consister en celui de leader, de coordonnateur interministériel, dépassant en cela celui de gestionnaire de programmes. Certains craignent cependant cette notion de maître d'œuvre, car elle semble généralement se référer à une conception « beaucoup trop dirigiste notamment en tout ce qui regarde la création qui doit être indépendante des interférences politiques ». En ce qui a trait aux municipalités, « on craint le délestage de responsabilité sans leur donner les moyens d'assumer ces responsabilités » dont elles hériteront. Il faut donc un « partenariat véritable, par voie de négociation et non d'imposition législative ou par décret ». Enfin, pour ce qui est du bénévolat et du mécénat, l'un et l'autre apparaissent négligés. On convient qu'il y a lieu d'entreprendre une analyse en profondeur des voies proposées par le *Rapport Coupet* sur le financement des arts pour ce qui concerne le mécénat (Québec, MCCQ, DPE, chemise 1450-12-44a : 1-6).

Quelques jours plus tard, soit le 17 septembre, la ministre Liza Frulla-Hébert et des membres du comité de direction et du cabinet se réunissent pour faire le point sur cette grande consultation ministérielle et pour préparer le discours d'ouverture de la commission parlementaire à venir.

Tout d'abord, on convient que le MAC doit assumer un mandat horizontal, mais cela sans « heurter les collègues » : il ne faut « pas donner une impression d'impérialisme vis-à-vis les autres ministères ». Il ne faut donc plus se limiter au rôle traditionnel de gestion de programmes. Puis, on semble d'accord sur le fait que le fondement de la politique culturelle et celui du discours doivent reposer sur la création et sur l'identité culturelle, laquelle est intimement liée à la langue. Le rationnel à développer s'appuie sur le caractère distinct du Québec (« ses propres spécificités »), sur la fin du repli sur soi et sur l'ouverture sur le monde (« oui à la langue française mais oui à la langue anglaise ») et sur l'éducation (« sans culture, pas d'identité culturelle »). Bref, on s'entend sur le fait que les décisions à prendre doivent contribuer à l'élaboration de nouvelles balises permettant de revoir la loi du ministère et de viser l'allégement de la bureaucratie de gestion. Il faut aussi susciter la participation des municipalités, les mettre « en face de leurs propres contradictions » et élever le « débat au-dessus de la facture » tout en redéfinissant leur rôle : « c'est le thème le plus crucial de la commission parlementaire ». Le développement des arts et des industries culturelles est primordial. Il faut assurer la continuité et le renforcement des organismes existants, s'attaquer au « préjugé qui rend acceptable la pauvreté des artistes et des créateurs » et soutenir l'excellence, quoique ce terme soit « cependant à revoir ». Enfin, il faut assurer la présence culturelle du Québec sur la scène internationale – permettre « la confrontation, l'ouverture à la culture d'ailleurs » – tout en assurant son rayonnement dans les régions : « il faut reconnaître qu'il y a 16 régions au Québec à l'intérieur desquelles il y a une métropole, Montréal, et une capitale, Québec. Ces régions se doivent d'être interactives » (Québec, MCCQ, DPE, chemise 1450-12-41c, 19 septembre 1991).

Le plan d'action selon les axes retenus (janvier-juin 1992)

Entre les mois de janvier et de juin 1992, des fonctionnaires du ministère travaillent à l'élaboration du plan d'action de la future politique culturelle gouvernementale[13], plan qui correspond aux instruments de direction ou d'orientation (*guidance instruments*) tels que définis par Sabatier et Jenkins-Smith (1993 : 227). Dix-sept comités sectoriels y travaillent. Avec l'aide de son équipe de professionnels, chaque responsable soumet avant la mi-mars un projet de plan d'action concernant son secteur d'activités. La consigne est claire : le plan doit s'inspirer du *Rapport Arpin*, des travaux et conclusions de la commission parlementaire et de l'expérience du MAC. Les équipes peuvent également suggérer des idées novatrices.

Une réunion de la Table Québec-municipalités se tient le 17 janvier 1992. Des discussions ont lieu avec l'Union des municipalités du Québec (UMQ) et l'Union des municipalités régionales de comté et des municipalités locales du Québec (UMRCQ), avec des gestionnaires du ministère responsables des secteurs du patrimoine, des équipements culturels, des arts et des lettres ainsi que des directions régionales de Montréal, de Québec et de Laval. Des discussions sont également entreprises avec les représentants des trois principales villes : Québec, Montréal et Laval. Ces intervenants font part de leurs commentaires sur le texte à soumettre à la prochaine table sectorielle Québec-municipalités.

---

13. Dans un document du ministère, « Pourquoi avoir intégré le plan d'action à l'intérieur de la politique ? », on signale que, contrairement à la tendance internationale d'alors, les politiques québécoises des dernières années n'incluaient pas « l'identification du budget en regard de chaque mesure (Immigration, Tourisme) », correctif que le ministère entend apporter dans la politique culturelle de 1992 (Québec, MCCQ, DPE, chemise 1450-12-56f, 2 juin 1992 : 1).

Les «deux solitudes», que sont le loisir culturel et la culture, font partie des principaux thèmes discutés. On mentionne aussi que la politique doit faire le lien entre le créateur et le citoyen, et on insiste sur le fait que «les municipalités ne voient pas clairement» le rôle des arts. Pour l'UMQ, il y a nécessité «de cerner les priorités respectives du MAC et des municipalités si un véritable partenariat doit être instauré». Pour l'UMRCQ qui représente des municipalités de plus petites tailles (90 % de son membership sont composés de municipalités de moins 1 000 habitants), on insiste particulièrement sur le développement de relations entre le MAC et les MRC. Enfin, relativement aux responsabilités partagées, on mentionne le patrimoine, les équipements, les bibliothèques, la diffusion, la création, la production, la relève ainsi que les institutions muséologiques (Québec, MCCQ, DPE, chemise «Comité interministériel – Affaires municipales», 18 mars 1992).

Au début de mai, les homologues de la sous-ministre des Affaires culturelles au sein des autres ministères, secrétariats et sociétés d'État concernés prennent connaissance d'une première version de la politique culturelle. La grande majorité d'entre eux se disent satisfaits de l'énoncé de politique. Plusieurs soulignent la pertinence d'avoir étendu la notion de culture, la place importante réservée aux régions et l'intégration «harmonieuse» de certaines politiques, comme celle sur le développement régional et la politique industrielle. Certains sont aussi plus critiques.

Par exemple, pour le sous-ministre de l'Enseignement supérieur et de la Science, Pierre Lucier, les nouveaux mandats d'orientation, de coordination et d'évaluation de l'action gouvernementale ne sont «pas sans parenté avec l'approche gouvernementale qui a prévalu à la fin des années 70», *via* la politique de développement culturel élaborée par le ministre d'État au développement culturel. Il rappelle que le *Livre blanc* du ministre Camille Laurin (1978) pilotait «certains dossiers gouvernementaux "orphelins" ou multisectoriels (Charte de la langue française, politique scientifique, etc.)» :

> Fondée sur une définition particulièrement englobante de la culture, cette approche établissait clairement le lieu gouvernemental de ces responsabilités horizontales : le ministère du Premier ministre, en l'occurrence. Le COMPACS actuel est un peu l'héritier du «ministère d'État».
> Je constate que le projet actuel partage beaucoup d'éléments de cette vision englobante de la culture et de sa coordination horizontale : cela m'étonne un peu, car il semblait que le gouvernement avait renoncé à ce genre de structures. Mais il s'en éloigne rapidement, en définissant finalement une

politique et des structures qui, en fait, visent les arts – le nom de l'Institut [des arts, soit le futur CALQ] est significatif à cet égard, comme le silence du document sur la culture scientifique et technique. En maintenant aussi un ministère qui demeure sectoriel, mais dépouillé de l'essentiel de ses moyens d'action, ce serait, en fait, un ministère des Arts qui ne gérerait pas lui-même ses programmes (Québec, MCCQ, DPE, chemise « Enseignement supérieur et Science », 14 mai 1992 : 2).

Enfin, un dernier aspect qui suscite pour un temps une certaine controverse a trait à la localisation du nouvel Institut québécois des arts. Vers la mi-mai, le secrétaire général associé du Secrétariat à la Capitale « estime essentiel que la localisation à Québec du siège social du futur Institut québécois des arts soit intégrée dès maintenant [au] document, ceci dans le but d'éviter tout débat stérile fréquent en cette matière ». Ce débat survient finalement au cours de l'automne 1992 (voir *Le Devoir*, 25 novembre 1992 : A1).

Bref, au terme du processus d'élaboration, l'aspect le plus original de la politique culturelle demeure sans aucun doute celui des nombreuses mesures culturelles qui impliquent d'autres ministères et qui engagent le gouvernement. Comme le souligne ultérieurement Roland Arpin, il y avait alors « un effort manifeste pour sortir la culture de son isolement administratif dans lequel elle a souvent été tenue au sein du gouvernement » (Arpin, 1993 : 46).

L'idée d'un observatoire des politiques culturelles et d'un institut québécois des arts

Il est intéressant de rappeler ici deux propositions qui émanent de tout ce processus de consultation et d'élaboration de la politique culturelle. La première provient du *Rapport Arpin* et porte sur la création d'un observatoire des politiques culturelles, lequel a finalement été mis sur pied à l'été 2000. La deuxième est issue des travaux de la commission parlementaire et concerne la création d'un institut québécois des arts.

Dès la fin de juin 1992, la Direction de la recherche et de la statistique du ministère a analysé la proposition du *Rapport Arpin* sur la création d'un observatoire. Cette direction se dit alors favorable à sa mise sur pied, mais au sein d'un organisme ou d'une unité de recherche qui existe déjà, telle la Direction générale de la planification et particulièrement de sa Direction de la recherche et de la statistique. L'observatoire « dont le leadership et le soutien administratif seraient assumés par le MAC disposerait d'un conseil d'administration composé de personnes œuvrant dans les divers milieux de recherche » (Québec, MCCQ, DPE, chemise 1450-12-00a, 27 juin 1991 : 6). Au cours des audiences de la commission parlementaire, tout en reconnaissant l'importance de la recherche-développement, les personnes et les organismes qui abordent cette recommandation du *Rapport Arpin* sont de façon générale opposés à la création d'un observatoire (Québec, MCCQ, DPE, chemise 1450-12-50a, novembre 1992). Cette proposition ne sera donc pas présente dans la politique culturelle déposée en juin 1992. Ce ne sera que huit années plus tard qu'elle se concrétisera sous le trait de l'Observatoire de la culture et des communications.

Relativement au Conseil des arts et des lettres du Québec ou, à l'origine, l'Institut québécois des arts, rappelons que des organismes en avaient recommandé la création lors des audiences de la commission parlementaire de l'automne 1991. Dans la politique déposée à l'Assemblée nationale en juin 1992, on souligne la création d'un « organisme de gestion autonome qui sera chargé d'harmoniser ses programmes et ses règles de fonctionnement avec les objectifs de la politique culturelle » (Québec, MAC, juin 1992 : 61-62). En fait, on convient ici de la nécessaire autonomie de la création artistique par rapport aux pouvoirs publics, autonomie maintes fois revendiquée par les milieux culturels depuis les années 1960[14].

En avril 1992, au moment où l'idée de créer un conseil des arts n'est plus une éventualité mais bien une certitude, on évalue les coûts de ce nouvel organisme décentralisé à plus de 45 millions de dollars. On souligne également que la création de cette instance implique une modification de la *Loi sur le ministère des Affaires culturelles*, et donc l'élaboration d'un projet de loi visant sa constitution ainsi que des changements importants dans l'organisation du ministère : révision des rôles des directions régionales, transfert de ressources professionnelles et, enfin, négociations avec les syndicats.

Parmi les avantages qui découlent de cette décentralisation, on souligne l'introduction « de la distance souhaitée et souhaitable entre le politique et les arts », la plus grande visibilité des budgets consacrés aux arts, l'implication plus importante des milieux culturels (conseil d'administration et mécanismes de sélection), la confirmation de l'excellence et du professionnalisme comme critères d'évaluation nationale dans les disciplines artistiques (Québec, MCCQ, DPE, chemise

---

14. Voir Québec, MCCQ, DPE, chemise « Fiches pour expliquer les mesures du plan d'action », 3 avril 1992 ; voir aussi ce document qui élabore trois scénarios pour la création d'un institut des arts : Québec, MCCQ, DPE, chemise 1450-12-50b, 10 mars 1992.

1450-12-56g, ca juin 1992). Parmi les inconvénients, on note la création d'une nouvelle structure dans l'appareil gouvernemental, le risque de heurter des sensibilités régionales, la difficulté de répondre aux besoins régionaux de développement artistique et aux orientations en matière de développement régional, les questionnements quant à la détermination des critères de subvention et le risque de créer un climat d'inquiétude parmi les fonctionnaires.

Pour comprendre l'impact des critiques et des recommandations des acteurs culturels et des fonctionnaires du MAC lors du processus d'élaboration de la politique, mais aussi des autres partenaires concernés par la politique, il convient de passer en revue les grandes distinctions entre le *Rapport Arpin* et la *Politique culturelle*, déposée une année plus tard.

LE *RAPPORT ARPIN* ET LA *POLITIQUE CULTURELLE*: LES GRANDES DISTINCTIONS

Le 19 juin 1992, la ministre Frulla-Hébert dépose à l'Assemblée nationale du Québec, puis présente à la population québécoise, la «première politique culturelle gouvernementale du Québec». Cette politique prévoit la mise en place de nouveaux leviers gouvernementaux, dont un ministère de la Culture et un Conseil des arts et des lettres, et l'établissement d'un partenariat privilégié avec les municipalités et les régions. Les secteurs qui demeurent sous la responsabilité du ministère sont le patrimoine, les musées, l'architecture, les bibliothèques publiques et les industries culturelles. Enfin, elle renferme un plan d'action détaillé qui précise les mesures que le gouvernement entend prendre pour sa mise en œuvre et la liste des ministères participants.

Les fondements de cette politique s'appuient sur trois axes: (1) l'affirmation de l'identité québécoise, (2) le soutien aux créateurs et aux arts et, enfin, (3) l'accès et la participation des citoyens à la vie culturelle. Quelque 23 ministères et organismes d'État endossent les orientations et partagent, dès lors, la responsabilité des interventions culturelles du gouvernement. Ainsi, longtemps réclamée, la culture devient une «mission gouvernementale» au même titre que les questions économiques et sociales. Le mandat du nouveau ministère porte sur les grandes orientations, l'harmonisation et la coordination de l'activité ministérielle en région. Les tableaux 9 et 10 font la synthèse des grandes distinctions entre les deux énoncés de politique.

Tableau 9
Les grandes différences entre les principes
et les axes du *Rapport Arpin* et de la *Politique culturelle*

Rapport Arpin	*Politique culturelle*
3 grands principes : – La culture, fondement de la société – La culture, un droit pour chaque citoyen – La culture, une mission essentielle de l'État	4 grands principes : – La culture, fondement de la société – La culture, un droit pour chaque citoyen – La culture, une mission essentielle de l'État – L'autonomie de création et la liberté d'expression, des valeurs fondamentales (ajout/*RA*)
3 grands axes : – Développer le domaine des arts et de la culture – Favoriser l'accès à la culture – Accroître l'efficacité de l'intervention du gouvernement et de ses partenaires dans la gestion de la mission culturelle	3 grands axes : – Affirmation de l'identité culturelle (nouvel axe/*RA*) – Soutien aux créateurs et aux arts (modifié/*RA*) – Accès et participation des citoyens à la vie culturelle (modifié/*RA*)

Tout d'abord, les trois grands principes proposés par le *Rapport Arpin* qui ont fait consensus en commission parlementaire sont retenus dans la *Politique*. Par contre, on y ajoute un quatrième principe qui découle de demandes formelles : « L'autonomie de la création et la liberté d'expression comme valeurs fondamentales pour toute société démocratique. »

Les deux premiers axes du *Rapport Arpin* sont retenus, mais légèrement modifiés dans leur formulation, alors que le troisième, « Accroître l'efficacité de l'intervention du gouvernement et de ses partenaires dans la gestion de la mission culturelle », ne se retrouve pas dans la politique. On considère que cette préoccupation est intégrée aux mesures du plan d'action (Québec, MCCQ, DPE, chemise 1450-12-56a). On lui substitue un nouvel axe, « Affirmation de l'identité culturelle », accompagné de trois nouvelles orientations. La *Politique* fait ainsi écho aux demandes d'intervenants qui insistent sur la primauté du statut de la langue française, sur une plus grande valorisation de l'héritage culturel et sur le renforcement du dialogue des cultures.

Tableau 10
Les grandes différences entre les orientations du *Rapport Arpin* et de la *Politique culturelle*

Rapport Arpin	*Politique culturelle*
9 orientations selon les 3 axes	10 orientations selon les 3 axes
Axe 1 : *Développer le domaine des arts et de la culture* – Favoriser en priorité la création artistique – Assurer la stabilité des organismes culturels – Accroître l'action internationale – Développer et maintenir au Québec la compétence professionnelle dans le domaine culturel	Axe 1 : *Affirmation de l'identité culturelle* (nouvel axe) – Valoriser la langue française comme moyen d'exprimer la culture et d'y accéder (nouvelle orienation) – Valoriser l'héritage culturel (nouvelle orientation) – Renforcer le dialogue des cultures (nouvelle orientation)
Axe 2 : *Favoriser l'accès à la vie culturelle* – Établir un réseau culturel sur l'ensemble du territoire autour de trois pôles : Montréal, Québec et les régions – Développer l'éducation culturelle de tous les Québécois par une approche intégrée	Axe 2 : *Soutien aux créateurs et aux arts* – Améliorer les conditions de vie professionnelle des créateurs et des artistes (nouvelle orientation) – Élaborer et mettre en œuvre une stratégie de développement des industries culturelles (nouvelle orientation) – Favoriser en priorité la création artistique sous toutes ses formes (modifiée/*RA*) – Assurer la vitalité (au lieu de la stabilité) des organismes artistiques (modifiée/*RA*)
Axe 3 : *Accroître l'efficacité du gouvernement et de ses partenaires* – Mandater le MAC comme maître d'œuvre de l'activité culturelle – Reconnaître l'importance du rôle des partenaires du MAC dans la vie culturelle – Diversifier le financement des arts et de la culture	Axe 3 : *Accès et participation des citoyens à la vie culturelle* – Favoriser la participation des citoyens à la vie artistique et culturelle (nouvelle orientation) – Faciliter l'accès aux arts et à la culture (modifiée/*RA*) – Renforcer l'éducation et la sensibilisation aux arts et à la culture (modifiée/*RA*)

Enfin, il faut souligner que le *Rapport Arpin* ne formule pas d'objectifs, du moins pas de façon détaillée. En fait, les membres du groupe-conseil se sont arrêtés sur les orientations ou sur ce qui en est l'équivalent dans la *Politique culturelle du Québec. Notre culture, notre avenir.* Par contre, ils y ont incorporé 113 recommandations. Pour sa part, la *Politique* élabore 27 objectifs auxquels se rattachent concrètement différentes actions et 48 mesures (voir Québec, MAC, juin 1992 : 17, 19-20).

Le chapitre suivant s'attarde à d'autres grandes distinctions entre le *Rapport Arpin* et la *Politique* ainsi qu'à certains objectifs de cette dernière. Ces distinctions sont révélatrices de l'importance des pressions exercées sur les concepteurs de la politique ou les *policy makers*. Ce chapitre se consacre à l'identification des groupes idéologiques (*purposive groups*) et des groupes orientés vers des intérêts concrets (*material groups*), à leurs élites et à leurs systèmes de croyances.

7 Les groupes et les systèmes de croyances des élites politiques

Ce chapitre s'attarde aux deux grands groupes en présence lors du processus de changement politique[1]. Il se concentre surtout sur la période des audiences de la commission parlementaire de l'automne 1991 puisque cette dernière a suscité de nombreuses interventions en provenance non seulement des milieux artistiques et culturels, mais aussi de multiples autres acteurs sociaux, économiques et politico-administratifs : syndicats, universités, monde des affaires, fonctionnaires du MAC, etc. En se prononçant sur la place que doit prendre la culture dans la société québécoise, ces intervenants font part de leurs croyances fondamentales et politiques, mais aussi de leurs croyances politiques plus instrumentales, telles que définies par Sabatier et Jenkins-Smith.

S'inspirant de l'ouvrage de Terry Moe (*The Organization of Interests*, 1980) et d'une recherche de Jenkins-Smith et de St. Clair dans le secteur énergétique (1993), Sabatier et Jenkins-Smith distinguent les deux groupes normalement en présence en ces termes :

> The reasoning here is that *purposive groups* are espousing a tightly integrated set of beliefs, and thus, group leaders will be selected on the basis of their adherence to those beliefs and will be encouraged to espouse all aspects of the belief system, lest they risk losing members. In contrast, *material groups* focus on promoting their members' material self-interest,

---

1. L'analyse qui suit repose en grande partie sur le contenu des 30 mémoires et des 62 fiches-synthèses retenus selon les critères de sélection présentés au chapitre 2. D'autres sources documentaires ont aussi été mises à contribution : articles de presse, analyses et études du MAC, synthèses préliminaire et finale de Brigitte Von Schoenberg et de Jacques Hamel (1991a et b).

and members seem willing to give their leaders a fair amount of latitude in determining exactly how to promote that objective (Sabatier et Jenkins-Smith, 1999 : 134).

LES POSITIONS POLITIQUES ET L'EXPRESSION DE CROYANCES DES « GROUPES IDÉOLOGIQUES »

Cette section n'a pas pour but d'identifier ou d'accoler l'étiquette « groupes idéologiques » aux organismes, associations et autres intervenants. D'ailleurs, il serait présomptueux d'affirmer avec certitude que les positions politiques d'une association plutôt qu'une autre s'associent à de tels groupes. Par exemple, comment confirmer sans l'ombre d'un doute que le Mouvement Québec-français, qui milite depuis longtemps pour la défense du français au Québec, s'identifie essentiellement aux groupes idéologiques. Quelle certitude avons-nous qu'il n'y a pas derrière les revendications de ce mouvement des intentions visant à satisfaire des préoccupations plus « matérialistes » de ses membres, comme l'allocation de nouvelles ressources budgétaires ?

En fait, cette section se consacre plutôt à présenter des positions politiques et des croyances fortement enracinées chez certains intervenants. Il convient également de résumer l'argumentaire général et d'identifier, si possible, certains intervenants clés ou leaders qui en sont les promoteurs. Enfin, pour chacune des positions et des croyances identifiées, il y a lieu de démontrer comment la *Politique culturelle*, telle qu'adoptée, constitue une réponse aux inquiétudes soulevées. D'entrée de jeu, soulignons qu'environ 5 % des 264 mémoires transmis à la commission parlementaire exprimaient un rejet total et complet du *Rapport Arpin*. Il s'agit, pour la plupart, de mémoires issus d'organismes en provenance des milieux culturels. Comme le soulignent Von Schoenberg et Hamel (1991b : 4), les termes « sont parfois très durs et ne laissent place à aucune possibilité de rapprochement ou de négociation ».

Chose certaine, parmi les positions politiques et les croyances associées plus facilement aux attentes et aux demandes de groupes idéologiques[2], mentionnons la question du rapatriement des pouvoirs d'Ottawa en matière de culture, celle relative à la nécessité d'une définition plus large de la culture, la non-reconnaissance d'un

---

2. Cette catégorisation des croyances associées aux attentes et aux demandes de groupes idéologiques comme celle des croyances des groupes orientés vers des intérêts concrets s'inspire particulièrement des analyses de Brigitte Von Schoenberg et de Jacques Hamel (1991a et b).

Québec pluraliste dans le *Rapport Arpin* et, enfin, le débat entourant la notion de création et la liberté d'expression du créateur.

La question du rapatriement des pouvoirs en matière de culture

Dans la synthèse des mémoires réalisée par Von Schoenberg et Hamel (1991b : 98), on souligne qu'un peu plus de 20 % de ceux-ci ont traité explicitement de la question du rapatriement des compétences fédérales en matière de culture. Que l'on soit totalement pour ou totalement contre, cela reflète généralement des positions fortement enracinées dans des croyances politiques qui ont souvent fait appel à un certain niveau de militantisme et à des leaders porteurs de discours, et ce, qu'ils soient indépendantistes ou fédéralistes.

Fernand Dumont, le dernier à prendre la parole aux audiences de la commission parlementaire, mais aussi celui-là même qui travailla à l'élaboration du *Livre blanc* de Camille Laurin (1978) et à la question référendaire de 1980, est particulièrement critique quant à l'omniprésence de cette préoccupation :

> Il n'est pas nécessaire d'être un partisan aveugle pour souhaiter que la souveraineté du Québec mette enfin un terme à ce qui risque d'être un éternel alibi. Pour qu'enfin nous puissions, au Québec, consacrer notre attention et nos efforts à la nouvelle étape à franchir dans le développement de notre société. Il est dommage que la préoccupation pour une politique québécoise de la culture en revienne toujours, comme objectif primordial, à quêter indéfiniment des partages de pouvoirs avec le gouvernement fédéral, complétés par une vague symbolique de la société distincte. Une société devrait se distinguer d'une manière plus concrète : en affrontant les défis d'aujourd'hui plutôt qu'en se divertissant dans les représentations répétitives du théâtre constitutionnel (Mémoire de Fernand Dumont : 12).

En fait, comme le soulignent Von Schoenberg et Hamel (1991b : 98-104), on retrouve cinq grands blocs qui se prononcent d'une façon ou d'une autre sur cette question du rapatriement des pouvoirs.

Tout d'abord, il y a ceux qui en font une question de souveraineté complète pour le Québec. Les interventions des tenants de cette option se situent plus au niveau politique : Parti québécois, Centrale de l'enseignement du Québec (CEQ), Centrale des syndicats nationaux (CSN), etc. Puis, il y a ceux qui se prononcent en faveur du rapatriement des pouvoirs en matière de culture comme la Ville de Québec, la Guilde des musiciens, l'Union des artistes, dont les membres se sont prononcés, lors d'un congrès général, en faveur de la souveraineté politique du

Québec[3], le Mouvement des caisses Desjardins et le Conseil de la peinture du Québec (CPQ). En contrepartie, il y a des organismes et des associations qui émettent des inquiétudes et des craintes face à une telle éventualité : Conseil québécois du théâtre[4], École nationale de théâtre, Canadian Actor's Equity Association, Playwright's Workshop Montreal. D'autres, comme Bell Canada et le Regroupement professionnel de la danse du Québec, suggèrent plutôt la collaboration entre les deux paliers de gouvernement. Enfin, un dernier bloc est celui où les intervenants font état de leur désaccord total et complet. Mentionnons à ce titre les mémoires de l'Association des producteurs de films et de télévision du Québec, de l'Institut québécois du cinéma et du Centre canadien d'architecture.

C'est peut-être le Mouvement des caisses Desjardins qui résume le mieux l'ensemble des positions des tenants du rapatriement des pouvoirs :

> On constate en ce qui a trait au partage des compétences un évident *chevauchement entre les divers paliers de gouvernement* qui rend difficile une rationalisation à grande échelle et qui hypothèque les budgets. [...] Nous recommandons le rapatriement complet par le Québec des pouvoirs et des fonds relatifs à la culture [et] que le Ministère entreprenne les démarches qui s'imposent pour rapatrier le droit d'auteur au Québec et envisage de créer une société destinée à défendre les intérêts des créateurs et des auteurs québécois [...] (Mémoire du Mouvement des caisses Desjardins : 26-27).

Les positions de la CEQ, de la CSN et de Playwright's Workshop Montreal, quoique divergentes, sont aussi très claires.

Pour la CEQ, le Québec doit rapatrier toute la compétence en matière de communications, et spécialement en regard des organismes de radiodiffusion : « Pour réaliser une vraie politique culturelle, il faut posséder les moyens d'agir dans tous les domaines. C'est pourquoi, selon nous, il n'y a de souveraineté culturelle

---

3. En août 1990, quelque 4 000 membres actifs de l'Union des artistes (UDA) furent consultés sur cette question. Forte de l'appui de 90 % des quelque 2 000 répondants à un sondage interne, l'UDA souligne qu'elle est favorable au rapatriement des pouvoirs en matière de culture ainsi qu'à la souveraineté du Québec (*Le Devoir*, 15 novembre 1990 : B8 ; *La Presse*, 15 novembre 1990 : B1).
4. Par exemple, le Conseil québécois du théâtre considère « qu'avant de réclamer pour le ministère des Affaires culturelles des pouvoirs accrus et d'entreprendre de nouvelles tractations constitutionnelles dont les arts, les artistes et le développement culturel risquent de faire les frais, et qu'avant de demander à la population de lui faire confiance [...] le gouvernement du Québec doit d'abord, sans tarder ni tergiverser, s'acquitter des engagements qu'il a pris à plusieurs reprises à l'endroit de la communauté artistique et de la population du Québec au chapitre de la culture » (Mémoire du CQT : 2).

effective que dans l'indépendance. » Pour la CSN, l'indépendance du Québec est un « passage nécessaire et incontournable » pour en arriver à la souveraineté culturelle. Enfin, la position du Playwright's Workshop Montreal exprime un tout autre point de vue, puisque dans son mémoire il conclut que cette recommandation du *Rapport Arpin* semble « au mieux, une vue de l'esprit naïve, au pire, un désastre ».

Bref, par rapport à l'ensemble des mémoires, ce n'est cependant qu'un nombre restreint de groupes, d'organismes et d'individus qui se prononce clairement sur cette recommandation du *Rapport Arpin*. En fait, la couverture de presse accordée à cette question, au cours de l'automne 1991 et au début de l'année 1992, dépasse de beaucoup l'espace accordé à ce thème dans les mémoires. Bien plus, la tendance la plus importante pour ceux qui l'abordent demeure celle que Von Schoenberg et Hamel ont qualifiée « d'hésitante » :

> Cette tendance se retrouve d'ailleurs en quasi-totalité représentée par des organismes ou associations des milieux culturels et plus précisément par les milieux de la création. Les organismes représentant le théâtre anglophone se retrouvent en force dans cette option et de façon générale les organismes anglophones sont soit des « hésitants » penchant vers le non, soit des opposants au rapatriement (Von Schoenberg et Hamel, 1991b : 104).

Incidemment, la principale mesure de la *Politique culturelle* concernant la recommandation du groupe-conseil (ou *Rapport Arpin*) de rapatrier les pouvoirs d'Ottawa en matière de culture consiste tout simplement à ne pas en faire mention. Cette recommandation n'est finalement pas retenue dans la politique culturelle adoptée en décembre 1992.

La nécessité d'une définition large de la culture

Les réserves importantes et les interrogations suscitées par la conception de la notion de culture dans le *Rapport Arpin* sont présentes dans plus de 25 % des mémoires selon Von Schoenberg et Hamel (1991b : 9). Il est intéressant et éclairant de mentionner que la majorité des mémoires qui en font état sont issus des milieux socio-économiques et politiques, dont les trois grandes centrales syndicales, l'Assemblée des évêques, certains mouvements ou regroupements nationalistes et les partis politiques, ainsi que d'individus et d'organismes du monde universitaire.

De fait, la très grande majorité de ces intervenants trouvent que cette notion, telle que définie par le groupe-conseil, est « tout à fait inadéquate, trop restreinte à la notion de développement des arts, de la création artistique et de la consommation des arts ». Rappelons que les auteurs du *Rapport Arpin* proposent finalement une « approche empirique » de la culture qui se limite aux six composantes suivantes : les arts visuels et les arts d'interprétation, la littérature, le cinéma et la télévision, le cadre culturel de vie (architecture, design, aménagement urbain et territoire), le patrimoine culturel et, enfin, les industries culturelles. De plus, on y ajoute trois moyens qui ont, selon les auteurs, une « influence déterminante » : la ressource professionnelle, le réseau de diffusion (lieux et médias) et l'éducation (Québec, MAC, *Rapport Arpin*, juin 1991 : 39-40).

De façon générale, on souhaite plutôt une définition qui touche « tous les citoyens dans leur vie de tous les jours », donc plus près de l'approche anthropologique de la culture et des notions de démocratisation de la culture, d'identité culturelle et de droits culturels. Citons cet extrait du mémoire de la Centrale de l'enseignement du Québec (CEQ) :

> Puisque l'être humain invente lui-même l'humanité sans être soumis à des modèles tout construits par sa propre nature, il s'ensuit qu'il existe une grande variété de manières d'être humains [sic], de manières de vivre son humanité. C'est ce que l'on appelle la diversité culturelle. Il en découle que la culture n'existe pas « en soi », comme une substance séparée ; elle n'existe que comme culture particulière : culture personnelle d'un individu, culture d'un groupe ethnique, culture d'une communauté régionale, culture d'une société [...].
>
> Dans cette perspective, une politique culturelle ne peut consister à imposer quelque orthodoxie que ce soit. Elle doit être vue plutôt comme libératrice des énergies collectives, comme éveil et mise en valeur des dynamismes internes d'une communauté. Elle consiste à redonner à celle-ci le pouvoir sur sa propre vie (Mémoire de la CEQ : 7).

Selon plusieurs intervenants, une définition élargie de la culture aurait assurément garanti un plus grand intérêt pour les communautés culturelles et autochtones, ainsi que pour certaines catégories de citoyens : les jeunes, les gens vivant en région, les pauvres, les chômeurs, etc. Pour l'Assemblée des évêques du Québec, il faut accorder une plus grande place aux valeurs spirituelles dans le développement et le rayonnement de la culture : « Le Québec ne serait pas celui que nous connaissons si l'héritage spirituel des générations passées et actuelles ne marquait pas autant notre vie collective [...] Le Québec de demain devra compter avec ces richesses pour s'épanouir en humanité » (Mémoire de l'Assemblée des évêques du Québec : 2).

Enfin, selon certains, les choix posés par le groupe-conseil, et qui se rattachent à une définition «restreinte» de la culture, font que plusieurs autres dimensions de la vie culturelle et de l'activité humaine sont pour ainsi dire très peu présentes, sinon absentes. Il en est ainsi du loisir culturel, de la culture scientifique et technique, du travail, de la recherche et de la production intellectuelle, de la culture populaire et de ses diverses formes d'expression, de l'éducation et des communications. Certains condamnent la définition adoptée parce qu'elle se restreint finalement à une conception économiste et marchande, «liée à la production et à la consommation de biens culturels», laquelle répond en tout premier lieu à des impératifs économiques ou démographiques. «La recherche de la rentabilité dans le domaine culturel conduit inévitablement à une paupérisation de la culture : c'est faire preuve de myopie. Il faut à tout prix éviter le discours économisant qui assimile la culture à un investissement» (extraits de mémoires cités par Von Schoenberg et Hamel, 1991b : 11).

La principale mesure de la *Politique culturelle* par rapport à la proposition du groupe-conseil Arpin et qui confirme que l'on tient finalement compte d'une définition plus large de la notion de culture consiste en l'ajout de l'axe «Affirmation de l'identité culturelle». Rappelons que cet axe contient trois grandes orientations : la valorisation de la langue française comme moyen d'exprimer la culture et d'y accéder, la valorisation de l'héritage culturel et le renforcement du dialogue des cultures. Diverses mesures visant à satisfaire des demandes et des attentes des acteurs et groupes de pression sont associées au plan d'action.

Il en est ainsi de l'accroissement des actions du ministère de l'Éducation dans le domaine de l'enseignement du français, de la participation du Québec au volet culturel des Jeux de la francophonie, de l'exploration de nouvelles avenues pour les municipalités, dont un crédit de taxes pour les propriétaires d'immeubles présentant un intérêt patrimonial, de la consolidation de l'intervention du gouvernement auprès des instances muséales, de l'exemption de gain en capital pour les dons de certains biens culturels et de la création d'incitatifs pour que les municipalités adoptent des politiques d'intégration des arts à l'architecture (Québec, MAC, juin 1992 : 141-142).

La non-reconnaissance d'un Québec pluraliste

Selon Brigitte Von Schoenberg et Jacques Hamel (1991b : 8), plus de 15 % des mémoires «questionnent le Groupe-conseil quant à sa vision du Québec actuel». En fait, on ne comprend pas pourquoi on fait si peu état du «visage interculturel » de la société québécoise (Mémoire de la Fédération des cégeps) ou des rapports interethniques, « creuset de l'identité culturelle » (Mémoire de l'UQAM). D'aucuns, mais plus rarement, rappellent aussi la responsabilité du Québec à l'égard des francophones hors Québec (Mémoire de l'Union des artistes). Bref, pour Von Schoenberg et Hamel (1991b : 8-9), il paraît « fondamental de préciser que la culture nationale ne doit pas s'identifier à la culture ethnique canadienne-française ».

D'ailleurs, au lendemain du dépôt du *Rapport Arpin*, des organisations culturelles canadiennes-anglaises, représentées notamment par la Common Agenda Alliance for the Arts, s'étaient opposées « farouchement à ce que la culture fasse partie des prochaines propositions constitutionnelles ». Des artistes anglophones du Québec avaient fait part de leurs inquiétudes devant l'éventualité que le Québec obtienne plus de pouvoirs en matière de culture, d'autant plus que la proposition du groupe-conseil Arpin faisait peu de cas, selon eux, des communautés culturelles et anglophones du Québec. Pour l'Union des artistes :

> Les droits historiques des anglophones étant indéniables, les Québécois de langue anglaise doivent avoir leur place dans un Québec souverain. La société québécoise tout entière doit reconnaître et respecter, dans un esprit d'équité et d'ouverture, les droits de ces compatriotes. Dans un Québec nouveau, les acquis et les institutions (culture, écoles, universités, hôpitaux, droits sociaux, etc.) de la communauté anglophone doivent être protégés » (Mémoire de l'UDA : 4-5).

Il en est de même des commentaires issus de cinq organisations de la communauté noire : The Black Theatre Workshop of Montreal, Carifete et Afro-Festival of The Black Community Council of Montreal, Rythme du monde et The Foundation for Minority Arts and Culture. Leur mémoire collectif constitue un vibrant plaidoyer en faveur d'une plus grande place accordée à la communauté noire au sein de la société québécoise. Bien que les auteurs du mémoire soulignent que le *Rapport Arpin* reconnaît « le droit de tous les Québécois d'avoir accès à la vie culturelle, et ce sans privilégier un groupe plutôt qu'un autre », ils dénoncent cependant « le racisme des Québécois et du gouvernement à l'égard des Noirs, racisme qui se cache d'après eux sous le nationalisme québécois » (Mémoire collectif The Black Theatre Workshop of Montreal *et al.*).

Parmi les demandes plus spécifiques qui les rapprochent ici des « groupes orientés vers des intérêts concrets », mentionnons l'accroissement du soutien des gouvernements provincial et municipal aux organismes culturels de la communauté noire de Montréal, la mise en place d'un plan quinquennal de développement culturel, le développement à long terme des équipements et des ressources nécessaires au théâtre et à la culture et, enfin, le soutien à long terme d'événements majeurs qui en sont issus : Carifete, Afro-Festival et Rythmes du monde.

Autre exemple, pour le Grand Conseil des Cris, la proposition de politique culturelle est « faite sur mesure pour les Québécois d'origine francophone », et ce, bien que le gouvernement du Québec intervienne auprès des nations autochtones depuis l'adoption, par l'Assemblée nationale (20 mars 1985), de quinze principes, dont trois concernent la culture[5] :

> Le rapport fait complètement abstraction des cultures autochtones, comme si elles n'avaient jamais existé, comme si elles n'existaient pas, comme si elles n'avaient jamais contribué à façonner la culture des Québécois, comme si elles n'avaient aucune importance pour l'avenir... Simple oubli? Volonté délibérée? Exclusion des priorités?
> La seule mention des Autochtones tient en quatre lignes à la page 43 et se lit comme suit : « Plusieurs siècles avant les francophones, les amérindiens et les Inuit habitaient le territoire québécois. Ceux-ci ont tenu à sauvegarder leur identité culturelle. »
> C'est un peu court, non!
> Reste le prix de consolation de contribuer à faire une société diversifiée, à l'instar des néo-Québécois, de façon à fournir « une forme de garantie d'ouverture au monde et un contrepoids au repli sur soi (p. 44) » (Mémoire du Grand Conseil des Cris : 4).

Bref, la principale mesure de la *Politique culturelle* par rapport à la proposition du groupe-conseil Arpin rendant compte de la nécessité d'une reconnaissance accrue du Québec pluraliste consiste à ajouter l'axe « Affirmation de l'identité culturelle » et, notamment, une troisième orientation relative au renforcement du dialogue des cultures. Dans le plan d'action, on retrouve quatre mesures rattachées à cette orientation et qui correspondent à des demandes spécifiques des groupes de pression issus des milieux culturels et probablement

---

5. Ces trois principes sont : (1) la reconnaissance des peuples aborigènes du Québec comme « des nations distinctes qui ont droit à leur culture, à leur langue, à leurs coutumes et traditions », etc.; (2) « le droit d'avoir et de contrôler, dans le cadre d'ententes avec le gouvernement, des institutions qui correspondent à leurs besoins dans le domaine de la culture, etc. »; (3) « le droit de bénéficier, dans le cadre des lois d'application générale ou d'ententes conclues avec le gouvernement, de fonds publics qui favorisent la poursuite d'objectifs qu'elles jugent fondamentaux » (Mémoire du Grand Conseil des Cris : 8-9).

de fonctionnaires ou d'instances du MAC : (1) l'élaboration et la mise en œuvre d'«un plan de communication sur les services et les programmes gouvernementaux en matière de culture», (2) une meilleure représentation des membres des communautés québécoises au sein des jurys, comités d'évaluation et organismes d'État, (3) la mise sur pied, *via* les musées d'État, d'expositions itinérantes afin de faire connaître l'apport «des différentes communautés à la culture québécoise» et, enfin, (4) un soutien aux centres d'exposition et aux centres d'artistes, *via* une aide spéciale, qui tiendront des expositions «d'artistes de la relève issus des différentes communautés culturelles» (Québec, MAC, juin 1992 : 143).

La notion de création et la question de la liberté d'expression du créateur

Plusieurs mémoires, majoritairement issus des milieux culturels, abordent explicitement le volet de la création présent dans le *Rapport Arpin* : un peu plus de 30 % des mémoires selon Von Schoenberg et Hamel (1991b : 16). Quelques municipalités et organismes universitaires en traitent aussi. Si la plupart des aspects abordés concernent plus spécifiquement des demandes de groupes orientés vers des intérêts concrets (amélioration du statut socio-économique des créateurs, consolidation des organismes existants, solutions au problème de la relève, etc.), deux aspects attirent particulièrement l'attention parce que l'argumentaire se rapproche beaucoup plus des groupes idéologiques. Il s'agit de la définition même de la notion de création et de la question relative à la liberté d'expression :

> [...] l'État doit s'assurer de garantir la liberté de l'artiste et favoriser le développement de la recherche en arts. Il ne peut faire des choix pour le milieu et privilégier des tendances particulières. S'il est vrai que la culture participe du pouvoir [...] et qu'elle s'inscrit dans le circuit de l'organisation socio-économique, les arts doivent garder une distance par rapport aux pouvoirs politiques et économiques. Distance garante de leur liberté et de leur fonction critique (Mémoire de l'Université du Québec à Montréal, cité dans Québec, MAC, juin 1992 : 61).

Comme le soulignent Von Schoenberg et Hamel (1991b : 16), il n'y a pas vraiment d'unanimité entre les intervenants quant à la notion de création. Pour certains, il n'y a qu'une seule catégorie de créateurs : écrivains, compositeurs, peintres, poètes, cinéastes, etc. Pour l'Association québécoise de l'industrie du disque, du spectacle et de la vidéo, par contre, «une politique culturelle cohérente de soutien à la création devra également reconnaître que les producteurs de disques et de spectacles sont des partenaires importants (aux côtés des auteurs, compositeurs et interprètes) dans le processus création-production » (Mémoire de l'ADISQ : 11). Pour d'autres, il est « déplorable » que le *Rapport Arpin* oriente cette notion essentiellement vers la création artistique en omettant bien d'autres lieux de création :

> Généralement, qui pense création pense arts. Cette compréhension laisse, semble-t-il, peu de place au patrimoine culturel à l'intérieur de la Proposition. Or, il nous est possible de dénombrer plusieurs créations contemporaines [...] qui prennent racine à l'intérieur des composantes du patrimoine culturel [...] et qui [y] puisent leur inspiration [...] Il importe également de constater et de reconnaître la créativité mise de l'avant par certains organismes œuvrant dans le domaine du patrimoine culturel et ce, principalement au niveau de la promotion et de la mise en valeur (Mémoire de la Fédération des sociétés d'histoire : 13).

Pourquoi ignorer le patrimoine archivistique, qui fournit des matériaux à la création artistique (Association des archivistes du Québec) ? Pourquoi méconnaître la création faite par les amateurs (Union des municipalités du Québec) ? Pourquoi faire correspondre la création à cette vision économiste de la culture (Union des écrivains du Québec) ?

En ce qui a trait à la liberté de création, Von Schoenberg et Hamel ont remarqué deux grandes tendances. La première, « majoritaire, voulant que l'État soutienne et stimule la création tout en évitant de la diriger ou d'intervenir dans le contenu esthétique » :

> S'il est un besoin pressant dans le contexte actuel, c'est bien celui de ne réaffirmer le caractère autocratique de l'art et de la création véritable qu'à travers une liberté totale, indissociable des crédits adéquats rendus disponibles non selon le bon vouloir de tel ou tel ministère ou de tel ou tel gouvernement, mais au nom du Bien commun incarné par l'État souverain qui se reconnaîtrait ainsi la mission supérieure de protéger l'individualité créatrice (Mémoire de la Société historique du théâtre du Québec, cité par Von Schoenberg et Hamel, 1991b : 20).

C'est d'ailleurs dans cette perspective que certains proposent la création d'un organisme analogue au Conseil des arts du Canada, lequel assurerait « la plus large autonomie possible des arts indépendants à l'égard de l'arbitraire politicien et des contingences bureaucratiques » (Mémoire du Regroupement des centres d'artistes autogérés du Québec, cité par Von Schoenberg et Hamel, 1991b : 21).

La deuxième tendance, au contraire, soutient « le retrait complet de l'État de l'aide à la création pour la remplacer par une politique fiscale qui [assurerait] l'autonomie financière au créateur ». Selon le Centre de production et de diffusion de l'art actuel L'Oreille décousue, il est « impossible d'évaluer des créateurs à partir de critères, de programmes ou même des très neutres jurys ». Il faut donc le retrait complet de l'État, la fin des subventions directes et l'adoption de mesures permettant l'affranchissement et la pleine autonomie. Bref, pour ce deuxième groupe, « la perspective d'une culture d'État, telle que proposée dans le rapport Arpin, est aux antipodes des besoins des créateurs » (Mémoire de l'Union des écrivains du Canada / section Québec, cité par Von Schoenberg et Hamel, 1991b : 21).

La principale disposition de la *Politique culturelle* qui tient compte de cette demande d'autonomie réside dans l'axe « Soutien aux créateurs et aux arts », notamment dans les deux objectifs suivants : « Garantir l'autonomie des créateurs et des organismes de création » et « Soutenir l'excellence, la diversité et le renouvellement de la création ». Différentes mesures dans le plan d'action y sont associées : adoption d'une politique créant le Conseil des arts et des lettres du Québec et transfert à ce dernier des responsabilités du MAC qui concernent le soutien aux créateurs et aux organismes de création, conception et mise en œuvre d'un programme spécifique à la création par le futur CALQ, et ce, afin de remplacer le Programme d'aide aux artistes professionnels, élaboration et mise en place d'un programme visant à soutenir la création et la production indépendante d'œuvres audiovisuelles (Québec, MAC, juin 1992 : 144).

LES POSITIONS POLITIQUES ET L'EXPRESSION DE CROYANCES DES « GROUPES ORIENTÉS VERS DES INTÉRÊTS CONCRETS »

L'ensemble des mémoires consultés accordent une large place à des préoccupations très spécifiques associées aux groupes orientés vers des intérêts concrets (*material groups*) : octroi du 1 % du budget du gouvernement à la culture, stabilité financière des créateurs, plus grande implication financière des municipalités, mise en place de nouveaux programmes scolaires axés sur l'éducation artistique, etc.

Parmi les positions politiques et les croyances associées aux attentes et demandes de ces groupes, mentionnons l'adoption de mesures permettant de faire face aux enjeux concernant l'éducation culturelle, de corriger cette sur-valorisation des industries culturelles et des institutions culturelles, d'éliminer les inégalités et l'appauvrissement des créateurs et des artistes, de consolider financièrement des organismes culturels, de minimiser les impacts de la décentralisation vers les municipalités et, enfin, d'amoindrir les risques d'une bureaucratisation et d'un dirigisme étatique accrus.

Les enjeux concernant l'éducation culturelle

Lors des travaux de la commission parlementaire, mais aussi à l'occasion de discussions au sein des différents comités et groupes de travail du ministère des Affaires culturelles, la question de l'éducation culturelle est apparue comme un enjeu important : plus de 30 % des mémoires traitent de ce sujet, selon Von Schoenberg et Hamel (1991b : 34). Près des deux tiers des mémoires qui abordent cette question sont issus des individus et des organismes des milieux culturels : milieux du patrimoine et des musées, associations d'artistes, milieux du livre et des bibliothèques, des arts visuels, de la musique et du théâtre. L'autre tiers provient de municipalités et de conseils régionaux de la culture (CRC) ainsi que d'individus et d'organismes du milieu collégial et universitaire (*Ibid.*).

Dans les faits, on n'hésite pas à parler de la situation « catastrophique » de l'enseignement des arts et de la culture : « L'évolution des programmes scolaires a vidé l'école québécoise de son contenu artistique et culturel. Notre système scolaire, diront certains, a consacré l'idée que l'art est superflu : la connaissance du monde artistique et culturel atteint le degré zéro » (*Ibid.* : 35). Bref, les intervenants sont unanimes quant à la nécessité et à l'urgence de faire de l'éducation culturelle une priorité :

> Pour assurer le progrès culturel du Québec, il faut d'abord redonner la priorité à l'éducation et nous fixer, comme société, des objectifs exigeants à cet égard. [...]
> Au cours des deux dernières décennies, le gouvernement du Québec a laissé se détériorer la qualité de cet instrument essentiel de transmission de la culture que constitue l'école publique. Si nous croyons à la culture, nous devons exiger un vigoureux coup de barre pour corriger cette situation. Une politique de promotion de la culture québécoise qui ne mettrait pas d'abord l'accent sur la revalorisation et l'amélioration de l'éducation scolaire serait non seulement incomplète, mais sans doute vouée à l'échec (Mémoire de la CEQ : 35).

Différentes actions sont proposées par les intervenants : reconnaître le rôle essentiel et spécifique de la bibliothèque en milieu scolaire et favoriser le développement du goût de la lecture (Mémoires de la CEQ, de l'Association des éditeurs et de la Société des éditeurs de manuels scolaires du Québec) ; faciliter la diffusion d'œuvres littéraires et artistiques de qualité et mettre sur pied un programme permettant aux étudiants d'entrer régulièrement en contact avec des artistes (Mémoire de l'ADISQ); établir des programmes d'initiation aux arts adaptés aux écoles des localités et des quartiers défavorisés (Mémoire de l'Assemblée des évêques du Québec); garantir la qualité de la relève par une formation professionnelle adéquate et par le perfectionnement (Mémoires de la Commission-Jeunesse du Parti libéral du Québec, du Mouvement des caisses populaires Desjardins, de l'Union des artistes, de la Chaire de gestion des arts des HEC).

Pour Fernand Dumont, comme «on a l'impression que la culture ne *mord pas* sur la scolarisation», il y a donc lieu de procéder à un examen de la qualité du système d'éducation, alors que pour la Fédération des sociétés d'histoire du Québec, le gouvernement doit assurer l'enseignement de l'histoire aux niveaux primaire et secondaire et utiliser le patrimoine comme outil pédagogique. Enfin, pour les Productions Les Gros Becs et cinq autres théâtres :

> le secteur des arts, des lettres et de la culture, n'ayons pas peur de l'affirmer, n'a jamais bénéficié des ressources suffisantes pour assurer le ressourcement et le perfectionnement des artistes, des artisans et des gestionnaires. [...] Quand l'on voit l'importance que ce secteur occupe présentement dans le discours politique, il faut faire en sorte que la politique culturelle garantisse au milieu une meilleure accessibilité à ces mesures (Mémoire des Productions Les Gros Becs *et al.* : 12).

En clair, les demandes des organismes et des individus des milieux culturels, mais aussi d'autres intervenants, impliquent nécessairement plus d'enseignants formés aux arts et plus de débouchés pour les artistes, d'autres programmes, des bibliothèques mieux équipées, etc. Mais il y a également un autre aspect sur lequel on insiste particulièrement, c'est celui qui concerne le rôle des intervenants en ce domaine.

Plusieurs groupes et associations rappellent l'importance d'associer les artistes et les créateurs à l'enseignement, de multiplier les rencontres entre les jeunes étudiants et les artistes et de faire le lien entre l'école et la création artistique. Ainsi, le Conseil permanent de la jeunesse «tient à souligner l'importance des compétences formelles spécifiques à l'enseignement des arts. Cette préoccupation pourrait favoriser l'élargissement des débouchés pour les jeunes artistes, sous des formes dépassant le cadre scolaire formel actuel» (cité par Von Schoenberg et Hamel, 1991b : 36).

D'autres, quoique minoritaires, accordent un rôle prédominant au ministère des Affaires culturelles en ce domaine. La position de la Guilde des musiciens est représentative de ces organismes et individus des milieux culturels, mais aussi de certains fonctionnaires du ministère qui suggèrent un tel mandat pour le MAC :

> Nous pouvons affirmer que la formation musicale au Québec a atteint un niveau d'excellence qui n'a rien à envier à l'Europe ou aux États-Unis. D'importateur de talents étrangers que nous étions en 1942, lors de la création des Conservatoires, nous sommes devenus exportateur. Nous sommes maintenant rendus à une étape où la rationalisation des ressources et une réorganisation des objectifs de l'enseignement de la musique s'imposent. Nous proposons qu'afin de réaliser cet objectif, le ministère des Affaires culturelles soit la seule instance dûment mandatée pour revoir les programmes d'enseignement de la musique à tous les niveaux [...]. Il serait primordial d'éviter tout dédoublement, tant au niveau des structures que des programmes (Mémoire de la Guilde des musiciens du Québec : 6).

Cette idée du rôle central et quasi unique du ministère des Affaires culturelles n'est cependant pas partagée par la majorité des intervenants. Certains insistent sur des institutions, comme la Cinémathèque et Radio-Québec (Mémoire de l'Institut québécois du cinéma). D'autres suggèrent une plus grande concertation entre les ministères de l'Éducation et des Affaires culturelles, mais aussi d'autres acteurs : ministères provinciaux (MESS, MLCP, etc.), municipalités, commissions scolaires, différents milieux culturels, corps enseignants et milieux syndicaux (Mémoires de la Fédération des cégeps et des Productions Les Gros Becs *et al.*).

Finalement, les principales mesures de la *Politique culturelle* qui rendent compte de l'importance de l'éducation culturelle et de demandes de divers intervenants se retrouvent tout d'abord dans l'axe 2 : « Soutien aux créateurs et aux arts ». Ce sont notamment les mesures qui visent des activités de perfectionnement destinées aux créateurs, aux artistes et aux professionnels des arts (« tant au Québec qu'à l'extérieur »), qui proposent la mise à jour du plan national de formation des métiers d'art, qui modifient la *Loi sur le Conservatoire* et le transfert, à une ou des corporations autonomes, de « responsabilités relatives à la formation musicale et à la formation en art dramatique ». Puis, il y a les cinq mesures de l'axe 3 : « Favoriser l'accès et la participation des citoyens », visant à « renforcer l'éducation et la sensibilisation aux arts et à la culture » : la relance par le MEQ de l'éducation artistique et culturelle en milieu culturel ; la mise en œuvre d'un « nouveau programme de sensibilisation reposant sur l'initiative conjointe des artistes et des commissions scolaires » (MEQ-MAC) ; la mise en place de mécanismes de concertation entre le

MEQ et le MAC, entre les bibliothèques scolaires et publiques; la signature de protocoles avec les secteurs de la radio et de la télévision (émissions artistiques et culturelles), entre le MAC et Radio-Québec; enfin, des ententes de développement culturel avec les municipalités locales et régionales et visant surtout les familles (Québec, MAC, juin 1992 : 145, 148).

La sur-valorisation des industries culturelles et la sous-valorisation de certains secteurs

Plusieurs organismes, associations et individus ont critiqué la large place accordée dans le *Rapport Arpin* aux industries culturelles et le peu d'attention accordé à d'autres secteurs culturels, dont celui du patrimoine, ce qui contribue ainsi à mettre l'accent sur une conception économique et marchande de la culture. Pour plusieurs intervenants, le patrimoine revêt une grande importance et, en ce sens, la *Politique culturelle* doit en tenir compte :

> Cette politique doit avoir une vision humaniste et globale et s'adresser à tous les Québécois, sans quoi on assistera à une sorte de « macdonalisation » de la culture. Elle doit comprendre les pratiques culturelles traditionnelles, le patrimoine intangible et vivant, l'architecture et le patrimoine bâti, le patrimoine historique, le patrimoine naturel, le patrimoine archivistique, le patrimoine industriel (Von Schoenberg et Hamel, 1991b : 7).

La très grande majorité des intervenants qui ont soulevé de telles préoccupations sont d'ailleurs issus de milieux patrimoniaux : Réseau des archives du Québec, Institut d'histoire de l'Amérique française, Table de coordination des archives privées du Saguenay–Lac-Saint-Jean, Fédération des sociétés d'histoire du Lac-Saint-Jean et nombre d'autres.

Ainsi, même si le *Rapport Arpin* soutient que le patrimoine, comme « mémoire de la société » et comme « grand héritage de chaque société », sert d'abord et avant tout à l'éducation culturelle, l'importance accordée à ce secteur ne se traduit cependant pas dans les recommandations du rapport. Bien plus, selon le Réseau des archives du Québec (RAQ), le patrimoine ainsi abordé présente une « vision tronquée qui se limite au patrimoine architectural ou aux objets de la vie quotidienne » (Mémoire du RAQ : 2). Mais c'est peut-être la Commission des biens culturels du Québec qui définit le mieux le patrimoine en reprenant l'un des principes de la déclaration de la Communauté internationale formulée lors de la Conférence mondiale sur les politiques culturelles de Mexico :

> Le patrimoine culturel d'un peuple s'étend aux œuvres de ses artistes, de ses architectes, de ses musiciens, de ses écrivains, de ses savants, aussi bien qu'aux créations anonymes, surgies de l'âme populaire et à l'ensemble des valeurs qui donnent un sens à la vie. Il comprend les œuvres matérielles et non matérielles qui expriment la créativité de ce peuple : langue, rites, croyances, lieux et monuments historiques, littérature, œuvres d'art, archives et bibliothèques (Mémoire de la Commission des biens culturels du Québec : 14).

Il faut aussi tenir compte des autres groupes et organismes qui insistent sur un élargissement de la notion de culture qui permettrait l'ajout d'autres dimensions : le loisir culturel, la culture scientifique et technique, les communications, la culture populaire, etc. Mais revenons à cette idée de sur-valorisation des industries culturelles.

Pour l'UQAM, les « objectifs et les conditions de la création ne peuvent se confondre à ceux des industries culturelles ». Pour le Regroupement des centres d'artistes autogérés, mais aussi pour le Conseil québécois du théâtre, les industries culturelles ne sont ni créatrices ni « une fin en soi » : elles représentent un « moyen par lequel l'œuvre d'un ou de plusieurs artistes de certaines disciplines est, dans certains cas, prise en charge par des producteurs pour rejoindre un large public » (Mémoire du CQT : 17). Elles contribuent donc à faire circuler le produit du créateur dans un marché de masse : « On ne peut admettre que les recherches et les innovations nées de l'acharnement quotidien des artistes ne gagnent en valeur qu'à la remorque des industries culturelles » (*Ibid.*).

Pour les Productions Les Gros Becs *et al.*, sans « vouloir négliger [leur] importance », les industries culturelles occupent « une place nettement surélevée » dans la proposition de politique de la culture et des arts. Bien plus, pour les signataires du mémoire, il semble logique que les industries culturelles bénéficient des mêmes programmes que les autres industries, soit ceux qui relèvent du ministère de l'Industrie et du Commerce et de la Société de développement industriel (voir aussi le mémoire du CQT : 18). Mais pour les Productions Les Gros Becs *et al.*, « la grande priorité » doit être celle visant à mettre en place « des leviers utiles pour tous les organismes et non seulement pour les industries culturelles qui occupent " une si belle place " dans la proposition » (Mémoire des Productions Les Gros Becs *et al.* : 16).

Par contre, plusieurs intervenants rappellent le rôle important des médias dans la vie culturelle des Québécois, surtout auprès des jeunes. Pour l'Union des artistes, « les médias jouent un rôle fondamental au sein du réseau culturel. Ils doivent concevoir et présenter à leur public des programmations dans lesquelles les arts et la culture tiennent une large place » (Mémoire de l'UDA : 23). Cet organisme, ainsi que la Guilde des musiciens, appuient donc cette recommandation du *Rapport Arpin* qui propose la création d'une société pour la promotion des arts et de la culture (*Ibid.* : 23 ; Mémoire de la Guilde des musiciens du Québec : 9). Pour la Commission des biens culturels, « [l]'école, les médias et les musées sont les instruments par excellence d'acquisition et de transmission des valeurs. Ils doivent donc participer à la mission culturelle parce qu'ils sont les lieux privilégiés de synthèse entre les valeurs culturelles héritées et celles qui sont acquises » (Mémoire de la Commission des biens culturels du Québec : 21). Enfin, pour les Productions Les Gros Becs *et al.*, les médias, et particulièrement la télévision, ont un grand pouvoir de valorisation des artistes :

> C'est là que se « font » le succès, les vedettes. De ce fait, le petit écran est un acteur éminemment puissant, qui crée entre autres ce que l'on pourrait appeler la « norme culturelle nationale ». Malheureusement, cette norme est actuellement essentiellement montréalaise. L'effet des pratiques en cours est insidieux en ce qu'il confine le statut d'intérêt « national » aux artistes, productions et œuvres venant d'une partie seulement du territoire (Mémoire des Productions Les Gros Becs *et al.* : 20-21).

Bref, comme le soulignent Von Schoenberg et Hamel (1991b : 38-41), certains organismes et individus suggèrent la mise en place de mesures incitatives afin d'amener les médias à jouer un rôle plus important en ce domaine. Radio-Québec, par exemple, pourrait diffuser un plus grand nombre de reportages sur les créateurs québécois, alors que les médias en région devraient contribuer à faire mieux connaître l'art québécois (Mémoire du Conseil régional de la culture des Laurentides). D'autres, moins nombreux, proposent l'adoption de mesures coercitives visant à contraindre les diffuseurs à accroître le contenu régional de la programmation culturelle (Mémoire des Productions Les Gros Becs *et al.*). On suggère même l'adoption d'une « véritable politique de communication culturelle » (Mémoire de l'Association d'artistes professionnels en arts visuels de Québec).

Relativement à la sur-valorisation des industries culturelles et à la sous-valorisation de certains secteurs (patrimoine, langue, loisirs culturels, etc.), la principale disposition de la *Politique* relativement à la proposition du *Rapport Arpin* est l'ajout du nouvel axe « Affirmation de l'identité culturelle », lequel concède une plus grande importance à ces autres secteurs. Cinq mesures du plan d'action de l'axe 2, « Soutien aux créateurs et aux artistes », de la *Politique culturelle* mettent également l'accent sur les industries culturelles : mise sur pied d'un centre d'expertise en gestion des arts et des industries culturelles, primauté de besoins identifiés aux industries culturelles en matière de formation professionnelle, admissibilité à différents programmes du ministère de l'Industrie, du Commerce et de la Technologie, plus grande admissibilité de certaines entreprises culturelles au programme de la Société de placement dans l'entreprise québécoise (SPEQ) et, enfin, expansion du crédit d'impôt à la capitalisation des PME québécoises à certaines entreprises culturelles (Québec, MAC, juin 1992 : 147).

Les inégalités et l'appauvrissement des créateurs et des artistes

La situation socio-économique des créateurs, maintes fois décriée, est abordée par plusieurs intervenants : « Les artistes qui sont le moteur de notre vie culturelle sont trop souvent relégués à un statut d'assistés sociaux ou encore condamnés à travailler hors de leur profession quelques mois pour pouvoir survivre grâce aux prestations d'assurance-chômage [...]. Cette situation est réellement inacceptable » (Mémoire du Regroupement des diffuseurs en arts visuels de la Montérégie, cité par Von Schoenberg et Hamel, 1991b : 23). De tels constats sur la précarité des travailleurs de la culture ont d'ailleurs été traités précédemment et plusieurs études ont été mentionnées dans la revue des écrits (Lacroix, Féral et autres). Il n'est donc pas opportun d'insister plus longuement. Par contre, il convient de souligner qu'un certain nombre de mémoires proposent des voies de solution pour corriger cette situation.

Certains groupes et associations demandent que le gouvernement du Québec, tout comme le fédéral, légifère dans le domaine des droits d'auteur (Mémoire de la Société professionnelle des auteurs et compositeurs du Québec) en renforçant la perception des droits d'auteur ou en revendiquant un transfert de compétences législatives en ce domaine (Von Schoenberg et Hamel, 1991b : 24). D'autres, par contre, soulignent que cela ne représenterait que « des broutilles » (Mémoire du Conseil de la peinture du Québec). Pour sa part, le Conseil québécois du théâtre condamne la disparition de certaines recommandations dans la version finale du *Rapport Arpin*, notamment celles qui sont liées à l'augmentation du droit d'auteur par une formule d'appariement gouvernemental, à un programme de soutien à la gestion des organismes culturels et à l'augmentation de l'aide financière gouvernementale directe aux arts et aux lettres (Mémoire du CQT : 5). Mais bien d'autres solutions sont également proposées pour améliorer la situation des artistes et des créateurs.

Ainsi, certains intervenants suggèrent d'accroître la contribution de l'État et de promouvoir la diversification des sources de financement. D'autres proposent d'augmenter les possibilités d'engagement, de développer les marchés et de revoir la taxation en versant les revenus aux créateurs québécois. Quelques-uns souhaiteraient voir s'appliquer aux municipalités la politique du 1 % d'intégration des arts à l'architecture, alors que des intervenants favorisent plutôt des mesures d'étalement du revenu et une meilleure surveillance des industries culturelles, afin qu'une « part convenable » de leur budget se consacre aux travailleurs culturels. D'autres encore privilégient l'élimination ou, du moins, la réduction de la TPS, de la TVQ et de la taxe d'amusement. On retrouve aussi la suggestion de restituer à Loto-Québec sa mission première, soit de soutenir les loisirs, le sport et la culture, ou celle de créer une loterie culturelle[6]. Enfin, certains mémoires, comme celui de la Brasserie Molson O'Keefe, voudraient voir s'élaborer des formules qui encourageraient les entreprises à participer davantage au financement des activités culturelles.

Bref, les principales mesures de la *Politique culturelle* qui visent le soutien aux créateurs et aux artistes (axe 2) se retrouvent dans l'orientation « Améliorer les conditions de vie professionnelle des créateurs et des artistes » et dans les mesures suivantes : versement de compensations pour l'utilisation des œuvres des créateurs et des artistes, amélioration de la perception des droits d'auteur, notamment pour les artistes en arts visuels et, enfin, possibilité de déduire certaines dépenses liées au travail pour les artistes des arts visuels, des métiers d'art et de la littérature. Il ne faut pas non plus négliger certaines mesures associées aux deux autres axes qui doivent aussi contribuer à l'amélioration du statut des artistes et des créateurs, comme la relance par le MEQ de l'éducation artistique et culturelle, un meilleur soutien de l'État pour les expositions itinérantes, la mise en œuvre d'un programme spécifique à la création par le CALQ ou le parrainage de collectifs de production (Québec, MAC, juin 1992 : 141-149).

La consolidation financière des organismes culturels et des associations professionnelles

Si l'urgence d'améliorer la situation socio-économique des artistes et des créateurs fait facilement l'unanimité chez les intervenants qui abordent cette

---

6. Voir notamment les mémoires de l'UDA, du CQT, de la Guilde des musiciens du Québec, de l'Association des libraires du Québec, de l'ADISQ, du Festival Juste pour rire, de la Chambre des artistes de Boucherville.

question, il en est autrement de celle de stabiliser et de consolider les organismes culturels existants. Bien sûr, un grand nombre d'organismes semblent plaider pour un redressement des bases financières des organismes existants. Comme le signalent Von Schoenberg et Hamel (1991b : 27-30), certains militent pour l'élargissement des plans triennaux, lesquels « donneraient enfin un outil pour être vraiment performants » (Mémoire des Arts visuels de Lanaudière), alors que d'autres suggèrent plutôt des plans quinquennaux ou l'instauration du principe d'indexation des budgets annuels (Mémoire des Grands Ballets canadiens). Mais cette consolidation des organismes existants risque cependant de nuire à la relève, selon certains, d'où l'insistance pour que l'on accorde une « importance égale à l'apport des artistes de la relève et des nouvelles créations » (Mémoire de la Fédération d'art dramatique du Québec). La solution réside peut-être, comme le souligne le Conseil régional de la culture de l'Outaouais, dans des programmes spécifiques destinés aux artistes-créateurs et aux organismes de la relève. Mais une autre crainte est également présente dans les mémoires consultés, celle du « saupoudrage ».

Toujours selon Von Schoenberg et Hamel (1991b : 29-30), les grands organismes culturels « sont d'accord avec le Groupe-conseil pour remettre en cause la politique de saupoudrage » (Mémoire de l'Association des organismes musicaux du Québec). Plusieurs, par contre, s'élèvent contre la « notion fallacieuse de saupoudrage » présente dans le *Rapport Arpin*: « Certes, il faut rationaliser les dépenses publiques, mais pas au détriment des petites organisations qui ont une importance majeure pour le développement culturel du Québec » (Mémoire du Conseil régional de la culture de la Montérégie). Bien plus, plusieurs organismes et individus soutiennent et valorisent fortement une telle politique, et ce, même si les montants sont parfois dérisoires, afin de « permettre une culture diversifiée, riche et plurielle » (Mémoire des Arts visuels de Lanaudière), de soutenir les jeunes artistes et d'assurer la survie des petits organismes régionaux et des créateurs des milieux populaires (Mémoire de l'Assemblée des évêques).

La principale mesure de la *Politique culturelle* visant à assurer la vitalité des organismes culturels et à améliorer les conditions des associations professionnelles se retrouve dans l'axe 2, « Soutien aux créateurs et aux artistes », et notamment dans les mesures suivantes, *via* le futur Conseil des arts et des lettres du Québec : révision des modalités de l'aide financière aux organismes artistiques, soutien au fonctionnement sur une base triennale aux organismes reconnus, soutien aux organismes « pour l'embauche d'artistes en début de carrière et pour le parrainage de collectifs de production » et mise en œuvre d'un programme de soutien aux associations professionnelles et aux regroupements nationaux représentatifs des arts et des lettres (Québec, MAC, juin 1992 : 146).

Les impacts de la décentralisation vers les municipalités

Le monde municipal a largement répondu à l'invitation de la commission parlementaire sur la politique culturelle. Ainsi, outre les deux unions municipales (UMQ et UMRCQ), la Communauté urbaine de Montréal et son Conseil des arts, vingt et une villes et municipalités, quinze conseils régionaux de la culture et organismes de développement culturel et deux municipalités régionales de comté (MRC) y ont transmis des mémoires.

Dans le cadre de son mémoire, l'UMQ a insisté sur le fait que la culture demeure avant tout une responsabilité de l'État « parce que seul le palier national est capable de redistribuer la richesse » et qu'« il est capable d'assurer une cohésion nationale à ce chapitre ». Toujours selon l'UMQ, l'État peut également jouer un « rôle moteur » du développement culturel (Mémoire de l'UMQ : 25). Le monde municipal et plusieurs autres intervenants insistent également pour que la concertation et le partenariat avec le gouvernement soient à la base de toute implication financière des municipalités et pour que la politique culturelle soit précédée de discussions formelles entre le MAC et les municipalités, et ce, afin de fixer les limites et les besoins de celles-ci. C'est dans cette optique de faire du palier local un partenaire dans l'orientation de la politique et dans l'élaboration du plan d'action en matière culturelle qu'a été créée, à la fin de 1991, une table sectorielle à la Table Québec-municipalités. Certaines villes ont aussi signifié leur refus d'assumer de plus grandes responsabilités si ces dernières ne sont pas assorties de transferts de budget aux municipalités ou aux régions (mémoires des villes de Charlesbourg et de Longueuil). Pour sa part, l'UMRCQ dénonce « le mythe du désintéressement des municipalités pour le développement du produit culturel. Bien au contraire, compte tenu de la situation de " parent pauvre " dévolue aux régions en cette matière, plusieurs municipalités locales et régionales soutiennent, dans leur communauté, les initiatives de groupes » (Mémoire de l'UMRCQ : 9).

Mais outre cette insistance sur le fait qu'il revient aux municipalités et à leurs citoyens de poursuivre à leur rythme leurs efforts de développement culturel, quelques intervenants mettent l'accent sur la question de la diffusion qui doit être appuyée par les municipalités, mais complémentaire à celle de l'État. Pour ce faire, et de l'avis même des fonctionnaires du MAC, il est donc primordial que le ministère soutienne le parachèvement du réseau des équipements culturels (Québec, MCCQ, DPE, chemise : « Comité interministériel », 10 décembre 1991 : 5).

Un certain nombre d'intervenants, comme le Conseil québécois du théâtre, témoignent cependant de leur inquiétude devant le fait que toute nouvelle augmentation du soutien financier semble devoir « dorénavant provenir des municipalités ». Plusieurs d'entre elles craignent aussi ce délestage de responsabilités sans l'ajout des ressources : le « Groupe-conseil oublie cependant de préconiser pour le ministère des Affaires culturelles des ressources financières additionnelles destinées à inciter les villes à une plus grande participation au soutien des arts » (Mémoire du CQT : 21). Mais bien d'autres aspects du *Rapport Arpin* sont également critiqués.

Comme certains groupes et comités de travail du MAC, des intervenants critiquent le découpage en trois pôles (Montréal-Québec-ensemble régional). C'est un irritant majeur pour plusieurs. Pour l'UMQ, il s'agit de trois pôles « inégalement répartis en termes de densité de population, d'équipements et de synergie culturelle » et inégalement traités dans le *Rapport Arpin* puisque, en ce qui a trait à l'ensemble régional, on ne fait aucune distinction entre une région et une autre (Mémoire de l'UMQ : 14-15). Pour l'Assemblée des évêques du Québec comme pour des conseils régionaux de la culture, ce découpage signifie-t-il une « politique pour le Québec cassé en deux » ?, les citoyens des régions étant essentiellement « des consommateurs de produits artistiques », notamment ceux de Montréal.

En fait, si certains soulignent ce non-respect des spécificités culturelles régionales et condamnent l'idée d'appliquer des normes nationales aux particularismes régionaux, d'autres, par contre, revendiquent encore plus pour la région métropolitaine. Par exemple, les mémoires de l'Oreille décousue et du Centre de production et de diffusion de l'art actuel suggèrent le déménagement du siège social du ministère des Affaires culturelles à Montréal, et ce, « en considération de la masse critique d'activité artistique et culturelle » qui s'y retrouve.

Finalement, la principale mesure de la *Politique* par rapport au *Rapport Arpin*, et qui fait état de la question de la décentralisation vers les municipalités, consiste dans l'établissement d'ententes globales de développement culturel avec les municipalités. Ces ententes sont multisectorielles et portent sur des projets et sur leur promotion dans divers domaines : patrimoine, équipements culturels, bibliothèques et diffusion des arts. Le gouvernement s'engage aussi à explorer, en collaboration avec les deux unions municipales et le ministère des Affaires municipales, différentes avenues quant au crédit de taxes pour les propriétaires d'immeubles patrimoniaux. Parmi d'autres mesures du plan d'action, on retrouve l'obligation de tenir des concours publics pour les projets d'équipements culturels présentés par les municipalités, la création d'incitatifs pour que les municipalités se dotent d'une politique intégrant les arts à l'architecture et la mise en œuvre d'un plan d'intervention destiné aux bibliothèques, domaine privilégié entre tous par le palier local. Relativement à cette crainte de déséquilibres anticipés si l'idée des « trois pôles » est retenue, la principale mesure consiste tout simplement à abandonner cette orientation du *Rapport Arpin*.

Les risques d'une bureaucratisation et d'un dirigisme accrus de la part du gouvernement

Comme le soulignent Von Schoenberg et Hamel (1991b : 12), environ 25 % des mémoires qui critiquent le rapport du groupe-conseil « font référence à la trop grande place laissée à l'État ». Ces critiques sont issues « très majoritairement » des milieux culturels : théâtre, cinéma, milieu du livre et associations artistiques. Deux recommandations du *Rapport Arpin* suscitent la crainte de cette réalité. Ce sont la transformation du MAC en un « super-ministère de la Culture » et le rapatriement des pouvoirs d'Ottawa.

D'ailleurs, bien avant les travaux de la commission parlementaire, certains organismes avaient manifesté leur inquiétude quant au rapatriement des pouvoirs d'Ottawa :

> Voici l'interprétation que nous [le Conseil québécois du théâtre] faisons des présentes audiences [du groupe-conseil Arpin], de celle de la Commission parlementaire annoncée et des reports qui ne manqueront vraisemblablement pas de s'ajouter par la suite : l'objectif de ces manœuvres est maintenant devenu de récupérer des sommes qu'Ottawa consacre à la culture ; mais, advenant qu'elles soient récupérées, de ne plus en utiliser qu'une fraction pour le soutien des arts et de la culture. Encore une fois, on se sert de nous. Les appâts se sont autrefois appelés, parfois à leur corps défendant, Lapalme, L'Allier. Plus récemment, Coupet et De Repentigny. Aujourd'hui, ils portent vos noms. Et si nous mordons, demain, nous disposerons de moyens encore plus réduits ou éternellement stagnants pour mener à bien nos tâches (Québec, MCCQ, DPE, chemise 1450-12-26b : 7).

Pour ce qui est de la première recommandation, celle relative à la transformation du MAC, on souligne que cette proposition semble « délaisser le principe de l'art pour l'art » pour privilégier des intérêts nationaux que l'on retrouve, pour ainsi dire, dans cette notion de « maître d'œuvre ». Le CQT refuse que le MAC devienne une instance d'intervention, un *manager*. La CSN craint, pour sa part, la création d'une culture officielle et la non-reconnaissance des productions artistiques moins reconnues ou plus marginales. D'autres voient, dans cette recommandation de créer un superministère, les fondements d'une politique de normalisation et d'encadrement, alors que certains avancent que cela « risque de conduire à une vision technocratique et à une planification sclérosante de la culture » :

> L'ADISQ s'inquiète d'une approche imprégnée de dirigisme, une approche qui mandate l'État, en l'occurrence le ministère des Affaires culturelles, comme « maître d'œuvre de l'activité culturelle », précisant qu'être « maître d'œuvre, cela signifie être celui qui conçoit et dirige les activités dans le domaine culturel ». Une telle philosophie bureaucratique laisse en marge du processus ceux-là mêmes qui font la culture québécoise : créateurs, artistes et producteurs (Mémoire de l'ADISQ : 2).

Rappelant la crise qui se prolonge depuis deux ans au sein de la Société générale des industries culturelles (SOGIC)[7] et l'annulation de la programmation régionale à Radio-Québec, l'Institut québécois du cinéma note que le « milieu professionnel du cinéma en a soupé de tout ce qui s'apparente de près ou de loin à du dirigisme et il n'a plus la patience d'accorder le bénéfice du doute. D'où le poing sur la table » (Mémoire de l'Institut québécois du cinéma : 6). Pour sa part, la Commission-Jeunesse du Parti libéral du Québec est d'accord pour accorder une « place plus importante à la culture au sein de l'appareil gouvernemental ». Ce faisant, elle appuie donc les recommandations du *Rapport Arpin* qui prônent un rôle plus important pour le MAC. La Commission va cependant au-delà en suggérant le réaménagement des structures afin de mettre sur pied un ministère de la Culture et des Communications (Mémoire de la Commission-Jeunesse du Parti libéral du Québec : 8-9).

---

7. Relativement à la SOGIC, l'Association québécoise des distributeurs et exportateurs des films et de la vidéo souligne que cette société « n'a jamais joué le rôle qu'on lui avait attribué lors de sa fondation » (née de la fusion de la SGCQ et de la SODICC), d'où une méfiance unanime face à cette société qui, si elle était le seul organisme d'aide pour le cinéma au Québec, constituerait « le baiser de la mort pour notre cinéma » (extraits du Mémoire de l'Association dans la base de données conservée au ministère).

Pour la Société des auteurs, recherchistes, documentalistes et compositeurs (SARDEC), par contre, la création d'un observatoire et d'une commission consultative, comme le propose le groupe-conseil Arpin, ressemble « davantage à des programmes de création d'emploi pour fonctionnaires qu'à des initiatives aptes à favoriser notre développement culturel. Au lieu de se pencher sur le dédoublement des programmes, les rédacteurs du *Rapport* auraient pu s'interroger sur le foisonnement des bureaucrates » (Mémoire de la SARDEC : 14 ; voir aussi le mémoire de l'Atelier de l'île de Val-David). Enfin, face à la méfiance des créateurs envers les décideurs politiques, l'Union des écrivains et écrivaines du Québec fait remarquer que :

> Dans un éventuel ministère de la Culture, il nous semblerait important qu'un organisme indépendant soit créé sur le modèle du Conseil des arts du Canada afin d'assurer une gestion autonome de l'attribution des bourses et subventions. Ce « Conseil des arts du Québec » garantirait à notre avis une indépendance aux écrivaines et aux écrivains dans leur travail de création (Mémoire de l'UNEQ : 5 ; voir aussi le mémoire du Centre de musique canadienne au Québec : 3).

Finalement, la principale mesure de la *Politique* pour contrer la crainte de la bureaucratisation et du dirigisme étatique consiste à abandonner l'axe proposé dans le *Rapport Arpin*, « Accroître l'efficacité du gouvernement et de ses partenaires dans la gestion de la mission culturelle », et à intégrer plutôt cette préoccupation à l'ensemble des mesures du plan d'action. De plus, la mesure la plus déterminante dans la gestion des programmes artistiques est celle de créer le Conseil des arts et des lettres du Québec (CALQ). Ce choix est devenu, pour ainsi dire, incontournable puisque les audiences de la commission parlementaire ont fait ressortir la méfiance aiguë des artistes à l'endroit des mécanismes traditionnels d'attribution de l'aide financière. Le « nouveau » ministère de la Culture devient responsable, pour sa part, des grandes orientations gouvernementales en matière de culture.

Ceci met un terme aux positions politiques et à l'expression des croyances identifiées aux groupes idéologiques et aux groupes plus orientés vers des intérêts matériels. À travers cette dizaine de thèmes abordés dans les mémoires et lors des travaux des comités et des groupes de travail du MAC, les préoccupations ont été associées à des croyances normatives tantôt fondamentales, comme la liberté d'expression et de création, tantôt plus pragmatiques, comme de meilleurs revenus pour les artistes et les créateurs. Il convient maintenant de présenter de façon plus synthétique la structure des systèmes de croyances de ces deux groupes.

LA STRUCTURE TRIPARTITE DES SYSTÈMES DE CROYANCES DES ÉLITES POLITIQUES[8]

Les systèmes de croyances sont une caractéristique centrale de l'*Advocacy Coalition Framework*. Si le cadre d'analyse reconnaît que les membres d'une coalition plaidante ne partagent pas tous le même système de croyances, leurs croyances fondamentales ou profondes sont par contre relativement similaires.

D'autre part, compte tenu de certaines ambiguïtés soulevées notamment par des chercheurs et concernant les caractéristiques définissant les croyances politiques principales (*policy core beliefs*), Sabatier et Jenkins-Smith ont procédé à des révisions de la structure des systèmes de croyances des élites politiques (1999 : 132). En plus d'avoir insisté sur le fait que les préceptes normatifs fondamentaux des croyances politiques sont les plus importantes caractéristiques définissant une coalition plaidante[9], ces chercheurs ont apporté les précisions suivantes :

1. *Les causes fondamentales du problème* : « This is critical because the perceived causes obviously affect the set of plausible solutions and, it turn, who is likely to bear the costs of those solutions. »
2. *La méthode de financement des programmes* : « This is obviously critical because it determines who will pay for problem solutions. »
3. *Le désir de participation du public* versus *celui des experts et/ou des élus* : « This choice is clearly critical in some policy domains, for example, nuclear power (Barke and Jenkins-Smith, 1993) and forestry (Wellstead, 1996). It also helps link the ACF to cultural theory » (Thompson, Ellis, and Wildavsky, 1990).
4. *Les préférences politiques des croyances politiques* : « Although policy preferences generally fall within the secondary aspects of beliefs systems, they can fall within the policy core if they (i) are subsystemwide in scope, (ii) are highly salient, and (iii) have been source of cleavage for some time » (Sabatier et Jenkins-Smith, 1999 : 132-134).

---

8. Dans le premier ouvrage de Sabatier et Jenkins-Smith (1993), on ne retrouve qu'un seul chapitre, celui de John F. Munro sur les politiques californiennes de conservation de l'eau, qui détaille les structures des systèmes de croyances des deux coalitions en présence. Dans sa publication de 1999 (*Theories of the Policy Process*), Sabatier présente essentiellement les grandes lignes de la structure révisée des systèmes de croyances (1999 : 133) sans application concrète à une politique publique particulière.
9. Rappelons que ces « préceptes normatifs fondamentaux » sont l'orientation des valeurs de base à privilégier et l'identification des groupes ou autres entités dont le bien-être préoccupe le plus (Sabatier et Jenkins-Smith, 1999 : 132).

Selon Sabatier et Jenkins-Smith, les trois premières révisions sont relativement mineures. Par contre, la quatrième clarifie les attributs des croyances politiques qui constituent le « ciment des coalitions » :

> The logical analysis identified subsystemwide scope, salience, and source of long-term conflict as the critical attributes of policy core beliefs, and the empirical analysis demonstrated that several classic policy core items plus several « policy core policy preferences » were the beliefs most strongly related to indicators of coordinated behavior (1999 : 134).

Le tableau 11 met un terme à la présentation des demandes et des inquiétudes associées aux deux grands groupes identifiés par l'*ACF* et présentes dans le processus politique menant à l'adoption de la politique culturelle gouvernementale du Québec en 1992. Dans ce tableau, la structure tripartite des systèmes de croyances transposée au domaine de la culture se présente comme suit :

1. Les croyances « normatives » fondamentales ou les croyances profondes qui constituent les principes fondamentaux des individus ou leur philosophie de vie.
2. Les croyances politiques principales s'appliquant à un secteur de politique publique, soit les perceptions, les croyances normatives cruciales, les valeurs politiques.
3. Les croyances politiques instrumentales ou les aspects secondaires, telles que les évaluations de performance d'une variété d'acteurs, de programmes et d'institutions, les décisions relatives aux règles administratives, etc.

Rappelons que si les croyances plus profondes sont plus résistantes au changement, les croyances politiques spécifiques demeurent plus malléables lors des processus de négociations intensives. Rappelons aussi que les croyances sur les aspects secondaires et les croyances politiques « sont cruciales pour décider quelle stratégie politique est la plus apte à maximiser un intérêt matériel » (Sabatier et Schlager, 2000 : 220).

Tableau 11
La structure tripartite des systèmes de croyances des élites politiques

	Principales positions des élites politiques
1. Croyances « normatives » fondamentales ou croyances profondes (deep core beliefs) *en matière de culture*	
1. Nature humaine	1. La culture comme manière de penser et d'agir de l'homme qu'on ne saurait manipuler ; un mode de vie, une façon de vivre ensemble.
2. Priorité des valeurs	2. La priorité devrait être mise sur la liberté de création et d'expression, la démocratisation de la culture, l'éducation culturelle, les droits culturels.
3. Critères de justice distributive	3. L'humanité, les générations futures, le droit des citoyens de pouvoir disposer des créations de l'esprit, des bienfaits de la culture.
4. Identité culturelle	4. La primauté de la langue française, l'héritage culturel, les valeurs individuelles et collectives de la « société distincte », les institutions, la production culturelle et sa diffusion (industries culturelles).
2. Croyances politiques principales (policy core beliefs) *en matière de culture*	
1. Les valeurs de base à privilégier	1. (a) La démocratisation de la culture associée à la participation du citoyen ; la culture, un des facteurs puissants de la cohésion sociale, humanisation de la société ; créateurs et artistes, des ambassadeurs ; (b) les valeurs culturelles et artistiques sont souvent associées à des valeurs de croissance et de développement économique.
2. Groupes ou entités dont le bien-être préoccupe le plus	2. La population en général ; les générations futures ; les créateurs et les artistes en particulier ; le patrimoine ; les institutions et organismes culturels ; le développement culturel en région.
3. Définition du problème (causes)	3. Crise de l'État-providence ; crise constitutionnelle (rapatriement) ; désengagement des gouvernements et choix publics/économie.

Tableau 11
La structure tripartite des systèmes de croyances des élites politiques (*suite*)

2. *Croyances politiques principales* (policy core beliefs) *en matière de culture* (*suite*)	
4. Compétences particulières du gouvernement *versus* activités privées	4. Pour certains, le rôle du gouvernement devrait se limiter à s'assurer que la culture puisse se développer; pour d'autres, le rôle du gouvernement est de soutenir la culture, à savoir les artistes, les créateurs, les organismes culturels et les institutions; liberté des activités culturelles privées.
5. Mécanismes politiques fondamentaux (instruments politiques)	5. Investissements gouvernementaux à une large échelle; protectionnisme culturel nécessaire (taxation des produits culturels étrangers); pour quelques-uns, maintien de l'atteinte du 1 % des dépenses publiques en matière de culture.
6. Répartition de l'autorité entre les paliers de gouvernement	6. Au printemps et à l'été 1991 (certain consensus) : le gouvernement du Québec doit être le maître d'œuvre dans le domaine de la culture; rôle complémentaire des municipalités. Au cours de l'automne 1991 et de l'hiver 1992 : avant de réclamer des compétences supplémentaires, s'acquitter de celles que le gouvernement du Québec possède déjà.
7. Modes de financement	7. Le financement public *via* les subventions, bourses, taxes, etc., et *via* les municipalités; encouragement au mécénat privé.
8. Capacité de la société de résoudre le problème	8. «Sans culture, une société meurt» : la culture, une priorité au même titre que le social et l'économique; la culture, une responsabilité de l'État.
9. Le désir de participation du public *versus* celui des experts et/ou des élus	9. Le public, les experts et les élus doivent jouer un rôle plus important dans le *policy-making process*; les acteurs sociaux, mais en tout premier lieu les acteurs culturels, sont les premiers concernés par la *decision making*.
10. Préférences politiques des croyances politiques	10. Pour certains : le rapatriement des pouvoirs en matière de culture; le Québec seul maître d'œuvre; pour d'autres : le maintien du lien avec le gouvernement fédéral (bourses et subventions); aussi la «dé-bureaucratisation» du MAC et la décentralisation des pouvoirs (CALQ).

Tableau 11
La structure tripartite des systèmes de croyances des élites politiques (*suite*)

3. Croyances politiques instrumentales ou aspects secondaires (secondary aspects) *en matière de culture*	
1. Gravité des aspects particuliers du problème	1. Les bénéfices d'un plus grand développement culturel l'emportent sur les besoins culturels spécifiques et les coûts financiers ; iniquité, besoins des artistes et des créateurs, disparités culturelles régionales, rôle de Montréal, dirigisme des fonctionnaires.
2. Importance de divers liens causaux	2. (a) Le protectionnisme culturel et la consommation de biens et de services culturels « nationaux » – ici québécois – peuvent contribuer à limiter la croissance du budget du gouvernement du Québec en matière de culture ; (b) mais le protectionnisme culturel à travers diverses mesures législatives peut aussi constituer une menace à la croissance économique et à la qualité de vie ; (c) le protectionnisme culturel et l'application des principes d'efficience (programmes, subventions, bourses, etc.) et d'imputabilité (ministères, organismes, institutions, etc.) devraient contribuer à sauvegarder et à renforcer la culture « distincte » des Québécois et, à son tour, cette culture peut être utilisée à soutenir la nouvelle croissance économique.
3. La plupart des décisions	3. Affirmation de l'identité culturelle, plus grande participation (éducation culturelle) et accès à la culture par le plus grand nombre ; décentralisation, partage de responsabilités, soutien aux artistes et aux organismes, participation accrue des milieux culturels.
4. Informations sur la performance d'institutions ou de programmes particuliers	4. La performance ne se chiffre pas par le nombre de consommateurs ou de produits culturels ; promotion de l'excellence, autogestion par les milieux culturels (CALQ, jurys nationaux).

8 L'approbation de la politique culturelle gouvernementale

Ce dernier chapitre s'attarde à l'étape de l'approbation de la politique culturelle gouvernementale, laquelle va de son dépôt à l'Assemblée nationale, en juin 1992, à son adoption, en décembre 1992. Il fait également état des réactions des milieux culturels lors du dépôt de la politique et des réalisations des groupes de travail du ministère des Affaires culturelles au cours des mois de juin à décembre : élaboration de règles institutionnelles, allocation éventuelle des ressources, planification de la mise en œuvre, etc. Les extrants et les impacts de la politique sont traités ainsi que les gagnants et les perdants au terme de ce processus d'élaboration et d'adoption.

LE DÉPÔT DE LA POLITIQUE À L'ASSEMBLÉE NATIONALE (JUIN 1992)

Douze mois après le dépôt du rapport du groupe-conseil Arpin, la ministre Frulla-Hébert rend publique sa nouvelle politique. Une fois encore, la couverture de presse est importante. Signe d'un consensus réussi, la satisfaction des milieux culturels est des plus manifestes. L'annonce de cette politique est d'ailleurs accompagnée de crédits budgétaires importants, soit l'ajout de 57 millions de dollars au budget du MAC. Bien qu'elle appuie la valorisation de la langue française et mette l'accent sur l'héritage culturel et le dialogue des cultures, bien qu'elle soutienne la création et l'amélioration des conditions de vie professionnelle, cette politique demeure silencieuse, par contre, sur la question du rapatriement des pouvoirs d'Ottawa et même sur celle d'un quelconque partage avec le gouvernement fédéral. En cela, le gouvernement du Québec semble donc répondre à la demande de plusieurs intervenants des milieux culturels qui, somme toute, prônaient le *statu quo* ou, du moins, exigeaient que le ministère des Affaires culturelles du Québec s'acquitte d'abord de ses compétences avant d'en réclamer d'autres à Ottawa. Mais il faut dire aussi que certains événements viennent alors concrétiser une autre tentative de rapprochement entre le Québec et le reste du Canada.

À cette époque, au Canada anglais, on travaille à l'élaboration d'un nouveau consensus. Signe du «surchauffement de la ruche constitutionnelle», note la journaliste Chantal Hébert en février 1992, deux comités parlementaires fédéraux se consacrent «à mettre au point en parallèle et à toute vapeur une position constitutionnelle fédérale en matière culturelle» (*Le Devoir*, 5 février 1992 : A1)[1]. Ce que l'on souhaite, c'est que les conclusions de ces comités fassent état d'un consensus entre les trois principales formations politiques fédérales (NPD, PC et PLC). C'est également au cours du printemps 1992 qu'est élaborée l'Entente de Charlottetown, laquelle est signée en août par le Premier ministre Bourassa. Cet événement est à l'origine d'une scission au sein du Parti libéral du Québec et de la création de l'Action démocratique du Québec (ADQ).

Chose certaine, le projet de politique déposé en juin exige des modifications législatives importantes, notamment en ce qui a trait à la *Loi sur le ministère des Affaires culturelles* et à la création du Conseil des arts et des lettres du Québec. Mais avant de regarder de plus près ces modifications, attardons-nous aux réactions que suscite le dépôt de la politique ainsi qu'aux divers comités et groupes qui travaillent, entre juin et décembre 1992, à sa mise en œuvre.

Relativement au dépôt de la politique culturelle gouvernementale, le 19 juin 1992, la troisième analyse de Jean Lemieux (1992) fait part de l'accueil généralement favorable des médias. Selon lui, cette politique est accueillie «comme une

---

1. D'un côté, il y a le comité permanent des communications et de la culture, formé d'une dizaine de députés, et qui a entendu quelque 157 intervenants du secteur culturel canadien ; plusieurs organismes du Québec ont refusé cependant d'y participer. Leur rapport final est déposé en avril 1992. Comme le souligne Lise Bissonnette, la recommandation principale du rapport fait « d'Ottawa le maître d'œuvre de la culture en ce pays. En invitant gentiment les provinces à jeter un œil, le gouvernement central définirait un cadre à l'intérieur duquel pourraient s'inscrire des plans d'action détaillés susceptibles d'être mis en œuvre par tous les paliers de gouvernement. » Ce cadre pourrait prendre la forme d'un accord désigné : « Accord sur la culture au Canada » (*Le Devoir*, 9 avril 1992 : A8). De l'autre, il y a le comité Beaudoin-Dobbie sur le renouvellement du Canada, dont le rapport est déposé en février 1992. Dès leur diffusion, les articles de presse font part des points de vue divergents émanant de ces deux comités fédéraux relativement à la culture (*Le Devoir*, 5 février 1992 : A1). Voir aussi l'allocution de la ministre Liza Frulla-Hébert qui commente les recommandations du comité Beaudoin-Dobbie (Québec, MCCQ, DPE, chemise 1450-12-33, n.d.).

bouffée d'air frais ». Comme l'écrit Lise Bissonnette, « Liza Frulla-Hébert mérite une ovation [...]. Pour l'instant, il faut saluer le tour de force. Madame Frulla-Hébert a été, dans ce dossier, l'illustration même de l'art du possible » (*Le Devoir*, 20 juin 1992a : A10). Pour Paule des Rivières, la ministre a réussi là où bien d'autres avaient échoué : « Plusieurs des ministres qui se sont succédé [...] ont ébauché et développé leur vision culturelle, mais rarement les projets ont-ils été menés à terme et traduits en plans concrets » (*Le Devoir*, 19 juin 1992 : A1). Enfin, pour Martine R.-Corrivault, il « a fallu trente ans à nos politiciens pour convenir officiellement, après une bonne demi-douzaine de tentatives, d'une politique culturelle exprimant la volonté du gouvernement de la province de lier avenir et culture » (*Le Soleil*, 20 juin 1992 : A16).

En plus de présenter cette politique « comme étant unique », plusieurs journalistes, éditorialistes et commentateurs soulignent les 57 millions de dollars « d'argent neuf », la création du Conseil des arts et des lettres et, enfin, la transformation du ministère « qui deviendra le ministère de la Culture ». Bien sûr, des questions restent en suspens, notamment en ce qui concerne le CALQ selon les journalistes : « qui en fera partie ? où sera-t-il situé ? est-ce que son fonctionnement va changer quelque chose pour les artistes ? le Conseil des arts et des lettres québécois sera-t-il calqué sur le modèle d'Ottawa ? » (J. Lemieux, 1992 : 24).

Si, à première vue, la création du CALQ semble confirmer que les créateurs et les artistes sont les grands gagnants de tout ce processus politique, le traitement journalistique qui suit le dépôt de la politique semble le confirmer. En effet, selon Jean Lemieux (1992 : 20), la création de cette nouvelle instance longtemps réclamée par le milieu est « l'élément principal » de la politique culturelle. Selon lui, « il ne fait aucun doute que les créateurs et les artistes sont au cœur de cette politique ». C'est aussi l'opinion de l'ensemble des journalistes et éditorialistes : « La Ministre aura donc répondu favorablement à l'appel maintes fois lancé par les artistes à l'effet que toute politique culturelle devait placer la création au centre de ses préoccupations, en lui assurant un soutien adéquat » (*Le Devoir*, 20 juin 1992b : A2).

LES COMITÉS ET GROUPES DE TRAVAIL DU MAC (JUIN-DÉCEMBRE 1992)

Après le dépôt de la politique, c'est le bureau des sous-ministres qui prend en charge la planification de sa mise en œuvre. Cette instance s'adjoint neuf comités et une quinzaine de groupes de travail. La figure 6 présente ces différents comités et groupes associés à cette étape cruciale.

Figure 6
Organigramme – Mise en œuvre de la *Politique culturelle du Québec*

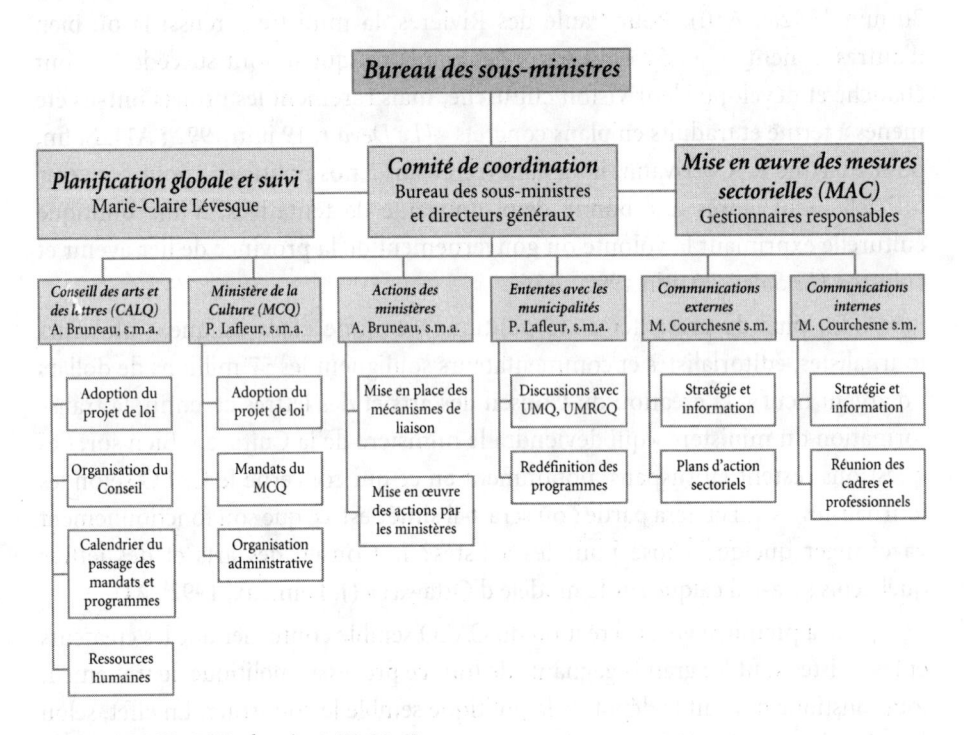

```
                          ┌─────────────────────────┐
                          │  Bureau des sous-ministres │
                          └─────────────────────────┘
                                      │
      ┌───────────────────────────────┼───────────────────────────────┐
┌──────────────────────┐   ┌──────────────────────┐   ┌──────────────────────┐
│ Planification globale│   │ Comité de coordination│   │ Mise en œuvre des    │
│      et suivi        │   │ Bureau des sous-     │   │ mesures sectorielles │
│  Marie-Claire        │   │ ministres et         │   │        (MAC)         │
│  Lévesque            │   │ directeurs généraux  │   │ Gestionnaires        │
│                      │   │                      │   │ responsables         │
└──────────────────────┘   └──────────────────────┘   └──────────────────────┘
```

Conseil des arts et des lettres (CALQ) A. Bruneau, s.m.a.	Ministère de la Culture (MCQ) P. Lafleur, s.m.a.	Actions des ministères A. Bruneau, s.m.a.	Ententes avec les municipalités P. Lafleur, s.m.a.	Communications externes M. Courchesne s.m.	Communications internes M. Courchesne s.m.
Adoption du projet de loi	Adoption du projet de loi	Mise en place des mécanismes de liaison	Discussions avec UMQ, UMRCQ	Stratégie et information	Stratégie et information
Organisation du Conseil	Mandats du MCQ	Mise en œuvre des actions par les ministères	Redéfinition des programmes	Plans d'action sectoriels	Réunion des cadres et professionnels
Calendrier du passage des mandats et programmes	Organisation administrative				
Ressources humaines					

Source : MCCQ, DPE, chemise 1450-12-62a.

Entre-temps, la mise sur pied des différents comités et groupes de travail implique l'ensemble des directions administratives et sectorielles ainsi que près d'une centaine d'employés du ministère. On planifie la mise en place du CALQ et l'organisation des ressources matérielles, financières et humaines. Des stratégies de transfert de programmes et de personnel ainsi que des dispositions transitoires sont élaborées[2]. Des mécanismes de liaison et de concertation avec les ministères et les sociétés d'État sont conçus, notamment en ce qui a trait à la mise en œuvre, au suivi et à l'évaluation des mesures identifiées dans la politique. Un groupe de travail

---

2. Dans un mémoire déposé au Bureau des sous-ministres et faisant état du plan de transfert des programmes au CALQ, on signale que « treize programmes, en totalité ou certains volets, sur trente et un actuellement en vigueur au Ministère sont transférés au CALQ » (Québec, MCCQ, DPE, chemise 1450-12-62b, 7 avril 1993 : 3).

se concentre, pour sa part, sur la redéfinition des programmes destinés aux municipalités et qui doivent être mis à contribution au sein de futures ententes globales et sectorielles[3].

Du côté du ministère, de nouveaux plans d'organisation administrative et de répartition des effectifs, soumis à l'approbation de la ministre et du Conseil du Trésor, sont échafaudés. Des groupes de travail voient à l'organisation de réunions de cadres et de professionnels, l'objectif étant alors d'obtenir leur participation lors de l'élaboration de stratégies et d'outils d'information destinés à l'ensemble du personnel et des clientèles du ministère. Une grande consultation ministérielle auprès des différentes directions du MAC a également lieu vers la fin de novembre. Cette consultation invite les directions à exprimer leur point de vue sur le document intitulé : *Du ministère des Affaires culturelles au ministère de la Culture* (16 novembre 1992)[4].

Enfin, des équipes travaillent à l'écriture et à la bonification des deux projets de loi (MCQ, CALQ) et soutiennent la ministre Frulla-Hébert aux différentes étapes d'approbation et d'adoption : nouvelles présentations à la Commission parlementaire sur les Affaires culturelles et sociales (COMPACS), au Conseil du Trésor et au Conseil des ministres, dépôt des projets de loi à l'Assemblée nationale, tenue d'une nouvelle commission parlementaire, étude article par article des deux projets de loi puis, enfin, adoption à la fin décembre 1992.

LES EXTRANTS ET LES IMPACTS DE LA POLITIQUE

La politique culturelle gouvernementale du Québec conduit à une révision en profondeur des modes d'intervention publique en ce domaine. Tout d'abord,

---

3. Ces programmes, qui excluent ceux transférés au CALQ, concernent les projets municipaux du patrimoine, les équipements culturels, les bibliothèques publiques (développement, implantation et BCP), l'intervention régionale (AIR), la diffusion des arts de la scène, la restauration des biens patrimoniaux, les organismes du patrimoine, les événements majeurs, les musées privés et centres d'exposition » (Québec, MCCQ, DPE, chemise 1450-12-62a : « Mandats », 29 septembre 1992).
4. Cette consultation a pour objectif de discuter des neuf thèmes suivants : les fonctions horizontales du futur ministère de la Culture au sein du gouvernement, les fonctions d'orientation et de coordination, les fonctions opérationnelles et le service à la clientèle, les critères d'organisation, la délimitation des champs d'intervention, les modifications à apporter aux interventions d'alors, les responsabilités du ministère en matière d'organisation et celles en matière de coordination. On demande aux participants de faire part des éléments de consensus, de ceux qui suscitent des divergences et de suggérer des modifications afin d'obtenir un consensus (Québec, MCCQ, DPE, chemise 1450-12-62c, 14 décembre 1992).

elle transforme la vocation traditionnelle du ministère des Affaires culturelles, jusque-là axée sur la gestion, en un ministère responsable des grandes orientations gouvernementales en matière de culture. C'est un choix stratégique majeur puisque cela « traduit la prise en charge d'orientations qui élargissent la portée de l'action et du développement culturels » (Arpin, 1993 : 47). Puis elle impose une décentralisation fonctionnelle du soutien des arts grâce à la création du Conseil des arts et des lettres du Québec. Chargé de la gestion des programmes artistiques, ce conseil garantit explicitement, selon Arpin, « la liberté de création ». Ce faisant, le pouvoir ministériel est déplacé : « à un pouvoir d'arbitrage des grandes enveloppes budgétaires d'un secteur à l'autre, elle substitue un pouvoir d'orientation fondé sur les choix de politique culturelle » (*Ibid.* : 47). Enfin, cette politique établit de nouveaux partenariats, quoique ces derniers semblent davantage suscités par la crise des finances publiques que par une volonté d'accroître le nombre d'intervenants et de partager les responsabilités. À ce titre, les autres ministères, les sociétés d'État, les municipalités et les diverses instances régionales (CRCD, CRC, MRC) sont interpellés.

Le projet de loi 52 (MCQ)

Le projet de loi 52 déposé à l'automne 1992 vise à modifier la *Loi sur le ministère des Affaires culturelles* (L.R.Q., c.M-20) et à transférer la gestion des programmes de soutien à la création au Conseil des arts et des lettres du Québec. En contrepartie, le mandat du ministère est élargi afin d'assurer son nouveau rôle « horizontal » – inciter les autres ministères, les municipalités et les autres partenaires à couvrir le champ culturel dans le cadre de leurs responsabilités[5] – et de tenir compte de nouvelles préoccupations culturelles. Ce mandat consiste à coordonner, orienter et évaluer l'action gouvernementale en matière de culture. Il a également comme objectif d'harmoniser et de coordonner l'activité ministérielle en région par la signature d'ententes globales avec les municipalités et les MRC, par exemple. On lui attribue aussi une fonction de prospective et de recherche. Enfin, le MCQ a la responsabilité d'élaborer et de gérer des programmes dans des

---

5. Les principaux objets de la concertation interministérielle concernent l'éducation, la formation professionnelle et le droit d'auteur, le financement et la fiscalité, la régionalisation et la décentralisation, le développement des communautés culturelles et les actions culturelles pertinentes à d'autres politiques gouvernementales en matière de culture (Québec, MCCQ, DPE, chemise 1450-12-62d, 14 octobre 1992).

domaines spécifiques : patrimoine, équipements culturels, musées, bibliothèques, lieux de spectacle, formation professionnelle et industries culturelles.

Plusieurs mesures législatives suivent l'adoption de cette loi : révision et actualisation du rôle du gouvernement en matière de patrimoine, du rôle de la Commission des biens culturels et de certaines sociétés d'État pour que ces dernières poursuivent leur contribution à la mise en œuvre des orientations gouvernementales en matière de culture. Les mesures proposées dans le plan d'action impliquent également des modifications législatives aux lois administrées par d'autres ministères. Mentionnons, par exemple, la *Loi des cités et villes* (L.R.Q., c. C-19) et le *Code municipal* (L.R.Q., c. C-27-1) pour ce qui concerne certaines modalités sur le crédit de taxes pour les immeubles d'intérêt patrimonial. La *Loi de l'impôt* (L.R.Q., c. 1-3) doit être également modifiée pour mettre en place certaines mesures, comme l'exemption de gain en capital pour les dons de biens culturels et le crédit d'impôt à la capitalisation pour les industries culturelles[6].

Un autre événement important, non présent dans la politique, mais qui en découle en raison de son orientation générale, est l'abolition du ministère des Communications du Québec en 1994 et le transfert de ses objets et mandats au ministère de la Culture. Selon Paule des Rivières du *Devoir*, l'Union des artistes aurait, semble-t-il, préféré cette fusion à la création du CALQ, dont le président de l'Union des artistes avoue craindre qu'il n'adopte trop rigoureusement le modèle d'autonomie du Conseil des arts du Canada (*Le Devoir*, 20 juin 1992c : A2).

Le projet de loi 53 (CALQ)

Le projet de loi 53 crée le Conseil des arts et des lettres du Québec. Le mandat de cette nouvelle structure est de favoriser le rayonnement des arts au Québec et à l'étranger en soutenant l'excellence de la création des artistes professionnels et des organismes culturels. Il vise également à favoriser l'émergence d'initiatives favorables à la création de projets novateurs dans les régions afin de soutenir la relève artistique. De plus, cet organisme peut transmettre des avis au ministre de la Culture sur toutes questions qui lui sont soumises et il peut faire des recommandations en ce qui a trait au développement des arts. Enfin, il a le mandat de gérer un fonds de dotation en faveur du développement des arts au Québec. Cette décision répond donc aux attentes du milieu artistique québécois tout en

---

6. Voir à cet effet le point 4 (« Lois existantes ») du mémoire de la ministre Liza Frulla-Hébert au Conseil des ministres (Québec, MCCQ, DPE, chemise 1450-12-55a, 27 mai 1992 : 7).

engageant « encore plus les artistes et les organismes [...] dans la gestion des décisions qui les concernent » (Québec, MCCQ, DPE, chemise 1450-12-56h, 2 juin 1992).

Cette nouvelle structure est gérée par un conseil d'administration composé de représentants nommés par le gouvernement sur recommandation de la ministre. Ses mécanismes de sélection sont basés sur l'évaluation par les pairs professionnels et les critères d'évaluation des demandes de soutien reposent sur l'excellence artistique. On prévoit aussi la mise sur pied d'une commission de développement artistique qui aurait pour fonction d'assumer la représentation régionale et de faire des recommandations au conseil d'administration sur les orientations et les stratégies d'intervention en région. Le plan d'effectifs et la structure administrative sont sujets à l'approbation du Conseil du Trésor.

Dans le contexte de rationalisation gouvernementale qui perdure depuis le milieu des années 1980, un des avantages de cette nouvelle structure décentralisée consiste probablement dans le fait qu'elle peut prendre des décisions délicates et souvent controversées. Rappelons que le politique a difficilement pris de telles décisions depuis le milieu des années 1980 et que cela a engendré aux yeux de plusieurs des effets très négatifs. Pour les décideurs, cette « zone tampon » entre le milieu culturel et le pouvoir politique paraît assurément essentiel. Relativement au budget, on prévoit un transfert de 45,6 millions de dollars du MCQ au CALQ, et ce, en tenant compte de la révision de l'aide à la création, ainsi qu'un budget additionnel de 2 millions pour le fonctionnement du Conseil (Québec, MCCQ, DPE, chemise 1450-12-56b, 2 juin 1992 : 2).

LES GAGNANTS ET LES PERDANTS : LES COÛTS DE LA *POLITIQUE CULTURELLE* DE 1992

Si la *Politique culturelle du Québec* est en plusieurs points « novatrice et tournée vers l'avenir », elle demeure par contre relativement timide en ce qui a trait aux publics. Comme le souligne Roland Arpin, cela « se traduit presque par l'absence de leur prise en compte » :

> D'une part, les publics sont considérés comme des consommateurs ou des acheteurs de biens et de services culturels, d'autre part, comme des amateurs pratiquant un *hobby* culturel. Cet aspect fait à peine l'objet de quelques pages tant il est profondément inscrit dans les convictions des rédacteurs qu'en matière culturelle, il faille pratiquer d'abord une politique de l'offre. Nous savons pourtant qu'une politique de l'offre ne débouche

pas nécessairement sur la démocratisation culturelle et que celle-là a davantage l'effet d'accroître la pratique des initiés. Faut-il se rabattre sur des objectifs plus sobres, telle l'élévation du niveau culturel des citoyens ? Si celle-ci doit cohabiter avec le soutien à l'excellence, il faut le dire et ne pas hésiter à imaginer et appliquer des formules qui agissent directement sur les individus (Arpin, 1993 : 47).

Une autre décision qui témoigne d'une plus grande prise en compte de l'offre culturelle ou, si l'on veut, des producteurs, y compris ici les artistes et les créateurs, et des diffuseurs est celle de la répartition des coûts inhérents à la politique pour l'année 1992-1993, soit 98 millions de dollars, et de l'attribution des crédits budgétaires additionnels de 57,8 millions. En transposant ces crédits totaux aux grands axes de la politique et à la dizaine d'orientations qui en découlent, on obtient des résultats fort intéressants si l'on considère que l'un des objectifs des groupes de pression et des coalitions plaidantes est notamment l'obtention de fonds publics additionnels.

À la lumière du tableau 12, on se rend compte que le coût total de la politique – soit 155,8 millions de dollars, incluant les crédits additionnels – se répartissent de façon relativement bien équilibrée entre les trois grands axes : 25,2 % des sommes allouées sont associées à l'axe «Affirmation de l'identité culturelle», 37,8 % à celui «Soutien aux créateurs et aux arts» et, enfin, 37 % à l'axe «Accès et participation des citoyens à la vie culturelle». Selon un document produit pour le COMPACS, la répartition des budgets entre les ministères est la suivante : 91 % au ministère de la Culture, 7,7 % à l'Éducation et, enfin, respectivement 0,7 % et 0,3 % au ministère des Affaires internationales et à celui de l'Industrie, du Commerce et de la Technologie.

Le tableau 13 présente de son côté un ordre de grandeur de la répartition des crédits additionnels rattachés à la *Politique culturelle*. Il identifie également les principaux bénéficiaires et résume les principales interventions à mettre en œuvre au cours des trois prochaines années budgétaires suivant son adoption. Outre la création du Conseil des arts et des lettres, c'est probablement l'annonce de ces 57,8 millions de dollars de crédits supplémentaires qui suscite le plus d'enthousiasme dans les milieux culturels.

Ainsi, sur les 57,8 millions de dollars débloqués pour les trois années budgétaires suivant le dépôt de la politique, 20,8 millions vont aux créateurs et aux arts (36 %). La politique vise ainsi un redressement des sommes allouées au soutien de la création (individus et organismes), puisque, depuis le milieu des années 1980,

Tableau 12
Coût de la *Politique culturelle du Québec* et crédits additionnels requis par le plan triennal (en milliers de dollars)

Axes et orientations	Ministères impliqués[1]	Coûts 1992-93[2]	Crédits additionnels/3 ans[3]			Total
			1992-93	1993-94	1994-95	Total	
1. L'affirmation de l'identité culturelle							
• Langue française	MEQ	25 064,0	5 050	5 283	3 825	14 158	39 222,0
• Héritage culturel (ententes Québec-municipalités, patrimoine)	MAC						
• Dialogue des cultures (diffusion)	MAC et MAI						
2. Le soutien aux créateurs et aux arts		37 627,8	2 905	11 610	6 750	21 265	58 892,8
• Création (CALQ, aide aux artistes)	MAC						
• Conditions de vie professionnelle (formation-perfectionnement)	MAC						
• Organismes artistiques (révision de l'aide)	MAC						
• Industries culturelles	MICT						
3. L'accès et la participation des citoyens à la vie culturelle		35 350,4	2 025	13 600	6 760	22 385	57 735,4
• Éducation et sensibilisation (enseignement artistique, ententes Québec-municipalités-diffusion)	MEQ et MAC						
• Accès de citoyens à la vie culturelle (tournées, bibliothèques)	MAC						
• Participation des citoyens (activités de sensibilisation)	MAC						
Total		98 042,2	9 980	30 493	17 335	57 808	155 850,2

Sources : 1. Québec, MCCQ, DPE, chemise 1450-12-55b, 5 juin 1992 ; 2. Québec, MCCQ, DPE, chemise 1450-12-56c, 2 juin 1992 ; 3. Québec, MCCQ, DPE, chemise 1450-12-36, n.d.

Tableau 13
Répartition des coûts additionnels de la *Politique culturelle*,
selon les bénéficiaires, en juin 1992

Bénéficiaires	57,8 M $	Actions à entreprendre
Créateurs et artistes	20,8 M $ (36 %)	• Hausse du budget consacré à la création individuelle et aux organismes culturels • Création du Conseil des arts et des lettres
Municipalités	17,3 M $ (30 %)	• Ententes avec les municipalités locales et régionales sur le patrimoine et sur les initiatives de sensibilisation et de diffusion artistique • Amélioration des collections de livres • Plan d'action des bibliothèques municipales • Ententes avec les communautés autochtones
Musées	9,0 M $ (15,6 %)	• Consolidation des institutions du réseau muséal
Jeunes-milieu scolaire	6,4 M $ (11 %)	• Relance de l'éducation artistique et culturelle aux niveaux primaire et secondaire • Nouveau programme de sensibilisation des jeunes aux arts • Campagne de promotion pour l'amélioration du français
Développement des publics au Québec et à l'étranger	3,8 M $ (6,6 %)	• Hausse du budget consacré à la circulation des spectacles et expositions au Québec • Budget accru pour la diffusion à l'étranger • Soutien accru à la coproduction internationale • Soutien à des initiatives de promotion et de sensibilisation
Industries culturelles	0,5 M $ (0,9 %)	• Ouverture de certains programmes du ministère de l'Industrie, du Commerce et de la Technologie aux industries culturelles • Mesures fiscales pour appuyer le développement des industries culturelles

Source : Québec, MCCQ, DPE, chemise 1450-12-56d : « Crédits additionnels », n.d.

les bourses à la création n'ont pas augmenté. Le ministère des Affaires culturelles, dont les bourses représentent la moitié de celles octroyées par le Conseil des arts du Canada, fait alors piètre figure. La question de l'amélioration des compétences professionnelles est également prise en compte. On prévoit notamment créer une école dans le secteur du cinéma et de la télévision (projet alors à l'étude de l'Institut national de l'image et du son ou INIS[7]). Un autre correctif que l'on souhaite apporter concerne le taux d'acceptation aux programmes de bourses dans la région de Montréal. Ce dernier est, semble-t-il, problématique parce qu'inférieur à 19 %. Il en est de même de l'exclusion ou de l'accès difficile à ces programmes pour certaines disciplines, les arts traditionnels et l'architecture par exemple.

Toujours en ce qui a trait à la création et aux arts, on souligne les coûts inhérents à la mise sur pied du Conseil des arts et des lettres, notamment ceux reliés à la décentralisation d'une partie des activités de gestion du ministère, ainsi que la nécessité, voire l'urgence de rétablir l'équilibre budgétaire des nombreux organismes culturels québécois. Ces derniers sont confrontés à de nombreuses contraintes depuis le début des années 1980 : augmentation des coûts de production, salaires insuffisants, revenus autonomes à la baisse, effets négatifs de la TPS et, après deux récessions, baisse des revenus en provenance du public (recettes aux guichets) et des commandites.

Par ailleurs, au sein même de la répartition des budgets du Conseil des arts et des lettres, des constats d'iniquité seront rapidement faits par les milieux régionaux. À titre d'exemple, dans le rapport annuel du CALQ de 1995-1996, on signale que près de 30 des 34 millions de dollars accordés en subventions aux organismes artistiques et plus de 4 des 5,6 millions octroyés en bourses aux artistes professionnels sont remis aux organismes et aux artistes des régions administratives de Montréal et de Québec. Des 34 millions alloués à ces deux régions centrales, 26,4 reviennent essentiellement à la métropole, alors que les autres régions, hormis Québec, récoltent moins de 5 millions, soit 12 % des fonds subventionnaires administrés par le Conseil (Québec, CALQ, 1996 : *Rapport annuel, 1995-1996*).

Iniquité et injustice dans la répartition des fonds affirmeront certains groupes et intervenants qui s'appuient sur le fait que les régions constituent le « réservoir culturel » du Québec. Équité et justice rétorqueront ceux qui justifieront cette

---

7. La politique souligne que le ministère a un rôle à jouer dans le secteur cinéma-télévision, « mais n'annonce pas le projet INIS ». Les coûts inhérents sont cependant inclus dans ceux de la politique culturelle (Québec, MCCQ, DPE, chemise 1450-12-56i, 2 juin 1992 : 1).

répartition par l'omniprésence des organismes, des institutions culturelles et des artistes vivant majoritairement dans la région montréalaise et, dans une moindre mesure, dans celle de Québec.

Il n'empêche que les critiques ont cependant incité le CALQ à réserver dans ses budgets de 1995-1996 une enveloppe d'un million de dollars aux artistes en début de carrière et vivant en région. Ainsi, le tiers des crédits alloués aux artistes de la relève est partagé entre ceux qui vivent à l'extérieur de Montréal et de Québec. De plus, pour évaluer les projets soumis, le Conseil a mis sur pied des jurys interrégionaux formés de personnes issues majoritairement des régions autres que Montréal et Québec. Cette mesure vise alors à tenir davantage compte des spécificités régionales, tout en conservant le principe de l'excellence et de l'émulation. Elle a également permis d'augmenter le nombre de bourses aux artistes en région, le taux passant de 21 %, en 1994-1995, à 27 %, en 1995-1996. Pour leur part, les organismes artistiques régionaux ne profitent pas d'une enveloppe protégée, contrairement aux artistes de la relève, puisque près des trois quarts de ces organismes (OSM, Grands Ballets, Théâtre du Nouveau Monde, etc.) se concentrent à Québec et à Montréal (Québec, CALQ, 1996 : *Rapport annuel, 1995-1996*).

Les municipalités et les institutions muséales arrivent aux deuxième et troisième rangs avec respectivement 17,3 (30 %) et 9 millions de dollars (15,6 %). La politique introduit diverses mesures visant à encourager de nouveaux efforts des municipalités dans le développement culturel de domaines qui les concernent : sauvegarde du patrimoine immobilier, accès des citoyens à la culture et amélioration des collections et de l'efficacité des services des bibliothèques. Il en est de même des ressources budgétaires allouées aux institutions muséales privées accréditées et aux centres d'exposition, souvent gérés ou soutenus par les municipalités. Ces petites institutions souffrent alors d'un sous-financement public (la hausse des subventions depuis 1981 n'a pas suivi l'inflation), d'un appui financier variable, mais généralement modeste, du public et des municipalités, et de disparités parfois importantes dans l'attribution des subventions. Cette politique tient également compte des besoins de grandes institutions privées dont le Musée McCord et le Musée du séminaire de Québec.

Le milieu de l'éducation obtient, pour sa part, quelque 6,4 millions de dollars (11 %). On souhaite alors redonner à la culture et aux arts une place plus importante dans l'éducation des jeunes. La politique prévoit la relance de l'éducation artistique et culturelle aux niveaux primaire et secondaire, la mise en place d'un nouveau programme de sensibilisation des jeunes aux arts et l'élargissement du programme de tournée des écrivains. Enfin, elle vise à accroître les actions afin d'améliorer la qualité du français (campagne de promotion). La mise en œuvre des mesures du plan d'action doit être assurée en très grande partie par le ministère de l'Éducation.

En ce qui a trait au développement des publics pour les arts à l'étranger et au Québec, plus particulièrement dans les régions où la faible fréquentation et les coûts des tournées nuisent à la diffusion, les mesures adoptées commandent un budget de 3,8 millions de dollars (6,6 %). Ainsi, dans le but d'améliorer à long terme l'autonomie financière des milieux culturels, la politique vise notamment à développer les marchés québécois et étrangers. Elle a également comme objectif d'accroître le soutien à des coproductions internationales.

Enfin, les industries culturelles obtiennent un maigre demi-million de dollars (0,9 %) et les initiatives visent plus directement l'ouverture de programmes du ministère de l'Industrie, du Commerce et de la Technologie : soutien à l'emploi stratégique, amélioration de la gestion, modernisation et innovation technologique et concrétisation de projets industriels.

D'emblée, au terme de cette présentation de la répartition des budgets entre les différents intervenants, il paraît évident que les grands gagnants de tout ce processus d'élaboration et d'adoption de la *Politique culturelle du Québec* de 1992 demeurent les créateurs et les artistes, mais aussi le monde municipal et régional. En incluant la part des budgets consacrée aux institutions muséales accréditées, très majoritairement soutenues ou gérées par les municipalités, ce sont 47,1 des 57,8 millions de dollars supplémentaires (81,5 %) qui profitent directement à ces interlocuteurs et partenaires privilégiés. Mais un autre acteur clé, qui a pris une part active lors de ce processus, bénéficie de l'adoption de la politique : ce sont les fonctionnaires, notamment ceux du MAC.

Outre bien sûr les craintes que peut susciter la perspective des changements à entreprendre, il demeure, à la lumière de la documentation produite au sein des différents groupes de travail, que l'adhésion des fonctionnaires du MAC est somme toute généralement acquise. Dès le départ, ces derniers sont partie prenante dans le processus d'émergence et d'élaboration en contribuant à cerner les causes des problèmes *via* leurs analyses, rapports et études.

Il convient aussi de rappeler qu'ils sont depuis longtemps sur la ligne de front, coincés entre les demandes et les critiques répétées – pour ne pas dire la « hargne croissante » – des milieux culturels et les obligations dévolues à leur fonction. Nul doute qu'une nouvelle définition du rôle du ministère (coordination, orientation et évaluation de l'action gouvernementale) et le transfert des responsabilités de distribution des fonds publics à un organisme administré par des représentants des principaux bénéficiaires, les artistes et les créateurs, risquent de plaire à plus d'un. Ainsi, ce ne sont plus les fonctionnaires du MAC, ni même la ministre ou le gouvernement, qui sont susceptibles de porter directement l'odieux d'octroyer ou non le soutien à tel artiste plutôt qu'à tel autre, de financer telle organisation ou association professionnelle plutôt que telle autre.

Conclusion de la partie 3

Il convient maintenant de clore cette troisième et dernière partie en rappelant les étapes d'élaboration et d'adoption de la *Politique culturelle du Québec*. La figure 7 rappelle les cinq grandes composantes du cadre d'analyse de l'*Advocacy Coalition*, et la figure 8 reproduit l'évolution du processus de changement politique au sein du sous-système de la politique au début des années 1990.

Figure 7
Modèle de l'*Advocacy Coalition Framework*

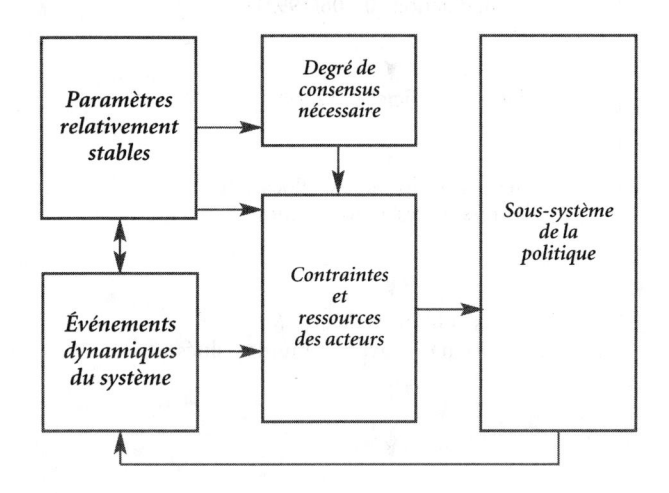

Figure 8
Processus de changement politique du sous-système concerné

Sous-système de la politique

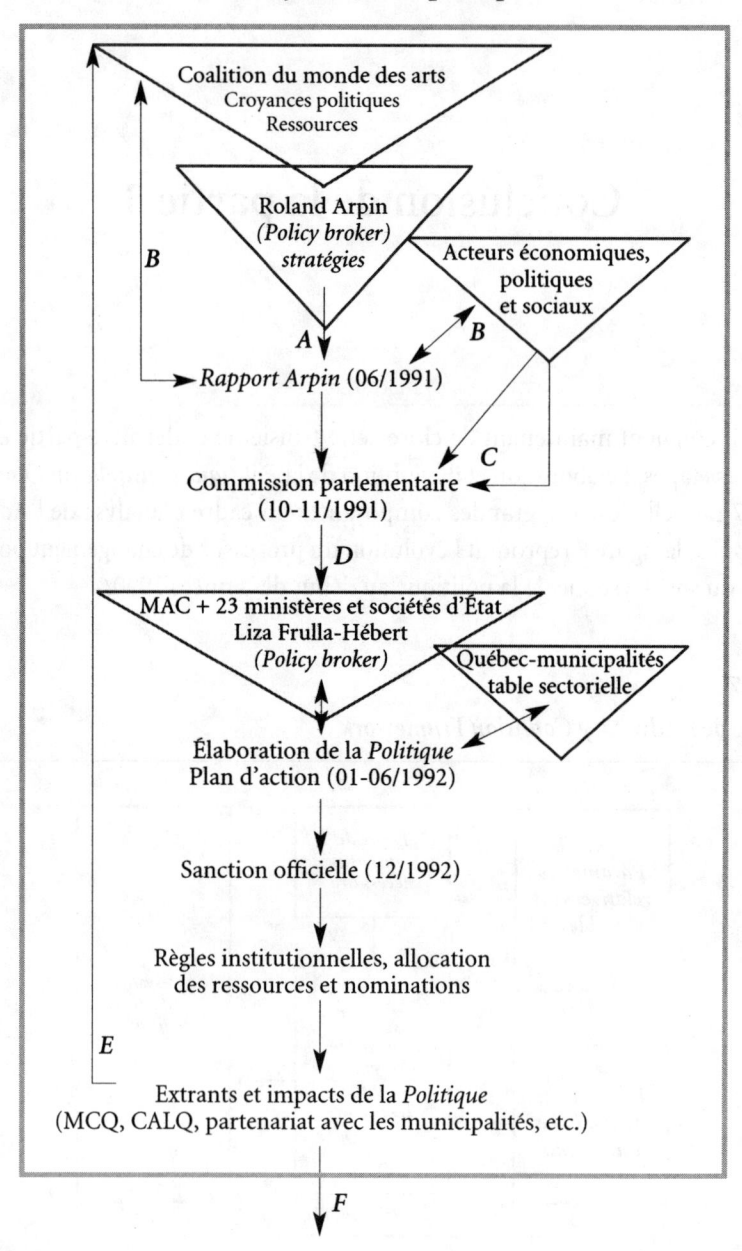

- Coalition du monde des arts
  - Croyances politiques
  - Ressources
- Roland Arpin *(Policy broker)* stratégies
- Acteurs économiques, politiques et sociaux
- B
- A
- *Rapport Arpin* (06/1991)
- C
- Commission parlementaire (10-11/1991)
- D
- MAC + 23 ministères et sociétés d'État
  Liza Frulla-Hébert *(Policy broker)*
- Québec-municipalités table sectorielle
- Élaboration de la *Politique* Plan d'action (01-06/1992)
- Sanction officielle (12/1992)
- Règles institutionnelles, allocation des ressources et nominations
- E
- Extrants et impacts de la *Politique* (MCQ, CALQ, partenariat avec les municipalités, etc.)
- F

Rappelons que ce changement a été suscité par la Coalition du monde des arts et de la culture. On note, dans la figure 8, deux grandes étapes délimitées par deux séries de triangles représentant chacune les acteurs ou instances alors omniprésents.

La première étape va de la création du groupe-conseil Arpin, en janvier 1991, à la clôture des travaux de la commission parlementaire sur la politique culturelle, le 20 novembre suivant. Les acteurs en présence sont d'abord issus des milieux culturels (Coalition du monde des arts et de la culture); Roland Arpin, président du groupe-conseil responsable de la proposition de politique culturelle, y assume alors le rôle de médiateur (ou de *policy broker*). Les lettres *A*, *B*, *C* et *D*, dans la première étape du processus de changement – étape où émerge ce consensus quant à la nécessité d'élaborer une politique culturelle gouvernementale –, font état du cheminement de cette idée, d'abord au sein des milieux culturels, puis au sein des autres milieux sociaux, économiques et politiques. Ces quatre lettres représentent de façon schématisée le cours des événements et le processus de consultations-réactions (◄─►) :

(A) Les pressions exercées par la Coalition du monde des arts et de la culture depuis plusieurs années et le mécontentement généralisé quant aux recommandations de l'*Étude sur le financement des arts et de la culture* (*Rapport Coupet*, novembre 1990) ont entraîné la création du groupe-conseil et la nomination à la présidence de Roland Arpin. Ce dernier réussit à concilier les intérêts divergents des associations, institutions et regroupements issus des différents secteurs culturels.

Un grand consensus émane alors : au-delà de la demande traditionnelle d'une plus grande intervention gouvernementale, notamment par l'injection de fonds publics supplémentaires, il y a nécessité de repenser l'intervention de l'État, donc de l'ensemble des ministères, en ce domaine.

(B) Le *Rapport Arpin*, rendu public en juin 1991, propose une politique de la culture et des arts pour le Québec. Particulièrement bien accueilli, du moins au départ, par les milieux de la culture, ce rapport suscite avec le temps des réactions divergentes.

À l'annonce de la tenue d'une commission parlementaire pour l'automne 1991 et après l'appel de la ministre des Affaires culturelles, des intervenants issus des milieux sociaux, économiques et politiques ainsi que des communautés culturelles transmettent à leur tour des mémoires faisant part de leurs commentaires et de leurs recommandations.

(C) Au moment où s'amorcent les audiences de la commission parlementaire, 264 mémoires, dont 160 issus des milieux culturels, ont été préalablement transmis à cette instance ; quelque 180 interventions y seront finalement faites.

(D) À la fin des travaux de la commission parlementaire, il revient à la ministre Frulla-Hébert et à son ministère de travailler à l'élaboration de la politique culturelle qui, par ailleurs, doit être gouvernementale et non sectorielle ou ministérielle. Là s'enclenche la deuxième étape du processus de changement majeur.

Amorcée lors des audiences de la commission, quand des fonctionnaires du MAC sont déjà à l'œuvre et que des pourparlers ont débuté avec certains ministères, la deuxième étape prend fin avec l'adoption des projets de loi 52 et 53, en décembre 1992. Ces lois modifient le ministère des Affaires culturelles, qui devient le ministère de la Culture doté de nouveaux pouvoirs et modes d'intervention publique, et crée ce bras séculier (*arm's length*) réclamé depuis longtemps, le Conseil des arts et des lettres du Québec.

Au début de cette deuxième étape, des ministères, des sociétés d'État et le monde municipal, *via* la table sectorielle de la Table Québec-municipalités, sont mis à contribution. Un partenariat s'établit et tous mettent l'épaule à la roue ; un plan d'action, comportant une cinquantaine de mesures, est élaboré au cours de l'hiver 1992. Ce processus de collaboration et d'échange, caractérisé par des flèches à double sens (◄—►), se traduit finalement par une politique gouvernementale dont l'aspect le plus original et porteur d'avenir réside dans les nombreuses mesures impliquant d'autres ministères. La *Politique culturelle du Québec* est déposée à l'Assemblée nationale et rendue publique en juin 1992, puis sanctionnée en décembre. Entre-temps, des comités du ministère travaillent à l'élaboration de sa mise en œuvre : établissement de nouvelles règles institutionnelles, répartition éventuelle des ressources. À la fin du processus, comme le montre la figure 8, les extrants et les impacts de la politique se répercutent sur les milieux de la culture (lettre *E*), mais aussi sur les événements dynamiques de l'environnement externe (lettre *F*).

Au cours de cette année d'élaboration et d'adoption de la politique, la ministre des Affaires culturelles, Liza Frulla-Hébert, suit de près l'évolution du dossier au sein de son propre ministère, met à contribution les différentes directions du MAC et concilie les intérêts des divers ministères impliqués. Elle participe également à des négociations au sein de la Table Québec-municipalités et entérine des ententes de partenariat avec des municipalités. Enfin, elle présente et défend la politique gouvernementale mise de l'avant par son ministère auprès du Premier ministre, mais aussi auprès de ses collègues du Conseil des ministres et du Conseil du Trésor, puisqu'il leur revient, en dernier ressort, de donner l'aval à la poursuite du processus. À ce titre, elle assume donc le rôle de médiatrice ou de *policy broker*.

Rappelons que le rapatriement d'Ottawa des pouvoirs en matière de culture demeure un sujet de controverse tout au cours de l'élaboration de la politique. Il faut avouer que la ministre des Affaires culturelles navigue adroitement dans ce dossier : se sentant d'abord investie de cette responsabilité de réclamer le rapatriement, le contexte constitutionnel et l'opinion publique d'alors y aidant, elle abandonne finalement cette idée. Le projet déposé en juin 1992 n'en fait pas mention. Cela constitue-t-il une réponse aux inquiétudes d'un nombre sans cesse croissant d'intervenants ? En fait, la solution à ce problème épineux pour le gouvernement libéral du Québec se trouve probablement dans l'Entente de Charlottetown que le Premier ministre Bourassa signe en août 1992.

Dans son mémoire destiné au Conseil des ministres, soit quelques jours avant le dépôt de la politique, la ministre Liza Frulla-Hébert aborde en ces termes la question des relations fédérales-provinciales en matière de culture :

> Au moment où le Ministère fédéral des Communications vient de faire part de son intention d'élaborer une telle politique pour le Canada et d'en assumer la maîtrise d'œuvre, il est de la plus haute importance que le Québec, quelle que soit la voie qu'il choisisse de prendre au plan constitutionnel, soit doté des outils nécessaires pour faire face à l'une ou l'autre option qui sera privilégiée dans le domaine de la culture. La présente politique permettra, le cas échéant, de faire valoir les objectifs que poursuit le gouvernement du Québec en la matière et de s'assurer que l'éventuel projet fédéral ne vienne pas à l'encontre des objectifs culturels québécois. Il permet également la mise en place des instruments essentiels pour une éventuelle prise en charge de l'entière maîtrise d'œuvre de la culture au Québec (Québec, MCCQ, DPE, chemise 1450-12-55a, 27 mai 1992 : 9).

Lors du débat sur la question référendaire à l'Assemblée nationale en septembre 1992, la ministre Frulla-Hébert appuie la décision de son chef et se dit des plus satisfaites puisque :

> [cette entente] reconnaît que la culture québécoise est unique au Canada et elle est un des éléments qui définit la notion de société distincte qui serait

inscrite dans la constitution. La législature et le gouvernement du Québec se voient reconnu le rôle de protéger et de promouvoir cette société distincte [...] et l'accord du 28 août nous assure une reconnaissance de la compétence exclusive du Québec en matière de culture [...] (Québec, MCCQ, DPE, chemise 1450-12-52, 15 septembre 1992 : 2-3).

Un autre exemple de la capacité de la ministre à concilier les intérêts divergents réside dans la portée même de la politique et dans les nombreuses mesures associées au plan d'action. Lors des audiences de la commission parlementaire de l'automne 1991, plusieurs intervenants ont fait part de leurs inquiétudes ou de leurs désaccords quant à certaines recommandations ou orientations du *Rapport Arpin*. Globalement, la portée de la politique déposée en juin 1992 est impressionnante. Par exemple, dans le nouvel axe «Affirmation de l'identité culturelle», elle tient compte des demandes des groupes et associations qui militent pour la promotion de la langue française, qui défendent les intérêts des communautés autochtones et culturelles ou qui revendiquent une place plus importante pour la conservation et la mise en valeur du patrimoine.

La satisfaction relativement générale du monde municipal est un autre exemple du leadership ou, du moins, de la capacité de la ministre Frulla-Hébert et de ses fonctionnaires à établir des consensus. Rappelons que les élus municipaux sont confrontés à cette époque aux conséquences de la réforme Ryan (1991), laquelle avait proposé de tarifer les services policiers dispensés par la Sûreté du Québec, de transférer aux municipalités la responsabilité de la voirie locale et, enfin, de mettre fin au soutien financier des organismes publics de transport en commun. Les municipalités, mais aussi bien d'autres intervenants (syndicats, groupements de citoyens, etc.), s'étaient élevées contre ce que l'on qualifiait alors de «délestage». Si cette décision du gouvernement fut imposée, celle d'adopter une politique culturelle gouvernementale semble plutôt se traduire par une reconnaissance plus importante du monde municipal comme partenaire privilégié de l'intervention publique en matière de culture.

Conclusion

Cet ouvrage a mis l'accent sur l'analyse spatio-temporelle du processus politique qui a donné naissance à la *Politique culturelle du Québec* de 1992. Centrée sur la compréhension et sur l'explication, cette recherche a cependant inclus un volet normatif, c'est-à-dire critique, sur les causes et les conséquences d'une politique publique donnée. Elle a également permis de tester empiriquement les avancées de l'*Advocacy Coalition Framework* (ACF) dans un domaine qui, jusqu'à ce jour, a fait l'objet de très peu d'études.

Deux aspects sont abordés dans cette conclusion. Tout d'abord, il convient de revenir sur les questions de recherche soulevées dans l'introduction de ce livre. Puis, me semble-t-il, il y a lieu de se prononcer sur la valeur heuristique de l'*ACF*, avec un bref retour sur les quatre hypothèses retenues.

RETOUR SUR LES QUESTIONS DE RECHERCHE

Sans insister très longuement, rappelons simplement que les questions de recherche étaient de trois ordres. Certaines concernaient les interventions des gouvernements fédéral et du Québec en matière de culture depuis les années 1960. D'autres se rapportaient aux deux mesures législatives de décembre 1992, l'une modifiant la *Loi sur le ministère des Affaires culturelles*, l'autre créant le Conseil des arts et des lettres du Québec. Une dernière série de questions portait sur le processus politique, sur les acteurs politiques et leurs systèmes de croyances ainsi que sur les jeux et enjeux des groupes de pression en présence.

Tout d'abord, la présentation des notions de culture et de politique culturelle et de leur évolution conceptuelle au fil des décennies et au sein des sociétés occidentales a été utile pour comprendre l'évolution des interventions des gouvernements canadiens en ce domaine depuis les années 1960. Ainsi, très tôt, ces deux notions ont été étroitement associées à celles de besoins culturels, de développement culturel et de démocratisation de la culture. Pour les gouvernements canadiens, tant fédéral que du Québec, l'influence des organismes internationaux, comme l'Unesco, mais aussi celle des lieux de réflexion et de diffusion ont été indéniables. Ainsi, dans un cas comme dans l'autre, l'action publique des gouvernements s'est associée aux domaines des arts et des lettres, du patrimoine et des industries culturelles, et ce, à des degrés variables selon les paliers de gouvernement et selon les époques. Elle a souvent visé « à améliorer l'éducation des publics » et « leur identification aux valeurs propres » de la collectivité (V. Lemieux, 1996 : 195). Enfin, elle a répondu à des objectifs nationalistes visant à renforcer l'unité et l'identité nationales, qu'elles soient canadiennes ou canadiennes-françaises, puis québécoises.

Au Québec, les politiques culturelles deviennent rapidement des outils de promotion et de développement d'une culture nationale « distincte » du reste du Canada. Le gouvernement du Québec, fortement appuyé par l'*establishment* intellectuel des années 1960 et 1970, utilise les pouvoirs dont il dispose pour favoriser « l'épanouissement culturel du peuple québécois » et pour promouvoir le développement d'une identité nationale forte. Les énoncés de politique culturelle d'alors sont d'ailleurs assez explicites.

Rappelons aussi que d'autres questions se rapportaient aux deux mesures législatives de décembre 1992 (projets de loi 52 et 53). Ainsi, on s'est interrogé sur la volonté de modifier les responsabilités internes du ministère et de créer un conseil des arts et des lettres. Il en est de même de l'idée d'instaurer un nouveau partenariat avec les municipalités québécoises et d'impliquer la collaboration d'une vingtaine de ministères et d'organismes gouvernementaux. Ces changements correspondaient-ils alors aux valeurs promues par la société québécoise en général, par la communauté artistique en particulier ou par les autres acteurs ? On s'est également demandé ce qui expliquait la mise sur pied si « tardive » d'un conseil des arts au Québec.

Revenons brièvement sur les principaux événements caractérisant les étapes d'émergence et d'élaboration de la politique, puisque c'est au cours de ces étapes (ou phases) du processus politique que l'on retrouve plusieurs réponses à ces questions. Dans les faits, on peut distinguer quatre périodes, chacune caractérisée par des discours publics, des stratégies politiques, tant du côté du fédéral que du côté provincial, et par des tactiques variées comme des fuites d'information dans les médias, des déclarations conjointes des milieux culturels, du moins des organismes les plus militants, et de la ministre du MAC, etc.

Une première période s'étend de 1986 au début de 1990. Deux camps s'opposent et demeurent sur leurs positions : le milieu de la culture et des arts, *via* la Coalition du 1 %, *versus* le gouvernement provincial. Durant toutes ces années, la Coalition évolue en vase clos. Elle regroupe presque exclusivement des organismes et des institutions du milieu de la culture et des arts ainsi que quelques intellectuels (chercheurs) et des journalistes préoccupés par le débat. D'ailleurs, le milieu culturel québécois est aussi présent sur d'autres fronts : Accord de libre-échange Canada–États-Unis, compressions dans les organismes fédéraux voués à la culture, lois sur le statut de l'artiste. Durant cette période, les autres acteurs issus du monde municipal, des communautés culturelles, du milieu socio-économique et politique sont très peu présents dans les discussions. Bien que le gouvernement provincial renouvelle régulièrement sa promesse d'accroître le budget du MAC, il demeure cependant sur ses positions. Il est alors régulièrement dans un état de gestion de crises. D'un côté, on retrouve donc la Coalition, de l'autre le gouvernement libéral et, entre les deux, la ministre du MAC (Lise Bacon, puis Lucienne Robillard).

La deuxième période s'attarde approximativement à l'année 1990. Sur la scène politique canadienne, le ton monte. Au Canada anglais, plusieurs voix commencent à s'élever contre Meech, puis c'est l'échec. À cette époque, c'est l'ensemble de la société canadienne et québécoise qui est interpellé. Également, les provinces et la population font de plus en plus les frais des compressions budgétaires du ministre fédéral Wilson. En mars 1990, les journaux font état de coupures dans les budgets du MAC. Des consultations sont alors entreprises par l'équipe responsable de l'étude sur le financement des arts (*Rapport Coupet*). Alors que les milieux culturels et des affaires s'inquiètent des objectifs de cette étude, que les journaux rappellent régulièrement les « pirouettes » et les « jeux de mots » des libéraux, que les déclarations de personnalités en vue se multiplient, le président du Conseil du Trésor du Québec, Daniel Johnson, annonce en octobre 1990 que les ministères doivent couper quelque 700 millions de dollars dans le budget du gouvernement du Québec. Vers la même époque, la Commission Bélanger-Campeau fait état de l'effritement de la mission culturelle de l'État. Lors de leur représentation, des intervenants des milieux culturels multiplient leur appui à la souveraineté, soulignant que les « artistes sont prêts à reprendre le bâton du pèlerin » (*La Presse*, 15 novembre 1990 : B1).

Une troisième période débute avec l'arrivée de la nouvelle ministre du MAC, Liza Frulla-Hébert, à l'automne 1990, et prend fin vers l'été 1992. Cette période correspond à une intensification des déclarations de la ministre, endossées par le gouvernement, quant à la nécessité de rapatrier d'Ottawa les pouvoirs en matière de culture. C'est également au cours de cette période que la culture semble devenir une priorité à l'agenda gouvernemental. Peut-il en être autrement ? Meech a échoué et les sondages d'opinion font régulièrement état de la montée de l'option souverainiste. La ministre Frulla-Hébert annonce la création du groupe-conseil Arpin, lequel doit élaborer une proposition de politique culturelle. Dans une déclaration à la fin janvier de 1991, la ministre demande l'appui des artistes et de toute la population (*La Presse*, 27 janvier 1991 : C9). Le rapprochement enclenché à l'automne entre le milieu culturel et le gouvernement se concrétise : les deux camps sont désormais unis par un objectif commun, mais cette fois-ci d'envergure nationale. Malgré quelques dissidences, l'état de communion demeure jusqu'à l'automne 1991.

Au cours des travaux de la commission parlementaire sur la politique culturelle de l'automne 1991, des dissidences apparaissent. Durant cette période, le milieu culturel devient de plus en plus départagé « entre la fleur de lys et la feuille d'érable », pour paraphraser l'écrivain Yves Beauchemin (*La Presse*, 18, 19, 20 décembre 1991 : B3). Au cours de l'hiver 1992, Ottawa prend l'offensive : deux comités fédéraux travaillent activement (Comité des communes sur les communications et la culture et Comité Beaudoin-Dobbie). Dans la presse écrite, on fait de plus en plus état de coûts exorbitants d'un rapatriement des pouvoirs éventuel. Entre-temps, la ministre réplique et maintient ses positions alors qu'au sein du ministère des Affaires culturelles des équipes travaillent activement à l'élaboration de la politique culturelle.

La quatrième et dernière période va de juin à décembre 1992. Au Canada anglais de nouvelles discussions constitutionnelles sont entreprises pour tenter de dénouer l'impasse. Le Premier ministre Bourassa revient sur ses positions et décide de participer aux pourparlers de Charlottetown qui débouchent sur un nouvel accord. Signée le 29 août 1992, l'entente est présentée pour fin d'approbation lors d'un référendum pancanadien, le 26 octobre suivant. Entre-temps, le 5 juin, une première fuite dans les journaux laisse entendre que la ministre Frulla-Hébert « ne tient plus au rapatriement », que la souveraineté culturelle n'est plus une priorité

(*Le Devoir*, 5 juin 1992 : A1). Quelques jours plus tard, la politique est déposée sans que n'y soit mentionnée la question du rapatriement des pouvoirs. La ministre annonce du même coup l'ajout de quelque 57 millions de dollars « d'argent neuf » pour la culture. Dans les jours qui suivent, plusieurs organismes culturels, dont l'Union des artistes, se déclarent satisfaits de la nouvelle politique culturelle.

Au début de septembre, les médias font état du contenu de l'Entente de Charlottetown et soulignent que le Premier ministre a « oublié » la culture et l'immigration. Trois ministres du cabinet, dont Liza Frulla-Hébert, émettent publiquement de « sérieuses réticences » quant au contenu de l'entente acceptée par Robert Bourassa. La ministre se dit même « ulcérée de voir que l'accord conclu restait bien en-deçà des attentes » (*Le Devoir*, 3 septembre 1992 : 1). Ottawa réagit et corrige rapidement les « oublis » : en matière de culture, les provinces obtiennent des compétences exclusives. Par contre, le gouvernement fédéral conserve la responsabilité relative aux questions culturelles canadiennes. Quelque six semaines plus tard, l'Entente de Charlottetown est rejetée tant au Québec qu'au Canada.

En décembre 1992, deux projets de loi, l'un définissant de nouveaux pouvoirs pour le ministère, l'autre créant le Conseil des arts et des lettres du Québec, sont adoptés par l'Assemblée nationale du Québec. Il va de soi que, dans un contexte de rationalisation, un des principaux avantages de la création du Conseil des arts et des lettres du Québec est de constituer une sorte de zone tampon entre le milieu concerné et le pouvoir politique. Bref, au terme du processus politique débouchant sur l'adoption de la politique culturelle gouvernementale de 1992, toutes les parties se disent satisfaites... du moins pour un temps.

Enfin, rappelons qu'une dernière série de questions se rapportait au processus politique ainsi qu'aux jeux et enjeux des groupes de pression en présence lors de l'émergence, de l'élaboration puis de l'adoption de la politique culturelle gouvernementale. Ces questions portaient sur les finalités poursuivies par les acteurs politiques impliqués dans le changement, sur les objectifs du politique et de l'administratif et sur cette sorte d'unanimité apparente des différents acteurs concernés. Bref, elles impliquaient la mise au jour des enjeux en cette période de crise des finances publiques et la prise en compte des croyances et des valeurs des acteurs concernés, dont celles de l'élite politique.

Sans rapporter ici tous les éléments d'explication, rappelons que les changements des conditions socio-économiques (crise des finances publiques) et du système politique (élections du PC et du PLQ ; création du BQ et de l'ADQ) ainsi que les impacts du débat constitutionnel ont été importants au cours des phases d'émergence et d'élaboration de la politique de 1992.

Outre la mise sur pied du CALQ, l'adoption de cette politique a procuré plusieurs bénéfices ou avantages au milieu de la culture notamment. Mentionnons le maintien du lien avec le fédéral et le report de la question du rapatriement des pouvoirs en matière de culture, la relance de la formation en arts et la création de divers programmes destinés au milieu de l'enseignement. Il y a lieu de rappeler aussi les nouveaux pouvoirs pour le monde municipal et l'établissement d'ententes Québec-municipalités visant le développement culturel, la consolidation financière des organismes et des associations du milieu de la culture ainsi que la valorisation de l'héritage culturel (patrimoine, archives, musées).

Si le milieu des industries culturelles semble obtenir le moins d'avantages financiers directs à la suite de l'adoption de cette politique, rappelons qu'il conserve néanmoins l'important soutien financier du fédéral. De plus, le «nouveau» ministère de la Culture conserve la responsabilité d'élaborer et de gérer des programmes dans ce domaine, alors que certaines mesures du plan d'action obligent des modifications favorisant ce secteur, comme des amendements à la *Loi de l'impôt* permettant des crédits d'impôt à la capitalisation pour les industries culturelles.

Bref, en se basant sur la revue de presse où on fait état des réactions à la suite du dépôt de la politique, la grande majorité des acteurs ont perçu favorablement la distribution plutôt équitable des bénéfices résultant des trois grands axes de la politique et des diverses mesures associées au plan d'action. Les quelques dissensions ou critiques concernent surtout une mesure ou une autre du plan d'action et non les fondements et principes mêmes de la politique.

LA VALEUR HEURISTIQUE DE L'*ADVOCACY COALITION FRAMEWORK*

Une des grandes qualités du cadre de l'*Advocacy Coalition* est qu'il a développé, depuis la fin des années 1980, plusieurs études empiriques sur les acteurs. Comme le soulignent Sabatier et Jenkins-Smith (1999 : 151), l'*ACF* semble être un «progressive research program», du moins comme l'entend Irme Lakatos (1978)[1]. De plus, ce cadre accorde une place importante aux facteurs non cognitifs, tels que les

---

1. Voir Sabatier et Jenkins-Smith (1999 : 153); consulter également Wayne Parsons (1995 : 203) qui soutient la valeur heuristique de l'*ACF* comme «une théorie cohérente et robuste» ainsi que les commentaires et critiques de Schlager (1999), Dudley (2000) et Radaelli (2000).

changements socio-économiques, et aux facteurs cognitifs, comme les systèmes de croyances, les valeurs et les idées. Enfin, l'*ACF* vise à comprendre le processus politique ainsi que les jeux et les enjeux des coalitions d'intérêt dans des domaines spécifiques et des sous-systèmes de politiques publiques particulières.

Dès lors, il convient de se prononcer sur la valeur de l'*Advocacy Coalition*: (a) comme cadre d'analyse en général, notamment par rapport à d'autres approches ou cadres théoriques, mais aussi par rapport à l'objet d'étude, (b) par rapport aux six grands principes ou éléments centraux de l'*ACF*, (c) lorsque le sous-système des politiques analysé ne contient qu'une seule coalition, comme c'est le cas dans ce travail de recherche, (d) lorsque l'*ACF* est appliqué à un domaine de politiques jusqu'ici peu exploré, à savoir la culture et les politiques culturelles et, enfin, (e) par rapport aux quatre hypothèses retenues dans cette étude de cas.

Un premier aspect à aborder concerne la « solidité » de l'*ACF* comme « théorie alternative au processus politique ». Comme le rappellent Sabatier et Schlager (2000 : 229), sa valeur repose sur le courant ou le paradigme de recherche dans lequel il s'inscrit et qui insiste notamment sur une meilleure prise en compte des facteurs cognitifs et non cognitifs.

Dans le deuxième chapitre, ont été présentées différentes théories et approches qui s'attardent aux processus de changement politique, surtout développés par des politologues, ou qui développent plus spécifiquement l'idée de coalition comme explication et/ou prescription des politiques publiques. Si, dans l'ensemble, ces théories et approches présentent des points forts, peu d'entre elles accordent une importance aussi grande aux facteurs cognitifs et non cognitifs ou une aussi grande place au rôle de l'apprentissage dans les politiques publiques hormis, peut-être, le modèle des « courants » de John Kingdon (1984) ou l'approche par « référentiel » d'Alain Faure, Gilles Pollet et Philippe Warin (1995), de Pierre Muller et Yves Surrel (1998).

Bien sûr, selon Sabatier et Schlager (2000 : 224), Kingdon a eu « le grand mérite d'avoir développé un des premiers cadres d'analyse de politiques publiques mettant l'accent sur le rôle des idées ». Par contre, le modèle des courants semble moins bien répondre au critère scientifique puisqu'il ne présente, selon eux, « aucune méthodologie satisfaisante pour déterminer dans quel courant se situent les acteurs de l'action publique [ni] aucune hypothèse explicite ». Bien plus, selon ces deux chercheurs, le modèle de Kingdon n'a pas su engendrer ce que Lakatos (1978) appellerait un « programme de recherche en développement » (*Ibid.* : 225). Un autre exemple, cité par Sabatier et Schlager, est le cadre cognitif de Pierre

Muller et de ses collègues (le « référentiel »). Ces derniers mettent l'accent sur les systèmes d'idées qui donnent un sens et qui servent à guider l'action publique au sein du sous-système (ou secteur), et c'est le médiateur qui constitue « l'acteur clé dans la création d'un référentiel » (Muller, 1995 : 161-164). Par contre, selon Sabatier et Schlager, ce cadre aborde « très peu » le rôle des arrangements institutionnels et l'impact des conditions socio-économiques et de la culture politique sur la formation et la progression des référentiels.

Pour la politique étudiée dans cet ouvrage, il s'avère que la prise en compte des facteurs cognitifs, mais aussi des variables exogènes résultant des conditions socio-économiques et de la crise constitutionnelle, a été éclairante pour expliquer l'origine et les causes du changement de l'action publique en matière de culture.

Par ailleurs, le fait de s'attarder aux contraintes et aux ressources des acteurs en présence, quatrième composante de l'*ACF*, a permis de statuer tout d'abord sur leurs attentes et leurs demandes. Puis, au regard de ces dernières, il a contribué à cerner les gagnants et les perdants de la *Politique culturelle du Québec* de 1992. Enfin, l'étude du sous-système concerné a mis au jour la dynamique qui découle du processus de concertation et de négociation, dont les initiatives des *policy brokers*, ainsi que les décisions qui en sont issues : révision en profondeur des modes d'intervention publique en matière de culture, modification des pouvoirs du ministère des Affaires culturelles (MAC), création du Conseil des arts et des lettres du Québec (CALQ), nouveaux partenariats avec les municipalités, changement de plusieurs lois provinciales, etc.

Il convient maintenant de reprendre les six grands principes de l'*ACF*, qui constituent « le cœur du programme scientifique de recherche » de Sabatier et de ses collègues, et de les transposer à la *Politique culturelle du Québec* de 1992 :

1. « La confiance dans le sous-système politique comme principale unité d'analyse d'ensemble » (traduit de Sabatier et Jenkins-Smith, 1999 : 154).

Dans cette étude, la notion de sous-système est apparue suffisamment flexible et éclairante. Elle a permis de détailler et de comprendre le processus de changement menant à l'adoption d'une politique culturelle très spécifique dans l'histoire du Québec. Elle a mis au jour les facteurs à l'origine d'un tel changement, tout en distinguant un changement politique majeur d'un changement politique mineur. Enfin, elle a contribué à cerner la structure des systèmes de croyances des groupes et de leurs élites alors concernées.

2. « Un *model of individual* qui est fondé sur (a) la possibilité de structures de buts complexes et sur (b) les capacités du traitement de l'information

qui sont limitées et, plus important, qui agissent comme des filtres de perceptions» (*Ibid.*).

Sabatier et Jenkins-Smith insistent sur le rôle ou la position et sur les habiletés du chercheur et de l'analyste (*model of the individual*), membres participants et «certes pas neutres» des coalitions plaidantes. Comme le souligne Schlager (1999 : 243), le cadre d'analyse de l'*AC* «identifie empiriquement le monde intérieur des individus et l'utilise pour expliquer les actions individuelles. Les parties de ce monde intérieur qui sont empiriquement vérifiées sont les systèmes de croyances.» Ces derniers se composent d'une série de valeurs fondamentales, d'hypothèses causales et de perceptions de la gravité du problème qui déterminent les choix et les actions individuelles.

Dans cet ouvrage, ce modèle a été suffisamment important pour comprendre la stabilité des acteurs et des différentes factions dans le temps ainsi que les conflits en présence (et leur compréhension ou interprétation) lors de l'émergence de la politique concernée. Il est également apparu éclairant en ce qui a trait à cette idée d'apprentissage dans les politiques publiques.

3. Quant à l'apprentissage dans les politiques publiques, il est considéré «comme une source importante de changement politique, particulièrement dans les aspects secondaires» (traduit de Sabatier et Jenkins-Smith, 1999 : 154).

Rappelons cette définition de l'apprentissage de Heclo (1974 : 306), que Sabatier et Jenkins-Smith adoptent (1997 : 11) : l'apprentissage correspond aux «modifications relativement persistantes de la pensée ou des intentions de comportement résultant de l'expérience et concernant la réalisation ou la révision des objectifs de la politique».

Dans cette analyse de la politique culturelle de 1992, cet apprentissage s'est traduit dans le contenu de la politique : acquisition d'une meilleure compréhension de la gravité d'un problème, de ses causes, des bénéfices et des coûts des solutions proposées. Il s'est aussi traduit par un apprentissage politique : acquisition de ressources pour améliorer la situation du ministère, identification des ressources cruciales pour la mise en œuvre de la politique, pour pallier les menaces, pour élaborer des stratégies ou contrer celles des opposants à la politique, pour rechercher les moyens de les neutraliser. L'apprentissage dans les politiques publiques doit donc contribuer à changer ou à modifier des perceptions.

Par exemple, la question centrale du rapatriement des pouvoirs d'Ottawa, d'abord primordiale pour la ministre du MAC et la majorité des acteurs en présence au cours de l'automne 1991 et de l'hiver 1992, fut finalement évacuée du débat pour être reléguée aux oubliettes à la fin de l'été 1992. Assurément, une nouvelle opportunité et les contraintes du politique – d'une part, la signature de l'Entente de Charlottetown, d'autre part, les pressions croissantes pour maintenir le lien fédéral – procurent aux décideurs d'alors les arguments ou les justifications nécessaires pour évacuer cette question de la politique en voie d'achèvement. Bien sûr, quelques acteurs s'opposent à cette décision politique, mais les réactions sont loin de soulever un mouvement généralisé de protestation et de faire fléchir le gouvernement.

4. « La notion de coalition plaidante comme manière d'inclure le plus grand nombre d'acteurs issus de diverses institutions et de différents niveaux de gouvernement » demeure l'une des grandes caractéristiques de l'*ACF* (traduit de Sabatier et Jenkins-Smith, 1999 : 154).

Les acteurs d'une coalition plaidante – qu'elle soit caractérisée, comme c'est finalement le cas ici, par un pouvoir partagé entre les groupes d'acteurs, « semblable à une grande coalition dans les systèmes parlementaires » – sont structurés par une série hiérarchique de croyances, par leurs habiletés à traiter l'information et à la transformer ainsi que par un ensemble de buts et de préférences.

Au sein de cette grande coalition, ces leaders ou *policy brokers*, qu'ont été notamment Roland Arpin puis Liza Frulla-Hébert, se sont substitués à ce que Sabatier et Jenkins-Smith ont qualifié de « vieux guerriers » (*old warriors*). Le consensus établi entre les acteurs culturels, politico-administratifs et économiques, mais aussi ceux du monde municipal a été évident. Ces derniers ont convenu de la nécessité de repenser l'action et les interventions du gouvernement du Québec, d'où cette politique culturelle gouvernementale de 1992. Cette dernière s'est finalement traduite par un plan d'action et des mesures ayant entraîné une distribution relativement équitable des bénéfices pour tous les groupes directement concernés. À la lumière de l'analyse, il y a cependant lieu de faire un bref retour sur cette notion de *policy broker*.

Au terme du processus politique, cette analyse a démontré la présence d'une seule et grande coalition composée par le gouvernement du Québec, les partis politiques d'opposition et nombre d'acteurs issus des milieux culturels et socio-économiques. Ces membres de la coalition ont favorisé l'adoption d'une politique culturelle gouvernementale au Québec, et ce, bien que certains prennent quelques distances lorsqu'il est question du rapatriement des pouvoirs d'Ottawa. Selon Sabatier et Jenkins-Smith, une politique publique est la résultante d'une confrontation entre coalitions, alors que les *policy brokers*, pour reprendre les propos de Bergeron, Surel et Valluy (1998 : 209), sont « des individus et/ou groupes, qui passent de l'une à l'autre coalition, en conservant une position de relative "neutralité" et/ou en ayant pour principale préoccupation de limiter les conflits à un niveau relativement modéré et de trouver des solutions "raisonnables" ». À l'occasion, des chercheurs et des bureaucrates, « qui adhèrent vraiment à la tradition de compétence neutre », peuvent aussi jouer le rôle de *policy broker*.

Or, dans cette étude, les Roland Arpin et Liza Frulla-Hébert identifiés comme *policy brokers* n'assument pas une médiation entre deux coalitions ou plus (voir la figure 1). Ils sont plutôt des membres actifs de la coalition et sont partie prenante du processus menant à l'adoption de la *Politique culturelle du Québec* de 1992. En cela, on se rapproche beaucoup plus de la définition du *médiateur* de Muller, lequel a « à la fois une fonction cognitive ([il aide] à comprendre le monde) et une fonction normative ([il définit] des critères qui permettent d'agir sur le monde, c'est-à-dire les objectifs des différentes politiques) » (Muller, 1995 : 161-164). Dans ce cas, comment concilier la définition de *policy broker* de Sabatier et Jenkins-Smith avec les rôles joués par ces deux personnages clés. Henri Bergeron, Yves Surel et Jérôme Valluy ont peut-être une explication intéressante à proposer.

D'après Bergeron et ses collègues, la notion de *policy broker* serait « moins clairement définie » que celle de *médiateur* de Jobert (1995) et de Muller (1995). Selon ces derniers, « les "médiateurs" constituent une catégorie d'acteurs placés non plus en relais ou à l'intersection de coalitions concurrentes », mais ils seraient plutôt des acteurs ou des leaders « qui parviennent à gérer les croyances, les valeurs et les intérêts propres à un sous-système donné en liaison avec la société dans son ensemble » (Bergeron *et al.*, 1998 : 209).

5. « Conceptualiser les systèmes de croyances et les politiques publiques comme des ensembles de buts, de perception des problèmes et de leurs causes ainsi que les préférences politiques qui sont organisées dans de multiples étapes (*multiple tiers*) » (traduit de Sabatier et Jenkins-Smith, 1999 : 153).

Selon Sabatier et Jenkins-Smith, « cartographier les croyances et les politiques publiques sur un même canevas facilite l'analyse du rôle de l'information scientifique et d'autres informations dans la politique » (*Ibid.* : 154). Selon, eux, cela contribue à fournir une conception «détaillée de la structure des systèmes de croyances, laquelle encourage la falsification».

Les systèmes de croyances, du moins de certaines croyances politiques propres à la politique de 1992, et les préférences des acteurs ont changé au cours des années. Les individus et les groupes ont graduellement adhéré à d'autres arguments et raisonnements qui s'appuyaient notamment sur des études fouillées et des analyses approfondies. Cette documentation a contribué au fil du temps à changer les perceptions et les croyances normatives s'appliquant à ce secteur de politique publique. Les systèmes de croyances, tout comme les politiques publiques qui en sont le reflet, sont donc sujets à des changements.

> 6. «Les coalitions qui cherchent à manipuler les institutions gouvernementales et les autres institutions modifient les comportements des individus et les conditions du problème dans un effort de rendre compte de leur propre système de croyances» (*Ibid.* : 154).

L'analyse de la *Politique culturelle du Québec* de 1992 a tout d'abord fait ressortir les efforts mis de l'avant par les acteurs du milieu de la culture, *via* la Coalition du monde des arts et de la culture, pour obtenir un financement public plus important – le fameux 1 %. De plus, cette analyse a contribué à comprendre et à expliquer l'apparition de cette coalition élargie qui, cette fois, implique le plus grand nombre : leaders des groupes d'intérêts issus d'autres milieux que celui de la culture et des arts, politiciens, fonctionnaires, chercheurs, journalistes, etc.

Cette coalition élargie a influencé les institutions gouvernementales (ministères, sociétés d'État, Conseil du Trésor, Assemblée nationale) et les autres institutions (monde municipal, etc.). Elle a modifié les comportements et la réceptivité des politiciens, fonctionnaires, leaders du monde municipal et des groupes d'intérêts ainsi que les conditions du problème, et ce, dans un effort pour rendre compte de son propre système de croyances. Ainsi, ce n'est donc plus le sous-financement public qui est la cause du problème, du moins la cause principale, mais bien l'action et la coordination gouvernementale en matière de culture.

Un troisième aspect qui a permis de juger de la valeur du cadre de l'*Advocacy Coalition*, c'est la capacité à maintenir ses avancées, même si le sous-système de la politique publique concernée ne comporte qu'une seule coalition. D'ailleurs, dans leurs publications, Sabatier et Jenkins-Smith (1988, 1993, 1999) ne rejettent aucunement cette éventualité. Bien plus, dans une version révisée de leur modèle (1999), ils soulignent qu'une troisième alternative du processus de changement majeur «jusqu'alors négligée par les chercheurs» peut résulter de situations où toutes les coalitions (ou regroupements d'acteurs) en présence sont d'accord sur le fait que le problème qui prédomine est inacceptable. Selon eux, elles sont alors disposées à engager des négociations qui sont également facilitées par un ou des *policy brokers*. Le résultat final ne se traduit donc pas par une coalition dominante et des coalitions minoritaires, mais il devrait plutôt être vu, selon Sabatier et Jenkins-Smith (1999 : 150), comme un pouvoir partagé entre les coalitions, « analogue à une grande coalition dans les systèmes parlementaires ».

Dans cette étude, force a été de constater l'unanimité qui s'est dégagée au cours de l'année 1991, soit celle d'élaborer une politique culturelle d'ensemble pour le Québec. À la suite de ce consensus – qui d'ailleurs a supplanté celui plus spécifique et pragmatique de la Coalition du monde des arts et de la culture –, les diverses factions ont obtenu satisfaction : l'adoption d'une politique culturelle gouvernementale qui a conduit à une révision en profondeur des modes d'intervention publique en ce domaine, à l'élargissement de la portée de l'action publique en matière de développement culturel et, enfin, à la décentralisation fonctionnelle du soutien aux arts grâce à la création du Conseil des arts et des lettres du Québec. Bref, d'une première coalition plus exclusive, celle du 1 %, l'évolution des débats et du processus politique a mené à une deuxième, plus élargie et inclusive.

La valeur du cadre d'analyse des coalitions plaidantes repose également sur son application dans un domaine de politiques jusqu'ici peu exploré, la culture. En effet, dans les 34 études réalisées entre 1987 et 1998 et utilisant ce cadre comme stratégie d'analyse, seulement cinq auraient été appliquées à des domaines connexes à la culture : trois dans celui de l'éducation et deux dans celui des politiques américaines des communications et télécommunications (voir Sabatier et Jenkins-Smith, 1999 : 126). Dans l'étude de la politique de 1992, l'utilisation de l'*ACF* a été appropriée pour l'analyse d'une politique particulière ayant suscité autant les sensibilités et les attentes des acteurs concernés.

En effet, depuis des décennies, le domaine de la culture est étroitement associé à des croyances fondamentales et à des croyances politiques principales, comme celle que le Québec est le maître d'œuvre de la culture. La notion même de culture et les actions gouvernementales qui découlent de son interprétation ont été depuis longtemps la source d'un important contentieux Ottawa-Québec. À l'aube des années 1990, à l'occasion du débat constitutionnel qui atteint alors son point culminant, la prise en compte de facteurs cognitifs et non cognitifs revêtait une importance cruciale. En cela, l'*Advocacy Coalition Framework* n'a pas failli à la tâche.

Le cadre des coalitions plaidantes a également fait ressortir l'emprise des groupes issus du milieu de la culture et des arts ainsi que des autres acteurs (monde municipal, milieux économiques, etc.) sur les grands débats de société d'alors et sur les problèmes plus particuliers auxquels ils sont confrontés : le désengagement de l'État-providence et le sous-financement public croissant de certains secteurs culturels, les disparités grandissantes (régions-Québec-Montréal) et la nécessité de réorienter les mandats et fonctions du ministère.

Bien plus, cette approche a permis de tenir compte des variables « situationnelles », c'est-à-dire les paramètres relativement stables et les événements de l'environnement externe, de saisir la gravité du problème et d'en cerner les principales causes. Elle a également contribué à analyser la répartition du pouvoir entre les niveaux de gouvernement – fédéral, provincial et municipal – et à cerner les instruments de l'action publique. Elle a permis d'évaluer la participation des différents acteurs, leurs contraintes, leurs ressources et leurs rôles, mais aussi celle de variables cognitives, comme les idées et les croyances.

Un cinquième et dernier aspect à aborder touche les quatre hypothèses retenues dans la présente étude de cas. Rappelons qu'elles concernent la stabilité des coalitions (hypothèse 1), les facteurs externes affectant le sous-système de politique publique (hypothèses 2 et 3) et, enfin, les systèmes de croyances des différents groupes d'intérêts (hypothèse 4).

L'hypothèse 1 de l'*ACF* se présente comme suit : « Dans les controverses majeures au sein du sous-système *mature*, lorsque sont confrontées les " croyances politiques principales", l'alignement des alliés et de leurs adversaires a tendance à être plutôt stable pendant des périodes d'une décennie ou plus » (traduit de Sabatier et Jenkins-Smith, 1999 : 129). Avant de statuer sur la validité ou non de cette hypothèse, revenons brièvement sur cette expression « controverse *majeure*».

Que ce soit dans leurs articles (1988, 1997, 1999), leur ouvrage de 1993 ou dans leur chapitre publié dans *Theories of the Policy Process* (Sabatier, 1999), Sabatier et Jenkins-Smith donnent très peu d'informations sur ce qu'il faut entendre par controverse *majeure*. Cela ne veut pas dire qu'elle n'est pas définie ou interprétée dans l'une ou plusieurs études de cas produites à ce jour.

Dans le cas de la politique de 1992, l'interprétation de la controverse – on pourrait également parler de conflit ou de polémique – correspond au refus répété du gouvernement du Québec d'acquiescer à la demande de la Coalition du 1 %, laquelle s'appuie sur une promesse formulée lors de la campagne électorale de 1985. Puis, au moment où émerge ce grand consensus quant à la nécessité d'élaborer une politique culturelle gouvernementale apparaît une autre controverse : celle du rapatriement d'Ottawa des pouvoirs en matière de culture. Cette fois-ci, la controverse se transpose sur la scène politique canadienne et inclut l'ensemble des acteurs politiques québécois : les politiciens issus de toutes les formations politiques, les groupes d'intérêts, les milieux intellectuels, le monde municipal et des affaires, etc. Si ces derniers font consensus pour un temps quant à la question du rapatriement, rappelons cependant les défections de certains secteurs des industries culturelles et de communautés culturelles. Lors du dépôt de la politique en juin 1992, cette proposition est finalement reléguée aux oubliettes.

Il y a donc eu une première controverse entre le gouvernement libéral du Québec et le milieu culturel entre 1986 et le début des années 1990. Il y en a eu une deuxième, plus importante, probablement *majeure*, parce que plus élargie et impliquant cette fois-ci les deux paliers de gouvernement et le plus d'acteurs issus de tous les secteurs d'activités du Québec. S'agit-il d'une autre controverse ou d'une tactique (et d'une opportunité) pour les acteurs du milieu culturel et le gouvernement provincial de sortir de l'impasse dans lequel ils s'étaient enlisés depuis le milieu des années 1980 ? Est-ce plutôt une opportunité (Kingdon parlerait d'une « fenêtre d'opportunité ») pour les acteurs politiques en présence de faire évoluer les pourparlers constitutionnels et d'atténuer ainsi l'échec de Meech ? Chose certaine, pour parler de controverse *majeure* au sein du sous-système concerné, ici la culture, il aurait fallu s'attarder beaucoup plus, semble-t-il, à ces deux protagonistes traditionnels dans le domaine de la culture au Québec que sont les gouvernements fédéral et provincial, et au débat que suscite la question du rapatriement des pouvoirs en 1991 et 1992.

Bref, si le milieu culturel insiste à l'origine sur la nécessité d'injecter des fonds publics substantiels dans le secteur de la culture, les préférences politiques s'effritent graduellement sur certains aspects « prioritaires » : certains groupes réclament plus de pouvoirs pour le gouvernement provincial ; d'autres, qui gagnent en importance au cours de l'automne 1991 et de l'hiver 1992, demandent que le gouvernement s'acquitte tout d'abord de ses propres pouvoirs. Ce sont finalement l'adhésion du Premier ministre Bourassa à l'Entente de Charlottetown (août 1992) et celle du gouvernement libéral, avec la ministre Frulla-Hébert, qui tranchent. Incidemment, il y a donc une sorte de *statu quo*, chacun des paliers de gouvernement conservant ses prétentions et/ou ses prérogatives en matière de culture. L'« alignement des alliés et des adversaires », pour revenir à un passage clé de l'hypothèse 1, a donc « tendance à être plutôt stable sur une décennie ou plus ».

La stabilité des groupes variés dans la controverse au sein du sous-système *mature* est ici confirmée. Mais comme Sabatier et Jenkins-Smith parlent de controverses *majeures* et que ces derniers sont peu explicites sur ce qu'il faut entendre par là, il y a lieu d'émettre un certain bémol quant à la validation de l'hypothèse 1.

En ce qui concerne les hypothèses 2 et 3, l'*ACF* soutient que les processus internes d'un sous-système politique ne seraient généralement pas suffisants en eux-mêmes pour altérer de façon importante les aspects centraux d'une politique gouvernementale. Le changement politique requiert généralement des perturbations externes au sous-système.

L'hypothèse 2 postule que les « croyances politiques principales d'un programme gouvernemental dans un champ de compétences spécifique ne seront pas révisées de manière significative aussi longtemps que la coalition plaidante du sous-système ayant institué le programme demeurera au pouvoir, sauf lorsque le changement sera imposé par une instance supérieure » (traduit de Sabatier et Jenkins-Smith, 1999 : 124). L'hypothèse 3 souligne qu'une « perturbation importante à l'extérieur du sous-système constitue une cause *nécessaire* du changement, *mais non suffisante*, dans les croyances politiques rattachée à un programme gouvernemental » (*Ibid.* : 147). Avant de valider ou non ces deux hypothèses, il convient de revenir sur cette idée de changement politique *majeur*.

Selon Schlager (1999 : 252), l'*ACF* s'attarde particulièrement au changement politique *majeur*. Pour tabler sur sa magnitude (ou son degré), Sabatier et Jenkins-Smith soulignent que l'on doit tenir compte des conditions qui entraînent le changement politique. Les facteurs à l'origine de tels changements sont souvent, selon eux, des événements dramatiques, des crises économiques et/ou des changements dans la coalition gouvernante.

Bref, pour conclure sur la validité de ces deux hypothèses, rappelons que le volte-face du Parti libéral au début des années 1990, qui multiplie ses déclarations à teneur « souverainiste », représente un changement important dans les croyances politiques des politiciens libéraux d'alors. S'agit-il de stratégie politique ou est-ce vraiment le cas ? Cela importe peu. Dans les faits, comme le souligne judicieusement le journaliste Bruno Dostie, « c'est le contexte politique [d'alors], où le débat constitutionnel fait de la culture le fondement même de la " société distincte " » (*La Presse*, 9 mars 1991 : D3), qui semble faire tourner le vent.

Chose certaine, cela contribue à des rapprochements importants entre le gouvernement et le milieu des arts et de la culture qui, dès lors, s'entendent sur deux objectifs communs : le rapatriement des pouvoirs en matière de culture et l'adoption d'une politique culturelle d'ensemble. Ces changements sont suscités par les positions du gouvernement fédéral. Ainsi, tant pour l'hypothèse 2 que pour l'hypothèse 3, les changements sont donc imposés par une instance supérieure.

Si, pour l'hypothèse 2, c'est la ministre du MAC qui initie le changement (création du groupe-conseil Arpin, embrigadement de l'ensemble du personnel du MAC), cette dernière réagit dans un contexte où le gouvernement fédéral suscite des prises de position politiques et constitutionnelles par le Québec. Ces dernières, pour être crédibles, doivent s'appuyer sur des alliances solides avec le milieu culturel, les médias, des intellectuels, le parti de l'opposition et la population en général. Cela se confirme d'ailleurs par la scission au sein même du Parti libéral (création de l'ADQ) au moment où le Premier ministre Bourassa revient sur ses positions et accepte une nouvelle fois de négocier avec Ottawa (Entente de Charlottetown). C'est donc l'instance supérieure qui déclenche d'importants changements dans les croyances politiques du programme gouvernemental du Québec en matière de culture. L'hypothèse 2 est donc validée. Elle l'est d'autant plus par la validation, à son tour, de l'hypothèse 3.

En effet, l'hypothèse 3 indique qu'une «perturbation importante [...] constitue une cause *nécessaire* du changement, *mais non suffisante*». Entre 1986 et le début des années 1990, plusieurs bouleversements sont survenus : crise des finances publiques, négociation du libre-échange, coupures budgétaires, nouvelle campagne électorale en 1989, etc. Au cours de toutes ces années, la Coalition du monde des arts et de la culture multiplie ses sorties et ses rencontres avec le gouvernement, réclame plus de financement public. Mais au cours de toutes ces années, cette cause n'est cependant pas suffisante pour faire bouger le gouvernement provincial. Il aura donc fallu la combinaison d'autres événements, habilement récupérés par les parties en présence, pour que s'opère un changement dans les croyances politiques du gouvernement libéral du Québec.

Bref, ce n'est que lorsque le débat constitutionnel atteint un point culminant avec l'échec de Meech que la culture et, incidemment, les problèmes ressentis par les associations et les regroupements du milieu des arts et de la culture deviennent prioritaires dans l'agenda gouvernemental du Québec. Les groupes, institutions et organismes culturels, mais aussi les autres acteurs issus de différents milieux socio-économiques et politico-administratifs qui s'ajoutent, demeurent généralement unifiés tout au cours de l'élaboration de la politique et de son plan d'action.

Enfin, la quatrième hypothèse se rapporte aux systèmes de croyances des différents groupes d'intérêts et concerne le degré de contrainte et de cohésion. Elle se présente comme suit : « les élites des groupes idéologiques [*purposive groups*] sont plus contraintes dans l'expression de leurs croyances et de leurs positions politiques que les élites des groupes orientés vers des intérêts concrets [*material groups*]» (traduit de Sabatier et Jenkins-Smith, 1999 : 134).

Le raisonnement sous-jacent à cette hypothèse est que les groupes idéologiques adhèrent fermement à une série de croyances et que les leaders de ces groupes sont choisis sur la base de leur adhésion à ces croyances. Plus ces derniers adhèrent et défendent tous les aspects du système de croyances, moins ils risquent de perdre des membres. À l'inverse, les groupes orientés vers des intérêts concrets font la promotion et défendent les « intérêts matériels personnels » de leurs membres, intérêts qui correspondent généralement à un meilleur soutien financier de l'État, à de nouveaux programmes, etc. Les membres de ce deuxième groupe « seem willing to give their leaders a fair amount of latitude in determining exactly how to promote that objective » (*Ibid.*).

Que conclure sur cette hypothèse sinon que, dès le départ, la Coalition du monde des arts et de la culture regroupe en son sein – et ce, de façon très majoritaire – des groupes orientés vers des intérêts concrets. Ils sont issus des associations et des regroupements du milieu des arts et de la culture dont certains, comme l'Union des artistes, ont un long passé de revendications corporatistes, souvent protectionnistes. On retrouve aussi des producteurs de spectacles, des diffuseurs, des éditorialistes et des journalistes, des directeurs de musées, des conseils régionaux de la culture, etc., donc des intervenants qui s'unissent pour faire pression sur le gouvernement afin que ce dernier accroisse le budget du ministère des Affaires culturelles.

Il semble bien que ce soit au moment de l'émergence de cette idée d'élaborer une politique culturelle gouvernementale, donc plus globale, que certains groupes font valoir des croyances que l'on peut plus facilement associer aux groupes idéologiques, quoiqu'il soit toujours difficile de trancher avec certitude : liberté de création et d'expression, primauté de la langue française, rapatriement des pouvoirs d'Ottawa. Mais si certaines croyances trouvent preneurs du côté de l'État (demande d'élargir la notion de culture, d'inclure les principes d'autonomie et de liberté de création) d'autres, par contre, sont carrément reléguées aux oubliettes. Il est vrai qu'entre le discours autonomiste, pour ne pas dire souverainiste, et son application, les créateurs et les artistes préfèrent finalement conserver à la fois un pied à Ottawa et un pied à Québec. Le passage suivant du mémoire de l'Association des organismes musicaux du Québec est assez révélateur :

> La perspective du rapatriement des pouvoirs et des sommes allouées à la culture en provenance du gouvernement fédéral ne réjouit pas nécessairement le milieu des artistes. Au contraire, certains, reconnus pour leur esprit nationaliste, vont même jusqu'à évacuer l'idée d'indépendance dans le contexte actuel. Malheureusement, on ne reconnaît pas au ministère la compétence pour gérer plus de fonds. On craint de perdre une instance comme le Conseil des arts du Canada et on voit mal comment le Québec pourrait aujourd'hui poursuivre l'œuvre de cette instance avec la même efficacité et le même souci d'excellence (Québec, MCCQ, DPE, chemise 1450-12-26c, février 1991 : 10-11).

Comme quoi les grands gagnants de tout ce processus d'émergence, d'élaboration et d'adoption de la politique culturelle gouvernementale de 1992 demeurent somme toute ceux qui ont fait valoir adroitement leurs propres intérêts. Mieux disposés à négocier au besoin certains aspects de leurs revendications (ou croyances) et peut-être moins enclins à maintenir certaines positions initiales, les associations et les regroupements du milieu de la culture obtiennent finalement gain de cause : plus de fonds publics, création et gestion du Conseil des arts et des lettres, possibilité d'élaborer des critères nationaux (programmes de subventions et de bourses), participation accrue du monde municipal, meilleure formation, relance de l'éducation culturelle, création de nouveaux programmes, etc.

Quant à la validation de cette quatrième hypothèse, il y a lieu d'émettre des réserves puisque la grande question est de savoir comment distinguer véritablement les élites des groupes idéologiques de celles des groupes plus matérialistes[2]. Il serait particulièrement présomptueux de procéder à une telle catégorisation sans suivre sur une période relativement longue chacun des intervenants, en admettant par ailleurs que la documentation le permette. Puis, rappelons que certaines idées évoluent rapidement tout en s'adaptant au débat politique et sociétal de l'heure. Constituent-elles des stratégies des acteurs à l'occasion du débat constitutionnel ? Correspondent-elles réellement à des croyances essentiellement idéologiques ou matérialistes ? Chose certaine, leur promotion et leur défense servent finalement assez bien le gouvernement du Québec, mais aussi les acteurs ou groupes issus du milieu de la culture.

---

2. D'ailleurs, voir les critiques formulées par Sabatier et Schlager (2000 : 229-230) et par Schlager (1999) sur cette catégorisation de groupes idéologiques et de groupes orientés vers des intérêts concrets.

Malgré cela, compte tenu de la logique même de cette hypothèse, de son évidence, et malgré l'incertitude et l'absence de vérification, il y a lieu de statuer sur le fait qu'elle soit plausible et crédible. Par contre, cette hypothèse semblerait plus intéressante si elle précisait davantage ses propositions sous-jacentes et si elle prenait la formulation suivante (le caractère italique constitue l'amendement suggéré à l'hypothèse) :

> les élites des groupes idéologiques, plus contraintes dans l'expression de leurs croyances et de leurs positions politiques, *sont plus limitées dans l'élaboration de stratégies et de tactiques visant l'atteinte des objectifs promus par leurs membres et plus prévisibles dans leurs orientations et leurs interventions lors du processus politique*, que les élites des groupes orientés vers des intérêts concrets, *plus enclins à s'adapter au cours des événements, plus ouverts à la négociation et dont la marge de manœuvre est généralement moins bien connue de leurs adversaires.*

Ainsi, en plus de tenir compte de la structure des systèmes de croyances de ces deux grands groupes, une telle hypothèse obligerait à s'attarder aux différentes stratégies et tactiques élaborées au fil du temps ainsi qu'aux différentes étapes de négociation et de collaboration des acteurs en présence.

L'*Advocacy Coalition Framework* a donc procuré cette « lentille conceptuelle » utile pour clarifier la complexité du changement politique dans le domaine de la culture, en mettant l'accent sur une série d'éléments clés influençant le processus : l'interaction entre les acteurs qui, au cours des événements, sont devenus membres et partie prenante d'une seule et même grande coalition ; l'analyse des facteurs externes à l'origine du changement politique ; l'approfondissement de la structure des systèmes de croyances des groupes en présence.

Bref, cette étude de cas a permis d'étayer l'adéquation du cadre d'analyse de l'*Advocacy Coalition* – du moins en ce qui concerne les notions centrales de coalitions plaidantes, de *policy brokers* et de systèmes de croyances – et les quatre hypothèses soumises à l'analyse. L'application ou à la confrontation des hypothèses de l'*ACF* serait également susceptible d'apporter des éclairages nouveaux sur d'autres politiques culturelles québécoises et canadiennes, ainsi que dans le champ de l'analyse comparative. Il est à espérer que de telles études se multiplient, ne serait-ce que parce que ces dernières pourraient contribuer à une meilleure compréhension – et cela de façon réciproque – des deux grandes communautés culturelles et linguistiques canadiennes.

Bibliographie

Ouvrages et articles scientifiques, rapports de recherche et documents gouvernementaux

ADRIAN, Charles R., et Charles PRESS (1968). «Decision Cost in Coalition Formation», dans *American Political Science Review*, vol. 62, n° 2, p. 556-563.

AKOUN, André *et al.* (1979). *Dictionnaire de politique. Le présent en question*, Paris, Larousse.

ANCTIL, Pierre (dir.) (1986). «Le pluralisme au Québec / Ethnicity in Québec», dans *Canadian Ethnic Studies / Études ethniques au Canada*, vol. 18, n° 2, p. 1-6.

ANCTIL, Pierre, et Gary CALDWELL (dir.) (1984). *Juifs et réalités juives au Québec*, Québec, Institut québécois de recherche sur la culture.

ARMSTRONG, Patricia, Jeremy WEBBER, Valeria Gennaro LERDA et Ged MARTIN (1996). «Mutations culturelles et émergence de valeurs nouvelles», dans André Lapierre, Patricia Smart et Pierre Savard (dir.), *Langues, cultures et valeurs au Canada du XXIe siècle*, Ottawa, Carleton University Press, p. 249-318.

ARPIN, Roland (1991). «La culture : un territoire indivisible», Mémoire présenté par Roland Arpin, directeur du Musée de la civilisation à la Commission parlementaire sur l'avenir politique et constitutionnel du Québec, s.l., s.n., (janvier).

_____ (1993). «Enjeux de la politique de la culture au Québec», dans *Revue française d'administration publique*, n° 65 (janvier-mars), p. 43-49.

ASSOCIÉS DE RECHERCHE EKOS (1994, 1995). *Rethinking Government Project*, s.l., s.n.

AUDET, Marc (1989). *Qu'advient-il des diplômés et diplômées universitaires*, Québec, Ministère de l'Enseignement supérieur et de la Science.

AUDLEY, Paul (1983). *Canada's Cultural Industries : Broadcasting, Publishing, Records and Film*, Toronto, J. Lorimer et Co. en association avec le Canadian Institute for Economic Policy.

AXELROD, Robert M. (1970). *Conflict of Interest : A Theory of Divergent Goals with Applications to Politics*, Chicago, Markham Publ.

BACHRACH, Peter S., et Morton S. BARATZ (1962). « Two Faces of Power », dans *American Political Science Review*, n° 56, p. 1947-1952.

_____ (1963). « Decisions and Non Decisions : An Analytical Framework », dans *American Political Science Review*, n° 57, p. 641-651.

BADIE, Bertrand (1983). *Culture et politique*, Paris, Economica.

BAILEY, Cameron (1992). « Fright Power : The Arts Councils and the Spectre of Racial Equality », dans *Fuse*, vol. 15, n° 6 (juillet), p. 22-27.

BAILLARGEON, Jean-Paul (1984). « Les statistiques culturelles : pour qui ? pourquoi ? », dans Gabrielle Lachance (dir.), *Questions de culture*, n° 7, Québec, Institut québécois de recherche sur la culture, p. 165-179.

_____ (1986). *Les pratiques culturelles des Québécois. Une autre image de nous-mêmes*, Québec, Institut québécois de recherche sur la culture.

_____ (1990). « Relations sociales ; 5. Opinion publique », dans Simon Langlois (dir.), *La société québécoise en tendance, 1960-1990*, Québec, Institut québécois de recherche sur la culture, p. 285-291.

_____ (1993). « Statistiques culturelles : système ou bricolages ? », dans *Recherche. Arts et culture*, Acte du colloque, 60e congrès de l'ACFAS, Université de Montréal, 12 et 13 mai 1992, Québec, IQRC / MAC, p. 75-80.

_____ (1996). *Les publics du secteur culturel : nouvelles approches*, coll. « Culture et Société », Québec, IQRC-PUL.

_____ (1998). « Statistiques culturelles : méthodes, usages, critiques », (chapitre 3), dans Serge Proulx (dir.), *Accusé de réception. Le téléspectateur construit par les sciences sociales*, Québec, PUL, p. 67-77.

BALDWIN, Ruth (1990). *Clear Writing and Literacy : Prepared for Ontario Literacy Coalition*, Toronto, The Coalition.

BALTHAZAR, Louis (1986). *Bilan du nationalisme au Québec*, Montréal, L'Hexagone.

_____ (1992). « L'évolution du nationalisme québécois », dans Gérard Daigle (dir.), avec la collaboration de Guy Rocher, *Québec en jeu. Comprendre les grands défis*, Montréal, Les Presses de l'Université de Montréal, p. 647-667.

BARKE, Richard, et Hank C. JENKINS-SMITH (1994). « Politics and Scientific Expertise : Scientists, Risk Perceptions, and Nuclear Waste Policy », *Risk Analysis* (October).

BARRY, Brian M., et Russel HARDIN (dir.) (1982). *Rational Man and Irrational Society; An Introduction and Sourcebook*, Beverly Hills-London, Sage Publications.

BASHEVKIN, Sylvia (1988). « Does Public Opinion Matter? The Adoption of Federal Royal Commission and Task Force Recommendations on the National Question, 1951-1987 », dans *Canadian Public Administration / Administration publique du Canada*, vol. 31, n° 1 (automne), p. 390-407.

BEAUCHESNE, Luc (1991). *Les abandons au secondaire : profil sociodémographique*, Québec, Ministère de l'Éducation du Québec.

BEAUD, Jean-Pierre, et Serge BERNIER (1991). « Notes critiques sur l'histoire de la collecte de données statistiques », dans *Politique*, n° 19 (hiver).

BEAUD, Michel, et Gilles DOSTALER (1996). *La pensée économique depuis Keynes. Historique et dictionnaire des principaux auteurs*, Paris, Seuil ; édition abrégée, coll. « Points-économie ».

BEAUDOIN, Gérald-A. (2000). *Le fédéralisme au Canada. Les institutions. Le partage des pouvoirs*, avec la collaboration de Pierre Thibault, Montréal, Wilson et Lafleur Ltée ; chapitre 12 : « L'éducation, la culture et la langue », p. 623-684 ; chapitre 13 : « Le pouvoir d'imposer et le pouvoir de dépenser », p. 684-732.

BELLAVANCE, Guy, et Marcel FOURNIER (1992). « Rattrapage et virages : dynamismes culturels et interventions étatiques dans le champ de production des biens culturels », dans Gérard Daigle (dir.), avec la collaboration de Guy Rocher, *Québec en jeu. Comprendre les grands défis*, Montréal, Les Presses de l'Université de Montréal, p. 511-548.

BENETON, Philippe (1983). *Le fléau du bien : essai sur les politiques sociales occidentales, 1960-1980*, Paris, Robert Laffont.

BERGERON, Gérard (1981). *Syndrome québécois et mal canadien*, Québec, PUL.

BERGERON, Henri, Yves SUREL et Jérôme VALLUY (1998). « L'advocacy Coalition Framework. Une contribution au renouvellement des études de politiques publiques ? », dans *Politix*, n° 41, p. 195-223.

BÉRIAULT, Yves (1988). *Le rôle et l'avenir du Conseil des arts de la Communauté urbaine de Montréal*, Montréal, Le Conseil des arts de la Communauté urbaine de Montréal.

BERNIER, Léon, et Isabelle PERREAULT (1985). *L'artiste et l'œuvre à faire*, Québec, Institut québécois de recherche sur la culture.

BLAIS, André, et Jean CRÊTE (1989). « Can A Party Punish Its Faithful Supporters? The PQ and Public Sector Employees », dans *Canadian Public Administration*, vol. 32, n° 4, p. 623-632.

BLAIS, André, et François VAILLANCOURT, *L'année politique au Québec 1990-1991* ; adresse URL : http://www.pum.umontreal.ca/apqc/91_92.

BOLDUC, Nathalie, et Vincent LEMIEUX (1992). *Les facteurs influençant la formation des coalitions*, Sainte-Foy, Université Laval, Laboratoire d'études politiques et administratives.

BONIN, Daniel (1992). « La culture à l'ombre de deux capitales », dans Douglas Young et Robert Young (dir.), *Canada : the State of Federation 1992*, Ottawa, Institut des relations intergouvernementales, p. 183-206.

BONIN, Pierre-Yves (1997). « Libéralisme et nationalisme : où tracer la ligne ? », dans *Canadian Journal of Political Science / Revue canadienne de science politique*, vol. 30, n° 2 (juin), p. 235-256.

BORGEAT, Louis (1996). *Droit administratif. Notes de cours* (ENP 7114), Sainte-Foy, École nationale d'administration publique.

BOUCHER, Bernard (1988). « Le contrôle du développement culturel et ses enjeux : le cas des conseils de la culture au Québec », dans « Culture, Development and Regional Policy / Culture et développement régional », *Canadian Issues / Thèmes canadiens*, vol. 9, p. 123-132.

BOULDING, Kenneth Ewant (1969). « Economics as a Moral Science », dans *American Economic Review*, vol. LIX, n° 1.

BOURGAULT, Jacques, et James Iain GOW, « L'administration publique », dans *L'année politique au Québec 1988-1989*; adresse URL : http://www.pum.umontreal.ca/apqc/88_89/bourgaul/bourgaul.htm.

BOURGAULT, Jacques, et James Iain GOW, « L'administration publique : entre l'autonomie et le contrôle », dans *L'année politique au Québec 1991-1992*; adresse URL : http://www.pum.umontreal.ca/apqc/91_92/bourgaul/bourgaul.htm.

BOURQUE, Gilles (1993). « Société traditionnelle, société politique et sociologie québécoise : 1945-1980 », dans *Cahiers de recherche sociologique*, vol. 20, p. 45-83.

BRETON Philippe, et Serge PROULX (1989). *L'explosion de la communication : la naissance d'une nouvelle idéologie*, Paris, La Découverte / Montréal, Boréal.

BRETON, Raymond (1983). « La communauté ethnique, communauté politique », dans *Sociologie et société*, vol. 15, n° 2 (octobre).

_____ (1989). « The Vesting of Ethnic Interests in State Institutions », dans James S. Frideres (dir.), *Multiculturalism and Intergroup Relations*, New York, Greenwood Press.

BRUN, Henri, Ghislain OTIS, Jacques-Yvan MORIN, Daniel TURP, José WOEHRLING, Daniel PROULX, William SCHABAS et Pierre PATENAUDE (1992). « La clause relative à la société distincte du Rapport du consensus sur la Constitution : un recul pour le Québec », dans *Référendum, 26 octobre 1992. Les objections de 20 spécialistes aux offres fédérales*, Montréal, Les Éditions Saint-Martin.

BUCHANAN, James M. (1968). *Demand and Supply of Public Good*, Chicago, Markham.

CABATOFF, Kenneth (1978). « Radio-Quebec : A Case Study of Institution-Building », dans *Canadian Journal of Political Science / Revue canadienne de science politique*, vol. 11, n° 1 (mars), p. 125-138.

CALDWELL, Gary (1983). *Les études ethniques au Québec. Bilan et perspectives*, Québec, Institut québécois de recherche sur la culture.

_____ (1992). « Le Québec anglais : prélude à la disparition ou au renouveau », dans Gérard Daigle (dir.), avec la collaboration de Guy Rocher, *Le Québec en jeu. Comprendre les grands défis*, Montréal, Les Presses de l'Université de Montréal, p. 483-509.

_____ (1994). *La question du Québec anglais*, coll. « Diagnostic », n° 16, Québec, Institut québécois de recherche sur la culture.

CALDWELL, Gary, et Éric WADDELL (dir.) (1982). *The English of Quebec : from Majority to Minority Status / Les Anglophones du Québec : de majoritaires à minoritaires*, Québec, Institut québécois de recherche sur la culture.

CANADA, CONSEIL DE RECHERCHE EN SCIENCES HUMAINES DU CANADA (CRSCH) (1993). *Recherches canadiennes traitant des études sur les Autochtones*, Ottawa, CRSHC.

CANADA, CONSEIL DES ARTS DU CANADA (CAC) (1988). *Conseil des arts du Canada, répertoire des travaux de recherche sur les arts. Recherche et évaluation / The Canada Council Arts Research Bibliography, Research & Evaluation*, [Ottawa], Conseil des arts du Canada (CAC), Recherche et évaluation / Research & Evaluation, [1984-1993].

_____ (CAC) (1992). *Recommandations du Comité consultatif pour l'égalité raciale dans les arts du Conseil des Arts du Canada et Réponse du Conseil des arts du Canada*, [Ottawa], Conseil des arts du Canada, (janvier 1992).

_____ (CAC) (janvier 1993). *Arts-chiffres. Statistiques diverses sur les arts et la culture au Canada*, Ottawa, Conseil des arts du Canada, Recherche et évaluation (réf. n° 513), janvier 1993 (1er édition).

CANADA, MINISTÈRE DE LA JUSTICE (MJC) (1993). *Codification administrative des Lois constitutionnelles de 1867 à 1982*, Ottawa, Ministère de la Justice, Lois codifiées au 1er septembre 1993.

CANADA, *RAPPORT TURGEON* (1944). *Special Committee on Reconstruction and Re-Establisment, 1942-1944*, Ottawa, King's Printer.

CANADA, [Sans nom] (1996). *Identité, culture et valeurs canadiennes : construire une société cohésive*, Document de défi rédigé pour le Comité des SMA de recherche sur les politiques, [s.l., s.n.], 13 septembre 1996.

CANADA, STATISTIQUE CANADA (ST) (1993a). *Dépenses publiques au titre de la culture au Canada, 1991-92*, Ottawa, Ministère de l'Industrie, des Sciences et de la Technologie, Statistique Canada (Catalogue 87-206).

_____ (ST) (1993b). *Dépenses publiques au titre de la culture au Canada, 1990-91*, Ottawa, Ministère de l'Industrie, des Sciences et de la Technologie, Statistique Canada.

CANADIAN BIBLIOGRAPHY (2000). (*Bibliography of Canadian Politics and Society*), diffusée par The University of British Columbia Library, [8 septembre 2000], et disponible à l'adresse URL : http://toby.library.ubc.ca/resources/infopage.cfm?id=179.

CAPLOW, Theodore (1956). « A Theory of Coalition in the Triad », dans *American Sociological Review*, vol. 21, p. 489-493.

_____ (1968, 1984). *Deux contre un. Les coalitions dans les triades*, [Englewood Cliffs, New Jersey, Prentice Hall, 1968], traduction : Paris, Les Éditions ESF, 1984.

CARDOZO, Andrew, et Louis MUSTO (dir.) (1997). *The Battle over Multiculturalism : Does it Help or Hinder Canadian Unity?*, Ottawa, PSI Pub.

CARON, Louis (1987). *La vie d'artiste : le cinquantenaire de l'Union des artistes*, [Montréal], Boréal.

CASTONGUAY, Charles (1994). *L'assimilation linguistique, mesure et évolution, 1971-1986*, Sainte-Foy, Conseil de la langue française.

CHARTRAND, Harry Hillman (1979). *Research Bibliography of the Cultural Industries*, (Arts Research Monograph n° 4), Ottawa, Futures.

CHÉNARD, Pierre, et Mireille LÉVESQUE (1992). « La démocratisation de l'éducation : succès et limites », dans Gérard Daigle (dir.), avec la collaboration de Guy Rocher, *Québec en jeu. Comprendre les grands défis*, Montréal, Les Presses de l'Université de Montréal, p. 385-422.

CHILD, John (1972). « Organization Structure, Environment and Performance : The Role of Strategic Choice », dans *Sociology*, n° 6, p. 1-22.

COHNSTAEDT, Joy (1989). « Human Rights and Canadian Cultural Policy », (autre titre : *La pratique des arts au Canada / Practicing the Arts in Canada*), dans *Canadian Issues / Thèmes canadiens*, vol. 11, p. 51-64.

COLLINS, Richard E. (1982). *Lessons for the Old Countries : Broadcasting and the National Culture in Canada*, London, Canadian High Commission.

_____ (1989). « Broadcasting and National Culture in Canada », dans *British Journal of Canadian Studies*, vol. 4, n° 1, p. 35-57.

_____ (1990a). *Television : Policy and Culture*, London, Unwin Hyman.

_____ (1990b). *Culture, Communication and National Identity. The Case of Canadian Television*, Toronto, University of Toronto Press.

CONFÉRENCE CANADIENNE DES ARTS (1976-1978/79). *Qui sommes-nous ? La Conférence canadienne des arts : objectifs, historique, programme, conseil, exécutif, personnel, publications, membres*, Toronto, Conférence canadienne des arts.

CORRIVEAU, Louise (1991). *Les cégeps : question d'avenir*, coll. « Diagnostic », Québec, Institut québécois de recherche sur la culture.

CÔTÉ, Éthel (1986). *Plus qu'hier, moins que demain : recueil*, Ottawa, Union culturelle des Franco-Ontariennes.

COUPET, André (directeur du projet) (1990). *Étude sur le financement des arts et de la culture au Québec*, Montréal, Samson, Bélair / Deloitte & Touche [Étude réalisée pour le compte du Ministère des Affaires culturelles du Québec].

COUSINEAU, Jean-Michel, et Pierre FORTIN (1992). « Le défi de l'emploi », dans Gérard Daigle (dir.), avec la collaboration de Guy Rocher, *Le Québec en jeu. Comprendre les grands défis*, Montréal, Les Presses de l'Université de Montréal, p. 89-106.

COUTURE, Francine, Ninon GAUTHIER et Yves ROBILLARD (1984). *Le marché de l'art et de l'artiste au Québec*, Québec, Ministère des Affaires culturelles.

CREIGHTON, Donald (1979). *Canada : les débuts héroïques*, Montréal, Éditions Quinze.

CREIGHTON-KELLY, Cris (1991). *Report on Racial Equality in the Arts at the Canada Council* (également en français), Ottawa, Canada Council.

CRENSON, Mathew A. (1971). *The Unpolitics of Air Pollution : A Study of Non-decision Making in the Cities*, Baltimore, Md., Johns Hopkins University Press.

CROISAT, Maurice (1979). *Le fédéralisme canadien et la question du Québec*, Paris, Éditions Anthropos.

CULTUR'INC INC. et DECIMA RESEARCH (1992). *Profil des Canadiens consommateurs d'art, 1990-1991 : constats*, Ottawa, Communications Canada, 516 p.

DAHL, Robert A. (1961). *Who Governs? Democracy and Power in an American City*, New Haven, Conn., Yale University Press.

DAIGLE, Gérard (dir.), avec la collaboration de Guy ROCHER (1992). *Québec en jeu. Comprendre les grands défis*, Montréal, Les Presses de l'Université de Montréal.

DAWES, Kwame (1994). « Cutting your Nose to Spite your Face : The Challenge of Diversity in the Canadian Artistic Community », dans *Fuse*, vol. 17, n° 3 (printemps), p. 11-13.

DAWSON, Helen Jones (1975). « National Pressure Groups and the Federal Government », dans A. Paul Pross, *Pressure Group Behaviour in Canadian Politics*, Toronto, McGraw-Hill Ryerson, p. 27-58.

DE BIASE, Paola Gaiotti (1987). « Sujets culturels et politique de la culture », dans Jacques Dumont et Roberto Papini (dir.), *Pour une politique européenne de la culture*, Paris, Economica, p. 37-47.

DE LA GARDE, Roger, Gaëtan TREMBLAY, Michael DORLAND et Denise PARÉ (1994). « Cultural Development : State of the Question and Prospect for Québec », dans McFadyen *et al.* (dir.), *Cultural Development in an Open Economy*, vol. 19, n°s 3/4, numéro spécial : *Canadian Journal of Communication*, p. 193-221.

DELAS, Jean-Pierre, et Bruno MILLY (1997). *Histoire des pensées sociologiques*, Paris, Éditions Dalloz.

DE SWAAN, Abram (1970). « An Empirical Model of Coalition Formation as An-Person Game of Policy Distance Minimization », dans S. Groennings, E. W. Kelley *et al.* (dir.), *The Study of Coalition Behaviour : The Theoritical Perspectives and Cases from Four Continents*, New York, Holt, Rinehart and Winston, p. 424-444.

_____ (1973). *Coalition Theories and Cabinet Formations : A Study of Formal Theories of Coalition Formation Applied to Nine European Parliaments after 1918*, Amsterdam, Elsevier.

DECHÊNES, Jules (1980-1985). *Ainsi parlèrent les tribunaux; conflits linguistiques au Canada, 1968-1980*, compilées par Jules Dechênes, Montréal, Wilson & Lafleur, 2 vol.

DELAS, Jean-Pierre, et Bruno MILLY (1997). *Histoire des pensées sociologiques*, Paris, Éditions Dalloz.

DENZIN, Norman K., et Yvonna S. LINCOLN (dir.) (1994). *Handbook of Qualitative Research*, Thousand Oaks / London / New Delhi, Sage Publications.

DESCHÊNES, Gaston (1986). *Livres blancs et livres verts au Québec, 1964-1984*, avec la collaboration de Madeleine Albert, Québec, Bibliothèque de l'Assemblée nationale.

DION, Léon (1975). *Nationalismes et politique au Québec*, Montréal, Hurtubise HMH.

DION, Stephane, et James Iain GOW (1989). « L'administration québécoise à l'heure des libéraux », dans Denis Monière (dir.), *L'année politique au Québec, 1987-1988*, Montréal, Éditions Québec / Amérique, p. 61-76.

DOMINIQUE, Richard, et Jean-Guy DESCHÊNES (1985). *Cultures et sociétés autochtones du Québec : bibliographie critique*, Québec, Institut québécois de recherche sur la culture.

DOSTALER, Gilles (1996). « Le néolibéralisme », dans *Interface*, vol. 17, n° 5 (septembre-octobre), p. 48-49.

DOWNS, Anthony (1957). *An Economic Theory of Democracy*, New York, Harper & Row.

_____ (1967). *Inside Bureaucracy*, Prospect Heights, Ill., Waveland Press.

DROR, Yehezkel (1989). *Policymaking under Adversity*, New Brunswick, Transaction Books.

DROUILLY, Pierre, *L'année politique au Québec 1989-1990* ; adresse URL : http://www.pum.umontreal.ca/apqc/89_90/drouilly/drouilly.htm.

DUDLEY, Geoffrey (2000). « New Theories and Policy Process Discontinuities », dans « Symposium : Theories of the Policy Process », par Geoffrey Dudley, Wayne Parsons, Claudio M. Radaelli et Paul Sabatier, dans *Journal of European Public Policy*, vol. 7, n° 1 (mars), p. 122-126.

Dumont, Fernand (1968). *Le lieu de l'homme. La culture comme distance et mémoire*, Montréal, Éditions Hurtubise HMH, coll. «Constantes», 14, [Montréal, Éditions Fides, coll. «Nénuphar», 67, 1994].

_____ (1987). *Le sort de la culture*, Montréal, L'Hexagone.

_____ (1991). «Pouvoir sur la culture, pouvoir de la culture», dans Raymond Hudon et Réjean Pelletier (dir.), *L'engagement intellectuel. Mélanges en l'honneur de Léon Dion*, Sainte-Foy, PUL, p. 161-172.

_____ (1996). *Une foi partagée*, Montréal, Éditions Bellarmin.

Dumont, Fernand, Simon Langlois et Yves Martin (1994). *Traité des problèmes sociaux*, Québec, Institut québécois de recherche sur la culture.

Dunn, William N. (1994). *Public Policy Analysis. An Introduction*, Englewood Cliffs, New Jersey, Prentice Hall (2e édition).

Dussault, Gabriel (1980). «La notion de culture en contexte d'intervention culturelle étatique et ses corrélats structurels», dans *Recherches sociographiques*, vol. 21, n° 3 (septembre-décembre), p. 317-327.

Eberg, Jan (1997). *Waste Policy and Learning*, Thèse de doctorat, Département de science politique, Université d'Amsterdam.

Fabrizio, Claude (1980a). *Réflexion sur l'évolution de la notion de culture et des concepts liés au développement culturel et aux politiques culturelles depuis 1970*, Document de référence, Groupe de travail en vue de la préparation de la deuxième Conférence mondiale sur les politiques culturelles, Paris, Éditions de l'Unesco.

_____ (1980b). *Le développement culturel. Expériences régionales*, Paris, Éditions de l'Unesco.

_____ (1981). *Essai d'analyse de la problématique culturelle mondiale et esquisse d'une prospective mondiale du développement culturel*, Document de référence, Groupe de travail en vue de la préparation de la deuxième Conférence mondiale sur les politiques culturelles, Paris, Éditions de l'Unesco.

_____ (1983). «Culture et développement : conflits et complémentarités», dans *La dimension culturelle du développement : vers une approche pratique*, Actes du Séminaire international organisé par l'ICA à Dakar, Paris, Éditions de l'Unesco, 241 p.

Faure, Alain, Gilles Pollet et Philippe Warin (1995). *La construction du sens dans les politiques publiques. Débat autour de la notion de référentiel*, Paris, L'Harmattan.

Féral, Josette (1990). *La culture contre l'art*, Sillery, Les Presses de l'Université du Québec.

Fischer, Vincent, et Roselyne Brouillet (1990). *Les commandites : la pub de demain*, Montréal, Les Éditions Saint-Martin.

FLUET, Claude, et Pierre LEFEBVRE (1992). « La sécurité du revenu », dans Gérard Daigle (dir.), avec la collaboration de Guy Rocher, *Le Québec en jeu. Comprendre les grands défis*, Montréal, Les Presses de l'Université de Montréal, p. 53-87.

FORTIER, André (1992). « Le pouvoir fédéral des actions culturelles dont la somme forme peut-être une politique », dans *Pouvoirs publics et politiques culturelles : enjeux nationaux*, Actes du colloque tenu à Montréal les 17, 18 et 19 octobre 1991, Chaire de gestion des arts, Montréal, HEC, p. 97-108.

FORTIN, Andrée (1996). « Les trajets de la modernité », dans Mikhaël Elbaz, Andrée Fortin et Guy Laforest, *Les frontières de l'identité*, Québec / Paris, PUL / L'Harmattan, p. 23-28.

FOURNIER, Marcel (1986). *Les générations d'artistes*, Québec, Institut québécois de recherche sur la culture.

FRÉCHETTE, Pierre (1992). « Croissance et changements structurels de l'économie », dans Gérard Daigle (dir.), avec la collaboration de Guy Rocher, *Le Québec en jeu. Comprendre les grands défis*, Montréal, Les Presses de l'Université de Montréal, p. 24-51.

FRENCH, Richard D. (1988). *La survie culturelle au petit écran : Québec contre Dallas*, Paper presented at Annenberg School of Communications, University of Southern California, Los Angeles, (19 janvier).

GAMSON, William A. (1961). « A Theory of Coalition Formation », dans *American Sociological Review*, vol. 26 (juin), p. 373-382.

GARON, Rosaire (1989). « Les politiques culturelles ou la gestion institutionnalisée du mécénat public », dans *Loisir et Société / Society and Leisure*, vol. 12, n° 1 (printemps), p. 65-85.

_____ (1994). « Trente ans de politique culturelle québécoise : d'un État gestionnaire à un État planificateur », Québec, MCCQ, Direction de la recherche, de l'évaluation et des statistiques, [manuscrit transmis par l'auteur].

_____ (1995). « Historique du Ministère de la Culture et des Communcations, 1961-1995 », Québec, MCCQ, Direction des communications, août 1995 (2e édition), [manuscrit transmis par l'auteur], 38 p.

_____ (1997). « Les politiques culturelles et leur évaluation », Québec, MCCQ, [document de travail non publié, 101 p.].

GASHER, Mike (1997). « From Sacred Cows to White Elephants : Cultural Policy Under Siege », dans *Canadian Issue / Thèmes canadiens*, vol. 19, p. 13-30.

GAUTHIER, Madeleine (1988). *Les jeunes chômeurs. Une enquête*, Québec, Institut québécois de recherche sur la culture.

GELLY, Alain, Louise BRUNELLE-LAVOIE et Corneliu KIRJAN (1995). *La passion du patrimoine : la Commission des biens culturels du Quebec, 1922-1994*, Sillery, Septentrion.

GLOBERMAN, Steven (1983). *Cultural Regulation in Canada*, Montréal, Institute for Research on Public Policy / Institut de recherches politiques.

Godin, Pierre (1990). *La poudrière linguistique : la Révolution tranquille 1967-1970*, Montréal, Boréal.

Gow, James Iain (1992). « La vie mouvementée de l'administration publique québécoise », dans Gérard Daigle (dir.), avec la collaboration de Guy Rocher, *Le Québec en jeu. Comprendre les grands défis*, Montréal, Les Presses de l'Université de Montréal, p. 669-692.

Greenaway, John S., Steve Smith et John Street (1992). *Deciding Factors in British Politics : A Case Studies Approach*, London, Routledge.

GRES (Groupe de recherche ethnicité et société) (1992). « Immigration et relations ethniques au Québec : un pluralisme en devenir », dans Gérard Daigle (dir.), avec la collaboration de Guy Rocher, *Le Québec en jeu. Comprendre les grands défis*, Montréal, Les Presses de l'Université de Montréal, p. 451-481.

Guité, M. J. C. (1995). *Les valeurs des Québécois et des Québécoises en 1995 et le prochain référendum*, s.l., INFRAS Inc.

Hamelin, Jean (1991). *Le Musée du Québec : Histoire d'une institution nationale*, sous la direction de Cyril Simard, Québec, Musée du Québec.

Handler, Richard (1988a). *Nationalism and the Politics of Culture in Québec*, Madison, Wisc., University of Wisconsin Press.

_____ (1988b). « A Normal Society : Majority Language, Minorities Cultures », dans *Nationalism and the Politics of Culture in Quebec*, p. 159-182.

Harvey, Fernand (1986). « L'ouverture du Québec au multiculturalisme, 1900-1981 », dans *Canadian Studies / Études canadiennes*, vol. 21, n° 2 (décembre), p. 219-228.

_____ (1988). « Pour une histoire culturelle du mouvement des études canadiennes », dans *Bulletin de l'AEC / ACS Newsletter*, vol. 10, n° 1 (printemps), p. 13-17.

_____ (1991). *Le Musée du Québec : son public et son milieu*, sous la direction de Cyril Simard, Québec, Le Musée.

_____ (1993). « Les études québécoises au Québec et au Canada anglais. Éléments de problématique et de sociographie », Communication dans le cadre du colloque : « Études québécoises : bilan et perspectives », organisé par le Centre d'études québécoises de l'Université de Trèves, Allemagne, le 4 décembre 1993 [publié dans Hans-Josef Niedehere (dir.), *Études québécoises : bilan et perspectives*, vol. 11, Tübingen, Max Niemeyer Verlag, coll. « Canadiana Romanica », 1996, p. 207-225].

_____ (1998). « Les politiques culturelles au Canada et au Québec. Perspectives de recherche », Communication présentée au premier Colloque du Réseau canadien de recherche culturelle, dans le cadre du Congrès des sciences sociales et humaines, Université d'Ottawa, (3 juin) [Sainte-Foy, INRS-Culture et Société].

HAWKINS, Richard W., Susan J. STEVENSON et Shauna MCCABE (1991). *The Official Story : A Research Guide to Canadian Government Documents Concerning Cultural Policy*, Burnaby, Simon Fraser University.

HÉBERT, Gérard (1992). « La négociation collective : bilan », dans Gérard Daigle (dir.), avec la collaboration de Guy Rocher, *Québec en jeu. Comprendre les grands défis*, Montréal, Les Presses de l'Université de Montréal, p. 137-159.

HECLO, Hugh (1978). « Issue Networks and the Executive Establishment », dans A. King (dir.), *The New American Political System*, Washington, D.C., American Enterprise Institute.

HELLY, Denise (1987). *Les Chinois de Montréal, 1877-1951*, Québec, Institut québécois de recherche sur la culture.

HERBERT, Mary Ellen (1989). « Grassroots Gardening ; The Nova Scotia Coalition in Arts and Culture, the Government, and the Arts in Nova Scotia », dans *Canadian Issues / Thèmes canadiens*, vol. 11, p. 65-72.

HINCKLEY, Barbara (1982). *Coalitions and Politics*, New York, Harcourt Brace Jovanovich.

HOFFERBERT, Richard (1974). *The Study of Public Policy*, Indianapolis, Bobbs-Merrill.

HOGWOOD, Brian W., et Lewis A. GUNN (1984). *Policy Analysis for the Real World*, London, Oxford University Press.

HOWLETT, Michael, et M. RAMESH (1995). *Studying Public Policy : Policy Cycles and Policy Subsystems*, Don Mills, Ontario, Oxford University Press.

HUMPHRIES, Jill, et D. Paul SCHAFER (1997). *A Bibliography of Canadian Cultural Management and Policy*, Waterloo, Centre de gestion culturelle.

HURLEY, James Ross (dir.), Affaires constitutionnelles, Bureau du Conseil privé (1994). *Le débat constitutionnel canadien de l'échec de l'Accord du lac Meech de 1987 au référendum de 1992*, Ottawa, Ministère des Approvisionnements et Services Canada, 1994, 23 p., [n° de cat. CP22-52 / 1994 : « Version révisée d'un document présenté à la Conférence de 1992 de l'Association d'études canadiennes en Australie et en Nouvelle-Zélande, Wellington » (Nouvelle-Zélande), le 16 décembre 1992)].

HYMAN, Harold (1988). *L'idée d'un ministère des Affaires culturelles du Québec : des origines à 1966*, thèse (M.A.), Montréal, Université de Montréal, Histoire.

ILLIEN Gildas (1999). *La Place des Arts et la Révolution tranquille. Les fonctions politiques d'un centre culturel*, Sainte-Foy, Les Presses de l'Université Laval et Les Éditions de l'IQRC, coll. « Culture et Société ».

INSTITUT QUÉBÉCOIS DE RECHERCHE SUR LA CULTURE (1985). *Statistiques culturelles du Québec, 1971-1982*, Québec, Institut québécois de recherche sur la culture, 1 vol.

IOANNOU, Tina (1984). *La communauté grecque du Québec*, Québec, Institut québécois de recherche sur la culture.

Irwin, Rita L. (1993). «The Four Principles of Art Advocacy : Public Awareness, Professionnel Development, Policymaking, and Patronage», dans *Art Education Policy Review*, vol. 46, n° 1, p. 71-77.

Jeffrey, Brooke (1982). *La politique culturelle du Canada de Massey-Lévesque à Applebaum-Hébert*, Ottawa, Service de recherche de la Bibliothèque du Parlement, Division des affaires politiques et sociales.

Jenkins-Smith, Hank C. (1990). *Democratic Politics and Policy Analysis*, Pacific Grove, Brooks / Cole.

Jenkins-Smith, Hank C., et Gilbert St. Clair (1993). «The Politics of Offshore Energy : Empirically Testing the Advocacy Coalition Framework», dans Paul A. Sabatier et Hank C. Jenkins-Smith, *Policy Change and Learning*, Boulder, Westview Press, p. 149-176.

Jobert, Bruno (1995). «Rhétorique politique, controverses scientifiques et construction des normes institutionnelles : esquisse d'un parcours de recherche», dans Alain Faure, Gilles Pollet et Philippe Warin, *La construction du sens dans les politiques publiques. Débat autour de la notion de référentiel*, Paris, L'Harmattan, p. 13-24.

Jobert, Bruno, et Pierre Muller (1987). *L'État en action. Politiques publiques et corporatismes*, Paris, PUF.

Kahan, James P., et Amnon Rapoport (1977). «When you don't Need to Join : The Effects of Guaranteed Payoffs on Bargaining in Three-Person Cooperative Games», dans *Theory and Decision*, vol. 8, p. 97-126.

_____ (1979). «The Influence of Structural Relationships on Coalition Formation in Four-Person Apex Games», dans *European Journal Social Psychology*, vol. 9, p. 339-361.

Kallen, Evelyn (1988). «Multiculturalism as Ideology, Policy and Reality», dans James E. Curtis et al. (dir.), *Social Inequality in Canada. Patterns, Problems, Policies*, Scarborough, Prentice-Hall Canada, p. 235-246.

Keene, Shelagh (1985). *Canadian Regionalism and Political Culture : A Bibliography*, Montréal, Institute for Research on Public Policy.

Kelly, Paula (1995). *For the arts : a history of the Manitoba Arts Council*, Winnipeg, Manitoba Arts Council.

Kingdon, John (1984). *Agendas, Alternatives and Public Policies*, New York, N.Y., Harper Collins.

Kiser, Larry, et Elinor Ostrom (1982). «The Three Worlds of Action», dans E. Ostrom (dir.), *Strategies of Political Inquiry*, Berverly Hills, Sage, p. 179-22.

Kroeber, Alfred Louis, et Clyde Kluckhohn (1952). *Culture : A Critical Review of Concepts and Definitions. Papers of the Peabody Museum of American Archeology and Ethnology*, New York / Cambridge, Vintage Book / Harvard University Press.

LABELLE, Micheline, Geneviève TURCOTTE, Mariane KEMPENEERS et Deirdre MEINTEL (1987). *Histoires d'immigrées : itinéraires d'ouvrières Colombiennes, Grecques, Haïtiennes et Portugaises de Montréal*, Montréal, Boréal.

LACHANCE, Gabrielle (1984). *La Culture, une industrie?*, dans *Questions de culture*, n° 7, Québec, Institut québécois de recherche sur la culture.

_____ (1987). *Le rapport industrie/culture : quelques indications bibliographiques*, vol. 5, Québec, Institut québécois de recherche sur la culture.

LACROIX, B. (1993). «Sondages et enquêtes», dans L. Sfez (dir.), *Dictionnaire critique de la communication*, Paris, PUF.

LACROIX, Jean-Guy (1990). *Les conditions de l'artiste : une injustice*, Montréal, VLB éditeur, Étude québécoise.

LACROIX, Jean-Guy, et Benoît LÉVESQUE (1986). «Les industries culturelles au Québec : un enjeu vital!», dans *Cahiers de recherche sociologique*, vol. 4, n° 2 (automne), p. 129-168.

_____ (1987). «Industries culturelles canadiennes et libre-échange avec les États-Unis», dans Pierre J. Hamel (dir.), *Un marché, deux sociétés?*, Montréal, ACFAS (Les Cahiers scientifiques, 51), p. 212-243.

_____ (1988). «Les libéraux et la culture : de l'unité nationale à la marchandisation de la culture (1963-1984)», dans Yves Brunelle *et al.*, *L'ère des libéraux : le pouvoir fédéral de 1963 à 1984*, Sillery, Les Presses de l'Université du Québec, p. 405-442.

LAFERRIÈRE, Michel (1983). «Les idéologies ethniques de la société canadienne ; du conformisme colonial au multiculturalisme», dans Monique Lecomte et Claudine Thomas (dir.), *Le facteur ethnique aux États-Unis et au Canada*, Lille, France, Université de Lille III, p. 203-212.

LAKATOS, Irme (1978). «The Methodology of Scientific Research Programmes», dans Worrall and Gregory Currie (dir.), *Philosophical Papers*, vol. 1, Cambridge, Cambridge University Press, p. 1-101.

LANGLOIS, Simon (1992). «Inégalités et pauvreté : la fin d'un rêve?», dans Gérard Daigle (dir.), avec la collaboration de Guy Rocher, *Le Québec en jeu. Comprendre les grands défis*, Montréal, Les Presses de l'Université de Montréal, p. 249-263.

LANGLOIS, Simon, Jean-Paul BAILLARGEON, Gary CALDWELL, Guy FRÉCHET, Madeleine GAUTHIER et Pierre SIMARD (1990). *La société québécoise en tendance, 1960-1990*, Québec, Institut québécois de recherche sur la culture.

LANGLOIS, Simon, et Yves MARTIN (dir.) (1995). *L'horizon de la culture. Hommage à Fernand Dumont*, Sainte-Foy, PUL.

LAPALME, Georges-Émile (1959, 1988). *Pour une politique : le programme de la Révolution tranquille*, préface de Claude Corbo, Montréal, VLB.

Lapointe, Gérard (1998). *Le Conseil de la langue française, 1978-1998*, Québec, Gouvernement du Québec, 21 mars 1998. (Consulter également le site internet : http://www.clf.gouv.qc.ca/PubD136/D136.html)

Laponce, Jean Antoine (1984). *Langue et territoire*, Sainte-Foy, Les Presses de l'Université Laval.

Laramée, Alain (1991). « Le dossier des communications au Québec : historique des relations entre Québec et Ottawa », dans *Action nationale*, vol. 81, n° 9 (novembre), p. 1165-1184.

Lasswell, Harold D. (1951). « The Policy Orientation », dans D. Lerner et H. D. Lasswell (dir.), *The Policy Science*, Stanford, Californie, Standford University Press.

Lefebvre, Henri (1976). *De L'État. I. L'État dans le monde*, Paris, Union générale d'éditions.

Le Galès, Patrick, et Mark Thatcher (dir.) (1995). *Les réseaux de politique publique. Débat autour des policy networks*, Paris, L'Harmattan.

Leiserson, Michael A. (1969). « Factions and Coalitions in One-Party Japan : An Interpretation Based on the Theory of Games », dans *American Political Science Review*, vol. 57, p. 770-787.

Lemelin, Maurice (1984). *Les négociations collectives dans les secteurs public et parapublic. Expériences québécoises et regards sur l'extérieur*, Montréal, Les Éditions Agence d'Arc Inc.

Lemerise, Suzanne (1989). « La Commission Rioux et la place des arts dans une société postindustrielle », dans *Canadian Issues / Thèmes canadiens*, vol. 19, p. 35-50.

Lemieux, Denise (dir.), avec la collaboration de Gilles Bibeau, Michelle Comeau, François-Marc Gagnon, Fernand Harvey, Marc-André Lessard et Gilles Marcotte (2002). *Traité de la culture*, Québec, Les Éditions de l'IQRC.

Lemieux, Jean (1991a). *Politique culturelle. Analyse de presse*, [Québec, MAC], (9 juillet) (Source : Québec, MCCQ, DPE, chemise 1450-12-19a, unité 1127).

_____ (1991b). *Commission parlementaire. Analyse de presse*, [Québec, MAC], (17 décembre) (Source : Québec, MCCQ, DPE, chemise 1450-12-19b, unité 1127).

_____ (1992). *Politique culturelle. Analyse de presse*, [Québec, MAC, s.d.] (Source : Québec, MCCQ, DPE, chemise 1450-12-19c, unité 1127).

Lemieux, Pierre (1996). « Réflexions libres sur l'État et la culture », dans Florian Sauvageau (dir.), *Les politiques culturelles à l'épreuve. La culture entre l'État et le marché*, Québec, Institut québécois de recherche sur la culture, p. 151-169.

Lemieux, Vincent (1988). *Les sondages et la démocratie*, Québec, Institut québécois de recherche sur la culture.

_____ (1992). « Partis politiques et vie politique », dans Gérard Daigle (dir.), avec la collaboration de Guy Rocher, *Le Québec en jeu. Comprendre les grands défis*, Montréal, Les Presses de l'Université de Montréal, p. 625-645.

_____ (1995). *L'étude des politiques publiques : les acteurs et leur pouvoir*, Sainte-Foy, Les Presses de l'Université Laval.

_____ (1996). « Conclusion : Des politiques publiques comme les autres ? », dans Florian Sauvageau (dir.), *Les politiques culturelles à l'épreuve. La culture entre l'État et le marché*, Québec, Institut québécois de recherche sur la culture, p. 191-199.

_____ (1997). « Le gouvernement du Québec, son Conseil exécutif et la production des politiques publiques », dans Jacques Bourgault, Maurice Demers et Cynthia Williams, *Administration publique et management public : expériences canadiennes*, Québec, Les Publications du Québec, p. 277-287.

_____ (1998). *Les coalitions : liens, transactions et contrôles*, Paris, Presses universitaires de France.

LEMIRE, Maurice, Pierrette DIONNE et Michel LORD (1987). *Le poids des politiques : livres, lecture et littérature*, Québec, Institut québécois de recherche sur la culture.

LETOCHA, Danièle (1995). « Entre le donné et le construit : le penseur de l'action. Sur une relecture du *Lieu de l'homme* », dans Simon Langlois et Yves Martin (dir.), *L'horizon la culture. Hommage à Fernand Dumont*, Sainte-Foy, PUL, p. 21-45.

LÉVESQUE, René (1986). *Attendez que je me rappelle...*, Montréal, Québec/Amérique.

LINTEAU, Paul-André, René DUROCHER, Jean-Claude ROBERT et François RICARD (1989). *Histoire du Québec contemporain. Le Québec depuis 1930*, volume 2, Montréal, Boréal Compact.

LITT, Paul (1991). « The Massey Commission, Americanization, and Canadian Cultural Nationalism », dans *Queen's Quarterly*, vol. 98, n° 2 (été), p. 375-387.

LUKES, Steven (1974). *Power : A Radical View*, London, Macmillan.

_____ (1975). « La troisième dimension du pouvoir », dans Pierre Birnbaum (dir.), *Le pouvoir politique : textes et commentaires*, Paris, Dalloz, p. 73-78.

MACSKIMMING, De Roy (1983). *Pour l'amour de l'art : historique du Conseil des arts de l'Ontario, 1963-1983*, Toronto, Le Conseil.

MAILHOT, Laurent, et Benoît MELANÇON (1982). *Le Conseil des arts du Canada, 1957-1982*, [Montréal], Leméac.

MAJONE, Giandomenico (1989). *Evidence, Argument and Persuasion in the Policy Process*, New Haven, Conn., Yale University Press.

MARTIN, Claude (1986). *Le poids économique des industries culturelles non publicitaires*, par Claude Martin, économiste et professeur au Département d'information et de communication de l'Université Laval, Québec, MAC, Service de la recherche et de la planification.

McCall, George J. (1994). « Policy Analysis Across Academic Disciplines », dans S. S. Nagel (dir.) (1984), *Encyclopedia of Policy Studies*, New York-Basel-Hong Kong, Marcel Dekker Inc., p. 201-218.

McKellar, Iain (1993). « La statistique culturelle : une coopération accrue pour un rendement accru », dans *Recherche. Arts et culture*, Acte du colloque, 60e congrès de l'ACFAS, Université de Montréal, 12 et 13 mai 1992, Québec, IQRC / MAC, p. 81-87.

McRoberts, Kenneth, et Dale Posgate (1983). *Développement et modernisation du Québec*, [traduction de *Quebec : Social Change and Political Crisis*], Montréal, Boréal Express.

Meisel, John (1979). « Social Research and the Politics of Culture », dans Jiri Zuzanek (dir.), *Social Research and Cultural Policy*, Waterloo, Otium Publications.

_____ (1988). « Flora and Fauna on the Rideau : The Making of Cultural Policy », dans Katherine A. Graham (dir.), *How Ottawa Spends, 1988-1989*, Carleton, University Press, p. 49-80.

_____ (1989). « Fanning the Air : The Canadian State and Broadcasting », dans *Transactions of the Royal Society of Canada / Mémoires de la Société royale du Canada*, séries V, vol. IV, p. 191-204.

_____ (1998). « Considérations des rapporteurs », dans *Politiques culturelles, pratiques culturelles et changements sociaux. Explorer les liens entre culture et société*, Actes du colloque de fondation du Réseau canadien de recherche culturelle (RCRC) en juin 1998.

Melançon, Joseph (1996). « La problématique des pratiques culturelles », dans Gilles Cadrin *et al.*, *Pratiques culturelles au Canada français : les actes du quatorzième colloque du Centre d'études franco-canadiennes de l'Ouest tenu à la Faculté Saint-Jean, Université de l'Alberta les 27, 28 et 29 octobre 1994*, Edmonton, Institut de recherche de la Faculté de Saint-Jean, p. 9-61.

Meny, Yves, et Jean-Claude Thoenig (1989). *Politiques publiques*, Paris, Les Presses universitaires de France.

Mitchell, David J. (1988). « Culture as Political Discourse », dans M. Lorimer Rowland et Donald C. Wilson (dir.), *Communication Canada; Issues in Broadcasting and New Technology*, Toronto, Kagan and Woo, p. 157-174.

Moe, Terry (1980). *The Organization of Interests*, Chicago, University of Chicago Press.

Monière, Denis, « Les débats idéologiques », dans *L'année politique au Québec 1990-1991*; adresse URL : http://www.pum.umontreal.ca/apqc/91_92/moniere2/moniere2.htm.

Moreau, François (1992). « La résistible ascension de la bourgeoisie québécoise », dans Gérard Daigle (dir.), avec la collaboration de Guy Rocher, *Le Québec en jeu :*

comprendre les grands défis, Montréal, Les Presses de l'Université de Montréal, p. 335-353.

Morin, Edgar (1969). « De la culturanalyse à la politique culturelle », dans *Communications*, n° 14, p. 5-38.

Morin, Edgar (1994). *La sociologie*, Paris, Seuil [réédition de 1994 : Paris, Fayard].

Moulin, Raymonde (1983). « De l'artisan au professionnel : l'artiste », dans *Sociologie du travail*, n° 4, p. 388-403.

Muller, Pierre (1995). « Les politiques publiques comme construction du rapport au monde », dans Alain Faure, Gilles Pollet et Philippe Warrin (dir.), *La construction du sens dans les politiques publiques. Débat autour de la notion de référentiel*, Paris, L'Harmattan, p. 153-179.

Muller, Pierre, et Yves Surel (1998). *L'analyse des politiques publiques*, Paris, Montchrestien.

Murray, Catherine (1998). « Relier les politiques, les pratiques et les changements : questions, lacunes et orientations dans le domaine de la recherche culturelle », dans *Politiques culturelles, pratiques culturelles et changements sociaux. Explorer les liens entre culture et société*, Actes du colloque de fondation du Réseau canadien de recherche culturelle (RCRC) en juin 1998.

Noreau, Pierre, « Le mouvement syndical », dans *L'année politique au Québec 1990-1991*; adresse URL : http://www.pum.umontreal.ca/apqc/90_91/noreau/noreau.htm.

O'Kiely, Elizabeth (1996). *The Arts and our Town : Community Arts Council of Vancouver, 1946-1996*, Vancouver, The Council.

Ostrom, Elinor (1990). *Governing the Commons*, Cambridge, Cambridge University Press.

Ostrom, Vincent (1977). « The Preoccupation in Public Choice Theory is not With Markets but with Public Decision Making Arrangements : Therefore, Public Choice », dans *American Political Science Review* (1977). (Note : article cité dans l'ouvrage de Meny et Thoenig (1989 : 68-69).)

Ostry, Bernard (1978). *The Cultural Connexion : An Essay on Culture and Government Policy in Canada*, Toronto, McClelland & Stewart.

Ouellet, Fernand, et Michel Pagé (1991). *Pluriethnicité, éducation et société : construire un espace commun*, Québec, Institut québécois de recherche sur la culture.

Paillé, Michel (1989). *Nouvelles tendances démolinguistiques dans l'île de Montréal, 1981-1996*, Québec, Conseil de la langue française, Service des communications.

Parsons, Wayne (1995). *Public Policy : An Introduction to the Theory and Practice of Policy Analysis*, Hants, Angleterre, Edward Elgar.

Patton, Michael Quinn (1990). *Qualitative Evaluation and Research Methods*, Newbury Park, Calif., Sage (2e édition).

PEERS, Frank W. (1979). *The Public Eye : Television and the Politics of Canadian Broadcasting, 1952-1968*, Toronto, University of Toronto Press.

PENDAKUR, Manjunath (1981). *Canadian Feature Film Industry : Monopoly and Competition*, Ottawa, National Library of Canada, 1981 [thèse (PH.D.), Simon Fraser University].

_____ (1990). *Canadian Dreams and American Control : The Political Economy of the Canadian Film Industry*, Détroit, Wayne State University Press.

PHILIP, Philip Malene Nourbese (1987). «The "Multicultural" Whitewash : Racism in Ontario's Arts Funding System», dans *Fuse*, vol. 11, n° 3 (printemps), p. 13-22.

PLOURDE, Michel (1988). *La politique linguistique du Québec (1977-1987)*, coll. «Diagnostic», n° 6, Québec, Institut québécois de recherche sur la culture.

PLQ (novembre 1985). *La politique culturelle du Parti libéral du Québec. Un outil de développement économique et social*, [Montréal], PLQ.

PRONOVOST, Gilles (1990). *Les comportements des Québécois en matière d'activités culturelles de loisir en 1989*, Québec, Les Publications du Québec.

PROSS, A. Paul (1975). *Pressure Group Behaviour in Canadian Politics*, Toronto, McGraw-Hill Ryerson.

_____ (1982). *Governing Under Pressure : the Special Interest Groups : 14th National Seminar / Gouverner sous pression : les groupes d'intérêts spéciaux : 14ᵉ colloque national*, Toronto, Institute of Public Administration of Canada / Institut d'administration publique du Canada, c1982, [coll. «Canadian Public Administration / Administration publique du Canada», vol. 25, n° 2].

QUÉBEC, ASSEMBLÉE NATIONALE (1990). *Journal des débats*, 2ᵉ session, 34ᵉ Législature, vol. 31, n° 62 (22 juin).

_____ ASSEMBLÉE NATIONALE (1991). *Rapport de la Commission sur l'avenir politique et constitutionnel du Québec*, Québec, Assemblée nationale, document n° 971, déposé le 27 mars 1991 par M. Saintonge, président de l'Assemblée nationale.

_____ BIBLIOTHÈQUE DE L'ASSEMBLÉE NATIONALE (BANQ) (1982). *Les commissions parlementaires, 1965-1980*, Québec, Bibliothèque de l'Assemblée nationale du Québec, Index cumulatif, n° 5.

_____ BIBLIOTHÈQUE DE L'ASSEMBLÉE NATIONALE (BANQ) (1986). *Les commissions parlementaires à l'Assemblée nationale, 1980-1985*, Québec, Bibliothèque de l'Assemblée nationale du Québec, coll. «Bibliographie et document», n° 24.

_____ BUREAU DE LA STATISTIQUE (BSQ) (1997). *Indicateurs d'activités culturelles au Québec*, Bureau de la statistique du Québec, Québec, Les Publications du Québec.

_____ CONSEIL DES ARTS ET DES LETTRES DU QUÉBEC (CALQ) (1996). *Rapport annuel, 1995-1996*, Québec, Conseil des arts et des lettres du Québec, (juin).

_____ Ministère des Affaires culturelles (MAC), *Livre blanc* (1965). *Livre blanc de la culture*, Québec, Ministère des Affaires culturelles.

_____ (MAC), *Livre vert* (1976). *Pour l'évolution de la politique culturelle du Québec. Document de travail*, (Livre vert de Jean-Paul L'Allier), Québec, Ministère des Affaires culturelles.

_____ (MAC), *Livre blanc* (1978). *La politique québécoise du développement culturel* (Livre blanc de Camille Laurin, ministre d'État au Développement culturel), Québec, Gouvernement du Québec, 2 volumes.

_____ (MAC) (1983). *Des actions culturelles pour aujourd'hui. Programme d'action du ministère des Affaires culturelles*, Québec, Ministère des Affaires culturelles.

_____ (MAC) (1988). *Bilan-actions-avenir*, Québec, Ministère des Affaires culturelles.

_____ MAC, *Rapport Arpin* (1991). Groupe conseil sur la politique culturelle du Québec sous la présidence de Roland Arpin, *Une politique de la culture et des arts. Proposition présentée à madame Liza Frulla-Hébert, ministre des Affaires culturelles du Québec*, Québec, Les Publications du Québec.

_____ (MAC) (avril 1991a). *L'aide aux associations et aux regroupements nationaux des arts, des lettres, du patrimoine et des archives. Texte d'information à l'intention des organismes nationaux*, Québec, Ministère des Affaires culturelles, Direction générale des arts et des lettres et Direction des politiques et de l'évaluation (Source : Québec, MCCQ, DPE, chemise 1450-12-06b, 12 avril 1991, 10 p.).

_____ (MAC) (avril 1991b). *La culture : partenaire dans la relance du Grand Montréal*, Québec, Ministère des Affaires culturelles, Document de travail (Source : Québec, MCCQ, DPE, dossier « Grand Montréal – Comité interministériel »).

_____ (MAC) (juin 1992). *La politique culturelle du Québec, notre culture, notre avenir*, Québec, Ministère des Affaires culturelles.

_____ (MAC) (Allocution de Liza Frulla-Hébert : 1er octobre 1991). *Notes pour l'allocution de la Ministre des Affaires culturelles, Madame Liza Frulla-Hébert, lors de l'ouverture de la commission parlementaire sur la politique culturelle*, [Québec, Ministère des Affaires culturelles] (Source : Québec, MCCQ, DPE, chemise 1450-12-54a).

_____ (MAC) (allocution de Liza Frulla-Hébert : 20 novembre 1991). *Notes pour l'allocution de la Ministre des Affaires culturelles, Madame Liza Frulla-Hébert, lors de la clôture de la commission parlementaire sur la politique culturelle*, [Québec, Ministère des Affaires culturelles] (Source : Québec, MCCQ, DPE, chemise 1450-12-52b).

Québec, Ministère de la Culture et des Communications du Québec (MCCQ) (septembre 1999). *La population active expérimentée des secteurs de la culture et des communications au Québec*, Québec, MCCQ, Direction de la recherche et de la statistique.

Québec, Secrétariat aux Affaires intergouvernementales canadiennes (SAIC) (1998). *Position historique du Québec sur le pouvoir fédéral de dépenser, 1944-1998*, Québec,

Secrétariat aux Affaires intergouvernementales canadiennes, Direction des politiques institutionnelles et constitutionnelles, Ministère du Conseil exécutif [adresse URL : http://www.cex.gouv.qc.ca/saic/ position.htm].

Raboy, Marc (1990a). *Missed Opportunities : The Story of Canada's Broadcasting Policy*, Montréal et Kingston, McGill-Queen's University Press.

_____ (1990b). « Vers une politique québécoise de télévision : les leçons de l'histoire », dans *L'Action nationale*, vol. 81, n° 9 (novembre), p. 1304-1329.

Radaelli, Claudio M. (2000). « Public Policy Comes of Age », dans « Symposium : Theories of the Policy Process », par Geoffrey Dudley, Wayne Parsons, Claudio M. Radaelli et Paul Sabatier, dans *Journal of European Public Policy*, vol. 7, n° 1 (mars), p. 130-135.

Radnitzky, Gérard, et Peter Bernholz (1987). *Economic Imperialism : The Economic Method Applied Outside the Field of Economics*, New York, Paragon House Publishers.

Ramirez, Bruno (1991). « Les rapports entre les études ethniques et le multiculturalisme au Canada : vers de nouvelles perspectives », dans *International Journal of Canadian Studies*, n° 3 (printemps), p. 171-181.

Raymond, Marie-Josée (1990). « Les arts et la culture », dans Institut d'administration publique du Canada, *Think globally / Penser globalement : les actes du 42ᵉ congrès annuel*, Toronto, IAPC, p. 273-280.

Raynauld, André (1974). *La propriété des entreprises au Québec : les années 1960*, Montréal, Presses de l'Université de Montréal, 1974.

Richardson, Jeremy J. (1995). « Approches de la décision politique nationale et européenne fondées sur l'acteur : communautés de politique publique, réseaux par questions et communautés épistémiques », dans Patrick Le Galès *et al.*, *Les réseaux de politique publique. Débat autour des policy networks*, Paris, L'Harmattan, p. 167-192.

Riker, William H. (1962). *The Theory of Political Coalitions*, New Haven et London, Yale University Press.

Rioux, Marcel (1968). « Sur l'évolution des idéologies », dans *Revue de l'Institut de sociologie*, vol. 14, n° 1, p. 95-124.

Rocher, Guy (1992). « Autour de la langue : crises et débats, espoirs et tremblements », dans Gérard Daigle (dir.), avec la collaboration de Guy Rocher, *Québec en jeu. Comprendre les grands défis*, Montréal, Les Presses de l'Université de Montréal, p. 423-450.

Rouillard, Jacques (1989). *Histoire du syndicalisme québécois*, Montréal, Boréal.

Rousseau, Thierry, et Céline Saint-Pierre (1992). « Formes actuelles et devenir de la classe ouvrière », dans Gérard Daigle (dir.), avec la collaboration de Guy Rocher, *Le Québec en jeu. Comprendre les grands défis*, Montréal, Les Presses de l'Université de Montréal, p. 265-295.

Routhier, Claude (s.d.), « Chronologie de l'histoire du Québec », adresse URL : http://page.infinit.net/histoire/quebec-h.html.

Russell, Loris S. (1961). *The National Museum of Canada, 1910-1960*, Ottawa, Queen's Printer.

Sabatier, Paul A. (1988). «An Advocacy Coalition Framework of Policy Change and the Role-Oriented Learning Therein», dans *Policy Science*, n° 21, p. 128-168.

_____ (1991). «Toward better Theories of the Policy Process», dans *PS : Political Science and Politics*, n° 24 (juin), p. 147-156.

_____ (1998). «The Political Context of Evaluation Research. An Advocacy Coalition Perspective», dans *Évaluation des politiques publiques*, sous la direction de Marie-Christine Kessler, Pierre Lascoumes, Michel Setbon et Jean-Claude Thoenig, Paris / Montréal, L'Harmattan, p. 129-146.

_____ (dir.) (1999). *Theories of the Policy Process*, Boulder / Oxford, Westview Press.

Sabatier, Paul A., et Hank C. Jenkins-Smith (1988). «Policy Change and Policy-Oriented Learning», dans *Policy Science*, n° 21 (été), p. 123-277.

_____ (dir.) (1993). *Policy Change and Learning : An Advocacy Coalition Approach*, Boulder / San Francisco / Oxford, Westview Press.

_____ (1997). «The Advocacy Coalition Framework : An Assessment», second revision, avril 1997, 59 p. [La version finale de ce texte a été finalement publié, deux ans plus tard, dans Paul A. Sabatier (dir.), *The Theories of the Policy Process*, 1999.]

_____ (1999). «The Advocacy Coalition Framework : An Assessment», dans Paul A. Sabatier, *Theories of the Policy Process*, Boulder / Oxford, Westview Press, p. 117-166.

Sabatier, Paul A., et Edella Schlager (2000). «Les approches cognitives des politiques publiques : perspectives américaines», dans *Revue française de science politique*, vol. 50, n° 2 (avril), p. 209-234.

Sabourin, Cécile (1987). «Libre échange et les industries culturelles : la création artistique survivra-t-elle au libre-échange ?», dans Pierre J. Hamel (dir.), *Un marché, deux sociétés ?*, Montréal, ACFAS (Les Cahiers scientifiques, 51), p. 247-257.

Saint-Germain, Claude (1984). *La progression des élèves au secondaire et au collégial selon la langue maternelle. Évolution de 1976 à 1982*, Québec, Ministère de l'Éducation du Québec.

Saint-Pierre, Diane (1994). *Évolution municipale du Québec des régions : un bilan historique*, Sainte-Foy, UMRCQ.

_____ (2001). *La Politique culturelle du Québec de 1992 : continuité ou changement ? Les acteurs, les coalitions et les enjeux*, Ph.D. (thèse), Québec, École nationale d'administration publique.

_____ (2002). «Les politiques culturelles en matière d'arts, de lettres et de communications», dans Denise Lemieux (dir.), avec la collaboration de Gilles Bibeau, Michelle Comeau, François-Marc Gagnon, Fernand Harvey, Marc-André Lessard et Gilles Marcotte, *Traité de la culture*, Québec, Les Éditions de l'IQRC, p. 985-1003.

SAMUELSON, Paul Anthony (1954). « The Pure Theory of Public Expenditure », dans *Review of Economics and Statistics*, n° 37, p. 35-46.

SCHAFER, D. Paul (1977). « Le cadre de la politique culturelle canadienne », dans *Aspects de la politique culturelle canadienne*, Paris, Unesco, « Politiques culturelles : études et documents », p. 27-42.

SCHAFER, D. Paul, et André FORTIER (1989). *Historique des politiques fédérales dans le domaine des arts au Canada (1944-1988)*, préparé pour le ministère des Communications, Ottawa, Conférence canadienne des arts / Canadian Conference of the Arts.

SCHELLING, Thomas C. (1965). *The Strategy of Conflicts*, New York, Oxford University Press [traduit de l'anglais en 1986 : *Stratégie du conflit*].

SCHLAGER, Edella (1999). « A Comparaison of Frameworks, Theories, and Models of Policy Processes », dans *Theories of the Policy Process*, de Paul A. Sabatier (dir.), Boulder / Oxford, Westview Press, p. 233-260.

SIEGEL, Arthur (1983). *Politics and the Media in Canada*, Toronto, McGraw-Hill Ryerson.

SILCOX, David (1990). « Arts et culture », dans Institut d'administration publique du Canada, *Think Globally / Penser globalement : les actes du 42e congrès annuel*, Toronto, IAPC, p. 287-297.

SILLS, David L. (dir.) (1972). *International Encyclopedia of the Social Sciences*, vol. 3, New York / London, The Macmillan Company & The Free Press / Collier-Macmillan Publishers.

SIMON, Herbert A. (1947, 1957a). *Administrative Behavior : A Study of Decision-Making Process in Administrative Organization*, New Tork, Free Press (2e édition).

_____ (1957b). *Models of Man*, New York, Wiley.

SKOCPOL, Theda (1979). *States and Social Revolution*, Cambridge, U.K., Cambridge University Press.

SKOWRONEK, Stephen (1982). *Building a New American State*, Cambridge, U.K., Cambridge University Press.

SULEMAN, Zool (1992). « Les artistes de couleur et leurs stratégies pour le changement », dans *Parallélogramme*, vol. 18, n° 1, p. 17-25.

SYMONS, Thomas Henry Bull (1975). *Se connaître. Le rapport de la Commission sur les études canadiennes*, vol. 1, Ottawa, Association des universités et des collèges du Canada.

_____ (1988). « The Second Generation : Time for a New and Critical Look at Canadian Studies », dans *Bulletin de l'AEC / ACS Newsletter*, vol. 10, n° 1 (printemps), p. 5-12.

_____ (c1997). *The Place of History : Commemorating Canada's Past : Proceedings of the National Symposium Held on the Occasion of the 75th Anniversary of the Historic*

Sites and Monuments Board of Canada / Les lieux de la mémoire : la commémoration du passé du Canada : délibérations du symposium national tenu à l'occasion du 75ᵉ anniversaire de la Commission des lieux et monuments historiques, [Ottawa], Royal Society of Canada / Société royale du Canada.

TADDEO, Donat J., et Raymond C. TARAS (1987). *Le débat linguistique au Québec*, Montréal, Presses de l'Université de Montréal.

TARPIN, Christine (1997). *L'émergence du Musée de la civilisation. Contexte et création*, coll. « Muséo », Québec, Musée de la civilisation.

TERRIS, Andrew (1990). *Public Policy and Cultural Development in Nova Scotia : The Report of the Cultural Development Committee of Arts Nova and the Nova Scotia Coalition on Arts and Culture*, Halifax, [s.n.].

THOMPSON, Michael, Richard ELLIS et Aaron WILDAVSKY (1990). *Cultural Theory*, Boulder, Westview Press.

THORBURN, Hugh Garnet (dir.) (1984). *Pluralism and federalism*, Beverly Hills, Sage ; voir aussi dans *Revue internationale de science politique*, vol. 5, n° 4, p. 349-535.

TURGEON, Jean (1994). « Évolution et leçons de l'évaluation de programme aux gouvernements du Canada et du Québec », dans Gérard Ethier, *L'administration publique : diversité de ses problèmes, complexité de sa gestion*, Montréal, PUQ, p. 83-108.

TURI, Giuseppe (1974). *Les problèmes culturels du Québec*, Montréal, La Presse.

UNESCO (1969). *Réflexions préalables sur les politiques culturelles*, Paris, Éditions de l'Unesco.

_____ (1970). *Les droits culturels en tant que droits de l'homme*, Paris, Éditions de l'Unesco.

_____ (1982). « Problèmes et perspectives », *Conférence mondiale sur les politiques culturelles*, Mexico, (26 juillet-6 août), Paris, Éditions de l'Unesco.

_____ (1998). *Rapport mondial sur la culture : culture, créativité et marchés*, Paris, Éditions de l'Unesco.

VALLERAND, Charles (1993). « Défis méthodologiques des études statistiques comparatives internationales », dans *Recherche. Arts et culture*, Acte du colloque, 60ᵉ congrès de l'ACFAS, Université de Montréal, 12 et 13 mai 1992, Québec, IQRC / MAC, p. 73-108.

VICKERS, Geoffrey (1965). *The Art and Judgement : A Study of Policymaking*, London, Chapman et Hall [2ᵉ édition en 1983].

VINACKE, William Edgar, et Abe ARKOFF (1957). « An Experimental Study of Coalitions in the Triad », dans *American Sociological Review*, vol. 22, n° 1, p. 406-414.

VON SCHOENBERG, Brigitte, et Jacques HAMEL (1991a). *Synthèse préliminaire des mémoires soumis à la Commission parlementaire sur la culture concernant la proposition de politique sur les arts et la culture*, Québec, Ministère des Affaires culturelles, Direction des politiques et de l'évaluation (12 novembre).

VON SCHOENBERG, Brigitte, et Jacques HAMEL (1991b). *Synthèse des mémoires soumis à la Commission parlementaire sur la culture concernant la proposition de politique sur les arts et la culture*, Québec, Ministère des Affaires culturelles, Direction des politiques et de l'évaluation (3 décembre).

WACHEUX, Frédéric (1996). *Méthodes qualitatives et recherche en gestion*, Paris, Economica.

WELLSTEAD, Adam (1996). *The Role of Advocacy Coalition Framework in Understanding Forest Policy Change : Alberta and Ontario*, [thèse M.A., Département des études graduées en foresterie, Université de Toronto].

WHITE, Deena (1992). « La santé et les services sociaux : réforme et remises en question », dans Gérard Daigle (dir.), avec la collaboration de Guy Rocher, *Le Québec en jeu. Comprendre les grands défis*, Montréal, Les Presses de l'Université de Montréal, p. 225-247.

WILKE, Henk A. M. (1985). *Coalition Formation*, Amsterdam / New York / Oxford, North-Holland.

WOODCOCK, George (1985). *Strange Bedfellows. The State and the Arts in Canada*, Vancouver / Toronto, Douglas et McIntyre.

YIN, Robert K. (1989, 1991, 1994). *Case Study Research. Design and Methods*, Thousand Oaks / London / New Delhi, Sage Publications.

Articles de journaux

Fête et festivals, printemps 1989 : 14-15 : « Festivals, spectacles et subventions... Les chiffres parlent », par Hervé Senni.

Info Presse, vol. 7, n° 2, octobre 1991 : 62 : « Le rapatriement à Québec de la culture et des communications. Le puzzle », par Florian Sauvageau (Ind.).

Inter Mac, vol. 1, n° 9, 16 août 1991 : « Politique culturelle : le personnel du ministère est associé à la réflexion... ».

La Presse, 16 décembre 1986 : B4 : « Coalition du Monde des arts : "Un pour cent !" », par Jocelyne Lepage.

La Presse, 24 janvier 1987 : E1 : « La coalition demande l'équivalent d'un mille d'autoroute », par Jocelyne Lepage.

La Presse, 9 décembre 1987 : C2 : « Les artistes chez Bourassa : "Et le un pour cent ?" », par la Presse canadienne.

La Presse, 25 mars 1988 : A10 : « Les arts et la culture, encore loin du un pour cent. La proportion du budget dévolue aux arts augmente... », par Mario Roy.

La Presse, 31 mai 1988 : B1 : « La politique du "un pour cent" n'est pas pour demain », par Gilbert Brunet.

La Presse, 1er juin 1988 : B1 : « Les artistes résignés face aux offres de Mme Bacon », par Mario Roy.

La Presse, 10 septembre 1988 : E17 : « Une année de bâtiment. Mais sûrement pas celle des artistes québécois », par Jocelyne Lepage.

La Presse, 26 avril 1989 : B5 : « De nouveaux appuis à la "Coalition du un pour cent" », par Mario Roy.

La Presse, 13 mai 1989 : K1 : « Les temps sont durs », par Réginald Martel.

La Presse, 15 mai 1989 : A16 : « Le traité de libre-échange nuira à l'industrie du disque », par la Presse canadienne.

La Presse, 3 juin 1989 : D2 : « Montréal, le plus important centre télévisuel au Canada », par Raymond Bernatchez.

La Presse, 19 avril 1990 : E3 : « Un contrat des Affaires culturelles soulève inquiétude et indignation », par Mario Leclerc.

La Presse, 8 mai 1990 : B1 : « Le un pour cent : le monde des arts se remobilise », par Bruno Dostie.

La Presse, 15 novembre 1990 : B1 : « Forts de consultations, professeurs et artistes se disent favorables à l'indépendance », par Marion Fontaine.

La Presse, 16 novembre 1990 : B3 : « Le Québec a tous les attributs d'un pays viable » extrait du mémoire de l'UDA.

La Presse, 31 décembre 1990 : A1 : « Les entreprises prévoient hausser leur aide aux démunis et aux universités, mais réduire celle qui va à la culture », par Rudy Le Cours.

La Presse, 19 janvier 1991 : n.p. : « Doré et L'Allier préparent l'offensive contre la réforme de la fiscalité municipale ».

La Presse, 27 janvier 1991 : C9 : « Liza Frulla-Hébert demande l'appui des artistes et de toute la population », par Mario Gilbert (PC).

La Presse, 28 janvier 1991 : A6 : « Les artistes en faveur de la souveraineté », par Bruno Dostie.

La Presse, 30 janvier 1991 : B5 : « La politique culturelle : déjà des mécontents », par Bruno Dostie.

La Presse, 3 février 1991 : C5 : « Décision contestée », par Réginald Martel.

La Presse, 19 février 1991 : n.p. : Article traitant de la Conférence des maires de la banlieue de Montréal.

La Presse, 25 février 1991 : n.p. : Article traitant de la mobilisation des syndicats du transport en commun de la région de Montréal et des autres sociétés de transport contre la réforme de la fiscalité municipale.

La Presse, 9 mars 1991 : D3 : « Marina Orsini contre Lazagne... ou la " stratégie des barricades " de la ministre des Affaires culturelles », par Bruno Dostie.

La Presse, 16 mars 1991 : D2 : « Roland Arpin veut rendre la culture... contagieuse », par Bruno Dostie.

La Presse, 25 avril 1991 : n.p. : « Le ministre des Affaires municipales n'a pas été invité au congrès de l'UMQ ».

La Presse, 15 juin 1991 : D5 : « La culture, aussi importante que l'économie et les affaires sociales », par Jocelyne Lepage.

La Presse, 30 juillet 1991 : C4 : « Le Conseil des arts du Canada se sent menacé et se porte à la défense du fédéralisme culturel », par Pierre Vennat.

La Presse, 2 août 1991 : B2 : « Même la souveraineté culturelle est remise en question », par Pierre Gravel.

La Presse, 19 septembre 1991 : C6 : « Levée de boucliers contre le *Rapport Arpin*. Les associations du cinéma et de la télévision du Québec... », par Huguette Roberge.

La Presse, 20 septembre 1991 : A16 : « Les dirigeants municipaux ont peur de la nouvelle politique culturelle à venir des Québécois », par André Pépin.

La Presse, 18 octobre 1991 : B2 : « N'en déplaise à la ministre, la culture n'est pas à vendre », par Pierre Gravel.

La Presse, 21 novembre 1991 : B8 : « Culture : Frulla-Hébert réclame désormais pouvoirs et argent », par Gilles Normand.

La Presse, 18 décembre 1991 : B3 : « Une culture à deux drapeaux (1). Nos créateurs partagés entre la fleur de lys et la feuille d'érable », par Yves Beauchemin.

La Presse, 19 décembre 1991 : B3 : « Une culture à deux drapeaux (2). La bruyante opposition au rapport Arpin demeure très minoritaire », par Yves Beauchemin.

La Presse, 20 décembre 1991 : B3 : « Une culture à deux drapeaux (3). Refuser le pouvoir à Québec, c'est le donner à Ottawa », par Yves Beauchemin.

La Presse, 15 mai 1992 : A5 : Sujet : Discours du budget 1992-1993.

La Tribune, 14 mars 1988 : A3 : « Tout en faisant appel au mécénat d'entreprise. Bacon suspend le fonds d'appariement », par « Sherbrooke (DD) ».

Le Devoir, 14 février 1963 : « Éditorial », par Claude Ryan (1963).

Le Devoir, 16 décembre 1986 : 4 : « Une coalition culturelle propose un dialogue avec Lise Bacon », par Angèle Dagenais.

Le Devoir, 15 décembre 1987 : 11 : « Vers une politique budgétaire du 1 %. Le milieu artistique encouragé par les intentions libérales », par Angèle Dagenais.

Le Devoir, 31 mai 1988 : B6 : « Un pour cent pour la culture : pas avant 1991. Québec accorde sa priorité aux bibliothèques et au patrimoine », par Suzanne Dansereau.

Le Devoir, 26 octobre 1988 : 2 : « Toronto. Les artistes se mobilisent contre le libre-échange », par Manon Cornellier.

Le Devoir, 18 novembre 1988 : 7 : « Le Mouvement Québec français craint pour la langue et la culture », par la Presse canadienne.

Le Devoir, 23 février 1989 : 9 : « La misère des bibliothèques publiques », Libre opinion par François Séguin.

Le Devoir, 15 mars 1989 : 11 : « Dossier du 1 %. Bourassa doit livrer la marchandise », par Serge Truffaut.

Le Devoir, 22 mars 1989 : 11 : « Affaires culturelles. Le 1 %, ce n'est pas pour aujourd'hui », par Bernard Descôteaux.

Le Devoir, 26 avril 1989 : 11 : « Coalition du 1 %. Les artistes menacent de s'engager sur le champ de bataille électoral », par Serge Truffaut.

Le Devoir, 15 mai 1989 : 2 : « Le traité de libre-échange nuira à l'industrie du disque », par la Presse canadienne.

Le Devoir, 26 septembre 1989 : 6 : « Les artistes veulent un " vrai " ministre », par Serge Truffaut.

Le Devoir, 23 décembre 1989 : 9 : Article traitant de la « misère » des bibliothèques publiques.

Le Devoir, 21 février 1990a : 1 : « Points saillants », par la Presse canadienne.

Le Devoir, 24 avril 1990 : A2 : « Le milieu culturel aura son 1 %, mais progressivement », par Bernard Descôteaux.

Le Devoir, 8 mai 1990 : 9 : « Les artistes veulent forcer Bourassa à s'engager sur le 1 % », par la Presse canadienne.

Le Devoir, 12 mai 1990 : D3 : « La vie d'artiste, une injustice », par Marcel Fournier.

Le Devoir, 19 septembre 1990 : 6 : « La taxe sur la culture. Pas si mauvaise qu'on le dit », par Albert Juneau.

Le Devoir, 26 octobre 1990 : B8 : « Les intellectuels et l'avenir politique du Québec », par Jean-Éthier Blais.

Le Devoir, 15 novembre 1990 : B8 : Sondage réalisé par l'Union des artistes (résultats).

Le Devoir, 25 janvier 1991a : B1 : « Et la culture bordel ? Le " parti des artistes " n'a pas, n'a jamais eu de véritable politique culturelle », par Josée Boileau.

Le Devoir, 25 janvier 1991b : A1 : « Frulla-Hébert veut rapatrier les pouvoirs fédéraux sur la culture », par Paule des Rivières.

Le Devoir, 26 janvier 1991a : B2 : « Trop d'organismes culturels, pas assez de clients », par Claude Masson.

Le Devoir, 26 janvier 1991b : A1 : « Roland Arpin, humaniste et bulldozer. " L'État a un rôle fondamental à jouer dans la culture " », par Gilles Lesage.

Le Devoir, 29 janvier 1991 : B8 : « Le monde de la culture à la recherche d'un nouveau leadership. Le support financier des municipalités », par André Coupet (texte d'opinion).

Le Devoir, 19 mars 1991 : B1 : « Prépare-t-on une " culture à blanc " », par le Regroupement professionnel de la danse du Québec.

Le Devoir, 9 mai 1991 : B1-2 : « La psychose du marché de l'art contemporain. Les galeries ont atteint un seuil critique », par Paule des Rivières.

Le Devoir, 19 juin 1991 : B1 : « Pas 15, mais 150 millions $. L'économiste André Coupet décèle " quelques timidités " », par Paule des Rivières.

Le Devoir, 25 juillet 1991 : A11 : « Les artistes anglophones craignent que Québec ait plus de pouvoirs culturels », par Paule des Rivières.

Le Devoir, 17 septembre 1991 : A1 : « Le cinéma québécois renie le *Rapport Arpin* sur la souveraineté culturelle du Québec », par Jocelyne Richer.

Le Devoir, 18 septembre 1991 : 3 : « La mort de la création ? Pour le milieu du cinéma le *Rapport Arpin* manifeste la soif de pouvoir des fonctionnaires provinciaux », par Nathalie Petrowski.

Le Devoir, 25 septembre 1991 : B3 : « Rapport Arpin : Tifo et Turgeon persistent et signent », par Nathalie Petrowski.

Le Devoir, 16 octobre 1991 : B1 : « Les galeristes réclament un statut bien défini », par Jocelyne Richer.

Le Devoir, 17 octobre 1991 : B1 : « L'UQAM souhaite un meilleur financement de la recherche », par Jocelyne Richer.

Le Devoir, 15 novembre 1991a : B2 : « L'UMQ veut être associée à l'élaboration de la politique culturelle », par NDLR.

Le Devoir, 15 novembre 1991b : A10 : « Effet domino et dégel municipal », par Gilles Lesage.

Le Devoir, 15 novembre 1991c : A1 : « Une politique de la culture. Les villes désirent avoir voix au chapitre », par Jocelyne Richer.

Le Devoir, 21 novembre 1991 : A1 : « Frulla-Hébert revendique pour le Québec tous les pouvoirs d'Ottawa en matière de culture », par Jocelyne Richer.

Le Devoir, 18 décembre 1991 : 1 : « Souvent aux mêmes... Une cinquantaine d'écrivains se partagent la moitié des subventions... », par Jocelyne Richer.

Le Devoir, 24 janvier 1992 : C6 : « Industries culturelles. L'an un d'une politique québécoise », par Jean Savard.

Le Devoir, 5 février 1992 : A1 : « Ottawa risque de voir double en matière de culture », par Chantal Hébert.

Le Devoir, 9 avril 1992 : A8 : « Les tapissiers de la culture », par Lise Bissonnette.

Le Devoir, 5 juin 1992 : A1 : « Liza Frulla-Hébert ne parle plus de souveraineté culturelle. Un document laisse croire que la ministre... », par Jocelyne Richer.

Le Devoir, 19 juin 1992 : A1 : « L'Union des artistes accueille favorablement la politique culturelle », par Paule des Rivières.

Le Devoir, 20 juin 1992a : A10 : « Éditorial : L'art, et le possible », par Lise Bissonnette.

Le Devoir, 20 juin 1992b : A2 : « Culture : 21 millions $ de plus pour les créateurs d'ici trois ans », par Jocelyne Richer.

Le Devoir, 20 juin 1992c : A2 : « Quelle sorte de Conseil des arts du Québec aurons-nous, s'interroge le milieu culturel », par Paule des Rivières.

Le Devoir, 22 juin 1992 : B2 : « Éditorial : Culture : la ministre accorde ses instruments », par Agnès Gruga.

Le Devoir, 3 septembre 1992 : 1 : « Bourassa a "oublié" la culture et l'immigration. Des négociations se poursuivent à Ottawa... », par Chantal Hébert.

Le Devoir, 8 octobre 1992 : B4 : « Les artistes et l'entente : un délicieux fouillis », par Paule des Rivières.

Le Devoir, 25 novembre 1992 : A1 : « Conseil des arts du Québec. Sourde bataille entre Québec et Montréal », par Paule des Rivières et Michel Venne.

Le Devoir, 4 octobre 1996 : A5 : « De l'exil à la réhabilitation », par Gilles Lesage.

Le Droit, 26 avril 1989 : 25 : « En faveur d'un un pour cent du budget pour la culture. La Coalition des arts hausse la pression », par la Presse canadienne.

Le Nouvelliste, 25 octobre 1991 : n.p. : « L'UQTR plaide vigoureusement en faveur des régions », par Marcel Aubry.

Les Affaires, 20 octobre 1990 : n.p. : « Une entrevue avec le président du Conseil du Trésor, Daniel Johnson. Québec revoit l'État Providence et veut passer d'autres dépenses aux municipalités », par Jean-Paul Gagné.

Le Soleil, 2 avril 1988 : D6 : « Le CQT sur la ligne de front. Le théâtre n'encaisse plus le silence », par Jean St-Hilaire.

Le Soleil, 30 juillet 1988 : D9 : « La crainte du libre-échange toujours présente », par la Presse canadienne.

Le Soleil, 10 janvier 1989 : A6 : Article traitant de l'évolution des crédits du MAC entre 1976 et 1985.

Le Soleil, 22 mars 1989 : B9 : « Moins de 1 % des dépenses du gouvernement. Les artistes sont furieux », par Michel David.

Le Soleil, 21 février 1990 : A1 : « Les provinces font les frais des compressions de dépenses de Wilson », s.n.

Le Soleil, 19 avril 1990 : B16 : « Tant de milieu de la culture que des affaires. L'étude sur le financement des arts soulève de... », par Paul Bennett.

Le Soleil, 15 novembre 1990 : A6 : « Advenant la souveraineté. Les artistes rejettent tout lien culturel avec le reste du pays », par Michel David.

Le Soleil, 25 janvier 1991a : A6 : « 30 ans sans politique culturelle...? », par Martine R.-Corrivault.

Le Soleil, 25 janvier 1991b : A1 : « Le Québec veut se doter d'une politique culturelle », par Marc Samson.

Le Soleil, 20 juin 1992 : A16 : Éditorial « D'avenir et de culture », par Martine R.-Corrivault.

Magazine Maclean, janvier 1965 : n.p. : « Une bien courte lune de miel », par KEABLE.

Ottawa-Hull, 2 octobre 1991 : 24 : « Constitution et culture. Ottawa doit "refaire ses devoirs" », par la Presse canadienne.

The Gazette, 25 janvier 1991 : A4 : « Quebec wants Ottawa to give up any power over cultural affairs », par Philip Authier.

The Gazette, 29 janvier 1991 : A3 : « Artists back independence », journaliste non mentionné.

The Gazette, 16 mars 1991 : J3 : « Chapter one : Quebec would be poorer without Canada Council », par Mark Abley.

The Globe and Mail, 16 décembre 1986 : A17 : « Quebec artists rally to challenge province on cultural policies », par Matthew Fraser.

The Globe and Mail, 19 septembre 1991 : A12 : « Quebec filmmakers reject Arpin report », par la Presse canadienne.

Urba, juin 1990 : 8 : Article relatif au Pacte fiscal (Québec-municipalités).

Voir, 3-9 mai 1990 : n.p. : « Budget et culture. Aux arts, citoyens ! », par Bernard Boulad.

Documents d'archives

QUÉBEC, MCCQ[1], DPE

Chemise «Comité interministériel – Affaires municipales» : Rencontres UMQ-UMRCQ – Principaux thèmes de discussion abordés», 15 p., et lettre de Marie-Claire Lévesque à Michelle Courchesne, sous-ministre, 18 mars 1992, 1 p.

Chemise «Comité interministériel» : Le partenariat culturel avec le monde municipal. Projet de mise à jour du chapitre portant sur la culture dans le cadre de la proposition VERS UN NOUVEL ÉQUILIBRE soumis aux municipalités par le ministre des Affaires municipales», version du 10 décembre 1991, 7 p.

Chemise «Enseignement supérieur et Science» : Lettre de Pierre Lucier, sous-ministre du MESS, à Michelle Courchesne, sous-ministre du MAC, 14 mai 1992, 4 p.

Chemise «Fiches pour expliquer les mesures du plan d'action», «Politique culturelle. La décentralisation du soutien public aux arts – Argumentaire», par Louise Bourassa, 3 avril 1992, 24 p. plus annexes.

Chemise «Généralités» : «Politique culturelle. Concertation interministérielle et avec les sociétés d'État», 6 septembre 1991.

Chemise 1450-12-00a : «L'Observatoire des politiques culturelles», 27 juin 1991, 7 p.

Chemise 1450-12-01a : «Élaboration d'une politique culturelle du Québec : cadre de réflexion», par Roland Arpin, 19 janvier 1991.

Chemise 1450-12-01b : «Analyse de l'intervention fédérale en matière culturelle», MAC, janvier 1991, 6 p.

Chemise 1450-12-03a : Procès-verbaux du groupe-conseil Arpin : sept procès-verbaux entre le 7 janvier et le 17 mai 1991.

Chemise 1450-12-03b : Procès-verbal du groupe-conseil Arpin du 26 février 1991.

Chemise 1450-12-03c : Procès-verbal du groupe-conseil Arpin du 30 avril 1991.

Chemise 1450-12-03d : Procès-verbal du groupe-conseil Arpin du 7 janvier 1991.

Chemise 1450-12-03e : Procès-verbal du groupe-conseil Arpin du 6 mars 1991.

Chemise 1450-12-03f : Procès-verbal du groupe-conseil Arpin des 16 et 17 avril 1991.

Chemise 1450-12-03g : Procès-verbal du groupe-conseil Arpin du 24 et 25 avril 1991.

Chemise 1450-12-03h : «Consultation interministérielles sur le *Rapport Arpin* – Synthèse», 4 décembre 1991.

Chemise 1450-12-05 : «Politique muséale pour le Québec», MAC, 1991.

---

1. MCCQ : Fonds de la *Politique culturelle du Québec* de 1992 et du groupe-conseil Arpin.

Chemise 1450-12-07a : « Notes pour l'allocution de la Ministre des Affaires culturelles, Madame Liza Frulla-Hébert, à l'occasion de l'étude des crédits pour l'année 1991-1992 », [Québec, MAC], avril 1991, 31 p.

Chemise 1450-12-10a : Analyses sectorielles pour l'étude sur le financement des arts et de la culture : « Métiers d'art », n.d.

Chemise 1450-12-10b : Analyses sectorielles pour l'étude sur le financement des arts et de la culture : « Analyse sectorielle sur les bibliothèques publiques », n.d.

Chemise 1450-12-16a : « Mesures fédérales et mesures provinciales au Québec », n.d.

Chemise 1450-12-16b : Analyses sectorielles pour l'étude sur le financement des arts et de la culture : « Les producteurs culturels », n.d.

Chemise 1450-12-26a : « Résolutions du milieu théâtral adoptées depuis 1981 lors de la tenue des états généraux, puis des 2e, 3e et 4e congrès québécois du théâtre », 4 février 1991.

Chemise 1450-12-26b : Mémoire du Conseil québécois du théâtre au groupe-conseil Arpin, mars 1991.

Chemise 1450-12-26c : Mémoire de l'Association des organismes musicaux du Québec au groupe-conseil Arpin, février 1991

Chemise 1450-12-26d : Mémoire de la Guilde des musiciens au groupe-conseil Arpin, n.d.

Chemise 1450-12-27 : « Personnes ou organismes ayant déposé un document au groupe-conseil sur la politique culturelle (non rencontrés par le groupe-conseil) », 28 mai 1991.

Chemise 1450-12-33 : « Réflexions sur la culture présentées à la Commission permanente de la culture, par Madame Liza Frulla-Hébert, ministre des Affaires culturelles », Québec, MAC, n.d., 30 p.

Chemise 1450-12-36 : « Crédits additionnels alloués à la *Politique culturelle* », n.d., 1 p.

Chemise 1450-12-40 : « Proposition de politique de la culture et des arts », 2 juillet 1991.

Chemise 1450-12-41a : « Politique culturelle : Organigramme de travail », 15 août 1991.

Chemise 1450-12-41b : « Liste des documents à produire », MAC, 12 août 1991.

Chemise 1450-12-41c : « Compte rendu de la rencontre tenue le 17 septembre 1991 » avec la ministre Lisa Frulla-Hébert, DPE, 19 septembre 1991, 10 p.

Chemise 1450-12-41d : « Aide-mémoire pour la rencontre du Comité directeur tenue les 27 et 28 août 1991 », DPE, 30 août 1991, 9 p.

Chemise 1450-12-44a : « Politique de la culture et des arts au Québec – Ateliers du 12 septembre 1991 – Synthèse des 15 ateliers », DPE, 13 septembre 1991, 6 p.

Chemise 1450-12-44b : « Rencontre de Mme Frulla-Hébert avec le personnel du MAC – 27 août, 11h00 à 12h30 – Amphithéâtre de l'édifice Marie-Guyard », MAC, 27 août 1991, 3 p.

Chemise 1450-12-44c : « Commentaires préliminaires de la Direction de la recherche et de la statistique sur la proposition d'une politique de la culture et des arts présentée par le groupe-conseil », MAC, Direction de la recherche et de la statistique, 2 juillet 1991, 6 p.

Chemise 1450-12-50a : « Thèmes à développer dans le cadre de la politique culturelle : Recherche / développement / innovation et technologie », MAC, Direction de la recherche et de la statistique, novembre 1992, 12 p.

Chemise 1450-12-50b : « Politique culturelle. Modèles de gestion des arts au Québec », par Louise Bourassa, 10 mars 1992, 20 p. et 10 p. d'annexes et de tableaux.

Chemise 1450-12-52 : « Notes pour l'allocution de la Ministre des Affaires culturelles, Madame Liza Frulla-Hébert, lors du débat sur la question référendaire à l'Assemblée nationale », Québec, Ministère des Affaires culturelles, 15 septembre 1992.

Chemise 1450-12-55a : « Mémoire au Conseil des ministres – Gouvernement du Québec », signé par la ministre Frulla-Hébert, 27 mai 1992.

Chemise 1450-12-55b : « Politique culturelle. Problématiques et coûts des actions ayant une incidence budgétaire », 5 juin 1992, 34 p. et 5 tableaux.

Chemise 1450-12-55c : « Mémoire au Conseil des ministres – Gouvernement du Québec », signé par la ministre Frulla-Hébert et daté du 27 mai 1992, 9 p.

Chemise 1450-12-56a : « Quelles sont les grandes différences entre le *Rapport Arpin* et la politique ? », n.d.

Chemise 1450-12-56b (dossier 1, boîte 1A) : « L'Institut québécois des arts », 2 juin 1992, 2 p.

Chemise 1450-12-56c (dossier 1, boîte 1A) : « Réponses à l'analyse du COMPACS », 2 juin 1992, 21 p.

Chemise 1450-12-56d (dossier 1, boîte 1A) : « Crédits additionnels (57,8 millions) », s.n., s.d.

Chemise 1450-12-56e : « Approbation et lancement de la politique culturelle – Liste des travaux – Échéancier et responsable », 28 mai 1992, 2 p.

Chemise 1450-12-56f (dossier 1, boîte 1A) : « Pourquoi avoir intégré le plan d'action à l'intérieur de la politique ? », 2 juin 1992, 1 p.

Chemise 1450-12-56g : « Orientations et plan triennal de la Société des arts et des lettres », ca juin 1992, 3 p.

Chemise 1450-12-56h (dossier 1, boîte 1A) : « La culture, une responsabilité partagée entre l'État, les milieux culturels, les intervenants socio-économiques et les citoyens », 2 juin 1992, 2 p.

Chemise 1450-12-56i (dossier 1, boîte 1A) : « Les écoles professionnelles », 2 juin 1992, 1 p.

Chemise 1450-12-62a : « Mandats », 29 septembre 1992, 3 p., et « Échéancier par groupe de travail », 7 octobre 1992, 2 p.

Chemise 1450-12-62b : « Mémoire au Bureau des sous-ministres – Le plan de transfert des programmes au Conseil des arts et des lettres du Québec », 7 avril 1993, 11 p.

Chemise 1450-12-62c : « Synthèse des comptes rendus de la consultation ministérielle tenue du 15 novembre au 2 décembre 1992 », 14 décembre 1992, 25 p.

Chemise 1450-12-62d : « Rôle horizontal du futur ministère de la Culture », par la Direction de la recherche et de la statistique, 14 octobre 1992, 4 p. et annexes.

Chemise 1450-12-63a : « Les membres de l'AOMQ » et « Conseil québécois du théâtre ».

Chemise 1450-12-63b : « Quebec Drama Federation », par Alain Grégoire, secteur du théâtre, Direction des arts d'interprétation, du disque et des variétés, 24 septembre 1992.

Mémoires transmis à la commission parlementaire sur la *Politique culturelle du Québec,* à l'automne 1991

QUÉBEC, MCCQ, DPE

Mémoire collectif The Black Theatre Workshop of Montreal, Carifete and Afro-Festival of The Black Community Council of Montreal, Rythme du Monde and The Foundation for Minority Arts and Culture, «Black Community Submission to the Committee on Culture. Public Hearings on the Proposition de Politique de la Culture et des Arts», prepared by Dr Clarence S. Bayne, n.d., 14 p.

Mémoire de Fernand Dumont, «Sur le contexte d'une politique culturelle», n.d., 12 p.

Mémoire de l'Assemblée des évêques du Québec en collaboration avec le Centre Justice et foi de Montréal, «Observations du Comité exécutif de l'Assemblée des évêques du Québec sur une politique de la culture et des arts (Rapport Arpin)», n.d., 8 p.

Mémoire de l'Association québécoise de l'industrie du disque, du spectacle et de la vidéo (ADISQ), n.d., 25 p.

Mémoire de la Brasserie Molson O'Keefe, 20 septembre 1991, 10 p.

Mémoire de la Centrale de l'enseignement du Québec (CEQ), «Mémoire sur le Rapport Arpin et la politique culturelle de l'État québécois», octobre 1991, 47 p.

Mémoire de la Commission des biens culturels du Québec, 17 septembre 1991, 27 p.

Mémoire de la Chaire de gestion des arts de l'École des hautes études commerciales (HEC), «La recherche et l'enseignement en gestion des arts à l'aube des années 1990», par François Colbert, décembre 1989, 33 p.

Mémoire de la Commission-Jeunesse du Parti libéral du Québec, «Notre richesse culturelle : la développer, la renouveler», octobre 1991, 19 p.

Mémoire de la Fédération des cégeps, «Avis sur le Rapport du Groupe-conseil sur la politique culturelle du Québec. Une politique de la culture et des arts», septembre 1991, 24 p.

Mémoire de la Fédération des sociétés d'histoire du Québec, «Une politique de la culture et des arts», septembre 1991, 23 p.

Mémoire de la Guilde des musiciens du Québec, par Gisèle Fréchette et Gilles Pelletier, septembre 1991, 16 p.

Mémoire de la Société des auteurs, recherchistes, documentalistes et compositeurs (SARDEC), voir la fiche-synthèse de la séance du 15 octobre 1991.

Mémoire de la Ville de Charlesbourg, voir la fiche-synthèse de la séance du 15 octobre 1991.

Mémoire de la Ville de Longueuil, voir la fiche-synthèse de la séance du 24 octobre 1991.

Mémoire de l'Institut québécois du cinéma (IQC), «Mémoire à la Commission parlementaire de la culture relativement à la politique culturelle. Proposition de politique de la culture et des arts», 16 septembre 1991, 21 p.

Mémoire de l'Union des artistes (UDA), «Mémoire de l'Union des artistes présenté à la Commission de la culture dans le cadre de la Proposition de politique de la culture et des arts», 3 octobre 1991, 24 p.

Mémoire de l'Union des municipalités du Québec (UMQ), «Mémoire présenté à la Commission de la culture dans le cadre de la consultation générale sur la Proposition de politique de la culture et des arts», octobre 1991, 31 p.

Mémoire de l'Union des municipalités régionales de comté et des municipalités locales du Québec (UMRCQ), «Proposition de politique de la culture et des arts», octobre 1991, 14 p.

Mémoire de l'Union des écrivains et des écrivaines du Québec (UNEQ), voir la fiche-synthèse de la séance du 1er octobre 1991, 6 p.

Mémoire des Productions Les Gros Becs, Théâtre de la Commune, Théâtre Périscope, Théâtre Blanc, Théâtre Niveau Parking et Théâtre Repère, «Proposition de Politique de la culture et des arts», septembre 1991, 40 p.

Mémoire du Conseil de la peinture du Québec (CPQ), voir la fiche-synthèse de la séance du 3 octobre 1991.

Mémoire du Conseil des métiers d'art du Québec (CMAQ), 26 février 1991, voir la fiche-synthèse de la séance du 9 octobre 1991.

Mémoire du Conseil des syndicats nationaux (CSN), voir la fiche-synthèse de la séance du 31 octobre 1991.

Mémoire du Conseil québécois de théâtre (CQT), «Pour une politique des arts et de la culture», 17 septembre 1991, 40 p. et annexes, avec «Compte-rendu d'une rencontre de travail tenue par la firme Samson/Bélair, Deloitte & Touche à Montréal», 21 juin 1990, et «Recommandations du Conseil québécois du théâtre au Groupe-conseil...», mars 1991.

Mémoire du Grand Conseil des Cris, par Diom Romeo Saganash, octobre 1991, 12 p.

Mémoire du Mouvement des caisses Desjardins, «Proposition de politique de la culture et des arts», 29 octobre 1991, 28 p.

Mémoire du Regroupement des centres d'artistes autogérés du Québec, voir la fiche-synthèse de la séance du 16 octobre 1991.

Mémoire du Réseau des archives du Québec (RAQ), «Mémoire du Réseau des archives du Québec à la Commission de la culture concernant le document intitulé *Une politique de la culture et des arts*», n.d., 4 p.